EUROPA POCKET

Arthur Koestler

DIEBE IN DER NACHT

Roman

EUROPA POCKET

Die Originalausgabe ist 1946 unter dem Titel
Thieves in the night. Chronicle of an experiment bei Macmillan,
London erschienen.

Autorisierte Übersetzung von Lilly Speiser,
übernommen vom Danubia Verlag Wien.
Der Text wurde in dieser Ausgabe
in neuer Rechtschreibung wiedergegeben.

MIX
Papier aus verantwortungsvollen Quellen
FSC® C019821

Vollständige Taschenbuchausgabe 2022

Umschlaggestaltung: Hauptmann & Kompanie Werbeagentur, Zürich
Layout & Satz: BuchHaus Robert Gigler, München
Gesetzt aus der Swift
Druck & Bindung: C. H. Beck, Nördlingen
ISBN 978-3-95890-420-0

www.europa-verlag.com

Es wird aber des Herrn Tag kommen
wie ein Dieb in der Nacht.

2. PETRUS 3, 10

Inhalt

Vorbemerkung

Das zentrale Thema meiner Romantrilogie *Die Gladiatoren* (1939), *Sonnenfinsternis* (1940) und *Ein Mann springt in die Tiefe* (1943) war die Ethik der Revolution; das zentrale Thema von *Diebe in der Nacht* (1946) ist die Ethik des Überlebens. Wenn Macht korrumpiert, so gilt auch das Umgekehrte: Verfolgung korrumpiert das Opfer, wenn vielleicht auch in subtilerer und tragischerer Weise. In beiden Fällen trägt das Dilemma zwischen edlen Zielen und unedlen Mitteln den Stempel der Unvermeidlichkeit.

Der Roman *Diebe in der Nacht* wurde in Jerusalem geschrieben, in der zermürbenden, vergifteten Atmosphäre von Terrorismus, Brutalität und Trauer. Es war das Jahr 1945; Auschwitz und Bergen-Belsen hatten ihre obszönen Geheimnisse preisgegeben; es gab kaum eine jüdische Familie europäischer Herkunft, die nicht nahe Verwandte oder Freunde in den Gaskammern Hitlers verloren hatte. Das Buch sollte ursprünglich die gesamte Periode des jüdischen Kampfes bis zum Ende des Krieges umfassen und als Kontrapunkt das friedliche Wachsen von Esras Turm zeigen. Als ich aber den ersten Teil beendet hatte, sah ich, dass der Roman – im Guten oder Schlechten – vollständig war. Wenn die Geschichte fortgesetzt werden sollte, dann musste dies in einer anderen, sachlicheren Form – als historischer Essay – geschehen. Die Gelegenheit ergab sich drei Jahre später, als ich als Sonderkorrespondent des *Manchester Guardian* nach Palästina zurückkehrte, um über den arabisch-jüdischen Krieg zu berichten, und in der Folge *Promise and Fulfilment – Palestine 1917–1949*[1] schrieb. Während der Roman *Diebe in der Nacht* mit einem unsicheren Fragezeichen endet, habe ich in *Promise and Fulfilment* versucht, eine Antwort zu geben.

Unabhängig von seinen künstlerischen Stärken und Schwächen hat der Roman *Diebe in der Nacht* gewisse politische Auswirkungen gehabt. So erfuhr ich, dass mehrere Mitglieder der UNO-Kommission für Palästina von 1947 (welche die historischen Empfehlungen für die Teilung des Landes und die Errichtung eines jüdischen Staates ausgearbeitet hat) sich die Mühe gemacht hatten, mein Buch zu lesen, und dass ihre Entscheidungen sogar in gewissem Maß davon beeinflusst waren. Der Vorsitzende der aus Vertretern von elf Nationen bestehenden Kommission, der schwedische Richter Sandström, neckte wiederholt israelische Regierungsmitglieder mit der Bemerkung, die Geschichte von Esras Turm habe einen stärkeren Eindruck auf ihn gemacht als ihre offiziellen Memoranden; und obwohl er das gewiss nicht ernst gemeint haben konnte, war ich davon doch mehr gerührt als von allem Lob und Tadel der professionellen Literaturkritiker.

Arthur Koestler

1 Dieses Buch ist nicht in deutscher Sprache erschienen.

DER ERSTE TAG
1937

Wir schütteln das alte Leben ab, das an uns ranzig wurde, und beginnen von Neuem. Wir wollen keine Änderungen und wir wollen keine Verbesserungen, wir wollen von Neuem beginnen.

A. D. GORDON,
GALILÄISCHER PIONIER

1

»Wenn ich heute getötet werde, soll es nicht durch den Sturz vom Dach eines Lastwagens sein«, dachte Joseph und grub seine Finger in die mit Teer beschmierte Zeltbahn, die das schwankende, taumelnde Fahrzeug überdachte. Er lag mit ausgebreiteten Armen auf dem Rücken, eine horizontal gekreuzigte Gestalt auf einer schaukelnden Bahre unter den Sternen. Der Lastwagen war so hoch beladen, dass Joseph und seine Freunde etwa fünf Meter über dem Boden dahinfuhren und in dem holprigen Steinbett des Wadis von einer Seite auf die andere geworfen wurden: Sie hatten das Gefühl, als ob das ganze schwarze Ungetüm von einem Lastwagen jeden Moment umkippen würde.

Sooft Joseph über die Kante des Segeltuches hinunterlugte, erinnerte es ihn an das Gefühl schwindelnder Höhe, das er als kleines Kind empfunden hatte, als er zum ersten Mal auf den Rücken eines Pferdes gehoben worden war. Der Motor dröhnte, und der schwer beladene Lastwagen holperte in erster Geschwindigkeit über die Steinblöcke des ausgetrockneten Flussbettes; er stockte; begann dann mit einem winselnden Klageton von Neuem. Vor ihnen kroch die lang hingezogene Reihe der anderen Lastwagen des Konvois im gewundenen Lauf des Wadis stockend vorwärts, eine Karawane torkelnder, dunkel schwerfälliger Riesen auf Rädern. Es war noch eine Stunde bis zum Aufgehen des Mondes, aber die Sterne funkelten hell; der Große Bär, der sich neugierig auf seinem Rücken rekelte, verband sich mit der Milchstraße zu einer weiten, leuchtenden Schramme quer über das dunkle Himmelsgewölbe. Alle Lastwagen im Konvoi hatten ihre Lichter abgeblendet. Die bleichen Felsen lagen still in ihrem archaischen Schlummer. Der über eine Meile ausgedehnte Rest des Konvois folgte ihnen wie eine wandelnde Funkengirlande in der feindlichen Nacht.

Der Wagen kippte um fast dreißig Grad, und vom andern Ende des Segeltuches ließ Dina ein vergnügtes Quieken hören. Um sie zu sehen, musste Joseph entweder seinen Hals verkrümmen, bis seine Rückenwirbel zu krachen schienen, oder seinen Körper zu einem Bogen wölben, den er an seinem Kopf balancierte, sodass er die Welt verkehrt betrachtete. Aber Dinas Profil gegen das Sternenlicht zu sehen, war der Anstrengung wert. Sie lachte und hielt sich mit beiden Händen am Segeltuch fest:

»So schaust du noch komischer aus als gewöhnlich.«

Ihr Hebräisch hatte die richtige gutturale Modulation, um die sie Joseph beneidete und die er nicht nachmachen konnte. Von vorn kam Simons trockene, gebieterische Stimme:

»Ruhig, ihr zwei.«

»Warum denn?«, rief Dina. »Ist das ein Begräbnis?«

»Meinetwegen schrei dir die Lunge aus«, sagte Simon ungeduldig. Er saß steif aufrecht mit hochgezogenen Knien auf der vordersten Kante des Segeltuches.

»Das werde ich auch«, rief Dina. »Sollen sie wissen, dass wir kommen. Sie werden es jetzt sowieso schon wissen. Wir – sind – auf dem – Weg nach – Gali – läa.«

Ihre Stimme schwoll an und ging in das bekannte Lied über, das Lied der galiläischen Pioniere:

El jiwne ha-Galil,
Anu jiwnu ha-Galil ...
Gott wird Galiläa aufbauen,
Wir werden Galiläa aufbauen,
Wir sind auf dem Weg nach Galiläa,
Wir werden Galiläa aufbauen ...

Joseph fiel ein und sang mit noch verdrehtem Kopf, aber ein arger Ruck des Wagens warf ihn dann auf die Seite und ließ ihn nach dem Segeltuch greifen. Auch Dinas Stimme war abgerissen.

»Ist dir was geschehen?«, fragte er.

»Nein«, sagte sie, durch den Schreck etwas verschüchtert. Aber einen Augenblick später rief sie schon wieder aufgeregt:

»Schau, schau doch! Sind das die unsern?«

Weit vor ihnen und etwas zur Linken hatte ein Funke in regelmäßigen Abständen zu blinken begonnen. Er war kaum heller als die größten Sterne, aber er war rot, und sein Aufblitzen und Erlöschen hatte unverkennbar Rhythmus und Sinn. Er schien in der Luft zu hängen, aber wenn man die Augen anstrengte, konnte man die blasse, fast durchscheinende Silhouette des Hügels erkennen.

»Stellen wir mal die Richtung fest«, sagte Joseph. »Wo ist der Polarstern?«

»Man muss durch die letzten beiden Sterne des Bären eine gerade Linie ziehen«, sagte Dina.

»Ruhig sein«, kam Simons Stimme. »Ich lese die Botschaft.«

Sie hielten den Atem an und starrten auf den fernen roten Funken: Licht und Dunkel, Licht, Licht und Dunkel, langes Licht und noch längeres Dunkel, eine endlose und beunruhigende Pause, dann wieder Licht, Licht und Licht, Punkt und Strich. Der Wagen gab einen Ruck und blieb stehen; der Fahrer tief unter ihnen las wahrscheinlich auch die Botschaft. Plötzlich begann er wild in die Nacht hinein zu hupen, und gleichzeitig setzte sich der Wagen wieder sprunghaft in Bewegung, dass sie fast vom Segeltuch geschleudert worden wären.

»Also?«, rief Dina. »Sprich doch, um Gottes willen.«

Simons Gestalt vor ihnen schien womöglich noch steifer und aufrechter zu werden; mit einer raschen Bewegung von Daumen und Zeigefinger schnellte er seine Hose zwei Zentimeter über die Knöchel hinauf. Selbst in der Dunkelheit erkannten sie die charakteristische Geste. Er sprach in seinem gewöhnlichen aggressiven Tonfall, in den sich aber ein tiefer, heiserer Unterton eingeschlichen hatte:

»Die Burschen des Verteidigungskaders haben den ORT besetzt. Bis jetzt kein Zusammenstoß. Sie haben Wachtposten aufgestellt und um den Grund herum zu pflügen begonnen.«

»Halle-lu-ja!«, rief Dina und stand unsicher auf; eine schwankende Sekunde hindurch konnte sie sich aufrecht halten, dann fiel sie kopfüber geradeaus über Josephs Brust. Sie überschlugen sich gegen die Mitte des Segeltuches zu. Joseph sah, dass das Gesicht des Mädchens feucht von Tränen war; einen Augenblick hatte er die wilde Hoffnung, sie hätte *es* verwunden, Das Zu-Vergessende. Dann setzte sie sich auf und zog sich zitternd zurück.

»Entschuldige, Joseph«, sagte sie.

»Gar kein Grund«, sagte er leise.

»Haltet doch den Mund, ihr zwei«, sagte Simon.

Eine Weile sprach keiner von ihnen. Der Motor dröhnte; von Zeit zu Zeit machte der Wagen einen plötzlichen Sprung nach vorn, verlangsamte stöhnend seinen Gang und blieb stecken; seine Räder zermahlten und zerrieben verzweifelt den Sand; dann gab es wieder einen Ruck vorwärts. Joseph legte sich in die vorige Lage mit ausgebreiteten Armen nieder – der Milchstraße gegenüber.

Seine Gedanken kreisten erst um Dina, gaben sie resigniert auf, blieben an Simons schmalen und steifen Schultern haften, an seiner heiseren halb erstickten Stimme, wie sie vor einer Minute geklungen hatte. Die Worte, die die Besetzung des ORTES verkündeten, kamen aus ihm wie ein Strahl durch die Ritze einer Hochdruckkammer. Joseph verstand nicht, wie ein Mensch andauernd unter einer solchen seelischen Spannung leben konnte. Er selbst kam sich in Augenblicken seelischer Bewegung immer wie ein Schmierenkomödiant vor, selbst wenn kein Publikum da war; sogar jetzt.

Der Wagen hinter ihnen war nahe an sie herangekommen und hatte seine Scheinwerfer voll angedreht. Der scharfe Lichtstrahl erhellte Simons Gesicht und projizierte ihre drei Schatten auf den unebenen Abhang des Wadis. Nur ihre Köpfe und Schultern zeichneten sich ab; sie hoben und senkten sich auf den Felsen und tauchten unter wie die grotesken Riesenschatten eines Marionettentheaters. Dann wurden die Lichter des Wagens abgedreht, und es war wieder Frieden.

Aber warum, dachte Joseph, soll ich gerade heute Nacht alles analysieren?

Wenn man jemals ein Recht darauf hatte, sich ernst zu nehmen, so, wie einen die andern sahen, und nicht, wie man sich selbst kannte, dann war dies die gegebene Stunde. Dies war die Stunde der Tat und nicht ihres boshaften inneren Echos. Die Welt weiß nur von der Tat, ausgelöscht werde das Echo!

Ein paar Schakale, die den Konvoi unsichtbar hinter den Felsen begleiteten, heulten hohl und ohne Überzeugung. Der Wagen fuhr um eine Biegung des Wadis herum, und man konnte unten in der Ebene wieder die leuchtenden Punkte abgeblendeter Scheinwerfer sehen, die sich ruhig, langsam, mit unbezwingbarer Absicht vorwärtsbewegten.

Ja, dachte Joseph, wir werden Galiläa wieder aufbauen, ob

Gott sich nun persönlich für die Sache interessiert oder nicht. Nur schade, dass ich in keinem Schauspiel mitmachen kann, ohne dessen bewusst zu sein, in einem Schauspiel mitzumachen. Die Araber revoltieren, die Briten wollen mit uns nichts zu tun haben, aber der ORT wartet: sechshundert Hektar lauter Steine in allen Größen auf der Spitze eines Hügels, von arabischen Dörfern umgeben, meilenweit keine andere hebräische Siedlung, dafür mit einem Malariasumpf. Aber wenn ein Jude in dieses Land zurückkehrt und einen Stein sieht und sagt: »Dieser Stein gehört mir«, dann entlädt sich in ihm etwas, das zweitausend Jahre lang in ihm angespannt gewesen ist.

Er fühlte, dass sein rechter Arm eingeschlafen war, und begann, ihn wild durch die Luft zu schwenken.

»Ach, Quatsch«, sagte er sich. »Vielleicht ist die ganze Idee der Heimkehr nichts als romantische Mache. Sollte ich getötet werden, würde ich nicht einmal wissen, ob ich in einer Tragödie oder in einer Farce sterbe ... Aber was es auch ist, das Gefühl für den ORT ist echt; es ist das Echteste, was ich jemals empfunden habe. Merkwürdig. Wir werden das zu Ende denken müssen, wenn uns Zeit bleiben sollte.«

Er verdrehte seinen Kopf, um Dina anzuschauen. Sie lag etwas weiter weg, auch auf dem Rücken, in rechtem Winkel zu ihm. Sie hatte ihre Arme unter dem Nacken verschränkt; ihr Profil sah im Mondlicht weicher aus, ihre Lippen waren in einem unbewussten Lächeln leicht geöffnet. Auch sie dachte an den ORT. Sie hatte ihn bloß einmal gesehen, vor mehr als einem Jahr, bevor er aus den Mitteln des Nationalfonds den arabischen Dorfbewohnern abgekauft worden war. Sie wusste nicht einmal mehr genau, welcher Hügel es war – sie sahen alle so gleich aus, die Hügel von Galiläa, leicht gerundet wie Hüften oder Brüste, aber ihre Steinrippen standen vor, seit das Fleisch, die fette, rote Erde, in Jahrhunderten der Vernachlässigung von Regen und

Wind davongeweht worden war. Nein, sie konnte sich nicht genau erinnern, aber es war bestimmt ein schöner Hügel, und sie würden ihm seine alte Üppigkeit wiedergeben. Sie würden die ausgehungerte Erde mit Phosphaten und Kalk nähren und die schwärende Wunde des Sumpfes entfernen und die Nacktheit des Hügels mit einem Pelz von Bäumen und einem Spitzenwerk von Terrassen bedecken. Es wird Feigen und Oliven geben, und Pfeffer und Lorbeer. Und Mohnblumen und Zyklamen, Sonnenblumen und Scharon-Rosen. Erst werden wir die Verschanzung bauen, den Wachtturm und die Zelte, die Duschen, die Speisebaracke und die Küche. Dann die Schotterstraße, den Kuhstall, die Schafhürde und das Kinderhaus. Dann unsere eigenen Wohnräume. Heute in zwei Jahren werden wir einen Betonspeisesaal, Bibliothekssaal, Leseraum, Schwimmbecken und Freiluftbühne haben. Es wird ein schöner Fleck werden, und er wird Esras Turm heißen, und er wird das Zu-Vergessende auslöschen, und ich werde darüber hinwegkommen und ein Kind haben und noch ein Kind, und es wird nichts geben, das vergessen werden sollte. Und vielleicht werden sie von Ruben sein und vielleicht von Joseph. Oh, ich liebe sie alle, sogar Simon, ich liebe sie alle, ich liebe den Ort, ich liebe die Steine, ich liebe die Sterne ...

Simon saß aufrecht auf der vordersten Kante des Segeltuches, die Ellbogen auf den Knien; er dachte an eine Stelle des Jesaia, auf die er vorigen Abend gestoßen war durch einen jener Zufälle, die er nicht für Zufälle hielt: »Da freuet sich die öde und ungebahnte Wüste, da frohlocket die Einöde.« Wir kommen, flüsterte er sich zu; wir kommen, wir sind wieder da.

Joseph begann in sich hineinzulachen.

»Was ist denn los, du Narr?«, fragte Dina, sich aufsetzend.

»Das werde ich dir sagen, wenn wir dort sind.«

»Sag mir's doch jetzt.«

»Es könnte dich aus der Fassung bringen«, sagte Joseph, der das Kichern nicht unterdrücken konnte.

»Nichts kann mich aufregen, solange dieser Wagen nicht umkippt.«

»Das ist es ja eben! Schau ...«

Er ergriff ihre Hand und führte sie mit der seinen an den Rand des Segeltuches. »Spürst du etwas?«

»Holz. Kisten.«

»Ja, aber ich kenne diese speziellen Kisten; ich muss nur über ihre Kanten greifen. Es sind die mit unseren selbst gemachten Eiern.«

Nun begann auch Dina, wenn auch etwas gekünstelt, zu lachen. Niemand hatte zu ihren selbst gemachten, illegalen Handgranaten viel Zutrauen; sie hatten den Ruf, im unrechten Augenblick loszugehen. »Typisch jüdische Handgranaten, überempfindlich und neurotisch«, hatte sie ein englischer Polizeibeamter genannt.

»Weißt du«, sagte Joseph heiter, »sie sind in Sägespäne gepackt wie wirkliche Eier. Und du brütest über ihnen wie eine Henne.«

Ein plötzlicher Ruck des Wagens ließ ihre Köpfe zusammenstoßen. »O Mosche Rabbenu«, sagte Dina, »ich wollte, du hättest mir nichts gesagt.«

Der nicht sichtbare Fahrer unter ihnen hatte die Blendlaternen voll angedreht. Der weiße Lichtstrahl zitterte auf der verlassenen, steinbedeckten Erde.

»Ich wollte, ihr beiden könntet einen Augenblick ruhig sein«, sagte Simon, ohne den Kopf zu wenden. »Wir sind gleich da.«

2

Bis jetzt war alles scheinbar gemächlich, fast spielend glatt, planmäßig verlaufen.

Die vierzig Jungen des Verteidigungskaders, die als Vorhut dienten, hatten sich drei Stunden früher, um ein Uhr morgens, in der Baracke des Gemeinschaftsspeisesaales von Gan Tamar versammelt, in der alten Siedlung, von der die Expedition ausgehen sollte. In dem großen, gewölbten, leeren Speisesaal sahen sie sehr jung aus, unbeholfen und verschlafen. Die meisten von ihnen waren noch nicht neunzehn Jahre alt, im Lande geboren, Söhne und Enkel der ersten Siedler von Petach Tikwa, Rischon le-Zion, Metulla, Nahalal. Für sie war Hebräisch die Muttersprache, keine unsicher erworbene Kunstfertigkeit; das Land weder Versprechen noch Erfüllung, sondern die Heimat. Europa war für sie eine Legende von Glanz und Schrecken, das neue Babylon, das Land des Exils, an dessen Flüssen ihre Vorfahren saßen und weinten.

Die meisten waren blond, sommersprossig, mit breiten Zügen, plumpem Knochenbau und schwerfällig; Söhne von Landwirten, Bauernjungen, nicht jüdisch aussehend und etwas stumpf. Es quälten sie keine Erinnerungen und sie hatten nichts zu vergessen. Auf ihnen lasteten kein uralter Fluch und keine hysterischen

Hoffnungen; sie hatten die Liebe der Bauern für das Land, den Patriotismus von Schuljungen, die Selbstgerechtigkeit einer ganz jungen Nation. Sie waren *Sabras* – scherzhaft so genannt nach der dornigen, ziemlich geschmacklosen Frucht eines in trockener Erde gezogenen Kaktus, zäh, ausdauernd, genügsam.

Es war ein Schuss Europäer unter ihnen, neue Einwanderer aus Babylon. Die hatten die harte, asketische Schulung in Hechaluz und Haschomer Hazair durchgemacht, Jugendbewegungen, die den Eifer eines religiösen Ordens mit dem Dogmatismus eines sozialistischen Debattierklubs vereinigten. Ihre Gesichter waren dunkler, schmäler, interessierter; sie trugen noch das Stigma von Zu-Vergessendem. Das Stigma stak in der schärferen Biegung des Nasenbeins, der bitteren Sinnlichkeit fleischiger Lippen, dem wissenden Blick in feuchteren Augen. Inmitten der phlegmatischen und stämmigen Sabras sahen sie nervös und überempfindlich aus; begeisterter und unverlässlicher. Sie alle saßen um die roh gezimmerten Tische des Speisesaales herum, schlaftrunken und schweigsam. Die an Drähten von der Decke herabhängenden nackten Glühbirnen spendeten ein kaltes, trostloses Licht; die Salzfässer und Ölfläschchen bildeten nichtssagende kleine Oasen auf den leeren Gemeinschaftstischen. Ungefähr die Hälfte trug die Uniform der freiwilligen Polizei der Siedlung – khakifarbene Röcke, die ihnen meistens zu groß waren, und malerische Bersaglieri-Hüte, die den Eindruck des Halbwüchsigen unterstrichen. Die anderen, die keine Uniform trugen, waren eine Abteilung der *Hagana* – der illegalen Selbstverteidigungsorganisation, deren Mitglieder, wenn sie bei der Verteidigung einer hebräischen Siedlung ertappt wurden, zusammen mit den Angreifern ins Gefängnis wanderten.

Schließlich kam Bauman, der Führer der Abteilung. Er hatte Reithosen an und eine schwarze Lederjoppe – ein Überrest aus den Tagen der Wiener Straßenkämpfe des Jahres 1934, als der böse Zwerg Dollfuß seiner Feldartillerie den Befehl gab, geradewegs in die geraniengeschmückten oder wäschebehangenen Balkone des Floridsdorfer Arbeiterviertels zu feuern, und sich nach jeder Salve bekreuzigte. In den Reihen des Schutzbundes hatte Bauman seine Lederjoppe und seine illegale, aber gründliche militärische Ausbildung erhalten; er hatte das runde, heitere Gesicht eines Wiener Bäckerjungen; nur in den seltenen Augenblicken, wenn er müde oder ärgerlich war, traten auch an diesem Gesicht die Spuren von Zu-Vergessendem hervor. Bei Bauman war es zweierlei: die Tatsache, dass seine Familie zufällig hinter einem der kleinen Balkone mit den Geranientöpfen gewohnt hatte; und das Gefühl des Warmen, Feuchten auf seinem Gesicht, das jeden Morgen um sechs Uhr, wenn das Frühstück in den Zellen verteilt wurde, der Speichel eines spaßhaften Gefängniswärters im Grazer Gefängnis hinterlassen hatte.

»Nun, ihr Faulpelze«, sagte Bauman, »aufgestanden; habt acht, drüben aufgestellt.«

Sein Hebräisch war ziemlich holprig. Er stellte sie längs der Wand, die die Küche vom Speisesaal trennte, auf.

»Die Lastwagen werden in zwanzig Minuten da sein«, sagte er und rollte sich eine Zigarette. »Die meisten von euch wissen, worum es sich handelt. Das Land, das wir besetzen werden, ungefähr sechshundert Hektar, wurde vor einigen Jahren aus den Mitteln unseres Nationalfonds einem abwesenden arabischen Grundbesitzer abgekauft, einem gewissen Said Effendi el-Mussa, der in Beirut lebt und sein Land nie gesehen hat. Es besteht aus einem Hügel, auf dem die neue Siedlung, Esras Turm, errichtet werden soll, aus dem Tal um den Hügel und einigen Weidegründen auf den nahen Abhängen. Der Hügel ist ein Steinhaufen, der die letzten tausend Jahre keinen Pflug gesehen hat, aber es sind Spuren alter Terrassen da, die auf unsere Zeiten zurückgehen. Im Tal wurden ein paar Felder von Said Effendis Mietern bestellt, die im Nachbardorfe Kfar Tabije leben. Man gab ihnen Entschädigungen von zusammen dem dreifachen Wert des Landes, sodass sie sich auf der anderen Seite ihres Dorfes bessere Landstücke kaufen können; einer von ihnen hat sich sogar in Jaffa eine Eisfabrik gekauft.

»Dann ist noch ein Beduinenstamm da, der, ohne Wissen des Effendi, jedes Frühjahr seine Kamele und Schafe auf den Weiden grasen ließ. Sein Scheich erhielt eine Entschädigung. Als all das erledigt war, fiel den Dorfbewohnern plötzlich ein, dass ein Teil des Hügels gar nicht Said gehörte, sondern Maschaaboden war, das heißt, gemeinsames Eigentum des Dorfes. Dieser Teil besteht aus einem ungefähr achtzig Meter breiten Streifen Landes, der gerade zur Spitze des Hügels hinaufführt und ihn entzweischneidet. Dem Gesetz gemäß kann Maschaaboden nur mit Einwilligung aller Bewohner des Dorfes verkauft werden. Kfar Tabije zählt 563 Seelen, die sich über elf *Hamulles* oder Klans verteilen. Die Klanältesten mussten einzeln bestochen und die Fingerabdrücke jedes der 563 Mitglieder einschließlich der Säuglinge und des Dorftrottels eingeholt werden. Drei Einwohner waren vor Jahren nach Syrien ausgewandert; man musste sie ausfindig machen und bestechen. Zwei waren im Gefängnis, zwei waren im Ausland gestorben, aber es waren keine dokumentarischen Beweise für ihr Ableben da; sie mussten beschafft werden. Als alles vorüber war, hatte jeder Quadratfuß des unfruchtbaren Landes den Nationalfonds ungefähr so viel gekostet wie ein Quadratfuß Grundes in den Geschäftszentren von London oder New York ...«

Er warf seine Zigarette weg und rieb seine rechte Wange mit seiner Handfläche. Der Ursprung dieser Gewohnheit lag in seinen Erlebnissen mit dem humorvollen Grazer Gefängniswärter.

»Wir brauchten zwei Jahre, um diese kleinen Formalitäten zu erledigen. Als sie erledigt waren, brach der arabische Aufstand aus. Der erste Versuch, den Platz zu besetzen, missglückte. Die Siedler wurden von den Bewohnern des Dorfes Kfar Tabije mit einem Steinhagel empfangen und mussten aufgeben. Bei dem in größerer Zahl unternommenen zweiten Versuch wurden sie beschossen und verloren zwei Menschen. Das war vor drei Monaten. Ihr unternehmt heute den dritten Versuch, und diesmal wird es uns gelingen. Heute Abend werden die Verschanzung, der Wachtturm und die ersten Wohnbaracken auf dem Hügel errichtet sein.

»Unsere Abteilung wird das Grundstück noch vor der Dämmerung besetzen. Eine zweite Abteilung wird den Konvoi der Siedler, der zwei Stunden später aufbrechen wird, begleiten. Die Araber werden vor Sonnenaufgang nichts merken. Zusammenstöße während des Tages sind unwahrscheinlich. Die kritische Zeit werden die ersten paar Nächte sein. Aber bis dahin werden wir den ORT befestigt haben.«

»Einige unserer vorsichtigen Obermacher in Jerusalem meinten, wir sollten auf ruhigere Zeiten warten. Der Platz sei isoliert, die nächste hebräische Siedlung elf Meilen entfernt, und es gäbe keine Straße; er sei von arabischen Dörfern umgeben; er sei nahe der syrischen Grenze, von wo aus die Rebellen herüberkommen. Gerade deshalb haben wir uns entschlossen, nicht zu warten. Wenn die Araber einmal sehen, dass sie uns an der Ausübung unserer Rechte nicht hindern können, werden sie sich mit uns verständigen. Wenn sie Zeichen von Schwäche und Zögern bemerken, werden sie uns erst skalpieren und dann ins Meer werfen. Deshalb muss Esras Turm heute Nacht stehen. Das ist alles. Wir haben noch fünf Minuten; in Einzelreihe in die Küche zum Kaffee.«

Um ein Uhr zwanzig in der Früh bestiegen Bauman und die vierzig Jungen die drei Lastwagen und fuhren mit abgeblendeten Lichtern durch die Tore der Siedlung hinaus.

3

Eine Zeit lang blieb der riesige Speisesaal leer im grellen Licht der elektrischen Lampen. Faule Nachtkäfer flogen aus dem Dunkel durch das engmaschige Gitter des Fensters, Küchenschaben krochen geschäftig über den Zementfußboden, und von Zeit zu Zeit schoss eine Ratte über die weiße Oberfläche.

Gegen zwei Uhr früh kam Mischa, der Nachtwächter, herein, um von dem Küchenkessel heißes Wasser für ein Glas Tee zu holen. Dann ging er die Köchinnen und den Speisesaal-Dienst wecken. Eine Viertelstunde später begannen sie sich einzufinden mit noch von Schlaf verschwollenen Gesichtern, aber nervös wach von dem Schock einer kalten Dusche. Sie waren fast drei Stunden vor der üblichen Zeit aufgestanden, um für die neuen Siedler, die in einer Stunde weitermussten, das Frühstück zu bereiten. Die Köchinnen verschwanden in der Küche; die Mädchen vom Dienst, in kurzen Hosen und khakifarbenen Hemden, begannen methodisch den Tisch zu decken.

Um halb drei Uhr früh stapften Dow und Jona in hohen Gummistiefeln herein. Sie hatten den Kuhstall über und fingen eine halbe Stunde vor dem Melken zu arbeiten an. Lea, eine vom Dienst, stellte eine große hölzerne Schüssel vor sich hin, in der Tomaten, Radieschen, Salatgurken, junge Zwiebeln und Oliven, mit Zitronensaft und Olivenöl schmackhaft zubereitet, zusammengemischt waren. Sie kauten schweigend am Salat und bissen dazwischen in die Brotranken. Dow war blond und hatte ein schmales Gesicht und kurzsichtige, blaue Augen; seine schmächtige Gestalt wirkte in dem schweren Overall aus Wachsleinen verloren wie in einem Taucheranzug. Er war fünfundzwanzig, stammte aus Prag und war einer der Begründer der Kommune Gan Tamar. Obwohl er seit drei Jahren die Aufsicht über den Kuhstall hatte, konnte er sich noch immer nicht daran gewöhnen, vor dem Morgengrauen aufzustehen; es war zu Routine gewordene Qual. Um neun Uhr abends schlafen zu gehen, wie man es von ihm erwartete, hätte bedeutet, sich von dem sozialen Leben der Kommune, den Versammlungen, Vorlesungen, Diskussionen und dem Orchester, in dem er Cello spielte, auszuschließen. Er rezensierte auch alle vierzehn Tage moderne Lyrik für die *Jerusalem Mail* und übersetzte Rilke ins Hebräische.

»Hör zu«, sagte er nach fünf Minuten schweigsamen Kauens zu Jona, »ich möchte gern mit dem Konvoi der Neuen mitgehen.« – »Tow«, sagte Jona, »gut.«

»Ich werde abends zurück sein.«

»Tow.«

»Glaubst du, du wirst allein fertig werden?«

»Ja.«

»Mirjam wird im Laufe des heutigen Tages kalben.«

»Ja.«

Jona war noch kein Mitglied der Kommune; er war vor drei Monaten aus Litauen angekommen und arbeitete noch auf Probe. Er war ein guter Arbeiter, langsam und verlässlich. Er überbot alle Rekorde der Schweigsamkeit; Dow konnte sich nicht entsinnen, ihn einen einzigen vollständigen Satz sagen gehört zu haben. Er war etwas wie ein Rätsel für die Gemeinschaft von Gan Tamar, die nicht wusste, ob sie ihn für einen Philosophen oder für schwachsinnig halten sollte.

Lea brachte ihnen Topfen, Hafergrütze und Tee. Sie blieb unschlüssig beim Tisch stehen und versuchte, Dows verträumten, schläfrigen Augen zu begegnen.

»Gehst du mit ihnen zur neuen Siedlung?«, fragte sie und stützte ihre Ellbogen auf den Tisch neben ihm auf.

Dow nickte.

»Sie sind ganz nett, die Neuen«, sagte sie in einem Ton, der heißen sollte: aber wir, die alte Garde, waren natürlich aus anderem Holz. Auch Lea lebte in der Kommune Gan Tamar seit der Gründung vor sieben Jahren. Sie war in Dows Alter, sah aber älter aus. Ihr dunkles semitisches Gesicht mit den scharfen Zügen war nicht ohne Reiz, aber es war vorzeitig gereift und verblühte rasch, wie bei so vielen Mädchen der Kommunen. Sie trug enge khakifarbene kurze Hosen und Socken wie alle anderen, und ihre muskulösen Schenkel standen in merkwürdigem Gegensatz zu ihrem unjugendlichen Gesicht.

»Sie werden es anfangs schwer haben«, sagte sie und fügte mit leichtem Schaudern hinzu: »Gott, ich möchte nicht mehr von vorne anfangen.«

»Ich weiß nicht«, sagte Dow nachdenklich, während er an einem dick mit Topfen bestrichenen Brot weiterkaute. Lea wurde immer wieder vom Kontrast zwischen dem träumerischen Blick und dem ungeheuren Appetit fasziniert. Beide dachten an die Härten der ersten Jahre – die physische Erschöpfung, hervorgerufen durch die ungewohnte Arbeit, Malaria und Typhus; die Hitze, das beschwerliche, unbehagliche Zeltleben ohne Wasser, ohne Klosette, ohne sanitäre Behelfe; den Schmutz, den Schlamm, die Moskitos und die Sandfliegen ... Wenn man von der vergleichsweisen Bequemlichkeit von Gan Tamar im siebenten Jahr seines Bestandes zurückblickte, erschienen diese frühen Pioniertage wie ein heldenhafter Albtraum.

»Ich weiß nicht«, sagte Dow in seiner langsamen Art. »Wir waren damals alle anders. Wir tanzten so oft Horra ...«

»Es war immer ein Grund zum Feiern da«, sagte Lea. »Das erste Kalb. Die erste Ernte. Der erste Traktor. Das erste Baby. Die erste Wasserpumpe. Der Dieselmotor. Das elektrische Licht ...«

Ihre Stimmung, die ständig zwischen Extremen schwankte, hatte bereits den Albtraum ins Romantische umgebildet. Sie stützte ihre Ellbogen auf Dows Schulter. »Soll ich dir noch einen Teller Grütze bringen?«, fragte sie.

Er schüttelte den Kopf. »Ich muss schon gehen«, sagte er und stand vom Tisch auf. Jona folgte ihm, als er aus dem Speisesaal stapfte, in der Richtung zum Kuhstall, in seinem schlotternden Overall in Stallgeruch und Ländlichkeit gehüllt.

Eine Unterbrechung von ein paar Minuten gab den Mädchen vom Dienst Zeit, ihre Vorbereitungen zu beenden. Die langen, roh gezimmerten Tische sahen sogleich freundlicher aus, als Salatschüsseln, Haufen von dick geschnittenem Brot, Steinkrüge, Bakelitteller und Besteck darauf standen. Um drei viertel drei kamen die ersten Leute an, und ein paar Minuten später waren die hundertfünfzig Männer und Frauen, die mit dem Konvoi weiter sollten, auf ihren Plätzen.

Es waren acht Sitze an jedem Tisch, vier an jeder der seitwärts stehenden Bänke; es war Sitte, sie von dem Küchenende des Saales zum Ausgang zu der Reihe nach zu besetzen, ohne einen bestimmten Platz oder eine Gesellschaft vorzuziehen; eine Sitte, die die Arbeit der Mädchen vom Dienst erleichterte und gleichzeitig als eine Art sozialer Zementmischer diente, der die Mitglieder der Kommune dreimal täglich neu durcheinanderwarf.

Diesmal aber war eine ungewöhnliche Gesellschaft beisammen; die fünfundzwanzig jungen Leute, die zukünftigen Siedler von Esras Turm, und die hundertzwanzig Helfer, die ihnen das befestigte Lager vor Sonnenuntergang zu errichten helfen und zu Ende des ersten Tages zurückkehren sollten. Die Helfer waren Freiwillige, die aus den älteren Kommunen von Judäa, der samarischen Küste, aus dem Tal Jesreel und Obergaliläa gekommen waren; die meisten von ihnen waren berühmt, und einige gar legendäre Gestalten aus den früheren Pioniertagen. Die neuen Siedler, unter ihre schweigsamen, angestrengt essenden älteren Genossen gestreut, waren scheu und von Ehrfurcht ergriffen wie Debütanten. Obwohl sie theoretisch der Mittelpunkt der Angelegenheit waren, waren sie zu schüchterner Bedeutungslosigkeit zusammengeschrumpft; sie saßen da auf den rohen Bänken, eingeklemmt zwischen den massigen Helfern, die sich wenig um sie kümmerten – sie, die vor Aufregung nicht essen konnten und das unbestimmte, nervöse Gefühl hatten, um das Pathos und die Feierlichkeit dieser nächtlichen Stunde, die sie seit Monaten und Jahren ersehnt hatten, betrogen worden zu sein.

Dina saß zu ihrer Freude neben dem alten Wabasch aus der Kwuza Daganja, der ältesten hebräischen Kommune. Daganja lag im Jordantal an der Südspitze des Sees von Tiberias. Sie war im Jahre 1911 von zehn Jungen und zwei Mädchen aus Romni in Polen gegründet worden, die sich entschlossen hatten, Theorie in Praxis umzusetzen, und als erste das Experiment des landwirtschaftlichen Kommunismus angepackt hatten. Sie teilten alles – Verdienst, Essen, Kleidung, die arabischen Lehmhütten, die ihr erstes Quartier waren, die Moskitos und Wanzen, die Nachtwachen gegen Beduinen und Räuber, Malaria, Typhus und Fieber; alles außer ihren Betten, denn sie lebten der wahren romantischen Tradition gemäß einige Jahre in selbst auferlegter

Keuschheit. Sie lehnten es ab, bezahlte Arbeitskräfte anzustellen, Geld anzurühren (soweit sie es nicht im Verkehr mit der Außenwelt brauchten) und selbst ihre Hemden zu merken, bevor sie sie in die Gemeinschaftswäscherei schickten, aus Angst, die Sucht des individuellen Besitztriebes könnte in ihnen aufflackern. Sie betrachteten sich als die geistigen Erben der Essener, die, dem oberflächlichen Glanz Jerusalems entflohen, in der Wüste ihre Gemeinschaften gegründet hatten, die auf der Teilung der Arbeit und ihrer Früchte basierte. Die hatten die Bibel, Marx und Herzl studiert und konnten weder einen Baum pflanzen noch eine Kuh melken. Die Araber hielten sie für Wahnsinnige, und die alten jüdischen Pflanzer in Judäa hielten die Kommune der Zwölf für einen schlechten Witz und Ketzerei. Heute jedoch wurde Daganjas dritte Generation in den Gemeinschafts-Kindergärten nach denselben wahnsinnigen Essener-Prinzipien großgezogen, während über hundert weitere ähnliche hebräische Gemeinschaftsdörfer sich über das ganze Land hin verbreitet hatten, vom Mittelmeer zum Toten Meer und von Dan bis Beerscheba. Einige, wie Jagur und Herodes Quell, hatten mehr als tausend Mitglieder, andere wieder nur fünfzig; die älteren waren wohlhabend, mit Parkanlagen, Schwimmbädern und Amphitheatern, und die neuen waren arm, schmutzig und hässlich und brachten sich schwer durch. Einige bauten alles an, andere beschäftigten sich besonders mit exotischen Früchten oder künstlichen Fischteichen; aber alle hatten dieselben grundlegenden Merkmale: Gemeinschafts-Speisesaal, Werkstätten und Kinderhaus; das Verbot bezahlter Arbeitskräfte; Abschaffung des Geldes, des Handels und des Privateigentums; Arbeitsteilung nach den Fähigkeiten des Einzelnen und Teilung des Ertrages nach den Bedürfnissen.

Daganja, das die zwölf Begründer in selbstbewusst betonter Bescheidenheit nach der bescheidenen blauen Kornblume des

Jordantales benannt hatten, war ihr gemeinsamer Ahne; ihre Mitglieder wurden als eine Art Kollektiv-Aristokratie angesehen; und die Kommune der Zwölf mit ihren Riesenpalmen und schattigen Alleen hatte in der Tat etwas Exklusives und gesättigt Patrizierhaftes an sich.

Der alte Wabasch, der neben Dina saß und sie gar nicht beachtete, sah ihrer Ansicht nach genauso aus wie der Öldruck eines biblischen Patriarchen. Sein weißer, gekräuselter Bart wuchs überall in seinem Gesicht, sogar aus seinen Ohren und Nasenlöchern. Er hatte blaue Augen und trug ein blaues, am Halse offenes Baumwollhemd und braune Kordhosen, die ein abgetragener Ledergürtel um seinen voluminösen Leib festhielt. Er aß seine Hafergrütze mit großer Hingabe und stopfte zerstreut seinen Bart, der ihm im Weg war, unter sein Hemd zurück. Dina fühlte sich durch den engen Kontakt mit einem der drei Überlebenden der sagenhaften Zwölf innerlich erhoben. Da er sie nicht beachtete, stieß sie ihn nach einiger Zeit leicht mit dem Ellbogen an.

»Genosse Wabasch? Woran denken Sie wohl?«

Er drehte sich zu ihr, mild erstaunt, den Löffel in der Luft. »Denken, mein Kind?«

Joseph, der ihr gegenübersaß, verzog sein intelligentes Affengesicht zu einer Grimasse. In diesem Augenblick war ihr Joseph unsympathisch. Sie legte ihre Hand auf Wabaschs Arm.

»Es war nett von Ihnen, dass sie gekommen sind, uns zu helfen, Genosse Wabasch.«

Er wandte sich wieder ihr zu, und sie musste bemerken, dass seine Augen wässerten und sein rundes, kindisches Gesicht recht schwach und unbedeutend aussah, wenn man sich den Bart wegdachte. Es war Josephs Blick, der sie immer solche Dinge wahrnehmen ließ; deshalb war er ihr auch manchmal unsympathisch.

»Sie gehören also zu den neuen Pionieren, mein Kind?«, sagte der alte Wabasch. »Gut, sehr gut. Die Jugend arbeitet weiter. Ihr werdet das Werk fortsetzen, das wir begonnen haben ...«

Dina wünschte, sie hätte den alten Wabasch niemals angesprochen. Sie vermied es, in Josephs Richtung zu schauen, und konzentrierte sich darauf, die Oliven aus ihrem Salat zu fischen. Aber der alte Wabasch hatte seine Grütze beendet und wurde gesprächig. Er sprach mit milder, rabbinerhafter Stimme, in einem Hebräisch, das einen stark jiddischen Akzent hatte, von der nationalen Renaissance und dem sozialistischen Ideal, der Freude, das zweimal verheißene Land wieder aufzubauen, und von der Tragödie der noch nicht erlösten Millionen im Exil. Er verweilte wiederholt und voll Sorge bei den »Massen« und den »Millionen« und schien einen schmerzlichen Genuss aus Worten wie »Tragödie« und »Verfolgung« zu ziehen. Da aber diese Worte leicht spritzend zwischen den Öldrucklocken hervorkamen, schienen sie für Dina alle Realität und Bedeutung zu verlieren und standen in keiner Beziehung zu dem geschwürartigen Gewebe in ihrem Gedächtnis, dem Zu-Vergessenden.

Endlich zeigte ein schriller Pfiff an, dass die Lastwagen bereit waren, und es begann ein lautes Scharren von Schuhen, als sich alle gleichzeitig von den Tischen erhoben. Dina ging mit der Menge der Tür zu und verließ den alten Wabasch ohne ein weiteres Wort. Im Mittelgang holte sie Joseph ein; sie sah drein, als ob sie weinen wollte.

»Es ist ein Pech«, sagte er grinsend, »dass er nicht aufhörte, ›milliohnim, milliohnim‹ zu sagen. Ist dir schon aufgefallen, dass das Hebräische kein Wort für die Million hat? Tausend ist die höchste Zahl, die wir benennen können. So musste er die moderne Zahl mit dem alten hebräischen Plural verwenden; das macht es so misstönend. Wir sollten die Millionen aus unserem Wortschatz streichen. Tausend ist die obere Grenze des

Vorstellbaren; darüber hinaus betritt man die Sphäre des Abstrakten.«

Sie waren mit der Menge durch die offene Tür in die Dunkelheit geschoben worden und warteten mit den anderen, bis die Reihe einzusteigen an sie kam. Die Lastwagen fuhren einer nach dem anderen vor, die blendenden Scheinwerfer voll angedreht, nahmen ihre Ladung an Passagieren auf, rüttelten weiter auf der holprigen Straße durch die schlafende Siedlung hindurch und hinaus durch das offene Tor. Jeder abfahrende Wagen ließ das Dunkel noch umfassender und tiefer erscheinen. Als sie dastanden und warteten, bis sie an die Reihe kamen, fühlten sie den kühlen Morgenwind vom Meer her und die eindringliche Stille des sternenbedeckten Himmels.

Neben Dina stand Simon. Er stand still, wie Habtacht, in seine Einsamkeit gehüllt wie in ein Tuch. Sie legte ihre Hand auf seinen Arm.

»Klettern wir ganz oben hinauf auf den Wagen. Es wird schön sein, so hoch oben zu fahren ...«

Es war gerade etwas nach zwei Uhr, als der letzte Wagen des Konvois nach dem fernen Hügel auszog, der im Sternenlicht schwelgend die letzten tausend Jahre unbehelligt geblieben war, und nun die Kommune von Esras Turm werden sollte.

4

Der Muchtar von Kfar Tabije war der einzige Mann im Dorfe, der im Pyjama schlief. Der andere Muchtar, der am anderen Ende des Dorfes wohnte, schlief nach Beduinenart in seinen Kleidern auf einer Matte.

Um halb sieben Uhr früh wurde der Muchtar von Issa, seinem ältesten Sohn, geweckt. Issa war eine gute Weile neben dem Bett gestanden und hatte sich nicht getraut, seinen Vater anzurühren; seine eng beisammenliegenden, leicht schielenden Augen waren ängstlich auf die gewaltige Masse in dem blau-gelb gestreiften Pyjama gerichtet. Der Muchtar hatte im Schlaf die Decke abgestreift; seine zerknüllte Pyjamajacke hatte sich hinaufgeschoben und einen Streifen bräunlicher, mit schwarzem Flaum bedeckter Haut gerade oberhalb des Nabels enthüllt. Issa wandte seinen Blick von seines Vaters Blöße ab. Er hielt eine kleine Tasse bitteren Kaffees in seiner Hand, der bald kalt sein und folglich zu heftigen Unerquicklichkeiten führen würde. Seine Augen wanderten nervös über das weiß getünchte Zimmer, das nichts enthielt außer dem Bett, der Strohmatte, einigen niedrigen, geflochtenen Stühlen und einem von der Decke herunterhängenden Fliegenfänger. Die dem Bett gegenüberliegende Wand war mit einem bemalten Papierfächer geschmückt und mit Fotografiedrucken von General Allenby und einer süßlich lächelnden Person in gestreiften Hosen und einer Nelke im Knopfloch, die aussah wie ein Damenfriseur aus Leeds und sich bei näherer Betrachtung als Mr. Neville Chamberlain herausstellte. Die eine der Fotografien war mit einem Strauß vertrockneter Kornblumenstängel zum Zeichen der Loyalität des Muchtars und die andere mit einer Kette von blauen Glasperlen geschmückt, um Mr. Chamberlain gegen den bösen Blick zu beschützen.

Der Kaffee wurde kalt. Issa räusperte sich. »Vater«, rief er. »Willkommen, Vater.«

Der Muchtar war sofort wach und setzte sich mit einem Ruck auf.

»Zweifach willkommen«, sagte er und griff nach dem Kaffee. Er wusste, dass man nicht wagen würde, ihn ohne gewichtigen Grund zu wecken, und wartete, den bitteren Kaffee geräuschvoll schlürfend, auf die Nachricht, seine schweren, blutunterlaufenen Augen auf das fade Gesicht seines Sohnes gerichtet.

»Vater, sie haben den Hügel der Hunde besetzt«, sagte Issa. Hügel der Hunde nannten die Bewohner von Kfar Tabije den Platz, ein Name, der sich von irgendeinem sagenhaften, längst vergessenen Ereignis ableitete.

Der Muchtar erhob sich, ohne die Hausschuhe zu beachten, die ihm sein Sohn entgegenhielt, von seinem Bett und schritt barfuß auf den Balkon hinaus. Die Sonne war vor einer halben Stunde aufgegangen und die Luft schon heiß. Er stützte sich mit seinen Handflächen schwer auf das Geländer aus roten Ziegeln, die, mit Löchern zwischen jedem angrenzenden Paar, eine Art horizontalen Gitters bildeten. Jenseits des Hauses des Muchtars standen nur ein paar Lehmhütten, die die Vorposten des Dorfes bildeten, dann kam der Abhang zum Tal hinunter mit seinen spärlichen Terrassen. Das Tal war trocken und steinig mit ein paar Flecken schwarzer, zerpflügter Erde; auf seiner entfernteren Seite erhob sich der ebenso unfruchtbare Hügel der Hunde. Die Spitze des Hügels schien von winzigen schwarzen, kriechenden Gestalten zu schwärmen. Inmitten dieses geschäftigen Ameisenhaufens konnte man etwas wie ein vertikales Zündholz erkennen: den Wachtturm.

Mit langsamen, bewussten Kaubewegungen sammelte der Muchtar den Speichel in seinem Mund, knetete ihn und spuckte über das Geländer. Er fluchte leise und wütend und wendete sich an Issa:

»Was stehst du da herum, du pockennarbiges Maultier? Bring mir meinen Feldstecher.«

Der Junge sprang auf und kam mit einem beachtlichen Messingteleskop zurück. Es war ein Andenken von der türkischen Armee, in der der Muchtar im Ersten Weltkrieg als Offizier gegen General Allenbys Truppen gekämpft hatte. Er stellte das Glas ein, und der Hügel der Hunde sprang aus seiner Entfernung von zwei Meilen auf die von zweihundert Meter. Der getäfelte Rahmen des Wachtturms, nun mit jedem Detail sichtbar, beherrschte die Szene; an seiner Spitze konnte man das Riesenauge des Reflektors sehen, das des Nachts schimmernd seine Botschaft an die Verbündeten der Eindringlinge senden und das friedliche Dunkel der Hügel besudeln würde. Um den Turm herum waren die unordentlichen Anfänge eines Lagers, verworrener Stacheldraht, Gräben und Unterstände, einige Zelte und die erste Wand einer zusammenlegbaren hölzernen Baracke, die gerade aufgestellt wurde. Und überall geschäftige Gestalten, die gruben, hämmerten und in würdeloser, fremdländischer Hast herumliefen in ihren widerlichen Gewändern, ohne Kopfbedeckung, in offenen Hemden; und ihre verächtlichen, schamlosen Frauen mit nackten, runden Waden und Schenkeln, mit Brüsten, die die engen Hemden sprengten – feile Weiber, Dirnen, Huren und Hurentöchter …

Der Muchtar ließ das Glas sinken. Sein Gesicht wurde gräulich gelb wie bei einem Malariaanfall, und seine Augen waren blutunterlaufen. Fast drehte sich ihm der Magen um bei dem Gedanken, dass von nun an jeden Morgen beim Aufstehen dieser abscheuliche Anblick in seine Augen fallen würde, diese Besudelung, diese schamlose Herausforderung durch die Eindringlinge. Hunde auf dem Hügel der Hunde, die ihren Schmutz um sich warfen, sich in ihm wälzten, ihre Burg von Schmutz errichteten ... Es war aus. Die ganze Landschaft war zerstört. Nie wieder sollte er, der Muchtar von Kfar Tabije, sich seines eigenen Balkones freuen. Seine Augen sollten nicht mehr in Frieden auf Gottes Schöpfung ruhen, die Fellachen im Tale beobachten, wie sie in würdevoller Ruhe hinter ihren hölzernen Pflügen einherschreiten, den Schafen, die über die Abhänge strömten, zuschauen – sie werden von jenem einen Fleck angezogen sein, der zum Mittelpunkt der ganzen Landschaft geworden war, jenem vergifteten Brunnen des Übels, dem Quell der Blasphemie und der Versuchung ...

Vom Innern des Hauses hörte er das langsame Tap-Tap, das Aufschlagen des Stockes des Alten auf dem Steinboden. Issa, der es auch gehört hatte, brachte seinem Vater rasch die Kleider. Der Muchtar schlüpfte in seine langen, weiten Röcke, zog das gestreifte Hemd über seinen Pyjama, schlang das Kefije um seinen Kopf, hob den gewundenen Agal wie eine Krone mit beiden Händen in die Höhe und schob ihn oben auf dem Kefije zurecht. Er hatte gerade seine Toilette beendet, als der alte Mann, Stock voraus, am Balkon auftauchte. Ohne den Gruß seines Sohnes und Enkels zu beachten, ging er mit kleinen energischen Schritten bis zum Geländer vor, legte seinen Stock darauf und hob sein blindes Gesicht gegen die Hügel empor. »Wo?«, fragte er mit einem kurzen, befehlenden Schrei. Er streckte seinen spärlichen weißen Ziegenbart vor, und seine knochige Nase mit der Habichtskrümmung schien in der Luft nach dem Geruch der Eindringlinge zu schnüffeln.

»Dort drüben am Hundehügel«, sagte der Muchtar unterwürfig und lenkte den Stock in der Hand des alten Mannes gegen die Stelle.

Der alte Mann antwortete nicht; er stand aufrecht und bewegungslos am Geländer, das Gesicht gegen die Hügel erhoben. Issa war dem Blick des Muchtars ausgewichen und im Hause verschwunden. Der Muchtar stand hinter seinem Vater wie ein auf Befehle wartender Kellner, sein großer, schwerer Körper zu schuldbewusster Formlosigkeit zusammengesunken. Schließlich konnte er das Schweigen des alten Mannes nicht länger ertragen.

»Es ist nicht meine Schuld«, sagte er mit gutturaler, kläglich selbstbewusster Stimme. »Das ganze Dorf war dafür, zu verkaufen. Sie hätten auch gegen meinen Willen verkauft, die Hunde, und wir hätten nichts bekommen.«

Der alte Mann antwortete und bewegte sich nicht.

»Ich habe nur achthundert bekommen«, sagte der Muchtar, »und sie hätten auf jeden Fall verkauft. Ich konnte nichts tun. Sie haben uns betrogen, die Schweine. In Chubeira zahlten sie sechs Pfund pro Dunam und dem Muchtar weitere fünfhundert.«

Der alte Mann sagte noch immer nichts, drehte sich dann nach einer Weile um und humpelte, Stock voraus, ins Haus zurück.

Der Muchtar horchte auf das sich entfernende Tap-Tap auf den Kacheln. Bei Gott, dachte er, was weiß er? Er sieht nichts und versteht nichts von der Welt. Bei Gott ...

Er zog sich in sein Schlafzimmer zurück, ohne sich noch einmal nach dem Hügel umzuwenden; aber in der Mitte seines Rückens, zwischen den Schulterblättern fühlte er dessen verächtlichen Blick wie das Starren des bösen Blicks.

Auf seinem Morgenspaziergang durch das Dorf fühlte sich der Muchtar einsam und bedrückt durch die Entscheidungen, die er in den nächsten paar Stunden zu treffen hatte; er wusste allerdings, dass er sich hätte sofort entscheiden sollen, als ihn Issa mit der Nachricht weckte. Er hätte ja seinen Spaziergang unterlassen können, aber die Dorfbewohner und der andere Muchtar hätten daraus gleich Schlüsse gezogen. Also wanderte er wie gewöhnlich die eine zusammengestückelte Straße entlang, die ihren Weg schlangenartig durch das Dorf wand, eine stattliche Gestalt, unnahbar mit seinem dunklen, finsteren Gesicht; würdevoll und ehrfurchteinflößend. Trotz der Löcher und Unebenheiten in der Straße musste er nie auf seine Füße hinunterblicken, die jeden Spalt zwischen den Steinen kannten und jede Wendung des Abflusskanals, der die Mitte der Straße entlanglief wie das umgedrehte Rückgrat einer Schlange – die Anlage hatte sich seit der Zeit der Römer nicht geändert. Die Fellachen, die noch nicht auf dem Felde draußen waren, grüßten ihn vor ihren Lehmhütten mit der üblichen Ehrerbietung, während sich die Frauen auf den Stufen mit ihrer üblichen Bescheidenheit in das Halbdunkel der Hütten zurückzogen. Als er ihre formlose, plumpe Witwentracht ansah, ihre Gesichter, mit zwanzig verblüht und stumpf, und den ewigen Säugling mit dem von Ungeziefern zerbissenen Gesicht, den sie an ihrer schlaffen Brust oder in einem Tuch am Rücken trugen, gedachte er mit erneuter Wut der schamlosen Huren am Hügel der Hunde und ihrer nackten Arme und Schenkel. Ja, alles war wie sonst, und wenn er anhielt, um einem Familienoberhaupt einer vornehmen Familie oder sonst einem Mann von Bedeutung die Ehre anzutun, ihn nach seiner und seiner Söhne Gesundheit und dem Stand der Felder und des Viehs zu fragen, erhielt er die übliche Antwort, dass gottlob alles in Ordnung wäre und kein Grund zur Klage. Niemand erwähnte die bevorstehenden Ereignisse mit einem Wort oder einer Andeutung oder auch nur einem fragenden Blick; und doch lag deren Schatten auf jedem Gesicht, und sie alle wussten von der Entscheidung, die der Muchtar zu treffen hatte – und wuschen ihre Hände in Unschuld, die feigen Hunde, damit sie nachher sagen könnten, sie hätten nichts gehört und nichts gewusst von den Ereignissen der kommenden Nacht –, vorausgesetzt, diese Ereignisse würden überhaupt stattfinden ...

Nun hatten sich seine Gedanken schließlich doch dem Problem zugewendet, das er von sich zu weisen oder wenigstens aufzuschieben versucht hatte, dem er aber nicht ausweichen konnte. Es war ein verhängnisvolles Dilemma, das er eigentlich mit anderen klugen und erfahrenen Männern besprechen sollte, dessen Natur aber gerade eine Aussprache ausschloss. Nicht einmal mit seiner eigenen Familie konnte er die Last teilen. Sein Vater, dem Gott noch viele Jahre schenken möge, hatte das Verständnis für die Wege dieser Welt verloren, und sein ältester Sohn war eine pockennarbige Hyäne und hatte nichts im Kopf, als von Geld zu träumen, um die Bordelle Syriens besuchen zu können – und wartete mit Freude darauf, dass sein Vater in die eine oder andere Falle gehen und entweder von der Regierung aufgehängt oder von den arabischen Patrioten in den Hügeln erschossen würde.

Denn das waren tatsächlich die Alternativen, die den Muchtar erwarteten, wenn er nicht mit besonderer Klugheit und Vorsicht vorging. Die Patrioten lagen ringsum überall in den Hügeln, geführt von dem berühmten Revolutionär Fawzi el-Din Kawki, dem Gott noch viele ruhmreiche Jahre schenken möge, wenn auch möglichst fern von dem friedlichen Dorf Kfar Tabije. Unglücklicherweise war jedoch Fawzis geheimes Hauptquartier augenblicklich gerade an einer bestimmten verborgenen Stelle in den Hügeln nicht weiter als drei Stunden Ritt entfernt, und seine Leute kamen jede zweite Nacht regelmäßig nach Kfar Tabije, um sich des Dorfes Tribut für die Sache in Schafen, Mehl und Durrha zu holen. Nicht umsonst hatte Fawzi in der türkischen Armee und unter König Ibn Saud gedient; er verstand es, seine Verpflegung zu organisieren und vom Besten des Landes zu leben. Offiziell wusste der Muchtar von diesen nächtlichen Vorgängen ebenso wenig wie die übrigen Dorfbewohner; und während der gelegentlichen Besuche des stellvertretenden Distriktkommissars Newton zeigte sich – nach Austausch der Begrüßung und Zeremonien, nachdem man sich gegenseitig der Gesundheit und des Wohlbefindens beider Familien vergewissert hatte, nachdem Kaffee herumgereicht und das Wetter und die Ernteaussichten erörtert worden waren – seine Unschuld für jeden, den es anging, klarer als der Tag. Man gab natürlich das Anwachsen nächtlicher Diebstähle in jüngster Zeit zu und betrauerte die gottlosen und rechtlosen Zeiten mit tiefen Seufzern und kummervollen Betrachtungen; was konnte aber ein armer Dorfmuchtar gegen diese schleichenden, unsichtbaren Diebe ausrichten? Man konnte doch schließlich nicht jedes Schaf oder jede Henne mit Schloss und Kette um seine Beine festhalten – und dieser, wenn auch oft wiederholte, Scherz war immer der Anlass zu großer und lang anhaltender Heiterkeit, alle schlugen sich auf die Knie und wischten sich Tränen aus den Augen – außer Newton Effendi, der nicht aufhörte, seinen Kaffee in zerstreutem Schweigen zu trinken. So weit gut – aber der Muchtar hatte eine Vorahnung, dass sich dies nicht mehr länger werde fortsetzen lassen und dass der Scherz seine Würze verliere. Bei seinem letzten Besuch war Newton Effendi zerstreuter denn je und hatte, als von Schafen und Vieh die Rede war, in seiner schwer verständlichen Art die baldige Ankunft einer Meute von Spürhunden erwähnt, die imstande wären, jede Spur von Dieben bis zum Ende dieser Hügelwelt aufzuspüren. Man konnte dem Muchtar natürlich nichts Bestimmtes beweisen; was aber, wenn sie das Dorf durchsuchten und einige von Fawzis Leuten fänden, die die bedauernswerte Gewohnheit hatten, in der einen oder andern Hütte zu übernachten – eine Gefälligkeit, die man aus Gründen der Gastfreundschaft nicht versagen konnte; oder wenn irgendein Schweinehund von der Familie des anderen Muchtars eine Aussage machte und irgendwelche erdichtete Lügen beeidete? Überall lauerte Gefahr, und wer wusste, welches Spiel Newton Effendi spielte? Es war klar, dass er Unannehmlichkeiten vermeiden wollte; aber andererseits konnte man nicht leugnen, dass die Patrioten zu weit gegangen waren, als sie nicht nur Juden, sondern auch Engländer getötet und sich selbst gegen die Regierung feindlich gestellt hatten. Die Situation war ganz verändert, und es kannte sich niemand mehr aus, nicht einmal mehr mit dem stellvertretenden Distriktkommissar Newton. Und dann waren noch die Militärs da; sie hatten kürzlich angefangen, Häuser in die Luft zu sprengen, um friedliche Dörfer wie Kfar Tabije, denen man nichts beweisen konnte, zu strafen; und sie suchten sich immer die besten Häuser im Dorfe zum Sprengen aus, zuerst das des Muchtars ... Es gab natürlich die Arabische Bank, die ganz großzügige Kredite gewährte, damit die Häuser der Opfer wieder aufgebaut werden können; und einige Leute in Lydda un Ramle sollen dabei ganz gut abgeschnitten haben und bekamen ein schönes Steinhaus als Ersatz für eine Lehmhütte oder sonst eine verfallene Ruine; man sagt sogar, dass ein paar ganz Gescheite Mittel gefunden hätten, ihre Lehmhütten in die Luft sprengen zu lassen, obwohl die Engländer sie zu behelligen vergaßen. Aber das eigene Haus ist doch das eigene Haus, und wenn es zufällig ein gutes Haus ist, riskiert man es nicht gerne; und noch weniger seinen Hals, den keine Großzügigkeit der Arabischen Bank wieder ersetzen könnte ...

Diesen Gedanken nachhängend hatte der Muchtar seinen kreisförmigen Spaziergang beendet und war zu Hause angekommen; er zog seine Hausschuhe an, ließ sich seine Wasserpfeife bringen und setzte sich unter Mr. Chamberlains Bild nieder, um seine einsamen Betrachtungen fortzusetzen. Das leise Sprudeln der Pfeife beruhigte seine Sinne, während seine Hände die gelben Bernsteinperlen seines Rosenkranzes weiterschoben.

Seine Gedanken wandten sich der zweiten Stelle des Dilemmas zu. Es war der ausdrückliche Wunsch Fawzi el-Dins, dass sofort ein Bote zu ihm entsandt werde, sollten die Juden versuchen, von dem Hügel der Hunde Besitz zu ergreifen. Es war leicht, die Gründe für das lebhafte Interesse des Patriotenführers an der Sache zu erraten. Er wollte ein Exempel statuieren. Ein Exempel, das der Welt ein für alle Mal zeigen sollte, dass die arabische Nation entschlossen war, der Errichtung neuer Siedlungen ein Ende zu setzen. Wenn dies Fawzi gelang, würden die Hunde nie mehr einen neuen Versuch wagen, und das stückweise Entschlüpfen des Landes aus arabischen Händen wäre beendet.

Ja, Fawzis Absicht war klar, und er hatte die besten Chancen, die Hunde des Hundehügels von der Erdoberfläche verschwinden zu lassen. Der Muchtar atmete tief, und die Bläschen in der Pfeife vermehrten sich, als hätte das Wasser zu kochen begonnen. Oh, morgen aufzuwachen und zu dem Hügel hinüberzublicken und keinen Wachtturm mehr zu sehen und jene kriechenden Insekten wie Gespenster im Licht verschwunden zu wissen; und die reine Luft einzuatmen und das friedliche Land mit seinen schweigenden Hügeln zu schauen ... Bei Gott, so sei es.

Der Muchtar erhob sich und rief nach Issa. Er hatte sich entschieden. Er hatte Fawzi el-Din ein Versprechen gegeben, und es soll gehalten werden, was auch immer die Folgen sein mögen. Vielleicht werden die Engländer das Dorf in die Luft sprengen, vielleicht sein eigenes Haus – sie würden bald erkennen, dass keine Drohungen und keine Gewalttaten etwas ausrichten können gegen den geeinten Willen einer Nation, die entschlossen ist, ihren Boden gegen einen fremden Eindringling zu verteidigen. Im Übrigen könnten sie ihnen nichts beweisen. Kfar Tabije war ein friedliches Dorf, dessen Bauern den Schlaf der Gerechten schliefen und nichts von den nächtlichen Vorgängen wussten.

Issa nahm die Instruktionen des Muchtars mit erschreckten, unruhigen Augen, aber respektvoller Ruhe entgegen. Er verbeugte sich, berührte seine Stirne, küsste seinem Vater die Hand und ging sein Pferd satteln. Er ist doch ein guter Junge, dachte der Muchtar. Und in einer warmen Welle von Großzügigkeit beschloss er, Issa eine gute Frau zu kaufen, ungeachtet der Kosten; ein stämmiges Mädchen, mit ebenso festem und rundem Fleisch wie die Huren am Hügel mit ihren hinten spannenden kurzen Hosen.

Nun, da er sich entschieden hatte, fühlte er sich entspannt und versöhnt mit sich selbst. Denn unter der Oberfläche seines lärmenden Wesens kannte er sich als schwachen, bestechlichen und habgierigen Menschen; aber er wusste auch, dass seine Liebe für die Hügel und seine Heimat echt war und dass er sie gegen die Eindringlinge verteidigen würde mit Schlauheit, Tapferkeit und List, mit Lächeln und Verrat, und er war durchaus bereit, sich, wenigstens solange seine gegenwärtige Stimmung vorhielt, aufhängen zu lassen und nicht mit der Wimper zu zucken, wenn sie ihm das gedrehte Seil über den Kopf werfen.

5

Der Konvoi war gerade vor Sonnenaufgang am Bestimmungsort angelangt.

Nur die leichteren Wagen konnten bis an die Spitze des Hügels heranfahren. Ihre Motoren dröhnten, und ihre Kühler spuckten Dampf, als sie zu zwei Meilen die Stunde den mit Geröll und Flecken trockener, abbröckelnder Erde bedeckten, weglosen Abhang hinaufkrochen. Die schweren Wagen mussten auf halbem Wege stehen bleiben, dort, wo der Karrenweg aufhörte.

Bauman und seine Burschen warteten oben auf den Konvoi. Sie waren vor zwei Stunden angekommen und schienen sich zwischen den ungastlichen sternenbestrahlten Felsen schon richtig zu Hause zu fühlen. Bauman hatte die Jungen den gewellten Sattel des Hügels entlang und am Rande der die Böschung überdachenden Felsblöcke aufgeteilt; da saßen oder hockten sie in dunklen Haufen, die glühenden Funken ihrer Zigaretten hingen in der Luft, ihre Gewehre zeichneten sich scharf gegen die Sterne ab.

Ganz oben auf dem Hügel, wo die Lage am vorteilhaftesten war, wurde ein hundert zu sechzig Meter großes Rechteck säuberlich abgesteckt und damit der Grund für das Lager markiert. Ein Traktor mit einem Pflug knarrte langsam und gequält um dieses Rechteck herum und zog die erste symbolische Furche, die nach arabischer Sitte bedeutet, dass die neuen Siedler von dem Land tatsächlich Besitz ergriffen haben.

Gegen halb sechs zeigte eine leichte Rötung über dem Hügel im Osten an, dass sich der Himmel für den Anbruch des Tages rüstete; in der Höhe verbreitete sich eine graue Blässe, in der sich ein Stern nach dem anderen auflöste, und bald danach ging, als hätte sie es eilig, unvermittelt rasch die Sonne auf. Innerhalb einer Viertelstunde durchmachte der wolkenlose Himmel eine Wandlung von lichtem Grau zu durchsichtigem Grünlichblau, und ringsherum tauchten die Hügel in ihrer gewöhnlichen Tagesgestalt auf, trocken und verödet und dennoch sanft und weich gerundet. Sie erschienen rötlich braun aus der Nähe, kalkgrau aus der Ferne, und von einem unwirklichen zarten Pastell-Lila, wie sie sich gegen den Horizont zu hinzogen. Die neuen Siedler fanden sich mitten in einer Landschaft von sanfter Trostlosigkeit, von einer durch Alter gereiften Dürftigkeit. Die Felsen hatten sich hier für alle Ewigkeit festgesetzt; das spärliche Gebüsch und die Olivenbäume strahlten eine ruhig zufriedene Ergebenheit aus. Ein paar Aasgeier segelten um die Hügelspitze herum; die Kurven, die sie beschrieben, schienen die ebenmäßigen Wellenlinien der Hügel zu paraphrasieren.

Am Abhang im Osten, jenseits des Tales, lag das Dorf Kfar Tabije schweigsam und wie entvölkert. Seine Häuser, aus dem Lehm und Stein des Hügels gebaut, hatten die Farbe des Hügels; sie umarmten den Abhang, aus dem sie gemeißelt waren, und in den sie sich durch natürliche Mimikry aufzulösen schienen. Ihre Wände waren blind, mit denkbar kleinsten quadratischen Fensterlöchern oder überhaupt ohne Fenster. Die unter dem Dorf gelegenen Terrassen waren durch lose Steinmauern geschützt, die durch den Regen des Vorjahres zum Teil zerstört waren. Einige Häuser trugen runde Kuppeln aus Lehm; andere hatten flache Lehmdächer, aus denen Gras und Unkraut hervorwuchsen. Das ganze Dorf sah aus wie eine altertümliche Ruine, die über den ganzen Abhang ausgebreitet sanft zu dem Staub zerfällt, aus dem sie sich in einer zeitlosen Vergangenheit erhoben hatte; es sonnte sich friedlich unter der frühen, aber bereits heiß werdenden Sonne Galiläas.

Die Leute, die mit dem Konvoi angekommen waren, sammelten sich rund um einen Lastwagen, von dessen Dach aus Ruben, der Führer der neuen Siedler, die Namen und die den einzelnen Männern und Frauen zugedachte Arbeit verlas. Er war ein großer, knochiger Geselle mit sparsamen Gebärden, und er konnte, ohne seine Stimme zu erheben, Ruhe gebieten. Nach etwas anfänglichem Durcheinander ordneten sich die Gruppen, und um sechs Uhr früh war jeder bei der Arbeit. Die größte Gruppe von ungefähr fünfzig Leuten war damit beschäftigt, vom Ende des Karrenweges zum Lager auf der Hügelspitze hinauf einen Weg für die schweren Lastwagen freizumachen, eine Strecke von ungefähr zweihundert Metern. Die Steine, die sie auflasen, wurden in Körbe geworfen; die Körbe wanderten von Hand zu Hand in einer Kette hinauf zur Spitze, wo eine zweite Gruppe, geübte *Hagana*-Leute, sie zum Bau der Verschanzungen verwendeten. Diese Wälle schützten fünf Unterstände, von denen zwei nach Norden und je einer nach Osten, Süden oder Westen schauten. Eine dritte Gruppe grub Zickzack-Gräben aus, die die Unterstände verbinden sollten; infolge der Untiefe der Erdschicht über dem felsigen Grund konnten diese Verbindungsgräben nur Menschen, die auf allen vieren kriechen, Schutz gewähren. Eine andere Gruppe rammte Eisenpfosten für das Stacheldrahtgitter, das das Lager vor den Schützengräben umgeben sollte, in die Erde.

Unterdessen hatte die Errichtung des Wachtturms und der

Wohnstätten in dem befestigten Gebiet begonnen. Der Wachtturm, ein hölzerner Fachwerkbau, über zehn Meter hoch und über drei Tonnen schwer, war auf einem besonders konstruierten Raupenschlepper transportiert worden; seine Errichtung war eine heikle Angelegenheit, von Spezialisten durchgeführt, die das schon vorher in anderen Siedlungen gemacht hatten. Ihre Methode war primitiv und sinnreich. Sie errichteten einen Steinhaufen und fuhren mit dem Vorderteil des Schleppers darüber, bis die Grundfläche des Turmes, die über dessen hinteres Ende hinausragte, den Boden berührte. Dann befestigten sie ein Kabel mit einem Ende an der Turmspitze; das andere Ende war an einer Trommel, die von der Maschine eines Traktors bewegt wurde, angebunden. Sie befestigten auch zwei Seile am Turmkopf und hielten diese in rechtem Winkel zu dem Kabel fest; ein Dutzend Hände zogen auf jeder Seite, um das seitliche Umkippen des Turms zu vermeiden. Nun lag der Turm auf dem Schlepper wie eine Riesenfigur, deren ausgestreckte Arme die Seile bildeten; dann begann die Traktorenmaschine ihre Arbeit, die Trommel drehte sich, und das Kabel begann, den Riesen an der Stirne zu ziehen, und zwang ihn, sich langsam in die Luft zu heben. Es war etwas Feierliches und Erregendes in dem langsamen, majestätischen Aufrichten des Turmes, und während dies andauerte, ruhte jede Arbeit. Schweigend und atemlos beobachtete die Menge, wie sich der Turm zu einem Winkel von dreißig Grad, dann fünfundvierzig, dann sechzig Grad hob. Als er beinahe die vertikale Lage erreicht hatte, wurde die Maschine ausgeschaltet, und in der plötzlichen Stille schwang der Turm unter seiner eigenen Schwere ganz langsam weiter wie ein Mensch, der auf seinen Fersen balanciert; und die Menschen an den Enden der beiden Seile hielten diese ängstlich fest, um sicher zu sein, dass sich der Turm glatt aufrichte. Endlich legte sich mit einem leichten Aufschlagen die ganze Basis auf den Boden; der Turm erzitterte einmal und stand auf der Erde, fest und aufrecht. Die Menge stieß einen spontanen Jubelschrei aus, heiser und unartikuliert. Die ganze Spannung der vorangegangenen Nacht schien sich in diesem einen keuchenden Schrei zu entladen, einem lang gezogenen A-ah, einem Brüllen wilder Befreiung. Einen Augenblick lang sah es so aus, als wollten sie alle um den Turm einen Tanz aufführen, einen heidnischen Reigen priapischen Götzendienstes; dann hoben sie ihre Werkzeuge verlegen zögernd auf und gingen wieder an die Arbeit.

Um halb sieben Uhr früh, in dem Augenblick, da der Muchtar von Kfar Tabije aus dem Schlaf geweckt wurde, waren die Zelte aufgeschlagen, war das Abladen der Lastwagen in vollem Gange, der erste zusammenlegbare Teil der ersten Wohnbaracke zu ihrem Grund getragen, und Esras Turm erweckte den Anschein, als wäre er seit undenklichen Zeiten hier gestanden. Auf der kleinen Terrasse unmittelbar am Turm stand mit einem Fernrohr Bauman in seiner schwarzen Lederjoppe; ihm zur Seite stand ein Junge mit einer roten Signalfahne. Kurz nach Sonnenaufgang hatte Bauman berittene Patrouillen in die umliegenden Hügel ausgeschickt, und die ersten von ihnen waren eben auf dem Hügel westlich jenseits des Wadis aufgetaucht. Die drei Reiter bewegten sich den Kamm entlang langsam vorwärts, einer hinter dem andern; sie trugen arabische Kopfbedeckung und passten ganz überzeugend in die Landschaft. Bald darauf hob der erste Reiter mit einer weit ausholenden Bewegung seine rote Fahne über seinen Kopf.

»Signal«, sagte Bauman zu dem Jungen, ohne das Glas vom Auge zu nehmen.

Der Junge schwang die Fahne in einem Halbkreis herum, hielt sie eine Sekunde starr über seinem Kopf und ließ sie plötzlich fallen. Die Bewegungen seines Armes waren rasch und abgezirkelt wie die einer Automatenpuppe, und die Fahne raschelte leicht, sooft sie durch die Luft flitzte.

Nun war die Reihe an dem Reiter auf dem Hügel. Seine Fahne war für das nackte Auge ein winziger roter Punkt, der mit schöner Präzision in vertikalen, horizontalen und kreisförmigen Linien umhersprang.

»Alles ruhig«, las Bauman durch sein Glas. »Zu ruhig für meinen Geschmack«, sagte er zu dem Jungen. »Sag ihnen, sie sollen weitergehen.«

Um neun Uhr früh war der Weg, der vom Karrenweg zu dem Grund führte, genügend freigemacht, um für die schweren Lastwagen passierbar zu sein. Man begann sofort, sie abzuladen. Die leeren Wagen wurden zu einem Konvoi gereiht und nach Gan Tamar zurückgeschickt, um das restliche Material zu holen. Zu dieser Zeit standen schon drei Wände der ersten Wohnhütte, die Grube für die Latrine war ausgehoben, der Wassertank auf seiner wackligen provisorischen Grundlage installiert, und die Rohre für die Duschen waren abgeladen. Einige der Helfer begannen an Rast zu denken, aber vor zwölf Uhr gab es keine.

Um zehn Uhr fünfundvierzig meldete der Wachtposten den Anmarsch von Arabern aus der Richtung von Kfar Tabije. Bauman hatte sie bereits vom Turm aus gesichtet. Es war ein eigenartiger Aufzug. Voran gingen zwei barfüßige Kinder in losen gestreiften Kitteln, die wie Nachthemden aussahen. Hinter ihnen drei oder vier Frauen, auch barfuß. Hinter diesen die Männer, ungefähr zehn, in gestreiften Röcken und europäischen Sakkos, ihre nackten Füße in verschnürten Schuhen. Sie waren, von ein paar Hirtenstäben abgesehen, unbewaffnet. Sie stiegen ohne Eile den Abhang hinauf; die Gesichter der Kinder waren ängstlich, die der Frauen nichtssagend, die der Männer wachsam und ausdruckslos.

Als sie sich dem Stacheldraht näherten, hoben die dort arbeitenden Juden ihre Köpfe, blickten sie kurz an, setzten die Arbeit fort und nahmen scheinbar von ihrer Anwesenheit keine Notiz. Ihre Gesichter waren angespannt und verschlossen; das ruhig erhebende Gefühl der Arbeit war weg. Bauman und Ruben kamen den Arabern zum Stacheldraht entgegen. Die Araber gingen langsam auf sie zu; die Frauen und Kinder blieben zurück, die Männer näherten sich mit nachlässigem Schritt dem Zaune. Sie sahen die symbolische Furche, und ihre Augen verfolgten deren Lauf um das Grundstück.

»Marhaba«, sagte einer von ihnen, »Willkommen«.

»Zweifach willkommen«, sagte Ruben.

Die Araber schlenkerten längs des Zaunes bis zu dem noch nicht eingezäunten Ende weiter. Aber wo der Stacheldraht aufhörte, standen die Burschen von der *Hagana* mit ausdruckslosen Gesichtern auf ihre Gewehre gelehnt da und versperrten ihnen den Weg.

»Wir möchten gerne hineingehen«, sagte einer der Araber. Er sah mehr einem Türken gleich und lächelte höflich.

»Zwei von euch können eintreten und sind willkommen«, sagte Ruben. Sein Arabisch war fließend und sachlich trocken wie sein Hebräisch.

»Mein Gott«, rief ein anderer Araber, ein aufgeregter, kleiner Mann mit einem Auge, »können wir in unserem und unserer Väter Land nicht einmal mehr gehen?«

»Das Land gehört uns«, sagte Ruben, »und da arbeiten Leute, die nicht gestört werden sollen. Aber wenn ihr in ein paar Tagen kommen wollt, werden wir gern unser Mahl mit euch teilen.«

»Wir kamen, um zu reden«, sagte der Türke und lächelte über die Stümpfe einiger angefaulter Zähne.

»Dann kommt herein, und seid willkommen – ihr beiden.«

»Geht nicht«, sagte der Aufgeregte. »Wer weiß, was noch passiert! Mein Gott, und das auf unserem eigenen Boden ...«

»Kommt, ja Abu Tafidi. Wir werden hineingehen, und mit ihnen reden«, sagte der Türke.

»Geht nicht, ja Abu Tafidi«, rief der Aufgeregte. »Diese Menschen sind böse, sonst würden sie uns alle hereinlassen.«

Die Araber verhandelten laut untereinander, und die Juden beobachteten sie mit ausdrucklosen Gesichtern. Schließlich schritten der Türke und Abu Tafidi ins Lager hinein, während sich die anderen außerhalb des Stacheldrahtes niederhockten. Abu Tafidi gehörte zu dem Klan des Muchtars; genau gesagt, war er gleichzeitig sein Vetter, Großonkel und Schwiegersohn, aber er gehörte durch eine Laune der Vererbung dennoch einem völlig andern Typus an. Er war ein hochgewachsener, knochiger alter Mann mit einem kleinen Buckel und einer ruhigen, überlegten Redeweise. Der Türke war dicklich, schmeichlerisch und lebhaft. Sie tauschten mit Bauman und Ruben Komplimente aus, setzten sich am Fuße des Turmes nieder und begannen ernsthaft das Wetter und die Ernte zu erörtern. Nach angemessener Zeit kam dann der Türke zur Sache. Lächelnd, nachdrücklich und mit allen Anzeichen der Aufrichtigkeit erklärte er, dass die Siedler – nette, junge, starke Menschen, denen er das Beste in der Welt wünschte – damit, dass sie auf diesem Hügel zu bauen anfingen, Opfer eines bedauernswerten Irrtums wären, denn das Land gehöre ihnen nicht, und sie würden es selbstverständlich in kurzer Zeit, den Gesetzen gemäß, zu evakuieren haben. Warum also nicht gleich gehen, um Unannehmlichkeiten zu vermeiden und gute Freunde zu bleiben? Er sprach mit großer Einfachheit, rasch und freundlich und schlug mit den Händen mit behänden, abgerundeten Gebärden um sich wie in einer taubstummen Pantomime.

Ruben unterbrach ihn. »Was soll der Unsinn, dass das Land nicht uns gehört?«, fragte er gleichmütig.

Der Türke lachte wie über einen guten Witz. Aber sicherlich, erklärte er, kennen sie alle das Gesetz – das Gesetz von 1935 über den Schutz der Pächter im Falle einer Landübertragung? Natürlich wüssten die Siedler davon, die spielten nur die Unschuldigen, ha-ha – und er zwinkerte mit dem Auge und schlug sich auf die Knie und schüttelte seinen Finger gegen Ruben und Bauman, während der alte Mann zusah, schweigsam und unbeweglich. Selbstverständlich, fuhr der Türke fort, die Siedler hatten den enteigneten Pächtern etwas Geldersatz angeboten, aber war das genug? War es gerecht? Natürlich nicht. Das Gesetz garantierte den enteigneten Pächtern Schutz, und das Gesetz war heilig. Und wenn einige Pächter, arme, unwissende, ungebildete Dummköpfe, in einer augenblicklichen Verwirrung zugestimmt hätten, etwas Geldersatz anzunehmen, und irgendein Papier, das sie nicht verstanden, unterschrieben – was bedeutete es, und wer konnte beweisen, dass ein solches Übereinkommen gültig war? »Aber geht«, sagte der Türke mit väterlicher Leutseligkeit, »ihr seid gebildete junge Leute, ihr habt Schulen und Universitäten besucht, ihr wisst das doch sicher selbst? Ihr wollt doch gewiss dem Gesetz gemäß handeln und Unruhen und Blutvergießen vermeiden?«

Bauman und Ruben erhoben sich gleichzeitig, ohne einen Blick getauscht zu haben. »Wir müssen wieder an die Arbeit«, sagte Bauman. »Dieses Land wurde rechtmäßig erworben, und es ist kein Wort mehr darüber zu verlieren.«

Das Gesicht des Türken war eine Schattierung dunkler geworden; es sah aus, als hätte es nie gelächelt.

»Ihr jungen Narren und Kinder des Todes«, sagte er ruhig. »Ihr wisst nicht, was euch geschehen kann.«

»Wir sind vorbereitet«, sagte Bauman barsch.

Einen Augenblick herrschte Stille. Einer von Baumans Burschen kam zu ihnen hinauf, ein Kupfertablett mit vier kleinen Tassen ungesüßten Kaffees in der Hand. Der Türke nahm nach kurzem Zögern seine Tasse; der alte Mann lehnte ab. Sie tranken ihren Kaffee im Stehen. Dann sprach der alte Mann zum ersten Mal.

»Ich weiß nicht viel von dem Gesetz«, sagte er; seine Stimme war leise, fast sanft. »Ein Mann, der reich und schlau ist, darf einem anderen, der arm und unwissend ist, Geld anbieten, und dieser andere Mann darf ihm sein Vieh und seine Hütte verkaufen. Darin ist keine Gerechtigkeit. Dieser Hügel gehörte unseren Vätern und den Vätern unserer Väter.«

»Und vor dieser Zeit gehörte er den Vätern unserer Väter«, sagte Bauman.

»Das sagen die Bücher. Aber eure Ahnen verloren ihn. Ein Land, das man verloren hat, kann man mit Geld nicht wieder kaufen.«

»Dieser Hügel hat keine Ernte getragen, seit unsere Vorfahren ihn verließen«, sagte Ruben. »Ihr habt das Land vernachlässigt. Ihr lasst die Terrassen verfallen, und der Regen schwemmt die Erde weg. Wir werden den Hügel von den Steinen freimachen und Traktoren und Dünger herschaffen.«

»Was das Tal trägt, ist genug für uns«, sagte der alte Mann. »Wo Gott Steine hingab, soll sie der Mensch nicht fortschaffen. Wir werden leben, wie unsere Väter lebten, und wir wollen nicht euer Geld, eure Traktoren und euren Dünger, und wir wollen nicht eure Frauen, deren Anblick das Auge beleidigt.«

Er hatte unmutig gesprochen, aber ohne seine Stimme zu erheben, wie jemand, der daran gewöhnt ist, zu sehen, dass junge Menschen seine Worte ehrerbietig und in blindem Gehorsam entgegennehmen.

»Unsere Vorstellungen gehen auseinander«, sagte Bauman

mit höflicher Entschiedenheit. »Und nun glaube ich, haben wir alles gesagt, was gesagt werden kann.«

Der alte Mann drehte sich schweigend um und verließ das Lager. Der Türke zögerte und sagte dann mit einem gewissen Widerstreben:

»Die Fellachen von Kfar Tabije sind friedfertige Menschen, Es gibt Araber in den umliegenden Hügeln, die nicht ganz so friedfertig sind. Ihr seid gewarnt.« Er senkte seine Stimme und fügte in vertraulichem Ton hinzu: »... Unser Muchtar gab mir den Auftrag, euch diese Warnung zu übermitteln, als ein Zeichen seines guten Willens, obwohl ihm die Patrioten übel heimzahlen würden, wenn sie davon wüssten.«

Bauman lachte leise. »Euer Muchtar ist ein kluger Mann«, sagte er. »Niemand sieht sein Haus gerne von Soldaten in die Luft gesprengt. Euer Muchtar ist wie ein Fuchs, der in einer Höhle mit zwei Ausgängen lebt, einen zum Sonnenaufgang und einen zum Sonnenuntergang gerichtet.«

Der Türke zuckte die Achseln. »Friede sei mit euch«, sagte er und drehte sich um, um den alten Mann einzuholen.

Die Araber vor dem Stacheldraht sprangen auf die Füße. Zuerst waren sie in angespannter Ruhe dagesessen und hatten die Vorgänge unter dem Turm beobachtet. Als die Zeit verging und sie den Türken lachen und sich in angeregtem Gespräch auf die Knie schlagen sahen, ließ die Spannung nach. Als man ihnen Kaffee auf einem Servierbrett anbot, den sie zweimal ablehnten und das dritte Mal, wie es sein soll, annahmen, wurden sie noch zwangloser. Die Kinder hatten an Orangen gekaut, und die Frauen, die etwas entfernt von den Männern zusammengekauert dasaßen, hatten angefangen, zu kichern und auf die Mädchen mit den nackten Beinen zu deuten. Dann hatten die Männer mit ein paar *Hagana*-Leuten, die Arabisch konnten, zu plaudern begonnen; die Jungen, auf ihre Gewehre gelehnt, hatten herablassend geantwortet und ihnen Zigaretten angeboten. Als die Unterredung beim Turm abbrach, hatte der aufgeregte einäugige Dorfbewohner gerade angefangen, sich zu erkundigen, ob die neuen Siedler einen Doktor hätten und eine Apotheke eröffnen würden wie in den anderen Siedlungen und ob der Doktor sein erblindetes Auge würde heilen können. Als nun ihre Sprecher zurückkamen und sie ihre dunklen Gesichter sahen, umringten sie sie mit dem schuldbewussten Blick von Kindern, die in der Abwesenheit ihrer Eltern schlimm gewesen waren. Der Türke und der alte Mann gingen schweigend durch die Gruppe. Die anderen reihten sich in Paaren hinter ihnen, der Zug stieg langsam den Abhang hinunter, und niemand wendete den Kopf.

Der Türke und der alte Mann sprachen erst, als sie schon fast das Tal erreicht hatten. Dann sagte der Türke:

»Der Teufel soll sie holen, aber er könnte ihre Traktoren dalassen. Sie sind Hunde und Hurensöhne, aber sie verstehen zu arbeiten. Sie werden Tomaten und Melonen und Gott weiß, was sonst noch aus diesem steinigen Hügel ziehen ...« Er seufzte: »Wir sind zu faul, ja Abu; bei Gott ...«

Der alte Mann drehte sich mit einem unfreundlichen Blick zu ihm.

»Du sprichst wie ein Narr«, sagte er. »Ist der Hügel für mich da oder ich für den Hügel?«

Joseph hatte die Unterredung von dem Dach eines Lastwagens, den er abladen half, neugierig beobachtet, und nachdem die Dorfleute abgezogen waren, ging er auf Bauman zu. »Sag einmal«, sagte er, »warum hast du sie nicht alle hereingelassen? Es war äußerst unhöflich.«

Bauman schaute ihn leicht lächelnd an.

»Wir sind zu schwach, als dass wir es uns leisten könnten, höflich zu sein«, sagte er. »Dadurch, dass wir sie draußen hielten, setzten wir uns in ihren Augen als Herren des Platzes ein. Jetzt haben sie sich alle unbewusst mit der Tatsache abgefunden.«

Joseph grinste. »Wo hast du so viel Psychologie gelernt, Bauman?«, sagte er.

»Intuition«, antwortete Bauman.

»Ich dachte, man habe Intuitionen nur Leuten gegenüber, die man mag.«

»Wer sagt dir, dass ich sie nicht mag?«, sagte Bauman.

»Ich wollte, mein Arabisch wäre so gut wie deines«, sagte Joseph. »Was erklärte der alte Scheich so feierlich?«

»Er erklärte, dass jede Nation das Recht habe, ohne äußere Einmischung auf ihre eigene Art zu leben. Er erklärte, dass Geld korrumpiert, Dünger stinkt und Traktoren Lärm machen, was er alles nicht leiden kann.«

»Und was hast du geantwortet?«

»Nichts.«

»Aber du verstehst seinen Standpunkt?«

Bauman schaute ihn ruhig an:

»Wir können es uns nicht leisten, den Standpunkt des anderen zu verstehen.«

6

Während der halbstündigen Mittagspause kamen zwei Privatautos holpernd den Wadi herauf, einen Panzerwagen und eine Staubwolke hinter sich. Im ersten Wagen saß der stellvertretende Distriktkommissar und seine Frau, begleitet von einem Polizeimajor. Mr. Newton war ein magerer, müde aussehender Mann mittleren Alters mit einem schütteren und unordentlichen Schnurrbart. Er war nach achtjährigem Dienst als Hilfskommissär in Roonah (Nordwestindien) hierher versetzt worden. Wenn die Männer im Klub von ihm sprachen, nannten sie ihn immer einen braven Kerl und die Frauen »*so* einen netten Menschen«, worauf immer eine unmerkliche Pause folgte und man das Thema wechselte. Während seiner Amtszeit in Roonah war er in keinerlei Skandal verwickelt und hatte sich nicht hervorgetan; er war genauso unaufdringlich aus der Kolonie verschwunden, wie er sie acht Jahre vorher betreten hatte, ohne eine Erinnerungsspur zu hinterlassen außer einem gelegentlichen milden Schmerz über sein einziges Steckenpferd, das Schachspiel, und einem mitleidigen Hinweis auf den einzigen bedeutenderen Schnitzer, den er jemals begangen hatte, nämlich seine Frau zu heiraten. Mrs. Newton war die Tochter eines Oberfeldwebels in der indischen Armee. Eine vertrauliche Analyse der Motive, die den schüchternen Mr. Newton zu dem großen, knochigen, jungfräulichen Wesen hingezogen hatten, würde verblüffende Resultate ergeben haben; sie hätte Mr. Newtons ständige heimliche und leidenschaftliche Abscheu vor Roonah, dem Klub, der indischen Zivilverwaltung und der Armee aufgedeckt; und seinen verschrobenen Sinn für Humor, der ihn zuerst dazu führte, sich die keusche, eckige Tochter des Oberfeldwebels in einer Reihe jener absurden Stellungen vorzustellen, die der Zeugungsakt notwendig macht. Es hatte als grotesker, privater Scherz begonnen und wuchs, bis Mr. Newtons ausgehungerter und schachtrainierter Geist, der gewohnt war, sich nach den verschiedenen Zügen beider Partner die Positionen vorzustellen, davon besessen war. Was er nicht voraussah – denn er war ein gutherziger Mann mit einem nicht überdurchschnittlichen Maß unterdrückter Unanständigkeit –, war das Patt, das den ersten paar Eröffnungszügen unmittelbar nach ihrer Hochzeit folgte. Die tatsächliche Situation hatte nichts von dem Humor und dem Geheimnis, welche sie in der Vorstellung zu faszinierend machten; aber da war es zu spät. Ein Patt kann nicht ungeschehen gemacht werden.

Der dritte Autoinsasse, Polizeimajor Edwards, der ein kupferfarbig gebräuntes Gesicht hatte, war schlechter Laune, weil Mr. Newton, angeblich aus Höflichkeit, den Platz neben dem Fahrer eingenommen hatte, wo er gerne saß; und Mrs. Newton stellte sich vage vor (wie immer, wenn sie in der Gesellschaft eines Mannes in Uniform war), wie viel glücklicher sie wohl wäre, hätte sie in die Armee geheiratet.

Im zweiten Auto saßen Mr. Glickstein und Mr. Winter, beide Mitglieder der Zionistischen Exekutive in Jerusalem, und zwischen diesen eingepfercht ein amerikanischer Journalist namens Dick Matthews, der eine zehntägige Tour durch das Land machte. Vorne neben dem Fahrer saß der offizielle Fotograf der

Zionistischen Exekutive, Dr. phil. Emil Lustig. Der Fotograf und der Fahrer erörterten deutsch den Einfluss Nietzsches auf die faschistische Ideologie. Der Journalist hörte mit einem Ohr dem Gespräch zu und war sichtlich gelangweilt. Glickstein bemerkte es.

»Verstehen Sie deutsch?«, fragte er.

»Ein bisschen«, sagte Matthews.

»Wir sind ein komisches Land, was?«, sagte Glickstein. Er hatte sein Propagandalächeln angelegt und zeigte seine Goldzähne. »Unser Fahrer war Graphologe, Sachverständiger am Strafgericht in Karlsruhe, bevor er Pionier wurde.«

»Ihr alle seid fabelhafte Kerle«, sagte Matthews gelangweilt.

»Der Fotograf«, fuhr Glickstein fort, »war Philosophieprofessor in Heidelberg.«

»Yeah«, sagte Matthews, der zwei Stunden Propaganda in Glicksteins holprigem Englisch hinter sich hatte. »Das erinnert mich an die Taxichauffeure in Paris nach dem letzten Krieg, die alle russische Großfürsten waren.«

Glicksteins Lächeln wurde sauer. »Verzeihen Sie«, sagte er. »Jene Leute hat man aus Russland hinausgeworfen. Aber die Mehrzahl unserer Pioniere kam aus freien Stücken in unser Land, lange vor Hitler.«

»Da haben Sie recht – wie immer«, sagte Mathews. Sein Gerechtigkeitssinn zwang ihn zuzugeben, dass Glickstein recht hatte und dass alle diese bewunderungswürdigen Burschen mit ihrer Nationalheim-Geschichte bewunderungswürdige Arbeit leisteten. Aber er wünschte sehnlichst, Glickstein würde weniger darüber reden und nicht mit jener Heftigkeit, die einem die Feuchtigkeit von seinen Lippen dem Partner ins Gesicht spritzen ließ, und dass sich alle diese klugen und bewunderungswürdigen Burschen manchmal gehen ließen und einem etwas zu trinken offerierten statt Statistiken und Heldentaten und sich gelegentlich auch einmal selbst betrinken würden. Er war jetzt schon fast fünf Tage im Land herumgereist und hatte eine Menge Material für seine Reportagen gesammelt, aber irgendwie wollte sich der Bericht nicht machen, oder er gelang daneben, mit einem Misston, den er wirklich nicht beabsichtigt hatte und der ungerecht gewesen wäre gegen diese Burschen, die er umso mehr bewunderte und umso weniger leiden konnte, je länger er mit ihnen beisammen war.

Matthews seufzte und zog etwas verlegen eine flache Flasche aus seiner Hüfttasche. Diese Leute tranken nicht, und er wollte ihre Gefühle nicht verletzen, aber manchmal hat man es eben satt. Er bot Glickstein und Winter die Flasche an, dann gab er es auf, nahm grimmig einen tiefen Schluck und errötete beinahe. Er sah Glicksteins nachsichtiges goldblitzendes Lächeln, und er wünschte sehnlich, Glickstein wäre ein Faschist, und er hätte eine Ausrede, ihm einen festen, ehrlichen Hieb ins Gesicht zu versetzen.

Winter, der an Matthews anderer Seite saß, hatte die letzte Stunde kein Wort gesprochen. Er war von einer ruhigen, schmerzlichen Erbitterung erfüllt, die jede von Matthews' Bemerkungen verstärkte. Ein Goj bleibt ein Goj, dachte er sich, ob er einem wohlmeint oder nicht. Da reist er durch ein Land, wo unsere Leute etwas Fantastischeres und Schwierigeres leisten als die ganze berühmte Eroberung des Westens, und alles, an das er denken kann, ist, uns mit den Pariser Taxichauffeuren und Nachtlokalhuren zu vergleichen; und das ganze Gefühl, das er aufbieten kann, kommt aus seiner Flasche – da, wie er sie umkippt, wie sich seine Lippen zu einem unappetitlichen Ring von Fleisch um ihren Hals formen. Ja, ja, wir kennen die Flasche und was sie aus dem Goj macht – die Gesänge am Anfang, die Sentimentalität in der Mitte und die Pogrome am Schluss ...

Joseph und Dina ruhten Seite an Seite auf dem engen Streifchen Schattens neben der noch ungedeckten Speisebaracke. Hinter ihren Köpfen saß Simon mit seinem Rücken gegen die Wand, die Knie gegen den Körper an- und die Hosen sorgsam über die Knöchel hinaufgezogen. Er las den *Dawar* vom Vorabend, die Abendzeitung der Arbeiterpartei, die ein Lastauto gerade von Gan Tamar heraufgebracht hatte. Neben ihm saß Dascha, ein gutmütiges, rundliches Mädchen mit einem hübschen Gesicht, das sich bereits unter dem Einfluss von Klima und Arbeit vergröbert hatte.

»Da kommen unsere Obermacher«, sagte Joseph, als die zwei Autos und der sie begleitende Wagen sichtbar wurden und sich das letzte Stückchen zur Spitze heraufarbeiteten.

Niemand antwortete. Sie waren alle erschöpft und fürchteten sich vor dem Augenblick in zwanzig Minuten, da sie wieder an die Arbeit müssten. Außer den Wachtposten lag das ganze Lager ausgestreckt da, benommen von der glühenden Sonne, bewegungslos wie Eidechsen auf einem heißen Stein. Als die Autos nahe beim Turm stehen blieben, hoben sie die Köpfe und ließen sie wieder auf ihre Arme zurückfallen. Nur Ruben und Bauman erhoben sich, um die Gäste zu begrüßen.

Mrs. Newton stieg als Erste aus; sie überblickte missbilligend die Szene und betrachtete es als persönliche Beleidigung, dass niemand aufzustehen oder von ihrer Ankunft Notiz zu nehmen schien. Der Major stieg als Nächster aus dem Auto. »Guten Morgen«, rief er mit erkünstelter Herzlichkeit, und wandte sich zu Ruben und Bauman. »Seid ihr die Führer dieser glücklichen Schar?« Seine Stimme explodierte wie ein Geschoss in der schweren, benommenen Stille.

Alle außer Mrs. Newton schüttelten einander die Hände. Die Insassen des anderen Wagens schlossen sich ihnen an. Sie standen im Schatten des Turmes in einer Gruppe da. Dr. phil. Lustig machte zwanglose Aufnahmen von ihnen und strich in befangener Unaufdringlichkeit um die Gruppe herum, ein ständiges Lächeln auf den Lippen und hinter seinen scharfen, rahmenlosen Augengläsern, womit er ausdrücken wollte, er wäre *nur* ein Fotograf. Dann schlenderte er mit seiner Leica fort, um den Hügel mit seinen Steinen und dem Lager *in statu nascendi* aufzunehmen. Jedes Mal, wenn er knipste, sah er im Geiste die Überschrift zu dem gerade aufgenommenen Bild, wie es in einem künftigen Propagandawerk erscheinen würde: *»vor fünf Jahren war Esras Turm nichts als eine Steinwüste …«*, und darunter die Fotografie eines modernen Gemeinschaftsdorfes mit weißen Betonbauten, schattigen Eukalyptusalleen, Rasenflächen, Obstgärten und lachenden Kindern: *»… und das ist er heute.«*

Er machte eine Aufnahme von einem von Baumans Burschen mit seinem Gewehr, im Profil, aus einem niederen Winkel, sodass die Gestalt sich hoch aufragend gegen den Himmel abhob: *»… wie zu Esras Zeiten, als die Männer, die aus dem babylonischen Exil zurückkehrten, mit der einen Hand Arbeit verrichteten und mit der andern die Waffe hielten …«*

Dr. Lustig war bewegt. Die Sonne schien stark, Schweiß tröpfelte ihm von der Stirn herab unter seine Gläser und brannte ihm in den Augen. Er rieb sie mit dem Taschentuch aus seiner Brusttasche, wischte seine Augengläser ab und nahm Joseph und Dina auf, hinter ihren Köpfen auf den Fersen hockend, aus einem originellen Winkel, der ihre horizontalen Gesichter hart und gemeißelt machen würde wie Partisanen in einem russischen Film. Seine Fantasie, gedrillt, alles in Schemen von »vorher« und »nachher« zu sehen wie Reklamen für ein Gesichtspuder oder ein Nervenberuhigungsmittel, hatte sie bereits mit einer Kinderschar umgeben, die strahlend selbst gezogene Orangen aßen, während Dina auf irgendeinem unbestimmten Saiteninstrument, einer Harfe oder Laute, spielte, so wie Bathscheba für David gespielt hatte. Er schlich auf den Zehenspitzen weiter, in sich hineinlächelnd, verloren in seinem Wachtraum von dem wieder auferstandenen Judenstaat, in gehobener Stimmung und ganz daran vergessend, dass er *nur* ein Fotograf war.

Ruben führte inzwischen seine Gäste um das Grundstück herum. Er machte nur einige sachliche Bemerkungen, und Matthews dachte, dass ihm dieser Mensch viel lieber sei als die großen Herren aus Jerusalem. Mr. Newton hörte zerstreut zu; er hatte ein Gefühl von bestürzter Bewunderung für all diese jungen Leute, die sich unter so schwierigen Umständen auf diese Wagnisse eingelassen hatten, von einem sentimentalen Fanatismus angetrieben, der ihm völlig fremd war; gleichzeitig aber waren ihm die Scherereien unangenehm, die entstehen würden, wenn die arabischen Terroristengruppen, wie es anzunehmen war, wieder Geschichten machten, obwohl dies, gottlob, Sache des Majors war und nicht die seine. Er konnte auch die ganze Unordnung, die mit dem Bau eines Lagers zusammenhing, nicht leiden. Es würde sicher wieder eine von diesen hässlichen, ungeschlachten modernen Siedlungen werden, die die Landschaft verschandelten. Welcher Kontrast zu der melancholischen Schönheit der arabischen Dörfer, wie etwa das dort jenseits des Tales, friedlich schlafend in der heißen, zitternden Luft.

Mrs. Newton, die vorn an des Majors Seite ging, hatte ähnliche Gedanken, wenn sie auch weniger klar umrissen waren und der ästhetischen Würdigung der Schönheit der arabischen Dörfer entbehrten. Aber mit den Arabern kannte man sich wenigstens aus; sie waren Eingeborene und benahmen sich ihrem Stand angemessen. Ihre Würdenträger waren höflich und würdevoll, die Massen malerisch und unterwürfig. Wenn sie gelegentlich meuterten und Schießereien veranstalteten, so war das nur natürlich, denn was konnte man sonst von ihnen erwarten? Aber die Juden waren anders. Sie hatten keine Würdenträger und keine Würde, und sie sahen nicht malerisch aus. Anstatt den Briten dankbar zu sein, dass sie sie hereingelassen hatten, benahmen sie sich, als ob das Land ihnen gehörte. Da, wie sie nur herumliegen auf ihren Rücken und Bäuchen und einen nicht beachten, statt stramm aufzuspringen, wenn ein Major und die Frau des Kommissars sie besichtigen. Mein Gott, wenn sie es in Roonah wagen würden, sich so zu benehmen! ... Es ist halt ein Pech, dass sie Weiße sind – weiße Eingeborene, wer hat schon jemals so etwas gehört? Und obendrein waren die alle Universitätsprofessoren oder weiß Gott was. Bildeten sich ein, sie wären klüger als wir, konnten einem aber nicht einmal eine ordentliche Tasse Tee anbieten bei ihren Gesellschaften oder wirklich nett Konversation machen. Müssen immer mit ihrem Wissen protzen und den Sprachen, die sie sprechen, und dass sie *so* gescheit sind ...

Der Polizeimajor an ihrer Seite ging seinen eigenen Gedankengängen nach. Die trockene Hitze erinnerte ihn, wie immer, an den Sudan, von wo er erst vor einigen Monaten hierher versetzt worden war; und daran, wie viel einfacher dort alles gewesen war. Inzwischen bemerkte er mit interessiertem Kennerblick die Gräben und Unterstände, die diese Judenjungen gemacht hatten. Sie hatten Mut, gerade jetzt hier heraufzukommen; und wenn es wahr war, dass Fawzis Banden gerade in diese Gegend gezogen waren, dann könnten sie sich auf allerhand gefasst machen. Was waren schließlich die zwölf Gewehre, die ihnen erlaubt waren – aber andererseits hatten sie wieder ihre verfluchte Verteidigungsorganisation, die *Hagana,* mit ihren illegalen Waffen ... Schließlich wurden sie gewarnt, und wenn sie die Tollkühnen spielen wollten und auf ihrem lächerlichen Hügel bestünden – wie auf dem berühmten Pfund Fleisch –, so war das ihre Sache. Was Fawzi und seine Banden betraf, das sollen sich die Leute vom Heer ausmachen, und viel Glück dazu ...

»Schauen Sie!«, rief Mrs. Newton aus und zeigte mit plötzlicher Lebhaftigkeit auf den hinter seiner hebräischen Zeitung vergrabenen Simon. »Schauen Sie, er liest tatsächlich von rechts nach links, ist das nicht komisch?«

Es war die erste Bemerkung, die sie fallen ließ, seit sie aus dem Auto gestiegen war, und sie war in ihrer scharfen, lauten Stimme gemacht. Der Major wandte den Kopf, und seine blauen, leicht glotzenden Augen tauchten plötzlich in ein Paar brennend schwarzer, die den Ausdruck eines so ruhigen, konzentrierten Hasses zeigten, dass der Major etwas wie einen schwachen elektrischen Schlag zu verspüren glaubte. Er sah mit Verwirrung einen schmächtigen, jungen Mann, der steif aufrecht saß mit dem Rücken gegen die Hütte, dessen dunkles, hageres Gesicht von jenen fanatischen Augen beherrscht wurde, die den Major die seinen rasch abwenden ließen. »Herrgott«, wisperte der Major Mrs. Newton zu, »dieser Mensch durchbohrt uns mit den Augen ...«

Er hatte das unheimliche Gefühl, dass er diesen Kerl schon einmal unter fast genau den gleichen Umständen gesehen, und gleichermaßen unverdient, denselben schändlichen Blick zugeworfen bekommen hatte. »Unsinn«, dachte der Major, als er an der Seite der plötzlich verstummten Mrs. Newton weiterging. »Aber wahrhaftig, was das für ein Land ist, was für ein Land! – Wie wenn jeder, der hier herumläuft, einen Sonnenstich hätte.«

Um halb eins ertönte Rubens Pfiff und zeigte das Ende der Ruhepause an; und aus dem schmalen Streifchen Schattens hinter den Zelten und Hütten tauchten die Arbeiter auf und standen, vor Müdigkeit taumelnd, schwerfällig auf. Bald danach verabschiedeten sich die offiziellen Gäste. Als der Major Ruben und Bauman die Hände schüttelte – Mr. und Mrs. Newton waren schon im Auto –, gab er mit herzlicher, leicht verlegener Stimme der Hoffnung Ausdruck, dass alles gut gehen werde.

»Wir teilen Ihre Hoffung«, sagte Ruben mit dem Anflug eines sarkastischen Lächelns. »Umso mehr, als wir gelernt haben, selbst auf uns achtzugeben.«

Der Major sagte nichts und schlug die Tür des Wagens knallend zu. Sie holperten langsam, von dem Panzerwagen gefolgt, den neuen Weg hinunter. Die Gesellschaft, die mit dem zweiten Auto gekommen war, hatte beschlossen, über Nachmittag zu bleiben und vor Sonnenuntergang, zugleich mit dem Konvoi der zurückkehrenden Helfer, aufzubrechen.

Es war Matthews gelungen, Glickstein und Co., wie er sie im Geheimen nannte, loszuwerden – sie unterhielten sich angeregt mit dem alten Wabasch auf Hebräisch –, und schlenderte allein durch das Lager. Der Stacheldrahtzaun war beinahe vollendet und ebenso die fünf Hauptunterstände; aber die sie verbindenden Gräben waren stellenweise noch sehr wenig tief, und die schweißglänzenden Gesichter der daran arbeitenden Leute – meist junge und stämmige Sabras – wurden mürrischer und verdrossener, als der Nachmittag fortschritt. Im Gegensatz zu diesen pfiffen die Zimmerleute, die die Sperrholztäfelung der Speise- und Wohnbaracken anbrachten, munter vor sich hin, und auch die Jungen, die an den Dachbalken und Latten hämmerten, waren gut gelaunt. Die beiden Baracken standen in rechtem Winkel zueinander und bildeten, zusammen mit dem Wachtturm, einen Platz in der Mitte des ganzen Grundes. Die nach außen schauenden Wände der Baracken waren nach der Art von Blockhütten mit Holzfachwerk verstärkt, das in fertigen Segmenten angekommen war; die Zwischenräume zwischen dem Fachwerk und den Wänden der Hütten wurden teilweise mit grobem Sand ausgefüllt. Nur teilweise, denn es gab da eine Panne: die notwendige Menge war augenscheinlich zu niedrig berechnet worden, und überdies war einer der Lastwagen, der den Sand trug, stecken geblieben. Sie hatten vom Wachtturm aus nach Gan Tamar um weiteren Nachschub signalisiert, aber es war nicht gewiss, ob dieser noch vor Sonnenuntergang ankommen würde; zu Matthews' Erstaunen schien sich niemand darüber aufzuregen.

In der Mitte des Platzes standen drei Zelte, zusammengedrängt zwischen den schützenden Wänden des Turmes und der zwei Baracken. Außerhalb des Platzes, nahe beim Stacheldraht war die Latrine, von einem Pfahlzaun verdeckt und durch eine Holzwand in zwei Teile geteilt; ein paar Meter weiter wurden die Röhren für die Duschen installiert, gleichfalls mit einem Zaun umgeben, aber vorläufig noch nicht unterteilt. Matthews prägte sich dies ein; es kam ihm auch komisch vor, dass sich diese Menschen mit Duschen abgaben, bevor sie mit ihren Gräben fertig waren. Stimmt schon, es gruben da so viele Menschen, als Platz war, wenn sie sich nicht gegenseitig im Weg sein wollten; aber doch ...

Der Kerl in der Lederjoppe lächelte ihm von der Terrasse des Wachtturmes aus zu, und Matthews kletterte hinauf; unbeholfen schob er seinen schweren Körper die Leiter entlang, deren Sprossen zu weit auseinandergesetzt waren. Er bemerkte, dass ihm sogar diese kleine Anstrengung den Schweiß aus den Poren trieb und das Blut in den Schläfen pulsieren ließ; und seine Achtung wuchs vor diesen Burschen, die seit Sonnenaufgang arbeiteten – und die freiwillig auf diesem gottverlassenen Fleck bis ans Ende ihrer Tage leben wollten, vorausgesetzt, dass man sie nicht vorher hinauswarf oder umbrachte.

»Warum ziehen Sie denn nicht Ihren blöden Rock aus?«, fragte er, als er keuchend auf der Plattform ankam. »Frieren Sie?«

»Es spielt keine Rolle«, sagte Bauman mit seinem breiten Lächeln.

Matthews vermutete, dass die Lederjoppe für Bauman eine Art Uniform war und dass er sie als ein Symbol seiner Autorität als Offizier der berühmten illegalen *Hagana* betrachtete. Unter ihnen, zu Füßen des Turmes, sprachen Glickstein und Co. noch immer auf Hebräisch mit dem alten Wabasch, der – hauptsächlich aus dekorativen Gründen – auf einen Spaten gestützt mehr denn je einem biblischen Patriarchen gleichsah. »Was sagt er?«, fragte Matthews Bauman.

»Er regt sich über die Dächer auf«, sagte Bauman. »Er würde sie gerne fertig sehen. Nach ottomanischem Gesetz hatte niemand das Recht, ein Haus niederzureißen, wenn einmal ein Dach darauf war, selbst wenn es ohne Bewilligung des Grundbesitzers gebaut worden war.«

»Ist dieses Gesetz noch in Kraft?«

»Nein.«

»Was soll das dann?«

»Es war in Kraft in der Zeit des alten Wabasch. In diesem Land haben Traditionen tausend Leben wie die Katzen.«

»Glauben Sie, dass sich die Araber wirklich darum kümmern, ob ein Dach da ist oder nicht?«

»Nein. Aber der alte Wabasch«, sagt Bauman, und sein Lächeln wurde noch breiter.

Matthews ließ seine Augen umherschweifen und den Eindruck der Landschaft von der Höhe des Turmes aus aufnehmen: all diese öden und doch sanft gewellten Hügel, jetzt ockerfarben unter dem flammenden Himmel; eine schweigsame Landschaft, die die Prägung der Ewigkeit trug. Mit einem Seufzer des Bedauerns wandte er sich wieder dem Durcheinander des Lagers zu. Zehn Meter zur Linken lud man den letzten Lastwagen ab; er enthielt Schiefer für die Dächer und ein paar Ballen Stacheldraht, den sie dringend brauchten, um den Drahtverhau zu machen. Sie waren nun schon alle etwas nervös und in Eile; einige rissen sich, ohne es auch nur zu bemerken, die Finger mit den schweren Rollen Stacheldraht, mit denen sie arbeiteten, blutig. Oben auf dem Wagen stand Dina mit gespreizten Beinen in khakifarbenen, kurzen Hosen und einem blauen, am Halse offenen Hemd und reichte Schiefer hinunter. Ihre Handflächen waren vom Draht aufgerissen, und sie hob sie von Zeit zu Zeit zerstreut an ihren Mund und leckte das Blut ab. Ihr Gesicht, schweißtriefend, glitzerte in der Sonne wie Metall; ihr glattes braunes Haar hing über Gesicht und Schultern. Auch Bauman schaute auf Dina.

»Die Kleine ist ein Schlager«, sagte Matthews. »Mit wem ist sie verheiratet ... oder lebt sie?«, verbesserte er verlegen. »Sie lebt mit niemandem«, sagte Bauman.

»Die meisten tun's aber, glaub ich?« Matthews musste sich zwingen weiterzufragen. Es war ihm unangenehm, seine Nase in die Privatangelegenheiten dieser Leute zu stecken, aber schließlich war es seine Aufgabe, die Sitten und Gewohnheiten ihrer Gemeinschaft herauszufinden.

»Die meisten tun's«, sagte Bauman lakonisch.

»Hören Sie«, sagte Matthews, »Sie wünschen mich wahrscheinlich zum Teufel, aber ich hätte das gern klargestellt.«

»Es ist ganz klar«, sagte Bauman mit seinem belustigten Lächeln. Dann fügte er, weil er nicht unhöflich sein wollte, hinzu: »Dina ist ein Spezialfall. Sie kommt aus Mitteleuropa und konnte nicht rechtzeitig entkommen. Sie haben mit ihr gewisse Dinge gemacht. Sie ist noch nicht darüber hinweggekommen ...«

Dabei ließ er es bewenden und rieb sich dabei die Wange. Matthews drang nicht weiter in ihn; Bauman hatte eine Art, zu gleicher Zeit offen und ausweichend zu sein. Sie alle hatten es, diese jungen Leute; sie machten den Eindruck, als hätten sie nichts zu verbergen, aber es gab eine Menge an Dingen, über die sie mit einem Außenstehenden nicht sprechen wollten. Solange sie mit einem sprachen, waren sie vollkommen aufrichtig; wenn sie aber schwiegen, dann hatte es etwas Endgültiges.

Die Gruppe, die am Fuße der Leiter gestanden war, hatte sich inzwischen entfernt. Glickstein und der alte Wabasch waren in einen der Unterstände geklettert, und auf ihren Fersen hockend erklärten sie einander etwas mit weit ausholenden Bewegungen. Winter war verschwunden, aber nach einiger Zeit entdeckte ihn Matthews, wie er sich schwankend mit einer Hand unsicher am Dach der Speisebaracke festhielt und mit der anderen Nägel in die Tragbalken schlug. »Er wird gleich herunterfallen«, sagte Matthews und zeigte auf ihn.

»Keine Angst um Winter«, sagte Bauman. »Er war Dachdecker in Tel Aviv, bevor er ein Arbeiterführer und Mitglied der Exekutive wurde.«

»Und Glickstein?«

»Oh – der ist in der politischen Abteilung ...« Wieder ließ er es dabei bewenden und hob den Feldstecher zu den Augen: Von der gegenüberliegenden Hügelspitze wurde signalisiert. Matthews hatte die Empfindung, er wäre unerwünscht, und kletterte die Leiter hinunter. Einige Zeit wanderte er etwas ziellos umher und blieb dann bei einem der Gräben stehen. Die Jungen arbeiteten in derselben mürrischen und trotzigen Stille wie vor einer Stunde. Dascha, das hübsche dicke Mädchen, ging die Reihe entlang und reichte ihnen Becher voll kühlen Wassers aus einem arabischen Tonkrug. Sie bespülten die Gaumen mit dem Wasser, bevor sie es tranken, und gossen die letzten Tropfen auf ihre Taschentücher, die sie wie Nachtmützen auf den Köpfen trugen. Ihre Gesichter waren von Schweiß und Schmutz verschmiert, ihre Lippen trocken und gesprungen; sie arbeiteten mit langsamen, automatischen Bewegungen.

Nach einer Weile erregte etwas im Ausdruck eines der Arbeiter – eines mageren, engbrüstigen, kurzsichtigen Jungen mit Pusteln im Gesicht – Matthews' Aufmerksamkeit. Er hatte sein Arbeitstempo verlangsamt; plötzlich wurden seine Bewegungen unsicher und schwankend, als ob er betrunken wäre oder einschliefe. Dann hörte er, auf den wankenden Griff seines Spatens gestützt, völlig auf; sein Nachbar konnte ihn gerade noch in seinen Armen auffangen, bevor er im Graben zusammenbrach. Es entstand nur eine kaum merkliche Bewegung, als der Junge in das Erste-Hilfe-Zelt getragen wurde; und ohne recht zu wissen, wie es dazu gekommen war, hatte Matthews seinen Spaten und seinen Platz übernommen und schaufelte Erde und Steine aus dem Graben. Seine Nachbarn machten keinerlei Bemerkungen; sie setzten gleichmütig ihre Arbeit fort, als ob nichts geschehen wäre. Als Dascha das nächste Mal mit ihrem Krug vorbeikam, nahm er seinen Tropenhelm ab und ersetzte ihn mit seinem Taschentuch, das Dascha für ihn befeuchtete, mit ihren dicken Lippen und dem hübschen und ziemlich stumpfen Gesicht freundlich lächelnd. Matthews fühlte sich seelisch gehoben und kam sich vor wie ein Narr. Er arbeitete ruhig, versuchte, mit seinen Bewegungen sparsam zu sein und sich dem Rhythmus seiner Nachbarn anzupassen. Nach einiger Zeit sah er Dr. Lustig mit seiner Kamera auf den Graben zuschleichen und sich in die geeignete Stellung hineinmanövrieren. Es gelang Matthews im richtigen Augenblick, bevor er knipste, die Zunge herauszustecken und eine Grimasse zu schneiden. Dr. Lustig lächelte etwas gezwungen, aber die Burschen im Graben grinsten ihren Beifall, und Matthews glaubte in diesem Augenblick, in dieser harten und ausweichenden Gesellschaft von Judenjungen eine Art Probe bestanden zu haben.

Um fünf Uhr waren die Duschen installiert; eine halbe Stunde später war das Dach der Wohnbaracke fertig und ein paar

Minuten nachher auch das der Speisebaracke. Das Aufstellen der Möbel dauerte kaum eine Stunde. Sie hatten zehn roh gezimmerte Tische mit Bänken für den Speisesaal: Raum für sechzig Menschen und vier Matratzen für jedes der sechs Zimmer der Wohnbaracken, der Rest musste in Zelten schlafen.

Um sechs Uhr, kurz vor Sonnenuntergang, kam der Wagen mit dem Grobsand. Das Gefühl der Erleichterung, mit dem er begrüßt wurde, enthüllt nachträglich die Unruhe, die sie alle empfunden hatten, als er so lange nicht kam. Der Sand wurde in zwei Haufen vor die Verschanzungen abgeladen; und während die neuen Siedler, die bleiben sollten, den Sand in die Löcher zu füllen begannen, schichteten die Helfer ihre Werkzeuge beim Turm auf und nahmen in den wartenden Wagen des heimziehenden Konvois ihre Plätze ein. Es war die Rede davon gewesen, Festansprachen zu halten, bevor sie gingen, aber sie hatten bis zum allerletzten Moment an den Gräben gearbeitet und mussten sich jetzt beeilen, wenn sie nicht im Wadi von der Dunkelheit überrascht werden wollten. Der alte Wabasch schaute enttäuscht drein; er hatte eine schöne Rede vorbereitet, voll von leidenden Milliohnim. Der Junge, der im Graben zusammengebrochen war, saß in einem der Wagen in festem Schlaf auf dem Platz neben dem Fahrer. Matthews saß wieder mit seinem breiten Rücken zwischen Glickstein und Winter eingeklemmt; das kleine Privatauto sah zwischen den schweren Lastwagen wie ein Spielzeug aus. Der Abschied war eilig und aufseiten der Fortfahrenden von etwas gezwungener Fröhlichkeit. Sie waren schläfrig und erschöpft; als sie, während die Motoren anliefen, in den voll besetzten Wagen dastanden und sich hinunterbeugten, um den neuen Siedlern zum letzten Mal die Hände zu schütteln, wirkten sie bereits wie Ortsfremde.

Der erste Lastwagen fuhr mit einem plötzlichen Ruck los; nach einer Pause von wenigen Augenblicken folgte der zweite;

bald war der ganze Konvoi in Bewegung, holperte qualvoll den neuen Weg hinunter und verschwand am Fuße des Abhangs. Nach einer Weile wurde er, wesentlich kleiner, unten im Wadi wieder sichtbar. Aber da wurde es schon dunkel, und ein Wagen nach dem andern drehte seine Blendlaternen ab, als sie sich in die Dämmerung verzogen. Man konnte das Surren der Motoren und die Abschiedsgrüße ihrer Hupen hören, bis der letzte Wagen hinter der Biegung des Wadis verschwunden war, diesmal endgültig; und es wurde still, und die Nacht fiel ein.

7

Sie waren fünfundzwanzig; zwanzig Männer und fünf Frauen. Der Rest der Kommune, weitere zwanzig Frauen und drei Kinder, sollten nach der ersten Woche nachkommen.

Sie hatten schon fünf Jahre als Gruppe bestanden – Jahre der Schulung und Vorbereitung. Sie kamen zum größten Teil aus den Jugendbewegungen Mitteleuropas, mit einigen wenigen Russen, Polen und Balkanjuden darunter, und einem jungen Engländer. Der Kern der Gruppe hatte sich auf dem Einwandererschiff von Triest nach Haifa gebildet. Bei der Ankunft wurde die Gruppe bei der Agrarabteilung der hebräischen Gewerkschaften registriert. Die landwirtschaftliche Abteilung hatte sie auf eine Liste von vielen Gruppen eingetragen, die darauf warteten, sich auf vom Nationalfonds angekauftem Boden ansiedeln zu können. Die Gelder des Nationalfonds kamen aus den blauen Sammelbüchsen der Synagogen und jüdischen Versammlungslokale der ganzen Welt und aus Privatspenden. Das vom Nationalfonds angekaufte Land war meistenteils unbevölkerter Boden und bestand aus Sümpfen, Sanddünen, wasserloser Wüste und Steinfeldern. Alles vom Fonds erworbene Land war unveräußerliches Nationaleigentum und wurde an die Siedler auf neunundvierzig Jahre verpachtet, und die Pacht sollte von der nächsten Generation erneuert werden. Die Siedler legten die Sümpfe trocken, pflanzten Bäume auf den Dünen, gruben Bewässerungskanäle, entfernten die Steine von den Feldern, bauten Häuser und ließen das Land wieder aufleben. Sie hatten kein Kapital und brauchten keines; sie erhielten Werkzeuge und Kredite von öffentlichen Fonds und zahlten sie zurück, wenn das Land Früchte trug; und die Rente für den Grund ging wieder an ihren Grundherrn, die Nation, zurück.

Während sie noch warteten, bis die Reihe an sie kam, angesiedelt zu werden, arbeiteten die Mitglieder der Gruppe als Lohnarbeiter; aber schon in dieser Vorbereitungsperiode hatten sie ihre Löhne in die Gemeinschaftskasse eingezahlt und in gemeinsamem Haushalt gelebt. Manchmal musste die Gruppe auseinandergehen: Einige gingen in eine Kalifabrik am Toten Meer arbeiten, während andere Saisonarbeit in den Orangenplantagen von Samaria gefunden hatten und sich ein dritter Gruppenteil der Berufsausbildung in einer der älteren Kommunen des Tales Jesreel unterzog. Zu anderen Zeiten war die ganze Gruppe beisammen; aber ob sie zusammen waren oder nicht, sie betrachteten sich als Mitglied einer Familie oder eines Ordens, nur mit noch unbestimmtem Wohnort. Ihr Durchschnittsalter war achtzehn, als sie ins Land kamen; jetzt war es dreiundzwanzig. Paare hatten sich während dieser Vorbereitungszeit gebildet und neu gebildet, und manchmal waren daraus ständige Verbindungen geworden. Einige hatten außerhalb der Kommune Partner gefunden, die als Mitglieder angenommen wurden, ein paar andere hatten die Gruppe verlassen. Augenblicklich bestand die Gruppe aus zwanzig Männern und siebzehn Frauen, von denen zwei Drittel in Verbindungen lebten, die man als dauernd betrachtete; und aus drei Kindern, keines über zwei Jahre alt.

Sie waren Jugendliche, als sie ankamen, und jetzt waren sie durch Erfahrung hart gewordene Männer und Frauen. Sie hatten während dieser Jahre gewisse Veränderungen durchgemacht, waren sich aber dessen nicht bewusst, da der Wandel langsam und bei allen gleichzeitig vor sich gegangen war. Die Männer wurden wortkarger, ihre Bewegungen langsamer und bewusster; die Gesichter der Frauen vergröberten sich unter der schweren Arbeit und dem Klima, und sie neigten zu der Entwicklung starker Hüften und Brüste. Aber wenn auch Erfahrung sie alt gemacht und ihre Erscheinung um zweimal fünf Jahre verändert hatte, betrachteten sie diese Zeit als nichts anderes als ein Vorspiel, eine prähistorische Zeitspanne, das Embryonenstadium im Leben der Kommune, das erst wahrhaft am Tage der Ansiedlung beginnen sollte. Fünf lange und schwere Jahre hindurch hatten sie auf diesen Tag gewartet, diesen Tag ersehnt, für ihn geplant und ihn vorbereitet; und nun war der Tag gekommen – und nach dem Tage die Nacht.

8

Die Stille, die eintrat, als der letzte Wagen ihnen den Rücken zugekehrt hatte und von der Dämmerung verschlungen wurde, war nur kurz gewesen, denn sie fassten sich rasch und machten sich wieder daran, Sand an die Palisaden zu schaufeln. Aber während dieses kurzen Augenblicks hatten sie die Empfindung von Schulkindern, denen man sagt, sie sollen tapfer sein, und sie dann allein in einem leeren Haus lässt, wo schweigende Schatten durch die Fenster kriechen und die Spiegelbilder zu grässlichen Larven erstarren. In diesem Augenblick wären die meisten von ihnen gerne auf die überfüllten Lastwagen gesprungen, um zurückgebracht zu werden, fort von dem Grauen dieser archaischen Hügel und ihrer wilden Eingeborenenstämme, zurück in die Sicherheit ihrer eigenen Rasse und Sippschaft.

Die Nacht kam rasch. Der Scheinwerfer oben auf dem Wachtturm leuchtete; sein scharfer weißer Lichtstrahl war in einem spitzen Winkel hinunter auf die Verschanzung gerichtet. Unter einem Schauer von blendendem Licht, das die Dunkelheit draußen noch dichter und undurchdringlicher machte, fuhren sie fort, Sand einzufüllen.

Um sieben Uhr waren sie mit der Arbeit fertig. Der Reflektor hob seinen Strahl in die Luft und senkte ihn langsam wieder, nahm seine geduldigen Drehungen wieder auf, immer im Kreis herum, und fegte mit seinem weißen Lichtbesen über die Gegend jenseits des Stacheldrahtzaunes. Die Unterstände und der Beobachtungsposten auf dem Wachtturm waren bemannt; weiter konnte man nichts mehr tun. Die keinen Wachtdienst hatten, marschierten schweigend in den Speisesaal zu der ersten warmen Mahlzeit in ihrem neuen Heim.

Der Speisesaal hatte noch kein elektrisches Licht; es waren Kerzen auf den Tischen und eine einzige Petroleumlampe nahe der Tür. Die Küche lag hinter einer hölzernen Scheidewand, die einen Spalt hatte, durch den das Essen auf ein vorne befestigtes Abstellbrett hinausgereicht wurde. Es gab Zwiebelsuppe, Büchsenrindfleisch und Orangen; und zu Ehren des Tages für jeden ein Glas voll süßen weißen Karmelweines. Außer den fünfundzwanzig Siedlern waren nur Bauman und zehn *Hagana*-Burschen zurückgeblieben, und auch diese würden, wenn alles gut geht, in ein paar Tagen weiterziehen, dorthin, wo man sie gerade braucht. Dreißig Mann genügten, um die Gräben zu bemannen, und schließlich hatten sie ja insgesamt nur zwanzig Gewehre und zwei Maschinenpistolen für alle. Es war ein Prinzip, dass jede Kommune von Anfang an sich selbst erhalten müsse, und das galt auch für die Verteidigung.

Wie gewöhnlich war es Joseph gelungen, neben Dina zu sitzen; an ihrer anderen Seite saß Ruben und ihnen gegenüber Dascha und Simon. Alle fünf hatten verantwortungsvolle Posten in der Kommune, und obwohl die Plätze genau genommen der Reihe nach besetzt werden sollten, wie man gerade kam, saßen sie doch bei den Mahlzeiten gewöhnlich beieinander.

Joseph blickte über den düsteren, schwülen Speisesaal hin. Es gab keine Kerzenleuchter, und die billigen Kerzen wurden in kleine Tümpel erhärteten Talgs auf die rohen Tische geklebt. Fast niemand sprach; die Männer kauerten schlaff auf den Bänken wie erschöpfte Tiere. An dem Tisch neben ihnen saß ein Junge mit einem runden, aufgedunsenen geistlosen Gesicht, die Wange auf die linke Hand gestützt, während die rechte halb bewusst Suppe in seinen Mund löffelte. Sein Nachbar schlief mit dem Kinn auf den Armen. Überall sah Joseph dieselben zusammengesunkenen Gestalten, die mit langsam mahlender Bewegung der Kiefer ihr Essen kauten.

Das also war ihre Brautnacht mit der Erde. In regelmäßigen Abständen ging der Scheinwerfer über das Dach der Hütte hinweg; sein unteres Ende, das durch den Oberteil der Fenster und den Saal strich, zwang die Speisenden, ihre Gesichter abzuwenden oder die Augen zu schließen. Wie wenn sie auf einer Insel mit einem Leuchtturm in der Mitte des Meeres gewesen wären. Draußen war vollständiges Dunkel, und der Wind heulte und pfiff zum Protest gegen das unerwartete Hindernis auf seinem jahrtausendealten Lauf durch die Hügel.

Joseph fiel die Hässlichkeit der Gesichter um ihn herum auf, die der bleiche Strahl des Scheinwerfers von Zeit zu Zeit aufhellte. Es war nicht das erste Mal, dass er dies bemerkte, aber heute war sein Widerwille gegen diese Schar von dicken, gebogenen Nasen, fleischigen Lippen und wässerigen Augen besonders stark. Manchmal schien es ihm, als wäre er von Masken archaischer Reptilien umgeben. Vielleicht war er übermüdet, und das eine Glas süßen Weines war ihm geradewegs zu Kopf gestiegen. Aber es hatte keinen Sinn, sich nicht eingestehen zu wollen, dass er sie nicht mochte und dass er noch mehr das Element der überreifen Rasse in sich selber hasste. Die einzige Oase war Dina; aber Dina wiederum gehörte so wie er nur halb zu ihnen, wenn auch auf andere Art. Die anderen Mädchen ließen ihn von blutschänderischer Hemmung erschaudern. Ihr Fleisch hatte von Geburt an oder schon vorher ihre Unschuld verloren. Sie mögen keusch und spröde sein, dennoch dringt die ätzende Würze ihres Intellekts bis in die Poren ihrer Körper. Das Wissen zog sich über die Nervenendungen ihrer Haut, zerstörte ihre Fähigkeit zur Selbstvergessenheit. Sie waren gesättigt mit der langen Erfahrung der Rasse, die ihre Augen und ihre Haut bewahrten wie ein Stuhl die Wärme des Körpers, der auf ihm gesessen war.

»Du kannst den Rest haben«, hörte er Dina sagen. Sie schob ihm ihr Glas Wein hin. »Er ist mir zu süß.«

»Gesegnet sei die Traube«, sagte Joseph, hob das Glas und leerte es. Und gesegnet sei Dina, meine Oase, dachte er. Ohne sie wäre es die Wüste. Aber leider ist sie die Fata Morgana und nicht der Quell.

»Was ist mit dem Scheinwerfer geschehen?«, fragte Dascha. Das periodische Aufblitzen hatte seit ein paar Minuten aufgehört.

»Signale«, sagte Ruben mit vollem Mund. »Bauman spricht mit Gan Tamar.«

Ruben ist gut, dachte Joseph. Ihm gefiel Rubens lakonische Sachlichkeit, sein ständig gleichmäßiges Temperament. Ruben war weder geistreich noch blendend; Eitelkeit und Ehrgeiz gingen ihm völlig ab. Seine Führerschaft beruhte hauptsächlich auf einem Mangel an negativen Qualitäten, auf einer Art neutraler Persönlichkeit, die keine Angriffspunkte bot und ihn zu dem gesellschaftlich idealen Typus für das kollektive Leben machte.

»Ich hoffe, Bauman wird nicht vergessen, ihnen zu sagen, sie sollen mir morgen meine Karotten heraufschicken«, sagte Dascha. Dascha hatte die Gemeinschaftsküche über und war eine fanatische Verfechterin der richtigen Vitamindiät; sie hatte einen Schulungskurs gemacht.

»Bauman vergisst nie etwas«, sagte Dina – eine Bemerkung, die Joseph missfiel. Wenn er in ihrer Nähe war, war seine Stimmung wie ein Präzisionsbarometer an einem Apriltag; was sie auch sagte, wenn es auch offensichtlich keine persönlichen Anspielungen enthielt, rief einen Wechsel hervor.

»Was hieltest du von unseren Gästen?«, fragte er. »Dieses Weibsbild ging im Lager herum, als ob sie einen Tiergarten besichtigte.«

»Sie ist eine typische englische Aristokratin«, sagte Dascha, die eine begeisterte Sozialistin war und niemals mit einem lebenden Engländer gesprochen hatte.

»Aristokratin – Unsinn!«, sagte Joseph. »Sie gehört zu der Gesellschaftsschicht, die man in England den niederen Mittelstand nennt und die in den Kolonien zur herrschenden Klasse wird. Es ist eine Art von Pygmalion-Wunder, das sich automatisch vollzieht, sooft ein P. & O.-Dampfer Gibraltar passiert. Das ganze britische Imperium ist eine Art verklärte Vorstadt.«

»*Pygmalion* ist von G. B. Shaw«, stellte Dascha fest.

»Schauen Sie«, rief Dina; sie ahmte Mrs. Newton nach und wies auf Simon. »Er liest seine Zeitung von rechts nach links. Ist das nicht komisch?« Dina war in Europa Schauspielschülerin gewesen. Dadurch, dass sie ihr Kinn verschob und ihre Lippen und Nasenlöcher einzog, brachte sie es fertig, ihrem Gesicht ein verkniffenes, furienhaftes Aussehen zu verleihen. Alle lachten, außer Simon, der die ganze Mahlzeit hindurch kein Wort gesprochen hatte. Nun, da er die Zielscheibe von Dinas Darbietung geworden war, erhob er seinen Blick vom Teller.

»Bauman hätte es nicht nötig gehabt, zu diesem Polizeioffizier höflich zu sein«, sagte er. »Und du auch nicht, Ruben.«

»Wir waren korrekt zu ihnen, nicht mehr und nicht weniger«, sagte Ruben.

»Ganz richtig«, sagte Simon. Er legte seine Gabel nieder. »Wir sind immer korrekt, und die Araber schießen immer. Resultat: Die Araber werden beschwichtigt, und wir zahlen die Rechnung.«

»Darüber haben wir schon so oft gesprochen«, sagte Ruben, der an die morgen bevorstehenden Arbeiten dachte: Verstärkung der Gräben, Einleitung des elektrischen Lichtes, Anlegen des Fundaments für den Kuhstall.

»Simon hat aber recht«, sagte Dina. Das Barometer stieg; wenn Dina jetzt Simon unterstützte, dann musste ihr voriges Lob Baumans auch in rein objektivem Licht betrachtet werden.

»Druck verlangt Gegendruck«, sagte Simon. »Andernfalls werden wir weiterhin an Boden verlieren. Die einzige Antwort auf Gewalt ist Vergeltung.«

»Auge um Auge, Zahn um Zahn«, sagte Dascha mit ihrem dummen Lachen.

»Nein«, sagte Simon. »Es hat nichts mit Ethik zu tun. Der Begriff der Rache ist primitiv und absurd. Wir müssen aus rein logischen Gründen Gewalt mit Gewalt begegnen.«

Die Auseinandersetzung hatte einige Leute von andern Tischen angezogen. Sie standen um sie herum, einen Fuß auf der Bank und die Ellbogen auf den Tisch gestützt.

»Ich glaube nicht an Gewalt«, sagte Dascha. Sie hatte die eigensinnige Aggressivität der Frau, die mit einem geistig überlegenen Partner diskutiert.

»Nein, du glaubst nicht daran«, sagte Simon mit ätzendem Sarkasmus, »aber du glaubst an Karotten, wegen ihres Gehaltes an Vitamin A. Was du sagen willst, ist, dass du Gewalt nicht gern hast. Sie sagt deiner Natur nicht zu. Ich habe Karotten nicht gern. Sie sagen meiner Natur nicht zu. Aber ich esse sie – weil sie Vitamin A enthalten.«

»Was soll das?«, sagte Dascha, die ihm nicht folgen konnte.

»Wir werden demnach keine Karotten mehr essen«, sagte Ruben mit seinem versöhnlichen Lächeln.

»Was die Logik betrifft«, sagte Joseph, »so sind die Gewalttaten der Araber zum Teil gegen uns, zum Teil gegen die Regierung gerichtet. Um also deinen Ausgleich herzustellen, müssten wir uns nicht nur an den Arabern rächen, sondern auch gegen die Regierung gewalttätig werden.«

»Das wird von der Haltung der Regierung abhängen«, sagte Simon, nach kurzem Schweigen bewusst ausweichend.

»Aber wir kennen ihre Haltung«, platzte Dina heraus. »Sie hassen uns; sie hassen uns alle wie dieses Frauenzimmer heute. Ich sah in ihren Augen diesen Blick kleinstädtischen Hasses. Sicher hat sie eine Fotografie von dem süßen kleinen Führer. Sicherlich. Alle kleinstädtisch Gehässigen vergöttern ihn. Weil er ihnen erzählt, welch nobles Gefühl ihr Lieblingshass sei und weil er seine Haare angeklebt trägt wie der Friseurgehilfe ihrer Träume ...« Sie zog die Winkel ihres vollen, leidenschaftlichen Mundes nach unten, und eine Sekunde lang sah es aus, als wollte sie weinen.

»Schon gut, Dina«, sagte Joseph sanft, »das alles wissen wir. Aber Simon hat meine Frage nicht beantwortet.«

»Wir müssen sie zwingen, ihre Haltung zu ändern«, sagte Simon.

»Zwingen – wie?«

»Durch unsere Leistungen«, sagte Ruben ruhig.

Es war ringsumher ruhig geworden. Eine ganze Gruppe stand nun um ihren Tisch herum. Joseph, der mit der Hälfte seiner Sinne der Diskussion folgte, beobachtete mit der andern, wie Simon an Größe gewann, wenn er Zuhörer hatte. Fast alle waren hier gegen die Ansichten, die er vertrat, aber sie lauschten ihm mit unfreiwilliger Bewunderung, und je länger sie zuhörten, desto stärker gerieten sie in seinen Bann. Sie folgten der Auseinandersetzung mit einem nach innen gekehrten Blick, als hätten sie eine Antwort gesucht, der sie nicht ganz ins Gesicht zu schauen trauten.

»Wir müssen das klarstellen«, sagte Joseph, der bleich geworden war. »Nehmen wir an, sie ändern ihre Politik uns gegenüber nicht. Und angenommen, die Verfolgung in Europa geht weiter und führt zu einer Massenauswanderung.«

»Warum angenommen?«, unterbrach ihn Simon mit kalter Ironie. »In Europa brennen die Synagogen, und man führt unsere Mädchen durch die Städte mit Schildern um den Hals, die die Vorübergehenden einladen, ihnen ins Gesicht zu spucken!«

»Halt doch den Mund«, sagte Dascha mit einem hysterischen Klang in der Stimme.

»Warum den Mund halten?«, fuhr Simon in derselben scharfen Art fort. »Das ist zufällig meiner Schwester passiert. Schau nicht so drein; warum soll es eine Rolle spielen, ob es meine Schwester oder die eines anderen ist? Sie war nichts als ein dickes, unbedeutendes Mädchen wie Dascha; sie heißt Rosa und studiert Chemie.«

Es herrschte Stille, dann sagte Dina mit gezwungener Stimme:

»Warum hast du uns nie davon erzählt?«

»Warum sollte ich darüber reden? Ich kam in mein Land, um Bauer zu werden; ich kam nicht zur Klagemauer. Ich habe es nur wegen Josephs ›angenommen‹ erwähnt. Also gehen wir mit unseren Annahmen weiter. Ich nehme an, dass die Briten ihre Politik nicht ändern werden, wenn wir sie nicht dazu zwingen. Ich habe ihre Geschichte studiert, ihre Traditionen, ihre Methoden. Wenn man die Autodafes in Europa wieder einführt und unsere Leute lebendig verbrennt, werden sie sehr ungehalten darüber sein. Sie werden offene Briefe in ihre Zeitungen schreiben, im Parlament Anfragen stellen, und ihre Bischöfe werden für unser Seelenheil beten. Wenn aber ein überlebender elender Teufel bitten wird, man möge ihn in unser gelobtes Land hineinlassen, werden sie von ökonomischen Schwierigkeiten sprechen und von den armen enteigneten Arabern. Und wenn die armen Teufel keine Vernunft annehmen und, um ihr Leben zu retten, übers Meer geschwommen kommen, wird man an unseren Küsten Stacheldraht anbringen und sie ertrinken lassen …«

Er schloss eine Sekunde lang die Augen. Etwas Ungewöhnliches war mit ihm vorgegangen, etwas, das er noch nie erlebt hatte. Er sah die Ertrinkenden vor seinen Augen. Es war ein scharfes, kurzes Aufblitzen, kürzer als ein Bruchteil einer Sekunde, aber es war fantastisch klar. Es waren ihrer Hunderte, ihre Arme und Beine ragten aus dem Wasser hervor, aber kein Geräusch war zu hören, und das Ganze spielte sich bei ruhigem, friedlichem Meer ab, das sich in der heißen Sonne wärmte.

Es folgte eine schwere Stille, in der Ruben trocken sagte:

»Ich glaube, Simon übertreibt. Jedenfalls glaube ich nicht, dass wir etwas ausrichten werden, wenn wir faschistische Methoden nachahmen.«

Von den wenigsten beachtet, war einige Minuten zuvor Bauman eingetreten und bei der Tür stehen geblieben, um Simons Rede zuzuhören. Dina erblickte ihn; und als sich die Stille hinzog, fragte sie:

»Und was meinst du, Bauman?«

Alle wendeten ihre Köpfe.

»Ich teile Simons Ansicht«, sagte Bauman kurz. »Übrigens, Dascha, deine Karotten werden morgen gleich in der Früh da sein.«

Baumans Kommen brach den Bann. Naphtali, ein kleiner, dunkler, schielender Junge, der sich bis jetzt mit Mühe zurückgehalten hatte, begann nun Simon wütend anzugreifen, aber niemand hörte ihm zu. Sie sammelten sich alle um Bauman, um die letzten Nachrichten aus der Außenwelt zu hören. Auch Simon wollte aufstehen, aber Naphtali ließ ihn nicht. »Ich glaube nicht an Gewalt«, rief er. »Ich hasse Gewalt. Wir müssen uns mit den Arabern verständigen ...«

»Wenn sie sich aber nicht mit uns verständigen wollen?«, sagte Simon, der seine Ruhe und seinen sarkastischen Ton wiedergefunden hatte.

»Dann müssen wir sie erziehen. Wir müssen sie dazu bringen, sich unseren Gewerkschaften anzuschließen. Wir müssen die Fellachen emanzipieren und den Einfluss ihrer Priester zertrümmern und ihren Chauvinismus durch Klassenbewusstsein ersetzen.«

»Und wie lange soll die Durchführung dieses bescheidenen Programmes dauern?«

»Das weiß ich nicht. Es spielt keine Rolle.«

»Nein, gewiss nicht. Unsere Leute werden auf den brennenden Scheiterhaufen warten, bis wir damit fertig sind.«

Er stieß den aufgeregten Jungen beiseite und schritt hinaus in das Dunkel. Niemand achtete auf ihn. Sie lauschten Baumans Nachrichten, die mit Lichtzeichen von Gan Tamar, wo sie einen Radioapparat hatten, mitgeteilt worden waren. Aber es war nicht viel los. Die spanischen Rebellen hatten den größten Teil des baskischen Gebietes besetzt und machten sich daran, Bilbao einzuschließen. Der Völkerbundrat beriet die geplante Teilung des Landes in einen jüdischen und einen arabischen Staat, wie es die Royal Commission vor einigen Monaten vorgeschlagen hatte, aber Einzelheiten waren noch ausständig ...

Sie bemerkten nichts zu dem letzten Punkt; sie hatten die Frage der Teilung, was dafür und was dagegen spricht, erörtert, bis sie es nicht mehr hören konnten. Übrigens glaubte niemand daran, dass die Regierung die Entschlossenheit aufbringen würde, den Plan durchzuführen. Joseph zitierte einen Witz, den er in einer englischen Zeitung gesehen hatte: Die beste Teilung wäre, den Arabern das Land im Sommer, den Juden im Winter zu überlassen – aber nur Dina und Bauman lächelten. Alle standen unentschlossen herum und wussten nicht recht, ob sie noch rasch ein paar Stunden schlafen sollten, bevor sie zum Nachtdienst gerufen würden, aber ein vages Gefühl der Verzagtheit, einer enttäuschten Ernüchterung ließ sie bleiben.

Mitten in diese Unentschlossenheit hinein sickerte die dünne Stimme einer Mundharmonika aus dem Dunkel draußen, wurde stärker, als sie näher kam, und einen Augenblick später stürmte Mendl zur Tür herein und blies mit aufgeblasenen Backen seine Mundharmonika, die Knie hoch in der Luft in der Marschstellung des Rattenfängers von Hameln. Er schien die Menge nicht zu bemerken, schritt geradeswegs auf die Mitte der Baracke zu und platzte mit der Melodie »Gott wird Galiläa aufbauen« los. Er wiegte und krümmte seinen buckligen Körper zu dem raschen, straffen Rhythmus des Liedes und machte den Eindruck eines Betrunkenen, aber man wusste, dass er bloß von einer seiner plötzlichen Anwandlungen ergriffen war, in denen der sonst ruhige und ziemlich schweigsame kleine Mendl sich wie besessen benahm, triebhaft und unwiderstehlich. Wie Nebel unter einem heftigen Windstoß, so zerstob die Erstarrung, die auf ihnen gelastet hatte, in nichts. Sie stießen die Bänke aus dem Weg, rannten die Tische gegen die Mauer und machten so einen offenen Platz in der Mitte der Baracke frei, wo der dunkle, schielende Junge und zwei andere bereits den ersten Kreis der Horra geschlossen hatten, dieses stampfenden und wiegenden Rundtanzes, der barbarischen Kreispolka. Andere schlossen sich an; die Arme um die Schultern des andern geschlungen und die Köpfe zurückgeworfen, formten sie ein Rad, das sich nun im Kreis drehte, erst im Uhrzeigersinn nach links lief, dann anhielt, sich nach innen zu und wieder nach außen hin wiegte, während die Tänzer mit den Füßen stampften und mit horizontal zurückgelegtem Körper den Refrain des Liedes sangen. Das Rad zerbrach und formte sich neu, als mehr Tänzer dazukamen, ihre Arme um die Schultern ihrer Nachbarn warfen und es so neu zusammenschweißten. Bald wurde der Kreis für die Baracke zu groß; ein Teil riss sich von ihm los und formte einen zweiten kleineren Kreis innerhalb des ersten und drehte sich nun in entgegengesetzter Richtung. Die ganze Horra war wie ein reißender Wirbel, taumelnd und leidenschaftlich; und in der Mitte stand, ganz allein, Mendl mit seiner Mundharmonika und wiegte und krümmte sich wie ein Derwisch in der Ekstase.

Joseph stand bei der Tür und schaute den Tänzern zu. Ihre Gesichter, zurückgeworfen und der Decke zugewendet, waren schweißbedeckt; viele von ihnen hatten die Augen geschlossen. Wenn sie im Laufe einhielten, um den Refrain herauszuschreien, brachen die drei magischen Silben *Hag-gal-il* von ihren Lippen wie ein barbarisches Bellen. Wenn sie den Kreislauf wieder aufnahmen, blieben ihre Münder halb offen in selbstvergessener, keuchender Verzückung. So verwandelt, schienen sie Joseph nicht mehr wie hässliche Reptilien, sondern wie ein stilisiertes assyrisches oder sumerisches Schnitzwerk, das im flackernden Kerzenlicht lebendig geworden war. Seine Füße hatten den mitreißenden Rhythmus des Tanzes zu stampfen begonnen, sein Körper wiegte sich, ein Verlangen ergriff ihn, vom reißenden Wirbel verschlungen zu werden. Er blickte auf Dina, die neben ihm stand. Sie schüttelte den Kopf. »Du geh«, sagte sie mit gezwungener Leichtigkeit. Er zögerte eine Sekunde, nahm dann einen kleinen Anlauf, sprang mit ausgestreckten Armen in die Luft und brach in die Kette. Bevor er vom Rausch des Tanzes völlig erfasst war, sah er, dass Dina die Baracke verließ; aber in diesem Augenblick war es ihm gleich.

Dina ging rasch über den dunklen Platz zu der Wohnbaracke und betrat die Kammer, die sie mit Dascha und zwei anderen Mädchen teilte. Zum Glück war noch niemand da. Eine Sekunde lang stand sie still in dem dunklen, dumpfigen, kleinen Zimmer und lauschte dem Klang der Mundharmonika, den Rufen und dem Stampfen der Füße vom Speisesaal her. Dann brach die Spannung in ihr, und sie warf sich mit dem Gesicht nach unten auf ihr Bett. Ihre Schultern zuckten, sie verbiss ihre Zähne in die Strohmatratze, um ihr würgendes Schluchzen zu ersticken. Nach einer Weile schlief sie ein und erwachte erst zwei Stunden später vom Krachen der ersten Salve, die gegen die Verschanzung gefeuert wurde.

9

Mit Dina stand es so, dass sie keine Berührungen vertrug. Es war komisch, wie eine grobe Gänsehaut sie überlief und ihr Gesicht zu zucken begann, wenn jemand sie anrührte. Sie konnte ihre Hand auf die eines Mannes legen oder ihren Arm um seine Schulter, fuhr aber in dumpfer Panik zusammen, wenn *er* dasselbe zu tun versuchte. Sie saß manchmal auf einer Bank am Speisetisch und wurde sich plötzlich dessen bewusst, dass ihre Schulter oder Hüfte die des Nachbarn berührte; dann zog sie sich zurück und machte sich klein und versuchte, das Zittern zu unterdrücken, um den andern nicht zu kränken; nach einer Weile stand sie dann auf und schlich sich unauffällig aus dem Zimmer, ohne fertig zu essen. Ärzte waren herangezogen worden und hatten sie Sachen gefragt, die zu beantworten sie sich weigerte; sie hatten Arzneimittel, Hypnose, Psychotherapie vorgeschlagen, aber alles wies in eine bestimmte Richtung, und sie war nicht gewillt, irgendjemanden an dem Zu-Vergessenden rühren zu lassen.

Dinas Vater war Herausgeber einer bedeutenden liberalen Tageszeitung in Frankfurt am Main gewesen. Es war eine Patrizierzeitung in einer Patrizierstadt. Sie hatte ihren Vater als schmächtigen Mann mittleren Alters in Erinnerung, mit gichtigen Fingern, sehr sanfter Stimme und einem grauen Spitzbart, der den abgetretenen Weg auf dem Teppich im Bibliothekszimmer, das man nur auf den Fußspitzen betreten durfte, auf und ab ging oder mit dem Rücken gegen das Zimmer an einem altmodischen Stehpult schrieb. Er hatte Bücher über Föderalismus, über Paneuropa, gegen den Militarismus im Allgemeinen und in seiner Heimat im Besonderen veröffentlicht; er war Delegierter bei verschiedenen Abrüstungskonferenzen und ein Kandidat für den Friedens-Nobelpreis. Er bekämpfte den Nationalismus in jeder Form und Verkleidung, gehörte keiner Kirche oder Religionsgemeinschaft an und betrachtete seine Rassenzugehörigkeit als eine Zufälligkeit der Geburt. Als die Nationalsozialisten zur Macht kamen, war er nicht geneigt auszuwandern, ließ sich aber von Freunden überreden, sich verborgen zu halten. Die damals siebzehnjährige Dina hätte zu ihrer Mutter fahren sollen, die von ihrem Mann getrennt in Südfrankreich lebte. Sie wurde aber an der Grenze festgenommen und sechs Monate in Haft gehalten, in welcher Zeit man versuchte, aus ihr herauszubekommen, wo sich ihr Vater aufhalte. Als man sie entließ, sagte man ihr, dass ihr Vater sich gestellt hatte, um ihre Entlassung zu erlangen, und bald danach auf nicht näher bezeichnete Art gestorben war. Während dieser sechs Monate, als sie methodisch, wissenschaftlich, einfallsreich versuchten, sie dazu zu bringen, ihres Vaters Versteck zu verraten, geschahen die Dinge, die *zu vergessen* waren.

Im Ganzen und Großen war sie heiter und beherrscht. Irgendwo lag in ihr überkrustet die Erinnerung an jene Dinge, wie ein Geschoss, das nicht entfernt wurde, in einem Kokon isolierenden Gewebes. Normalerweise ist sich der Verletzte dessen nicht bewusst, außer man berührt ihn nahe der Narbe; Dinas Narbe zog sich über die ganze makellose Oberfläche ihres Körpers hin.

10

Die erste Salve kam kurz nach Mitternacht. Sie fand die Gruppe seelisch unvorbereitet. Obwohl ihnen die Wahrscheinlichkeit eines Angriffs den ganzen Tag vor Augen war, hatte sich die Spannung mit fortschreitender Nacht nach und nach gelöst. Etwa eine Stunde vorher hatte die Horra, so plötzlich wie sie angefangen hatte, wieder aufgehört, und wer keinen Nachtdienst hatte, war in völliger Erschöpfung auf die Strohsäcke gesunken. Als das Schießen sie weckte, hatten sie die Empfindung, erst eine Minute zuvor die Augen geschlossen zu haben.

Sie liefen auf die ihnen angewiesenen Posten. Noch waren sie vom Schlaf benommen, aber automatisch duckten sie die Köpfe. Nach der ersten Salve war es wieder ruhig geworden; die Leute in den Unterständen hatten Befehl, nur zu feuern, wenn sie die Angreifer sehen konnten, und vorderhand konnten sie nichts sehen. Der Hügel hatte unglücklicherweise die falsche Gestalt. Er war fast wie der Rücken eines Kamels geformt, allerdings mit drei statt zwei Höckern. Sie saßen auf der Spitze des südlichen oder hinteren Höckers und hatten die beiden andern vor sich, denn der Kopf des Kamels wies nach Norden. Deshalb hatten sie zwei nach Norden schauende Unterstände nebeneinander gebaut und nur je einen nach den anderen drei Richtungen. Der nördliche Verbindungsgraben war auch der tiefste.

Vor dem Nordgraben lief der Stacheldraht, und unmittelbar jenseits des Drahtverhaues fiel das Gelände zu einer Vertiefung ab, auf dessen gegenüberliegender Seite keine hundert Meter entfernt sich der zweite Höcker erhob; und noch hundert Meter weiter der dritte. Jeder dieser Hügel war nur ungefähr fünfzehn Meter hoch, das war aber ganz genug, um die Angreifer zu verbergen und zu schützen. Bauman hatte daran gedacht, Beobachtungsposten auf jedem der beiden anderen Hügel aufzustellen, aber die Idee wieder fallen lassen. Es war nicht Zeit genug gewesen, sie zu befestigen, und die von allen Seiten exponierten Horchposten wären sofort abgeschossen worden.

Wie zu erwarten, war die erste Salve von Norden her gefeuert worden, entweder hinter dem zweiten oder hinter dem dritten Höcker.

Es war ungefähr eine halbe Stunde vor Aufgang des Mondes, und der Himmel war dicht bewölkt. Der Strahl des Scheinwerfers kroch langsam die Spitze des zweiten Hügels entlang, strich dann mit gleicher Sorgfalt über die Vertiefung, verweilte da und dort bei einem verdächtigen Distelgestrüpp oder bei einem »Kameldorn«, das in Sträuchern aus dem Felsen herauswächst wie hässliche Haarbüschel aus einer Warze. Aber er konnte nicht den Felsen durchdringen, konnte nicht einmal die Ritzen und Löcher hinter den Steinen bloßlegen und füllte diese stattdessen mit scharfen, pechschwarzen, zitternden Schatten, die auf die Fantasie der Verteidiger recht unangenehm wirkten. Bauman und die andern Führer der *Hagana* hatten schon seit geraumer Zeit gewusst, dass diese berühmten Wachtturmscheinwerfer nicht viel wert waren, wenn man Scharfschützen, die jeden Winkel und jede Ritze des Geländes auszunützen verstehen, ausfindig machen will; sie hielten nur wegen der psychologischen Wirkung sowohl auf Angreifer als auf Verteidiger daran fest.

Die Unterbrechung dauerte ungefähr eine Minute. Dann strich der Scheinwerfer in einer seiner periodischen, raschen Kurven um die Hügel herum, um sich zu vergewissern, dass von den Flanken oder dem Rücken her keine Überraschung drohe; und in diesen wenigen Sekunden der Dunkelheit fiel die zweite Salve krachend vom Norden her ein. Diesmal waren der nach Norden schauende Graben und die beiden Unterstände voll bemannt, und die Verteidiger konnten das Aufblitzen der Gewehre wie Funken eines Elmsfeuers rings um den nächsten Hügel sehen. Bauman kommandierte Feuer, und sofort spien etwa zwölf Gewehre eine ziemlich schäbige Salve aus, denn die meisten Männer feuerten zum ersten Mal in ihrem Leben auf lebende Zielgegenstände.

Joseph, der auch in diese Kategorie gehörte, stand im linken nördlichen Unterstand. Sein Herz schlug heftig, er fühlte einen lästigen Druck in der Blase, und nach der zweiten Salve der Angreifer ließ er ein paar Tropfen seines Wassers ab. Gleichzeitig gefiel es ihm auch irgendwie. So geht es wohl jedem, der das erste Mal in der Schlacht ist, sagte er sich heiter. Eine Kugel pfiff vorüber, man mochte meinen: ganz nah. Es hagelt Kugeln um meinen dreckigen Kopf, sagte er erklärend zu sich. Dann hörte er Baumans Stimme vom andern Unterstand zur Rechten Feuer kommandieren. »Also jetzt«, dachte er. »Atem anhalten, linkes Auge schließen, etwas tief das Ziel aufsitzen lassen.« Aber es war kein Ziel da. Er drückte ab und war betäubt von der Erschütterung. »In der Nacht klingt es lauter«, dachte er. »Jetzt müssen wir auf ein Gewehrmündungsfeuer warten und sofort hinschießen.« Er tat es und hätte für sein Leben gern gewusst, ob er etwas getroffen hatte. »Ha«, sagte er sich, »das ist die erwachende Jagdlust.« Jetzt amüsierte er sich schon geradezu.

Eine Zeit lang gab es auf beiden Seiten nur vereinzelte Schüsse. Dann schrie Bauman: »Einen Augenblick einhalten.« Bauman hatte bis jetzt nicht einen einzigen Schuss abgefeuert und nur auf die Mündungsfeuer der Gewehre gewartet. Nun hob er seine Maschinenpistole und knatterte lang gezogen, methodisch die dunklen Umrisse des Höckers entlang. Joseph sah, wie die flammende Mündung sich langsam in einem Bogen bewegte, und dachte, es sei eine schöne Kurve. Er bedauerte, dass sie keine roten Leuchtspurgeschosse hatten.

Ihm zur Rechten stand Naphtali, der schielende Junge, und dann Ruben, der die zweite Maschinenpistole hatte und den Unterstand Josephs befehligte. Naphtali fuhr ungeschickt mit seinem Gewehr herum, versuchte es neu zu laden, aber seine Hände zitterten, und schließlich nahm Ruben das Gewehr und lud es für ihn. »Verschwende deine Munition nicht«, sagte er in seiner gewöhnlichen sachlichen Stimme. »Und verliere nicht die Nerven. Das ist nichts Ernstes. Sie sind nicht mehr als sechzig oder achtzig.« Joseph dachte unfreiwillig, dass der Junge schon ein ganzes Magazin verbraucht hatte, während er erst dreimal feuerte und jedes Losdrücken als besonderes Vergnügen empfand.

Dies ging ungefähr eine halbe Stunde so weiter, und Joseph begann sich zu langweilen. Ein- oder zweimal dachte er an Dina, die mit dem kleinen Mendl und noch einem Mädchen das Sanitätszelt über hatte, aber er wusste, dass sie hinter der Verschanzung ziemlich sicher war. Nur Naphtali neben ihm irritierte ihn. Der Junge war sehr nervös, anscheinend von der Idee besessen, dass sich die Angreifer unbeobachtet in die Höhlung vor dem Stacheldraht eingeschlichen haben und sich jeden Augenblick auf sie stürzen könnten. Zweimal hatte er seinen Kopf über die Brustwehr gehoben, um den Abhang hinunterzuschauen, und eine verworrene Entschuldigung gestammelt, als ihm Ruben scharf befahl, Deckung zu nehmen.

Gegen ein Uhr erhob sich ein Sturm mit der für diese Hügel typischen Plötzlichkeit und Heftigkeit. Gegen Osten zu stoben die Wolken auseinander, einen Augenblick lang erschien der Mond und trieb eilends über einen Schleier von schwarzem Dunst, dann wurde das Loch wieder von einer niederen, schweren Wolke ausgefüllt, und eine Sekunde später fiel der Regen in Strömen; seine harten, blendenden Strahlen schlugen fast horizontal in die Gesichter der Verteidiger.

Seit dem ersten scharfen Windstoß hatte Joseph instinktiv gefühlt, dass es schiefging. Der dichte Regen machte den Scheinwerfer praktisch unbrauchbar. Das Glitzern des Lichtstrahles auf den Strömen des herabfallenden Wassers hatte eine eigenartige theatralische Wirkung, aber hinter diesem schwankenden Vorhang von weißen Fäden konnte alles Mögliche geschehen. Der Junge an Josephs Seite hielt nicht einen Augenblick ruhig; Joseph hatte gerade seinen Kopf mit einem festen Griff am Nacken heruntergerissen, als das Licht plötzlich verlosch. Aus dem anderen Unterstand ertönte verworrenes Rufen, und eine Sekunde lang fühlte sich Joseph von Panik ergriffen; er hatte das Gefühl, als würde ein eisiger Strahl in seine Adern gespritzt, er feuerte drei Schüsse zum besonderen Vergnügen ziellos in den Regen und gewann die Herrschaft über sich wieder. Es dauerte einige Zeit, bis sich seine Augen an die Dunkelheit gewöhnten; in der nun vollständigen Nacht ringsum klang das Peitschen und Plätschern des Regens lauter, während das feindliche Feuer entfernter schien. Er hörte Ruben rufen: »Kabelkurzschluss – nichts Ernstes – weitergeben«, und er gab die Nachricht an den im Verbindungsgraben zu seiner Linken hockenden Hilfspolizisten weiter. Er dachte, dass die uralte Sprache nie melodiöser klang, als wenn sie durch Wind und Regen in die Nacht hinein gerufen wurde, sie war eine wilde und tragische Sprache, ungeeignet für leichtes Geplauder. Der

Wolkenbruch schien gerade seine Kraft ausgegeben zu haben, das Rauschen des Wassers klang dünner, und es fiel Joseph auf, dass schon einige Zeit lang der Lärm des feindlichen Feuers seinen Charakter geändert hatte: Anstatt einzelner Schüsse konnte man nun das gleichmäße Rattern einer Maschinenpistole, einer »Lewis« oder »Bren« hören. Augenscheinlich hatten sie Verstärkung erhalten.

Während er noch dies verdaute, ließ eine dumpfe Explosion sie alle aufschnellen. Es war aus der Richtung des Platzes hinter ihnen gekommen. Ruben brüllte über Josephs Kopf einen Befehl, den dieser nicht verstanden hatte, aber er sah den Hilfspolizisten aus dem Graben springen und mit geducktem Kopf auf den Platz zulaufen. »Alle andern bleiben«, schrie Ruben, und Joseph wandte sich wieder den Angreifern zu. Trotz seiner Besorgnis dachte er, dass Ruben doch ein wundervoller Mensch sei und dass es ein großer Trost wäre, blind gehorchen zu können, statt selbst entscheiden zu müssen, was zu geschehen habe. Das Feuer der Feinde klang jetzt viel näher, und Joseph überlegte, ob sie sich nicht vielleicht wirklich in die Höhlung eingeschlichen hatten. In erstaunlich kurzer Zeit hörte er die Schritte des Hilfspolizisten, der durch den Schlamm zurücklief. »Nichts«, rief dieser, während er in den Graben zurücksprang. »Zelt B ist eingestürzt. Weitergeben.« Joseph gab es weiter und schoss die nächsten paar Minuten eifrig auf eine Anzahl Gewehrfeuerscheine, die jetzt entschieden näher auf der ihnen zugekehrten Seite des Höckers waren; der Feind rückte augenscheinlich gegen die Höhlung vor, und Ruben wie Bauman benützten jetzt ihre Maschinenpistolen so gut wie ohne Unterbrechung. Der Lärm wurde ohrenbetäubend, der Sturm war wieder zur größten Stärke angeschwollen, alles war finster und höllisch. Joseph zielte und feuerte in rascher Folge auf Zielfunken, die jetzt nur mehr wenige Meter entfernt schienen; sein Kopf schwindelte, aber seine

Finger arbeiteten mit ruhiger Präzision; irgendwo tief innerst staunte ein letzter Funke von Befangenheit über den schnellen Automaten, zu dem sein Körper geworden war. Er fühlte zwei scharfe Explosionen in raschen Folgen, nur ein paar Meter vor sich; in dem rötlichen bengalischen Lichtschein, der die Detonation begleitete, tauchte die Silhouette des Stacheldrahts wie eine Vision einer zarten Radierung auf und verschwand wieder; dann erfasste er, dass Ruben Handgranaten auf den Stacheldraht warf, seinen langen, dunkeln Arm wie einen Dreschflegel vorwärts und rückwärts schleudernd. Nach der Häufigkeit der Explosionen zu schließen, warfen auch Bauman und jemand auf der andern Seite Granaten. »Gib's ihnen, gib's ihnen!«, brüllte er Ruben zu, aber dieser beugte sich über ihn, über den hockenden Naphtali hinweg und sagte ganz ruhig: »Nicht nötig, ich wollte mich nur davon überzeugen, dass sie nicht zum Stacheldraht heraufgekrochen sind.«

Joseph nahm an, das sollte bedeuten, sie wären nicht heraufgekrochen, und fühlte sich erleichtert, obwohl er nicht verstand, wieso Ruben es wissen konnte. Aber seine geistige Neugier hatte ihn völlig verlassen, und es war sein einziger Wunsch, ein Automat zu sein und zu gehorchen. Das Schießen wurde ein bisschen ruhiger, dann sah Joseph einen heftigen Gewehrschein direkt in seiner Ziellinie, und fast gleichzeitig feuerte er. Er hätte nicht sagen können, warum, aber diesmal schienen die Handlung des Abdrückens und die Detonation ganz anders zu sein als bei den vorigen Gelegenheiten, und der wunderliche Gedanke stieg in ihm auf, dass, so wie manche Frauen instinktiv den Augenblick der Empfängnis zu wissen glauben, ein Mann vielleicht den Augenblick kennt, in welchem er getötet hat. Er war tatsächlich davon überzeugt, getroffen zu haben; er hatte das beinahe physische Empfinden, dass seine Kugel von einer dumpf und elastisch Widerstand leistenden Substanz aufgehalten und darin begraben worden war. Einen Augenblick später leuchtete der Scheinwerfer wieder.

Ein wilder Jubel stieg aus dem Graben auf, und Joseph fühlte die Überzeugung seinen ganzen Körper durchziehen, dass sie von nun an sicher wären. Es war ein ähnliches Gefühl, wie wenn man etwas Heißes und Süßes trinkt, wenn man sehr müde ist; wenn die süße Wärme alle Gewebe zu durchdringen scheint. Erst jetzt fiel ihm auf, dass seine Füße zitterten und seine Knie so gut wie nachgaben. Er zog eine durchweichte Zigarette aus seiner Tasche, aber sie zerfiel ihm zwischen den Fingern.

Das Wiederaufflammen des Scheinwerfers schien einen demoralisierenden Effekt auf die Angreifer zu haben. Ihr Feuer wurde unsystematisch und entfernter. Sie zogen sich zweifellos hinter den ferneren Abhang ihres Hügels zurück. Das weiße, blendende Auge, das sie von seiner Höhe anstarrt wie das eines wachsamen Riesen, und seine majestätische, langsame Bewegung musste etwas Unheimliches für sie sein.

Joseph lechzte nach einer Zigarette und fragte Naphtali, ob er eine trockene habe, aber der Junge antwortete nicht. Er hockte in eigenartig zusammengekauerter Stellung gegen den Rücken der Brustwehr, und Joseph dachte, er wäre vielleicht ohnmächtig. Er kniete neben Naphtali nieder, machte sich Vorwürfe, dass er sich nicht mehr um ihn gekümmert hatte, und griff nach seinem Gesicht. Statt eines Gesichtes fanden seine Finger eine weiche, tropfende Masse, und sein Zeigefinger fuhr geradewegs in eine schmierige Höhlung. Er zog seine Hand mit einem Schrei zurück und begann sie wild durch die Luft zu schwenken, als ob er sie verbrannt hätte. Ruben beleuchtete den Jungen mit der Taschenlampe, und Joseph sah eine kurze Sekunde, was er berührt hatte. Er drehte sich auf die andere Seite und übergab sich.

Der Junge, der Naphtali geheißen hatte, konnte sich so lange beherrschen, bis das Licht ausging. Von diesem Augenblick an war er ein zitterndes, zähneklapperndes Bündel Entsetzen. Sein Gehirn, gelähmt von schleichender Furcht, hielt nur einen Gedanken: dass die Töter in die Höhlung gekommen seien und in der nächsten Sekunde durch den Stacheldraht eindringen würden. Als Ruben seine Handgranaten zu schleudern begann, verlor Naphtali den Kopf ganz. Er sprang auf und ab, gurgelte unartikulierte Laute und biss sich in die geballten Fäuste. Seine Nachbarn waren zu beschäftigt, als dass sie ihn beachtet hätten. Er fuhr fort, in die Luft zu springen wie ein fröhliches Kind, gurgelnd und winselnd, bis ihn etwas wuchtig ins Auge hieb. Er dachte, es wäre Ruben, der böse war, weil er den Kopf nicht unten gehalten hatte; und dass Ruben ihn doch nicht so fest schlagen sollte. Er sah große farbige Kreise sich drehen und einander überkreuzen wie Flammenreifen, die Jongleure in die Luft werfen, und alles wurde recht still; nur ein letztes feuriges Rad drehte sich weiter, bis auch dieses verblasste und nichts verblieb als Dunkelheit und Frieden.

11

Gegen vier Uhr früh war es klar, dass der Angriff zurückgeschlagen wurde. Kein Schuss war in der letzten halben Stunde gefallen, die Angreifer mussten in ihre eigenen Hügel zurückgekehrt sein, darauf bedacht, vor Tagesanbruch ihre Schlupfwinkel zu erreichen. Bauman schickte die Männer schlafen und hielt nur die Wachtposten in den Unterständen zurück.

Joseph wusste, er würde nicht schlafen können, und beschloss, ins Sanitätszelt zu schauen, in der Hoffnung, dass Dina noch Dienst mache. Er hatte erfahren, dass außer Naphtali, der tot war, zwei Männer verwundet worden waren, als der Angriff am heftigsten tobte: Einem der Hilfspolizisten war durch die Brust geschossen worden, und Mendl hatte einen Armschuss abgekriegt, als er gerade das elektrische Kabel reparierte, aber er hatte weitergearbeitet, bis der Schaden behoben war. Als Joseph mit seiner Taschenlampe durch den Kot stapfte, dachte er, dass seine Füße noch nie so schwer gewesen waren. Sein Geist war wie in traumhafte, unbestimmte Nebel gehüllt, und sein ganzer Körper schien von dem Bewusstsein der Schwere durchdrungen. Dieses Gefühl, dachte er, müssen Leute auf dem Jupiter haben, wo das Gewicht aller Dinge dreimal so schwer ist wie auf Erden. Ich möchte wissen, ob der Jupiter auch seine Juden hat ... Zweifellos; keine Gattung wäre vollständig ohne ihre Juden, sie sind der exponierte Nerv, eine extreme Lebenslage ... Aus dem Sanitätszelt kam ein Lichtschein; er hob die Klappe und sah Dina über einem Spiritusbrenner türkischen Kaffee kochen, als hätte sie auf ihn gewartet. Auf einer Tragbahre auf dem Boden lag schlafend, mit einer Decke zugedeckt, der verwundetete Hilfspolizist. Dina hatte die helle Azetylenlampe ausgelöscht und stattdessen Kerzen angezündet. Sie schien sich zu freuen, dass sie ihn sah. Er lehnte sein Gewehr sorgfältig gegen die Zeltwand und hockte mit einem Wonnegefühl auf den Boden nieder. »Wo ist Mendl?«, flüsterte er.

»Es geht ihm ganz gut«, sagte sie. »Es war nur eine Fleischwunde, und er legte sich in sein eigenes Bett schlafen, mit der Mundharmonika unter dem Kissen. Du brauchst nicht zu flüstern; er hat eine Morphiumspritze bekommen.« Sie sprach in einem leisen Murmelton, was weniger gezwungen und vertraulicher klang als das Geflüster. »Morgen gleich in der Früh werden sie den Ambulanzwagen von Gan Tamar heraufschicken.«

»Es ist schon morgen«, sagte Joseph.

Sie goss einen Tropfen kalten Wassers auf die dicke, braune Flüssigkeit in dem glänzenden Kupfertopf und schenkte in zwei kleine Tassen ein. Joseph nippte daran mit sichtlichem Behagen, den Rücken gegen den Fuß des Sessels gelehnt.

Dina hatte eine Lederjacke um ihre Schultern gelegt, die leeren Ärmel hingen herab. Sie schien vor Kälte zu zittern. Unter dem helleren Blau ihrer Augen waren dunkelblaue Schatten, und die Haare fielen ihr immer wieder ins Gesicht, als ob sie zu müde wären, am richtigen Platz zu bleiben.

»Möchtest du dir das Gesicht waschen?«, fragte sie nach einer Weile. Er befühlte sein Gesicht mit den Fingern; es war ganz verschmiert. Er grinste und schüttelte langsam den Kopf. »Zu faul«, sagte er. »Lass mich nur ein bisschen sitzen. Du musst mich ja nicht anschauen.«

Er schloss die Augen, öffnete sie nach einer Weile wieder und sah, dass sie ihn mit einem anerkennenden Blick betrachtete.

»Ruben war da, bevor du kamst«, sagte sie. »Er sagte, du hättest dich recht gut bewährt.«

Dina hatte sich also nach ihm besonders erkundigt, dachte Joseph glücklich. Und Ruben war mit ihm zufrieden. Er fühlte plötzlich Tränen in die Augen schießen. Oh, es ist ein gutes Gefühl, anerkannt zu werden. Es gibt nichts Schöneres, als bejaht zu werden, seine Nächsten zu mögen und wohlgelitten zu sein. In diesem Augenblick war er so sehr von einer warmen, schlichten Gewissheit über alles erfüllt, dass er keine Scham empfand und keine Notwendigkeit, sich zu verstellen. Er lehnte den Kopf an den Fuß ihres Sessels, schloss die Augen und ließ die Tränen über seine Wangen strömen. In diesem Augenblick der Unbeherrschtheit fühlte er, dass er die letzte Chance verlor, sie jemals zu gewinnen. Aber die Wonne, sich gehen zu lassen, jede Maske fallen zu lassen, war stärker als sein Sehnen. Es ist aus, dachte er, denn ich bin es, der sich hingibt, nicht sie ...

Als er wieder die Augen öffnete, wusste er, dass er geschlafen haben musste, obwohl er sich nicht erinnern konnte. Die Kerze war kurz und alt geworden, mit Talgknoten bedeckt, ein warziger Zwerg. Dina war auf ihren Sessel gesunken und schlief, ihre Wange an seiner Schulter. Eine leichte Bewegung seines Körpers weckte sie, und sie rückte ihren Kopf fort. »Es wird gleich Tag sein«, sagte sie leise.

»Noch eine Stunde«, sagte Joseph.

Sie lehnte sich zitternd in den Stuhl zurück. Der Hilfspolizist auf der Tragbahre bewegte sich im Schlaf. »Wie starb Naphtali?«, fragte sie nach einer Weile.

»Ich weiß nicht. Wir hätten ihn im Auge behalten sollen …« Er erinnerte sich an den unaussprechlichen Kontakt seiner Hand mit der schleimigen Masse und blieb still.

»Armer Naphtali«, sagte Dina. »Ich konnte ihn nie leiden.«

Joseph sagte nichts; er fühlte keinen Drang, zu sprechen oder sich zu bewegen; er wünschte bloß, einige Zeit so bleiben zu können, gegen den Stuhl gelehnt, entspannt und wunschlos.

»Weißt du«, sagte Dina, »ich kann nicht verstehen, warum du zu uns gekommen bist. Du passt gar nicht herein.«

»Passt du herein?«, fragte er.

»Das ist etwas anderes … Du gehörst aber sogar der Rasse nach nur halb zu uns.«

»Ich habe eben für die zu euch gehörige Hälfte optiert.«

»Aber warum? Du wärst viel glücklicher bei den andern. Warum willst du's nicht sagen?«

»Es gab einen Zwischenfall.«

»Was für einen Zwischenfall?«

»Soll das eine Beichte sein?«, fragte er müde.

Einige Zeit lang blieben sie ruhig; er konnte durch den Stuhl, der eine Art Leitung war, fühlen, dass sie zitterte. Der Verletzte auf der Tragbahre stöhnte. Dina erhob sich und strich seine Decke glatt. Ihre Zähne klapperten.

»Es ist kalt«, sagte sie. »Ich muss mich niederlegen.«

»Gut«, sagte Joseph. »Ich geh schon.« Er begann sich müde aufzuraffen.

»Aber du musst ja gar nicht«, sagte Dina. Sie glitt auf den Boden nieder und berührte sein Gesicht mit den Lippen. »Lässt du mich mit dem Kopf auf deinem Arm schlafen?«, fragte sie, legte sich etwas von ihm entfernt nieder und breitete die Decke über beide. »Aber bitte, nichts tun.«

»Nein«, sagte er und lag steif und erfroren da, die weiche,

warme Last auf seinem Arm. »Schlaf, Dina, du bist in Sicherheit; wir sind hier beide in Sicherheit.«

Sie atmete ruhig gegen seinen Kopf. Nach einer Weile fragte sie:

»War es sehr schlimm – das Schießen?«

»Nein«, sagte er. »Es war alles Bluff und Prahlerei wie alles, was diese Araber tun.«

Nach einer Weile sagte sie dann wieder:

»Ist es sehr abscheulich von mir, auf deinem Arm zu liegen und von dir zu verlangen, dass du ruhig bleibst?«

Er antwortete nicht gleich. Dann schluckte er und sagte heiser:

»Alles, was du willst, Liebling. Liebling, alles, was du willst.«

12

Er konnte nicht mehr einschlafen. Stattdessen wanderten seine Gedanken noch einmal den verbrauchten Pfad zum *Zwischenfall* zurück. Er wünschte, er könnte es über sich bringen, Dina davon zu erzählen, aber Scham und die Angst, sich lächerlich zu machen, hielten ihn immer wieder zurück. Die Geschichte war so schmutzig und grotesk, dass er nicht einmal von ihr erwarten konnte, dass sie verstehe, wie so etwas sein Leben beeinflussen konnte.

Er war elf, als sein Vater starb. Sein Vater war ein russisch-jüdischer Pianist von gutem Ruf gewesen. Seine Mutter war Engländerin und eine Christin. Die Eltern der Mutter hatten sich nie mit der Heirat abgefunden. Nach dem Tod ihres Gatten ging sie zurück und lebte wieder mit ihnen in ihrem Haus in Oxfordshire. Joseph war ein einziges Kind; er wuchs auf dem großen Landsitz auf, spielte Kricket und Tennis, ging zur Kirche, ritt auf einem Pony und später auf einem Pferd. Sein Vater wurde selten erwähnt, und der elfjährige Joseph nahm dies als einen der vielen Paragrafen in dem geheiligten Kodex der »Man tut es nicht« zur Kenntnis.

Im angemessenen Alter wurde er nach Oxford geschickt, und während der Sommerferien nach seinem zweiten Trimester verliebte er sich in eine Frau aus der Nachbarschaft, die er bei einem dortigen Tennisturnier kennengelernt hatte. Lily war um fünf Jahre älter als Joseph, blond, schlank, hübsch und geschieden. Sie war bei den Nachbarn allgemein beliebt, und man machte manchmal seine Scherze über ihre Begeisterung für eine neue politische Partei, die Demonstrationen durch das Londoner East End organisierte, deren Mitglieder schwarze Hemden trugen und sich mit Polizisten herumbalgten. Aber zu dieser Zeit war Joseph politisch desinteressiert.

Nach seinem dritten Trimester machte Joseph Lily einen Heiratsantrag, und sie sagte ihm, er solle kein Esel sein. Nach seinem vierten Trimester gingen sie zu einem Ball, wo sie mehrere Cocktails und eine ganze Menge Champagner tranken. Während des letzten Tanzes fing er ein eigenartiges Lächeln in ihren Augen auf; während das Orchester »God Save the King« spielte, fragte sie ihn flüsternd, wo sein Zimmer sei, und sagte ihm, wie er das ihre finden könne.

Er kannte Lily seit fast zwei Jahren, liebte sie demütig, hatte über Poesie, Geschlechtlichkeit und Ewigkeit mit ihr gesprochen und nie ihre Lippen geküsst. Nach dem Ball, ohne Übergang, wurde er für eine fantastisch unwirkliche und spielerische Stunde der Geliebte einer so vollkommen veränderten Frau, dass er unausgesetzt ihren Namen stammelte, um sich von ihrer Identität zu überzeugen. Dann kam das Erwachen und der Zusammenbruch. Selbst jetzt, nach Jahren, wurde ihm heiß bei dem Gedanken der Erniedrigung. Sie hatte in ihrem dunklen Zimmer die Nachtkästchenlampe angedreht, um eine Zigarette zu suchen. Der plötzliche Lichtschein hatte beider Nacktheit enthüllt und damit das Zeichen Israels auf seinem Körper, das in sein Fleisch geschnittene Stigma seines Stammes. Das Entsetzen auf ihrem Gesicht ließ ihn zuerst glauben, sie hätte Symptome irgendeiner abstoßenden Krankheit an ihm entdeckt; dann, in einer Stimme eisig vor Verachtung, hatte sie ihn der Infamie und des Betruges bezichtigt, stellte ein Kreuzverhör über seine Ahnen an, befahl ihm, sich anzuziehen und aus ihrem Zimmer zu verschwinden. Endlich begann ihm der Grund aufzudämmern.

Es war wirklich ein schmutziger, nichtiger Zwischenfall, den man unmöglich Dina oder sonst wem erzählen konnte. Noch weniger hätte er jemandem erklären können, dass dieser Zwischenfall den ganzen Lauf seines Lebens verändert hatte. Nicht Lilys wegen – über diese Erklärung war er bald hinweggekommen. Lily war bloß ein Instrument, und ohne sie hätte vielleicht ein anderer Zwischenfall dasselbe Resultat ergeben. Das Resultat war eine Art von Schock. Alles erschien verändert. Er begann, Nachforschungen über seinen Vater anzustellen. Er machte einen Kult aus seinem Andenken, um Abbuße zu leisten für die feige Rolle, die er in der Verschwörung des Schweigens um ihn gespielt hatte. Das führte zu einem Bruch mit der Familie seiner Mutter. Er suchte Quartier in London und verkehrte mit den Leuten, die er von nun an als die seinen betrachten sollte. Zuerst konnte er sie nicht leiden, aber er las Zeitungen und fand, dass in ihrem Leben die *Zwischenfälle* die Regel waren. Er las Bücher und erfuhr von der Bewegung der Heimkehr und deren Begründer, dem Wiener Journalisten Dr. Herzl, dessen Geschichte ihn an die eigene erinnerte. Auch Herzl hatte geglaubt, das Stigma wäre in der Vergangenheit begraben, bis zu *seinem Zwischenfall:* dem Verfahren gegen Hauptmann Dreyfus, über das er zu berichten hatte. Zu Ende seines Lebens fasste er seine Philosophie einem Freund gegenüber folgendermaßen zusammen:

»Wenn man sich vor einem Zaun befindet und unten nicht durchkriechen kann, hat man nur die Wahl, ihn zu überspringen. Zwanzig Jahrhunderte hindurch haben wir versucht, unter dem Zaun durchzukriechen. Man ließ uns nicht. Jetzt werden wir springen.«

Sobald Joseph zu springen begonnen hatte, wurde alles Übrige einfach. Er vergaß Lily und seinen Schock. Er lief nicht mehr vor etwas davon, sondern lief auf ein Ziel zu. Es hatte die Verlockung eines exotischen Landes, den Zauber einer romantischen Wiedergeburt und den Reiz einer sozialen Utopie, alles in einem – beinahe zu schön, um wahr zu sein. Es war eine seltsame Reise gewesen – von Lilys Bett zu Esras Turm in Galiläa. Ob es nun eine Pilgerfahrt war oder ob er seinem eigenen Schatten nachgejagt hatte, wusste er nicht; und in diesem Augenblick war es ihm egal. Er fühlte die weiche Last von Dinas Gesicht auf seinem Arm, und der ruhige Rhythmus ihres Atems wiegte ihn in den Schlaf.

13

Als es tagte, erwachten sie gleichzeitig. Keiner von beiden hatte die Lage verändert oder sich im Schlaf bewegt.

»Komm«, sagte Dina, »schauen wir uns den Sonnenaufgang an.«

Sie schritten aus dem Zelt hinaus in den hellen grauen Morgennebel, und die Luft roch nach frischem Tau. Im Osten hinter dem Hügel mit dem schlafenden Araberdorf war der Himmel rosa und gelb und veränderte schnell seine Farbe. Dina warf die Haare zurück und schüttelte sich wie ein junger Hund, der aus dem Wasser kommt.

»Ich habe gestern eine Menge Unsinn geredet«, sagte sie.

»Wirklich? Ich habe geschlafen«, sagte Joseph. »Siehst du die Schafe?«

»Wir werden eine größere Herde haben«, sagte Dina. »Und Kühe. Wie sollen wir das erste Kalb nennen?«

»Dr. Karl Marx«, sagte Joseph. »Klettern wir auf den Turm.«

Sie kletterten die Holzleiter hinauf, Dina zuerst. Ihre Beine waren über seinem Kopf, und er sah das Muskelspiel ihrer Waden und musste sich zurückhalten, dass er nicht in die glatte, braune Haut biss. Ja, dachte er, dazu wird es nicht kommen; aber es gibt noch andere Dinge. Bejahen und bejaht werden, seine Nächsten mögen und wohlgelitten sein ...

Sie standen auf der Terrasse von Esras Turm, umgeben von den sanft welligen, silbergrauen Hügeln Galiläas. Sie sahen Dascha aus der Wohnbaracke auftauchen, ein Handtuch um den Hals und einen großen Badeschwamm in der Hand, auf dem Weg zu den Duschen.

»Heute werden wir mit dem Bau des Kuhstalls anfangen«, sagte Dina.

Der strahlende Rand der Sonne hatte den gelben Nebel durchstoßen.

Es war halb sechs Uhr früh; und der Abend und der Morgen waren der erste Tag.

SPÄTERE TAGE
1938

1

Auszug aus den Satzungen der Gemeinschaftssiedlungen, gemäß den Mustervorschriften der Genossenschaftsordnung der Palästina-Regierung, 1933:

ABSCHNITT A: NAME, ADRESSE, ZIEL, GESCHÄFTSBEREICH UND MITGLIEDSCHAFT

Das Ziel des Vereines ist es, die wirtschaftliche und soziale Interessensphäre ihrer Mitglieder den genossenschaftlichen Grundsätzen gemäß zu organisieren und zu fördern und insbesondere

a) Kollektivfarmen zu betreiben und anzubauen;
d) die Erzeugnisse der Siedlung zu veräußern und ihre Erfordernisse anzuschaffen;
e) eine Gemeinschaftskasse zu führen, in welche alles Einkommen ihrer Mitglieder einzuzahlen und aus der alle ihre Bedürfnisse zu bestreiten sind;
f) Mitgliedern durch gegenseitige Hilfe beizustehen, ihren wirtschaftlichen, kulturellen und sozialen Standard zu heben, für ihre

Kranken zu sorgen, die Alten und Gebrechlichen zu unterstützen … und die Kinder der Mitglieder zu erhalten und zu erziehen;

b) alle gesellschaftlichen, kulturellen und wirtschaftlichen Erfordernisse der Siedlung beizustellen, alle nötigen Schritte zu unternehmen, um die Lebensbedingungen zu verbessern und insbesondere Kinderkrippen, Kindergärten und Schulen zur Erziehung und Heranbildung der Kinder zu errichten und zu erhalten;

i) öffentliche Institutionen und Betriebe in der Siedlung zu schaffen und zu erhalten und überhaupt alle Aufgaben einer gewöhnlichen Dorfverwaltung zu erfüllen.

ABSCHNITT D: SONDERBESTIMMUNGEN BETREFFEND DIE VEREINSANGELEGENHEITEN

3) Rechte und Pflichten der Mitglieder:

a) Mitglieder haben das gleiche Recht, von der Gemeinschaftskasse der Genossenschaft Essen, Trinken, Kleidung, Unterkunft und die anderen Notwendigkeiten und Annehmlichkeiten des Lebens in Anspruch zu nehmen.

ABSCHNITT C: VERMÖGENSRECHTLICHE BESTIMMUNGEN

I) Kapital:

Der Verein hat kein Kapital.

2

Blätter aus der Chronik Josephs,
eines Mitglieds der Kommune von Esras Turm

Freitag, ... Oktober 1938
Es ist heut ein Jahr, dass der junge Naphtali durchs Auge und Gehirn geschossen wurde, weil er seinen Kopf nicht unten halten konnte. Man hat ihn zu einem Helden und Schutzheiligen des Ortes gemacht. Besonders, da der arme, schielende kleine Narr nicht an Gewalt glaubte und sein Herz so daran hing, unsere Nachbarn zu erziehen. Man soll aber Helden durch das Fernrohr betrachten und nicht durch das Mikroskop.

Geschichte ist eine Folge von Zwecklosigkeiten mit Großartigkeit als Zusatzwirkung. Das ist, glaube ich, ein weiteres Beispiel für den dialektischen Wandel von Quantität in Qualität ...

Jedenfalls sind wir in diesem Jahr gewachsen und haben uns ausgedehnt. Allmählich nehmen wir das Aussehen eines Dorfes oder vielmehr das der Kreuzung zwischen einem befestigten Lager und einem lebensgroßen Modell vom Zeichenbrett eines Städtebauers an. Der Wachtturm ist unsere Pfarrkirche, die Speisebaracke unser Klub, Rathaus und Forum Romanum, alles in einem. Bis jetzt sind die Wohnbaracken noch aus Holz, aber die ersten Betonbauten sind fertig und sehen höchst eindrucksvoll aus – sie sind der Kuhstall, die Molkerei und das Kinderhaus. Das letztere hat bis jetzt fünf Insassen, die sehr lustig sind. Zwei davon kamen schon nach der Gründung zur Welt, und es sind mehrere unterwegs. Alle Genossinnen scheinen mit großen Bäuchen einherzuwandeln. Sie sind äußerst zufrieden mit sich, weil sie die nationale Geburtenziffer verbessern, und wirken noch weniger anziehend als gewöhnlich. Ich vermute, sie singen während des Zeugungsaktes die Nationalhymne.

Wir haben auch unseren Friedhof mit bis jetzt fünf Beton-Grabsteinen. Einer starb an Typhus, und drei weitere gingen den Weg Naphtalis mithilfe unserer Nachbarn: zwei im Laufe von Nachtangriffen, der dritte wurde, als er allein durch den Wadi ging, überfallen und mit besonderer Bestialität umgebracht – kastriert, Augen heraus und so fort. Und die Leute von Kfar Tabije haben noch immer die Frechheit, mit ihren Furunkeln und Bauchschmerzen und ihren von Fliegen behafteten Kindern in unsere Apotheke zu kommen.

Der Höhepunkt dieser Tragikomödie war der Besuch, den uns der Muchtar heute abstattete, um uns zu unserem ersten Jahrestag zu gratulieren. Er kam auf einem weißen Hengst, begleitet von seinem ältesten Sohn, Issa. Der Sohn ist ein pockennarbiger Lümmel mit ausweichendem Blick, aber der Muchtar sah großartig aus. Ruben zeigte ihnen die Bibliothek, den Traktorschuppen, das Kinderhaus, die Baumschule und so fort; der Muchtar lobte alles mit einem Schnalzen der Zunge und väterlichem Strahlen, während Issa dreinsah wie ein Gelbsüchtiger in einem Delikatessengeschäft.

Ruben bat sie, zum Mittagessen zu bleiben, und der Muchtar begann genießerisch das zeremonielle Spiel des Protestes. Er protestierte mit beiden Händen, schob eine imaginäre Speise in der Luft weg, hielt die Hände vor seine Brust, als wollte er beteuern, dass er keinerlei Absicht hätte, seine Gastgeber eines so köstlichen Gerichtes berauben zu wollen; und nachdem er dies dreimal wiederholt hatte, ging er in den Speisesaal. Er sah an dem Gemeinschaftstisch seltsam deplatziert aus mit seinem karierten Tuch, das von seinem Kopf um seine Schultern flatterte, und seinem riesigen, über die enge Bank vorragenden Hinterteil; und seine schlauen Augen beobachteten prüfend das zwanglose Kommen und Gehen der Genossen, besonders der Mädchen. Mir erschien das Mahl nach so vielen Geschichten entsetzlich armselig, und das war mir ziemlich unangenehm, obwohl ich wusste, dass Ruben recht hatte, dass er mit dem Muchtar kein Aufhebens machte und ihm dadurch, dass wir ihn nach unseren und nicht seinen Sitten bewirteten, zeigte, dass wir von Rechts wegen hier wären. Das empfand auch der Muchtar, und es gefiel ihm nicht, obwohl er seinen jovialen Ton beibehielt, während Issa wortlos trotzig an seinem Essen kaute und seinen verschlagenen Blick niederschlug, sooft ein Mädchen mit nackten Schenkeln und kurzen Hosen an ihm vorüberstreifte. Man hatte uns vier an unserem Tisch allein gelassen, nur Max und Sarah, von unserem extrem araberbefreienden, antiimperialistischen Flügel, warfen Muchtar und Sohn unausgesetzt liebevolle Blicke zu; sie hätten ihnen für ihr Leben gern erklärt, dass Allah Opium für das Volk sei und dass ihre Frauen Geburtenregelung betreiben sollten; zum Glück konnten sie nicht Arabisch.

Als wir beim Kaffee angelangt waren, der, als einziges Zugeständnis, in der landesüblichen Art bereitet wurde, kam der Muchtar zur Sache. Er senkte seine Stimme zu geheimnisvoller Vertraulichkeit und fragte, ob wir wüssten, welche Grenze die Teilungskommission zwischen dem arabischen und dem jüdischen Staat vorschlagen werde. Ruben sagte wahrheitsgemäß, dass er von nichts wisse, außer dass der Bericht der Kommission in kurzer Zeit veröffentlicht werden soll; im Übrigen werde, seiner Ansicht nach, die ganze Idee der Teilung fallen gelassen. Jetzt fing der Muchtar an, uns beide unter gewaltigen Lachausbrüchen mit den Ellbogen anzustoßen und sich auf die Knie zu schlagen und tat, als wüssten wir alles und versuchten bloß, ihm das Geheimnis vorzuenthalten. Endlich rückte er selbst damit heraus: Einem Gerücht gemäß solle die Grenze Galiläa in zwei Hälften schneiden, und das Dorf Kfar Tabije würde in den jüdischen Staat fallen ... Ruben zuckte bloß die Achseln und wiederholte, dass man seiner Meinung nach von der Teilungsidee abkommen werde. Ich fragte den Muchtar, wo er seine Informationen herhabe; er tat geheimnisvoll und sagte, er hätte sie von einer hochgestellten und bedeutenden Persönlichkeit. Wahrscheinlich war es der hausierende Stoffverkäufer, den wir vorgestern auf seinem Esel nach Kfar Tabije reiten sahen; aber der Muchtar schien fest davon überzeugt zu sein, dass es wahr war. Ruben war gelangweilt, aber mir gefiel die Situation. Ich fragte den Muchtar, ob er nicht glaube, dass es ihnen im jüdischen Staat viel besser gehen würde, und sagte die ganzen üblichen Argumente herunter: wie seit unserem Kommen der arabische Lebensstandard gehoben wurde und die Sterblichkeit gesunken war; dass das Land vor zwanzig Jahren nichts als Sumpf und Wüste war, während heute die Araber in Palästina von jenen in den Nachbarstaaten um ihr Aufblühen beneidet würden. »Hamdulillah«, sagte der Muchtar feierlich, Gott sei Dank. Ich erzählte ihm, dass wir alle Steuern zahlten, aus denen die Regierung die Straßen und die arabischen Schulen baue; »Hamdulillah«, sagte er mit dem Kopf nickend. Ich erzählte ihm, dass der arabische Arbeiter in diesem Land ungefähr fünfmal so viel verdiente als in Ägypten und zehnmal so viel wie im Irak, dank des Kapitals, das wir ins Land gebracht haben, und dass die arabische Säuglingssterblichkeit auf weniger als ein Drittel gesunken sei – dank unserer Spitäler; »Hamdulillah«, sagte er mit nachdrücklicher Betonung. Ich fuhr fort, dass selbst der große Feisal, der Sohn des Kalifen Hussein und König von Irak, nach dem letzten Krieg den Wiederaufbau des jüdischen Staates offiziell begrüßt habe und dass schließlich der Sohn des Kalifen besser verstehe, was für die Araber gut sei, als die Mörder im Solde der gottlosen Deutschen; »Ajwa«, sagte der Muchtar, »Gott, wie sprecht ihr doch wahr! Das war immer auch meine Ansicht, aber es gibt Narren, die auf die Weisheit nicht hören wollen und ihr sogar eine Kugel in ihren Sitz entsenden.« Er verfiel wieder in das Verschwörergeflüster und enthüllte uns, dass er immer ein Anhänger des gemäßigten Naschaschibi-Klans gewesen wäre, aber neuerdings würden die extremen Husseiniten von den Engländern unterstützt und hätten die Oberhand gewonnen; und ihr Führer, der Großmufti Hadsch Amin, lenkte die Terroristen von Damaskus aus; und die meisten gemäßigten Naschaschibi-Führer seien von den Husseini-Leuten umgelegt worden, weil sie sich mit den Juden hatten verständigen wollen; und der andere Muchtar von Kfar Tabije sei ein Husseinite und habe mit unserem Muchtar eine Blutfehde – und so fort. Kurz, es war klarer als der Tag, dass wir nie einen besseren und treueren Freund gehabt hatten als den Muchtar von Kfar Tabije und dass das Mindeste, was wir tun könnten, um unsere Schuld ihm gegenüber abzutragen, war, ihm nach Errichtung des jüdischen Staates eine anständige einträgliche Funktion zu geben, die eines Steuereinhebers oder die eines Aufsehers des Straßentransportwesens; und natürlich den anderen Muchtar samt Familie aufhängen zu lassen ...

Endlich ging er unter Beteuerungen ewiger Freundschaft und nachbarlicher Gefühle. An Ruben blieb sein Zauber verschwendet, aber ich konnte mir nicht helfen, ich konnte den alten Briganten gut leiden. Wie überzeugend er war, wenn er log, und wie wenig überzeugend ein Glickstein ist, selbst wenn er die Wahrheit spricht! Das ist einer der Gründe, weshalb die

Engländer sie mögen und uns hassen. Wir beweisen den Engländern unsere Loyalität, und die Araber legen sie ständig herein. Worauf es aber ankommt, ist, dass die Engländer nicht eine Minute lang erwarten, von den Arabern nicht hereingelegt zu werden; das gehörte mit zum Spiel. Sie haben eine alte und tiefgründige Art des Umganges mit dem Eingeborenen; sie finden ihn anziehend und amüsant, nützen ihn in aller Selbstverständlichkeit aus und erwarten mit ebensolcher Selbstverständlichkeit, von ihm einen Dolch in den Rücken zu bekommen, sobald sie sich umdrehen. Mit uns aber kennen sie sich nicht aus. Sie betrachten uns nicht als Eingeborene, sondern als Ausländer, und das ist etwas ganz anderes. Es gibt keinen Überlegenheitskomplex ohne Minderwertigkeitskomplex; und während der Eingeborene hauptsächlich den Ersteren nährt, löst der Ausländer hauptsächlich den Letzteren aus. Unsere Loyalitätsbeteuerungen machen uns nur noch verdächtiger.

Sonntag

Gottlob, Mosche, unser Kassier, kommt vom Spital zurück, sodass ich nach der Generalversammlung nächste Woche von der Verpflichtung enthoben sein werde, ihn zu vertreten, und wieder an meine eigene Arbeit gehen kann. Zuerst aber muss ich die jährliche Bilanz für die Versammlung vorbereiten, was eine recht unerfreuliche Arbeit ist. Obwohl man weiß, dass wir die ersten drei Jahre mit einem Defizit arbeiten und erst nach dem fünften Jahr anfangen werden, Bodenrente zu zahlen und dem Nationalfonds unsere Kapitalsanleihen zu tilgen, ist es dennoch bedrückend, eine Bilanz vorzuweisen, die folgendermaßen anfängt:

EINKOMMEN

Produkte	Pal. Pfund
Olivenhaine	0 : 0 : 0
Andere Obstbäume	0 : 0 : 0
Waldungen	0 : 0 : 0
Baumschulen	0 : 0 : 0
Ziegen und Schafe	0 : 0 : 0

Bis jetzt waren unsere einzigen Einnahmequellen die ersten Ernten von ungefähr einem Hektar Weizen und Gerste, Milch und Butter unserer Molkerei, ein paar Pfunde aus der Hühnerfarm und dem Gemüsegarten, die Bareinnahmen von sechs unserer Mitglieder, die als Tagelöhner in der Zementfabrik in Haifa arbeiten, und, unter »Verschiedenes«, der Verkauf einer goldenen Uhr, die Max von seiner Tante in New York als Geburtstagsgeschenk bekommen hatte.

Nichtsdestoweniger hat die Buchhaltung in einer Kommune auch ihre Reize. Die Grundeinheit unserer Berechnung ist nicht das Pfund, sondern »Arbeitstag« und »Erhaltungstag«. Ein »Arbeitstag« ist die Summe der Arbeit, die ein Mitglied an einem Achtstundentag leistet. Der Wert des Arbeitstages ist nach der Art der Erzeugnisse verschieden. Er wird berechnet, indem man unser gesamtes Jahreseinkommen aus dem Verkauf von, sagen wir, Milch und Butter, durch die Anzahl der in Molkerei und Kuhstall zugebrachten Arbeitstage dividiert. So viel verdienen theoretisch die Stallburschen und Molkereiarbeiter am Tag; aber sie bekommen natürlich nichts ausbezahlt, das Geld bleibt in der Gemeinschaftskasse. Je weniger Arbeitstage für ein Erzeugnis im Wert eines Pfundes benötigt werden, umso einträglicher ist diese Erzeugungsgruppe, und man kann so nach Berücksichtigung von Amortisierung und Abwertung eine Kontrolle der

Rentabilität gewinnen. Wie in allen neuen Siedlungen ist der Durchschnittswert eines Arbeitstages noch sehr niedrig; wir verdienen theoretisch pro Tag und Kopf dreieinhalb Shilling.

Das bezieht sich natürlich nur auf die »Verdiener«, das heißt auf jene, deren Arbeit einen Barertrag abwirft. Die Arbeit der Köche, des Hausdienstes, der Näherinnen usw. bringt nichts ein. Etwas weniger als die Hälfte der Mitglieder der Kommune ist mit einer derartigen nichtproduktiven Hausarbeit beschäftigt. Deshalb sollte das Einkommen eines »Arbeitstages« mindestens zweimal so viel sein als die Ausgaben eines »Erhaltungstages« (das sind die Kosten für Essen, Kleidung und soziale Leistungen pro Tag und Kopf). Leider ist das nicht der Fall. Die Kosten eines »Erhaltungstages« sind noch immer zwei dreiviertel Shilling.

Was mich wirklich beeindruckt, ist das eigenartige statistische Bild davon, wie der durchschnittliche zivilisierte Mensch in einer vernünftig organisierten Gesellschaft seine Zeit verbringt, um die wesentlichen menschlichen Bedürfnisse zu befriedigen. Es gibt jetzt 36 Erwachsene in Esras Turm (37 gründende Mitglieder, minus 5 Tote, plus 4 Neue auf Probe). Das Jahr hat 365 Tage, die theoretische Gesamtsumme der Arbeitstage ist also 36 x 365 = 13140. Davon wurden 6624 Arbeitstage auf Einkommen schaffende Arbeit verwendet (das heißt auf dem Feld, in Obstgärten, Olivenhainen, Molkerei, Geflügelfarm, Gemüsegarten, für die Pflege der Schafe und Instandhaltung). Wenn wir diese Gesamtsumme durch die Anzahl der Mitglieder dividieren, finden wir, dass das Durchschnittsmitglied 196 Tage im Jahr dazu brauchte, seinen Unterhalt zu verdienen. Bei Anwendung derselben Methode finden wir auch, dass es (der statistische Durchschnitt ist immer ein Hermaphrodit) 28,5 Tage zum Kochen, Abwaschen und Servieren verwendete; 12,6 Tage zum Schneidern und für Ausbesserungen; 3 Tage zur Schuhmacherei; 3,5 für die Wäscherei, 3,5 zum Sauberhalten der Wohnräume, 4 zur Pflege des Rasens und für andere Verschönerungen der Kommune, 6,5 zu Reisen, 1,5 zur Verwaltung von Bücherei und Lagern, 3 für ärztliche Hilfeleistung, 21 zur Führung des Kinderhauses; dass es 20 Tage krank war, 5,6 im Kindbett und mit Stillen verbrachte, 4 für Urlaub benützte, 56 für Sabbath und Feiertage und 2,2 Tage lang nichts tat wegen schwerer Regenfälle.

Nach dieser Berechnung also wird ein Achtzehntel der gesamten Arbeitstage der Kommune auf die Führung des Kinderhauses verwendet – mit anderen Worten, zwei Leute verwenden ihre ganze Zeit darauf, unsere fünf Kinder zu betreuen –, ganz abgesehen von der Zeit, die die Eltern in ihrer Freizeit mit ihren Kindern verbringen. Woraus folgt, dass die Kinder in der Kommune viel besser betreut sind als in der Familie. Die Frau eines individuellen Farmers, die fünf Kinder hat, muss nicht nur allein auf sie Achtgeben, sondern hat auch noch zu kochen, Hausarbeit zu verrichten und gelegentlich im Feld und mit dem Vieh mitzuhelfen. Ihr Stundenplan würde zur Leistung all dieser Arbeiten ungefähr 700 unserer »Arbeitstage« im Jahr aufweisen – und sie wären weniger gut gemacht als bei uns. Sie können überhaupt nur dadurch bewältigt werden, dass die Frau in jeden Tag ihres Lebens zwei Achtstundentage hineinpresst; und dasselbe gilt für den Mann.

Das Revolutionäre an der Kommune ist, dass sie Farmarbeit auf einer Achtstundenbasis ermöglicht und die Farmarbeit so zu einer zivilisierten Beschäftigung macht. Von fünf Uhr nachmittags an gehört meine Zeit mir. Und was ist schließlich das Endziel des Sozialismus, wenn nicht die Eroberung von Freizeit?

Samstag

Gestern spielte ich bei der wöchentlichen Warenausteilung das letzte Mal vor Mosches Rückkehr den Weihnachtsmann. Die

»Einkaufsstunde« am Freitagabend gehört zu den großen Momenten der Woche, und Verkäufer in einem »Alles-Gratis-Laden« sein ist eine höchst angenehme Beschäftigung. Das Anstellen vor dem Geschäft ist eine Art gesellschaftliches Ereignis; jeder kommt frisch von den Duschen, in reiner Wäsche und Sabbathgewand, und jeder sieht so vorteilhaft wie möglich aus, ermuntert durch den Gedanken an die Fleischmahlzeit des Abends und das lange Schlafen und Ausruhen des nächsten Tages. Dann strömen sie mit ihren Einkaufslisten in meine verfallene Baracke mit dem Gebaren eines Menschen, der in Bond Street einen Pelzmantel kaufen will. Die Normalration enthält fünfzehn Zigaretten, ein Stück Seife und eine Rasierklinge in der Woche, eine Tube Zahnpasta und Schuhcreme alle zwei Wochen und eine Zahnbürste im Monat; ferner Briefpapier, Briefumschläge, Marken, Schnürsenkel, Empfängnisverhütungsmittel, Glühbirnen, Taschenlampenbatterien, Kämme, Haarspangen und anderes mehr je nach Bedarf und besonderem Auftrag. Jeder von uns bekommt eine vollständige Garnitur Arbeitskleidung und einen Sabbathanzug im Jahr. Die Arbeitskleidung wird bei Grossisten fertig gekauft, die Samstagkleider für die Frauen werden in unserer eigenen Werkstätte nach eigenem Geschmack angefertigt, um etwas Abwechslung zu bieten. Es ist erstaunlich, wie wenige Grundbedürfnisse die Menschen haben, wenn einmal Wettbewerb und Hamstern abgeschafft sind.

In ein paar Jahren werden wir unsere eigenen Möbelwerkstätten haben und uns ein bisschen mit Luxus abgeben. Augenblicklich ist unser Luxusbudget für die ganze Kommune zwölf Pfund jährlich – entspricht zwei Arbeitstagen je Kopf und Jahr ...

Mosche hat das Talent, die Waren mit einer schauderhaften Verkäuferpropaganda in einer Mischung von drei Sprachen auszuhändigen; er gibt jeder Ware einen imaginären Preis und lässt sich in ein scharfes Scheinfeilschen mit den Kunden ein. Das ist ein Spektakel, dessen man nie überdrüssig wird. Vielleicht, weil es unserer Einbildung schmeichelt, unserem Überlegenheitsgefühl der kapitalistischen Welt gegenüber; oder vielleicht, weil es uns tröstet, wenn wir uns über die Fleischtöpfe Ägyptens lustig machen, die wir so unwiederbringlich hinter uns gelassen haben, und es so die Tugend unserer erschreckenden Armut erhöht.

Denn schließlich führen wir ein hartes, eintöniges Leben, und man muss sich selbst viele Propagandareden halten, um durchhalten zu können. Und trotzdem gibt es Tage ...

Aber das sind nur Tage. Gedenke, Joseph, gedenke. Hast du Pharaos Heerscharen vergessen?

Puder und Schönheitsmittel sind aus unseren Geschäften als Sinnbilder der »bourgeoisen Dekadenz« verbannt. Ich wünschte, sie wären es nicht. Ich wollte, wir würden dann und wann von einer barmherzigen babylonischen Hure besucht.

Sonntag

Da gestern Sabbath war, ging eine Gruppe von uns im Lastwagen nach Gan Tamar hinunter, um ein Konzert des philharmonischen Orchesters zu hören, das eine Tournee durch die Siedlungen macht. Obwohl Gan Tamar die Rolle unseres Taufpaten gespielt hatte, verschlechterten sich die Beziehungen allmählich, seit wir richtig selbstständig wurden. Es gab die üblichen kleineren Reibungen wegen eines Lastwagens, den sie sich einmal ausborgten und mit einer gebrochenen Feder zurückstellten, und so weiter, aber die Wurzel der Gegensätze ist natürlich politischer Natur. Ich möchte wissen, ob noch eine Rasse dieselbe Fähigkeit für doktrinären Fanatismus hat wie die unsere. Ich glaube, es hat etwas mit dem Exil zu tun; Emigranten haben immer Cliquen und Streitigkeiten, und wir sind Emigranten seit zweitausend Jahren. Die Menschen im Exil haben nichts, woran sie sich klammern können, außer Doktrin und Überzeugung; deshalb kämpfen sie um Ideen wie Hunde um einem Knochen. Die anderen nennen es höflich unsere semitische Intensität.

So hatte man bei den letzten Gemeinderatswahlen in Tel Aviv zweiunddreißig verschiedene Parteilisten, und jede Partei war davon überzeugt, sie wären die einzigen wahren Propheten des himmlischen Reiches.

Der eigentliche Spaß fängt aber erst an, wenn sich die jüdisch-prophetische Ader mit sozialistischer Fraktionsfreudigkeit kreuzt. Dann werden die Tüpfel auf dem i und die Striche durch das t zu Fragen von Leben und Tod, und Abweichungen von der Parteilinie werden mit dem ganzen Zorn von Amos und Jesaia gegeißelt. Das hat auch aus Marx einen so streitsüchtigen alten Rechthaber gemacht; und wir, die Schüler, haben, wenn schon nicht die Größe, so doch die missgelaunte Streitsucht geerbt. So sind sogar unsere ländlichen Kommunen, obwohl sie alle nach denselben Prinzipien aufgebaut sind, in drei konkurrierende Verbände gespalten. Esras Turm ist der »Vereinigten Gruppe der Kommunen« angeschlossen, die die hebräische Labour-Partei unterstützt; wogegen Gan Tamar zu »Haschomer Hazair« (»Der junge Wächter«) gehört, einem extrem linken Flügel unserer Arbeiterbewegung. Sie sympathisieren stark mit Russland, während wir dem Sowjetsystem eher kritisch gegenüberstehen. Nach dem Konzert gab es also die übliche Diskussion im Lesesaal von Gan Tamar – leidenschaftlich erbittert und fruchtlos, wie sich's für eine sozialistische Bruderschaft richtigermaßen geziemt.

Es begann wie gewöhnlich mit Russland – dem Einparteiensystem, der Ungleichheit der Löhne, den »Säuberungen«, dem Imstichlassen von Spanien usw. Die Leute von Gan Tamar hatten für alles eine Entschuldigung bereit, und unsere Radikalen, Max und Sarah, unterstützten sie. Es ist bedrückend zu beobachten, wie diese beiden nach und nach in eine Haltung abgetrieben werden, in der politische Unzufriedenheit und persönlicher Streit verschmelzen. Sarah ist enttäuscht, unter anderem, weil sie glaubt, dass sie anstelle Dinas das Kinderhaus leiten sollte. Sarah ist Adler'sche Jugend-Individualpsychologin und Verfechterin der vegetarischen Diät; sie hat ein blasses, verkniffenes, kleines Gesicht mit großen verhungerten Jungfrauenaugen. Max, der eine riesige schnüffelnde Tapirnase hat und eine wilde Linksradikalen-Mähne, hat das Empfinden, er sollte Mitglied des Sekretariats sein – was bei seinen geistigen Fähigkeiten auch richtig ist; aber er ist so streitsüchtig und unbeliebt, dass er bei allen Wahlen immer unter den »gut waren noch« erscheint, als Mitglied des Kulturkomitees oder dergleichen. Beide sind ledig.

Die Russland-Diskussion nahm also ihren üblichen Lauf, fast wie eine Schachpartie, bei deren Anfangszügen beide Partner die Gegenzüge des anderen im Voraus wissen, und wenn die Partie richtig im Gang ist, einander die Figuren an den Kopf werfen. Diesmal war es Mosche, unser Kassier, der mit dem Werfen begann. Wir waren schon durch die Eröffnungszüge durch, nämlich:

Weiß (Damenbauer 4): Handgreifliche Unwahrheit der Anschuldigungen gegen die trotzkistische Opposition.

Schwarz (Damenbauer 4): Jede Opposition in einem Arbeiterstaat ist a priori konterrevolutionär.

Weiß (Damenläufer-Bauer 4): Wachsende Ungleichheit der Löhne und Vorrechte für die Bürokratie.

Schwarz (Königsläufer-Bauer 3): Notwendigkeit, die Produktion anzuspornen, vorübergehende Notmaßnahmen.

Weiß (Königsspringer c 3): Chauvinistische Erziehung, Verherrlichung des Führertums, aufleben der Religion usw.

Schwarz (Damenspringer f 3): Notwendigkeit, primitive Massen auf imperialistischen Krieg und faschistische Aggression vorzubereiten.

Weiß (Dascha, Bauer nimmt Bauer): »Sie ermutigen sogar bourgeoise Dekadenz wie Lippenstifte, Rouge und Puder.«

Schwarz (Sarah, nimmt Bauer zurück, vor Wut errötet): »Die Dialektik des proletarischen Sex-Appeals als Gegensatz zur Prostitution des bürgerlichen Ehestandes ...«

In diesem Stadium verlor Mosche die Geduld und warf das Spiel um. Mosche ist in jeder Beziehung ein Schwergewichtler. Er ist klein und untersetzt wie ein Stier; er sitzt auf unserer Gemeinschaftskasse wie der Lordkanzler auf dem Wollsack; er ist ein Finanzgenie, imstande, wie der andere Moses, Wasser aus einem Felsen zu locken; und er hat eine Art, mit seiner langsamen Redeweise und seinem schwerfälligen, gesunden Menschenverstand mitten durch eine Diskussion zu trampeln wie ein Elefant durch den Dschungel. Mosche also sagte den Gan-Tamar-Leuten, dass sie, wenn sie Russland nachahmen wollten, vor allen Dingen die Gemeinschaftskasse als linke Abweichung abschaffen und Gehälter auszahlen müssten, wobei selbstverständlich die Mitglieder des Sekretariats zu dem ungefähr dreihundertfachen Betrag eines durchschnittlichen Arbeiters berechtigt wären, und sie müssten eine Geheimpolizei erhalten, befugt, jeden ohne Gerichtsverfahren zu deportieren oder zu erschießen. Als nächsten Schritt hätten sie eine separate Speisebaracke für die qualifizierten Stachanowisten und eine dritte für die Genossen des Sekretariats zu bauen; sie müssten die Koedukation abschaffen. Schulgeld einführen und so weiter ...

Es entstand ein furchtbarer Lärm. Als er nachgelassen hatte, hörte man Felix' scharfe, akademische Stimme. Felix versteht es ausgezeichnet, den richtigen Zeitpunkt zu wählen; er kann hinter seinen komplizierten Linsen geduldig auf den richtigen psychologischen Moment warten, auf die kurze Entspannungspause, in der gerade niemand aufpasst; und bevor sich die anderen wieder aufgerafft haben, ist er mitten in einem Vortrag. Felix ist der Westentaschen-Lenin von Gan Tamar und einer der führenden Theoretiker der hebräischen radikalen Linken. Er ist unter anderem der Erfinder des Systems, das in einigen der Haschomer-Siedlungen eingeführt ist, wonach sich Knaben und Mädchen bis zu achtzehn Jahren gemeinsam duschen, aber sich eidlich zur Keuschheit verpflichten. Trotz alledem sieht er aus wie eine männliche alte Jungfer, die streng planmäßig an jedem zweiten Sabbath dem Laster der Einsamen frönt, mit einer Extratour zum Jahrestag der Oktoberrevolution. Jetzt also schickte sich Felix an, Mosches Argumente zu analysieren, zu sezieren, zu spalten, zu drehen, zu wenden und zurückzuwenden, und jedermann, Freund und Feind, lehnte sich zurück, um dem Unabwendbaren seinen Lauf zu lassen. Felix' Vorlesungen haben die Eigenschaft, einen bemerken zu lassen, wie hart der Sessel ist, auf dem man sitzt. Er sprach eine Viertelstunde in komplizierten Abstraktionen; das Ende des Ganzen war, dass das russische Kolchos nicht mit unseren Kommunen verglichen werden soll, weil in Russland der Sozialismus einer unwissenden Masse aufgezwungen werden musste, während unsere Kommunen von einer ausgewählten Elite von Freiwilligen gebaut wurden.

»Schon gut, das wissen wir alles«, schnaubte Mosche. »Wenn es aber für uns in einem vom kapitalistischen britischen Reich beherrschten Gebiet das Experiment eines reinen Agrarkommunismus möglich ist, warum könnte nicht eine ähnliche Elite russischer Freiwilliger ähnliche Experimente auf sowjetrussischem Boden durchführen?«

Weil, so erklärte Felix und zitierte verschiedene Reden Stalins, die Verhältnisse in Russland anders sind als die Verhältnisse in irgendeinem anderen Land, und die von dem proletarischen Staat angewendeten Methoden nicht mit den Methoden der kapitalistischen Staaten verglichen werden können und vice versa. Felix focht eine Abnützungsschlacht, aber einen Elefanten kann man nicht ermüden.

»Ihr seid alle wahnsinnig«, schnaubte Mosche. »Unsere Kommunen sind der einzige Platz der Welt, wo das individuelle Eigentum völlig an die Gemeinschaft übertragen ist, wo alle Menschen wirklich gleich sind und wo man leben und sterben kann, ohne Geld auch nur berührt zu haben. In diesen etlichen hundert Siedlungen haben wir jetzt über dreißig Jahre lang den reinen Agrarkommunismus geübt, haben alle Prüfungen überdauert, ohne ein einziges Grundprinzip zu opfern, und haben eine scheinbar utopische Idee in ein wohl kleines, aber bedeutendes funktionierendes Unternehmen umgewandelt. Ich frage euch nun: Warum entsenden die Russen keine Abordnungen und Fachleute, um den experimentellen Kommunismus auf dem einzigen Fleck der Erde, wo er wirklich praktiziert wird, zu studieren? Sie entsenden Kommissionen zum Studium amerikanischer Fabriken, englischen Fußballs und deutscher Polizeimethoden. Sollte man von ihnen nicht ein gleiches Interesse für die ökonomischen und sozialen Phänomene erwarten, die vom angewandten Agrarkommunismus hervorgebracht werden? Aber bis jetzt haben sie noch keine Kommissionen entsandt, nicht einmal einen einzigen Journalisten; alles, was sich auf uns bezieht, ist in ihrer Presse verboten, die hebräische Sprache ist in Russland illegal, und unsere Genossen werden erschossen. Ich sehe keinen Grund, warum wir über Russland so begeistert sein sollten, aber jeden Grund, warum sie über uns begeistert sein sollten.«

»Typisch chauvinistische Anmaßung«, sagte Max verächtlich. Die Gan-Tamar-Leute sekundierten. Das Komische ist, dass ihre

Blätter dauernd das »leuchtende sozialistische Beispiel der hebräischen Kommunen« aufbauschen, bis es einem übel wird, und man zu zweifeln beginnt, ob wir wirklich bestehen oder bloß eine Erfindung unserer eigenen Propaganda sind; wenn sie aber über Russland sprechen, werden sie plötzlich selbstverachtend und demütig, als hätten sie eine Kirche betreten.

Felix hatte sich in Schweigen gehüllt, und die Diskussion endete, wie gewöhnlich, patt. Wir gingen alle in die Küche, wo uns Ruth Kaffee kochte. Der gemütlichste Platz in allen unseren Siedlungen ist die verlassene Küche gegen Mitternacht, wenn die anderen schlafen und man anfängt, Kaffee zu kochen und Kekse aus der Speisekammer zu stibitzen mit dem Gefühl, man sei auf dem Bummel. Man nennt es »Kumsitz« – eine Verballhornung des Deutschen »Komm und setz dich«. Während des Kumsitz wurden wir alle wieder ganz vergnügt. Man erzählte den üblichen Klatsch über andere Kommunen: Die Snobs der Kommune Chefziba (wo praktisch jedes Mitglied einen akademischen Titel hat) haben angefangen, ein Schwimmbecken zu bauen, obwohl sie voriges Jahr ein Defizit hatten. In Kfar Gileadi, einer der ältesten Kommunen in Obergaliläa, hatte die jüngere Generation bei der letzten Wahl das Sekretariat erobert, und die Patriarchen aus der Zeit des alten Wabasch sind alle sehr verbittert darüber. In Tirat Zwi, einer neuen, von der streng religiösen Partei geführten Kommune im Jordantal, hatten sie einen schrecklichen Streit wegen des Melkens der Kühe am Sabbath; sie legten die Frage dem Oberrabbinat vor, welches die Entscheidung fällte, dass die Kühe gemolken werden sollten, dass aber Essig in die Eimer gegossen werden müsse, um zu verhindern, dass die Sabbathmilch für kommerzielle Zwecke verwendet werde.

Es war alles sehr fröhlich – und wäre mit einer Flasche Brandy oder Whisky noch fröhlicher gewesen. Ich bin neugierig, wann wir diesen Puritanismus in unseren Kommunen überwinden werden. Manchmal habe ich das Gefühl, ich muss mich betrinken, sonst kann ich unsere Tugenden nicht mehr ertragen. Aber der neuen Generation scheint nichts abzugehen; diese Sabrajungen betrachten ein Glas Wein als etwas wie Opium oder Haschisch, und die Mädchen halten den Lippenstift für eine Erfindung des Teufels, der da haust im Babel Tel Aviv und einen Smoking trägt und eine weiße Nelke dazu.

Donnerstag

Mendl, der Rattenfänger, ist aus Jerusalem zurück und hat das Cello bekommen. Ich sah das Cello vor einer Woche in der *Jerusalem Mail* von seinem Eigentümer – einem Flüchtling – zum Verkauf angeboten. Es kostete nur fünf Pfund – spottbillig; und zum Glück war Mosche noch nicht zurück. Also beschloss ich in meiner Eigenschaft als stellvertretender Kassier, es für uns zu kaufen – aus dem Luxusbudget des nächsten Jahres, da die diesjährigen zwölf Pfund schon erschöpft sind. Ich hätte natürlich zumindest die anderen Mitglieder des Sekretariats befragen müssen, tat es aber nicht. Als Mosche davon erfuhr, schnaubte er vor Wut und versprach, dass die Jahresversammlung über mich kommen würde wie eine Tonne von Ziegelsteinen. Ich habe mir da sicherlich etwas eingebrockt – worauf es aber ankommt, ist, dass wir jetzt unser Streichquartett vollständig haben.

Ich fragte Mendl, ob ihm in Jerusalem kein politischer Klatsch zu Ohren gekommen wäre, über Teilung oder dergleichen, aber er verneinte. Er ist vollkommen unpolitisch – verschlossen, schweigsam und eher verträumt. Er ist unser Traktorfahrer und Mechaniker und bastelt so gerne, dass ich überzeugt bin, er freut sich im Geheimen, wenn etwas an unserer elektrischen Anlage nicht in Ordnung ist. Seine Scheu ließ ihn seine freudige Erregung über das Cello nicht zeigen. Er ist immer scheu und zurückhaltend, wenn es um Musik geht – bis er in Schwung kommt und sich in den Rattenfänger verwandelt. Jede Leidenschaft hat ihre eigene Keuschheit.

Montag

Eine unserer periodischen finanziellen Krisen, die selbst Mosche nicht verhindern kann. Die letzten drei Tage hatten wir uns von Brot, Oliven, Nudeln und Milch genährt. Dascha sagte, das Gleichgewicht der Vitamine sei in Ordnung, aber wir gehen mit hungrigen Blicken herum, und sooft ich irgendjemandes Augen begegne, sehe ich in ihnen ein von einem Dolch durchbohrtes Cello. Wir hatten schon zwei Wochen kein Fleisch, und Arje ist nicht geneigt, eines seiner Schafe zu opfern; es sei nicht die Jahreszeit – das ist scheinbar nie. Wir haben unsere späte Gemüseernte verkauft und unseren ganzen Käse und Butter – und jetzt stehen wir da, buchstäblich vor dem Nichts. Wir haben sieben Arbeiter auf der Krankenliste – drei mit Malaria, zwei mit Typhus und zwei mit Dysenterie –, was an sich nur wenig mehr ist als normalerweise, aber leider sind vier von unsern fünf Barverdienern darunter. Gewöhnlich bringen sie jeden Freitag zehn bis fünfzehn Pfund aus der Zementfabrik nach Hause (ganz abgesehen von den Werkzeugen, Seifen und verschiedenen anderen Dingen, die sie dem Gemeinwohl zuliebe aus der Fabrik stibitzen). Diese Summe ist die Hauptstütze unseres wöchentlichen Budgets – der Rest des Umsatzes besteht in einer Reihe von komplizierten Kreditoperationen mit der Arbeiterbank und den nationalen Konsumvereinen, die die meisten unserer Erzeugnisse kaufen und die meisten für uns notwendigen Waren beistellen; aber ein gewisses Minimum an Bargeld ist notwendig, um das Werkl am Leben zu erhalten.

Glücklicherweise erschien heute Morgen unser Freund, der Muchtar von Kfar Tabije, und rückte, nach den üblichen nervenzerrüttenden salbungsvollen Reden über die Segnungen Gottes und das Universum im Allgemeinen, mit dem Vorschlag heraus, sich unseren Traktor zum Aufpflügen seiner Falha-Felder auszuborgen. Ich lief Mosche holen, und er und Ruben handelten eineinhalb Stunden mit dem Muchtar, während sie ihn mit unserem letzten Kaffee und Zucker bewirteten, und sie kamen schließlich überein, das Pflügen um neunzig Piaster per Dunam abzuschließen. Mosche und der Muchtar beteuerten beide, dass es ihr Ruin wäre und sie es nur aus reiner Liebe zu dem anderen täten, und beide waren hochzufrieden; der Muchtar, weil er schon versucht hatte, sich von unseren lieben Nachbarn in Gan Tamar einen Traktor auszuborgen, und diese zehn Piaster per Dunam mehr verlangt hatten, und Mosche, weil fünfzehn bis zwanzig Pfund in bar für ihn wie ein Geschenk vom Himmel waren. (Mendl, der den Traktor bedienen wird, soll während des Pflügens nach je zwei Dunam das »fällige« Geld einkassieren.)

Jedenfalls hat Mosche versprochen, dass die Krise bis Freitag vorüber sein würde und wir am Sabbath eine ausgiebige Mahlzeit einschließlich gezuckerten Kaffees und auch eine zusätzliche Ration von Pfeifentabak am Einkaufstag bekommen würden. Aber diese rosigen Aussichten ersparten mir nicht, nach Gan Tamar hinunterzugehen, um einige dringend notwendige Gegenstände auszuborgen, darunter Benzin für den Traktor und zwei Tafeln Schuhleder für meine Schusterwerkstatt. Sich etwas von Gan Tamar auszuborgen ist nie angenehm – sie sind acht Jahre alt und wir erst eines; sie sind gönnerhaft und wir unverschämt. Außerdem haben wir alle ein schlechtes Gewissen, weil wir sie in dieser Traktorenangelegenheit unterboten haben, und uns obendrein nicht nur die Waren ausborgen mussten, sondern auch noch einen ihrer Lastwagen, um alles heraufzuschaffen, da wir unseren letzten Tropfen Benzin verbraucht hatten.

Ich nahm also den Esel, und als ich den Wadi hinuntertrottete, hatte ich ein Gefühl, als ritte ich nach Canossa. Diese Art unangenehmer Mission scheint immer mein Los zu sein; wenn zum Beispiel Mosche eine dunkle Kredittransaktion bei der Arbeiterbank in Haifa durchsetzen will, schickt Ruben gewöhnlich mich mit, um durch Anwendung dessen, was er »den exotischen Zauber meines christlichen Einschlags« nennt, Mosche eine moralische Stütze zu sein. Das ist einer von Rubens Lieblingsscherzen – er hat nicht viele.

Im Grunde habe ich diese Art von Schwindel-Mission nicht ungern; außerdem musste ich für das Cello Buße tun. Es ist immer eine Abwechslung, vom alten Ort wegzukommen, und ich trottete vor mich hin pfeifend den Wadi entlang. Es war ein herrlicher Tag, nicht zu heiß; den vergangenen Abend hatten wir unseren ersten Regen, und alles ringsum, auch der Himmel, sah wie nach Großreinemachen neu poliert und glänzend aus. Ich reite auch gern auf einem Esel. Es ist mir angenehm, die feste Haut mit den sonndurchtränkten steifen Haaren zu berühren. Sitzt man auf seinem Rücken, hat man das Gefühl, kein Tier, sondern ein prall gepolstertes Schaukelpferd zu reiten. Ich bewundere den eigensinnigen Stolz und die Selbstzufriedenheit des Esels, das vollkommene Fehlen der Charakterlosigkeit der Pferde oder Hunde. Wenn das Kamel das Schiff der Wüste ist, ist der Esel ein Ruderboot: Die Ruder sind unsere eigenen Beine. Ich habe Araber auf Eseln fünfundsiebzig Schläge in der Minute machen gesehen. Unsere Garbo ist ein vollkommenes Exemplar; wenn man aufhört, sie zu rudern, bleibt sie sofort stehen. Trotz ihrer Gefühllosigkeit hat sie die weichen, langwimprigen Augen ihrer Namensschwester.

In Gan Tamar fand ich noch einen Gäste-Esel an den Pfosten vor dem Sekretariat gebunden, aber dieser war ein fettes, weißes und würdevolles Tier, neben dem unsere zähe Garbo wie ein Aschenbrödel aussah. Als ich das Sekretariat betrat, sah ich, dass es dem alten Rabbi Grinfeld gehörte, der zweimal jährlich Gan Tamar aufsucht, mit einer Chupa und dem übrigen heiligen Zubehör ausgestattet, und diejenigen, die dazu bereit sind, zu trauen. Dank dieses Umstandes fand ich Felix in einer seiner milderen Stimmungen (er hat scheinbar von unserer düsteren Transaktion mit dem Muchtar noch nichts gehört). Seine ehrfurchtgebietenden Gläser lagen vor ihm auf dem Tisch, und beim Anblick seiner plötzlich hilflos gewordenen Augen kam ich mir fast gemein vor, weil ich ihm Benzin und Leder herausschwindelte, von denen nur Gott allein weiß, wann sie wieder zurückgegeben werden. Aber schließlich sind sie reich und wir arm (eben haben sie polierte Hartholztische für ihren Speisesaal gekauft, mit Sesseln statt Bänken!). Felix bewilligte mit einem sauren Lächeln alle meine Bitten und schlug dann vor, wir mögen uns das »Affentheater« anschauen gehen, das gerade vor dem Speisesaal vorgeführt wurde. Auf dem Weg erwähnte er entschuldigend, dass sich die Paare natürlich dem »Affentheater« nur unterzogen, wenn ein Kind geboren worden oder auf dem Weg war, da die Nachteile der unehelichen Geburt in dieser vorurteilserfüllten Welt »dialektisch unfair« gegen das Kind wären. Beim Eingang der Speisebaracke fanden wir den alten Rabbi Grinfeld vor einem Paar in Arbeitskleidung unter der Chupa, dem rituellen Baldachin, beim Durchführen der Zeremonien. Die vier Pfosten wurden von vier Jungen in kurzen Khakihosen und großen Strohhüten mit ausgefransten Rändern emporgehalten. Es wirkte wie eine Szene aus einer komischen Oper, und alle grinsten unverhohlen. Der alte Rabbi vergrub seine Nase in sein Gebetbuch und bemühte sich zu tun, als merkte er es nicht. Als ich näher hinschaute, sah ich, dass die Braut die dicke Penina war, die schon jahrelang glücklich verheiratet ist und drei Kinder hat; Samuel, ihr Mann, stand neben mir unter den Zuschauern und grinste. Als er mein Erstaunen sah, flüsterte er:

»Servus, Joseph. Die wirkliche Braut ist im achten Monat und wollte die Gefühle des alten Grinfeld nicht verletzen. So vertritt sie meine Penina. Das hat sie in den letzten zwei Jahren dreimal gemacht. Der alte Grinfeld ist kurzsichtig, und Penina heiratet gern.«

Mit einigen Schwierigkeiten konnte der Bräutigam den Ring auf Peninas Finger hinaufzwängen, und die Zeremonie war vorüber. Das nächste Paar wartete schon. Bevor sie unter den Baldachin schritten, schoben ihnen Penina und der Bräutigam heimlich den Ehering zu; man hatte nur diesen einen in Gan Tamar, und der musste für alle reichen.

Ich habe den alten Grinfeld gerne, also ging ich, als alles vorüber war, zu ihm hinauf, um ihn zu begrüßen. Er blickte mich über seine goldgeränderten Augengläser hinweg an und versuchte, sich zu erinnern, wer ich sei. Ich sagte ihm, ich wäre der Schuster von Esras Turm, und er sagte:

»Oh, ja, ja – die Neuen. Ein schweres Leben, dort oben, ein schweres Leben. Nu, wie geht's?«

Ich sagte ihm, dass drei Paare getraut werden möchten. Er zog sein schmieriges Notizbuch hervor, leckte seinen Daumen, blätterte die Seiten nach vorn und nach rückwärts und sagte, dass er uns seiner Zeiteinteilung nach in etwa drei Wochen besuchen würde. In diesem Augenblick kam Felix zu mir herauf und sagte, dass der Wagen für mich da wäre, falls ich gehen wolle. »Was, was?«, sagte der alte Grinfeld. »Sie fahren im Automobil, junger Mann? Dann komm ich gleich mit Ihnen, da erspare ich mir und meinen Hämorrhoiden einen Ritt auf dem Esel.«

Wir machten uns also auf den Heimweg, ich chauffierte, der alte Grinfeld saß mit seligem Gesichtsausdruck neben mir und las trotz des Holperns und Stoßens in der Bibel, während die Chupa und die übrige Ausrüstung bei dem Benzin und den Ledertafeln verstaut waren. In der Eile – denn Felix wollte den Wagen noch vor dem Abend zurückhaben – hatte ich vergessen, mir ihren Ehering auszuborgen, wie wir es bei früheren Gelegenheiten gemacht hatten; und obendrein erinnerte ich mich, dass einer unserer in Aussicht genommenen Bräutigame mit Dysenterie im Spital war. Das machte nicht viel aus, denn wir konnten einen Stellvertreter finden (worauf es ankam, war bloß der Stempel des alten Grinfeld auf dem Eheschein); aber die Sache mit dem Ring war recht unangenehm. Ich räusperte mich und sagte dem Rabbi, dass wir, da wir mit seinem Besuch nicht so bald gerechnet hatten, noch keine Ringe gekauft hätten. Er legte die Bibel beiseite und blickte mich über seine Gläser hinweg an; er hatte kleine rote Adern in den Augen und gelbe Nikotinflecken in seinem Bart. »Ich kann euch ein paar Ringe verkaufen«, sagte er. Er suchte in der Tasche seines schwarzseidenen Kaftans herum und brachte drei Ringe hervor. Er hielt sie auf der Handfläche seiner weichen, weißen Hand wie auf dem Kissen eines Juweliers. »Reines Gold, achtzehn Karat«, sagte er. »Ich werde sie euch um einen Shilling das Stück verkaufen. Nach der Zeremonie werde ich sie von dem jungen Paar um einen Shilling zurückkaufen. Nu, werden wir ein Geschäft machen?«

»Das ist sehr nett von Ihnen, Rabbi«, sagte ich.

»Sie müssen mir die drei Shillinge geben, junger Mann«, sagte er. »Es muss richtig abgewickelt sein.«

»Aber ich habe sie nicht. Sie wissen doch, dass wir nie Geld bei uns tragen – individuell besitzen wir keines.«

»*Betach*«, sagte er. »Natürlich. Ich vergesse immer die Gewohnheiten von euch Narren.«

»Mosche, unser Kassier, wird die Ringe bezahlen, wenn wir ankommen«, sagte ich.

»Wir werden sehen«, sagte er zweifelnd und steckte die Ringe wieder in die Tasche. »Aber vergessen Sie nicht: kein Geld, keine Ringe, keine Trauung.« Er sprach im Ernst, schob seine Gläser zurück und wendete sich wieder der Bibel zu. Der alte Grinfeld lebt in einer zu Symbolen und Scheinhandlungen erstarrten Welt; aber die Regeln des Scheins müssen streng eingehalten werden. Die letzten zweitausend Jahre ließen die Gläubigen am Abend des Pessachfestes ihre Türen offen für den Messias, legten ein Gedeck für ihn auf, damit er am Mahle teilnehmen könne, und versicherten einander, dass sie »nächstes Jahr in Jerusalem« feiern würden. Sie verkauften auch alles Geschirr und Besteck, das mit Sauerteig in Berührung gewesen, an ihre christlichen Nachbarn und kauften es zurück, wenn das Fest des ungesäuerten Brotes vorüber war. Es waren lauter Scheinhandlungen, aber dieses standhafte Ritual allein hielt sie während der Jahrhunderte der Zerstreuung zusammen. Es war Schlauheit hinter dieser Naivität und Verschmitztheit hinter ihrem Mystizismus – ich hätte gern gewusst, ob der alte Grinfeld wirklich, wie er vorgab, so gar nicht bemerkte, was für eine Farce diese Hochzeitszeremonien waren.

Als ob er der Richtung meiner Gedanken gefolgt wäre, wandte er sich plötzlich zu mir:

»Sie sprechen die Sprache sehr fließend«, sagte er.

»Sie wissen, dass wir untereinander nicht anders sprechen«, sagte ich. Das Hebräisch des alten Grinfeld ist auch fließend, aber er spricht es mit dem traditionellen Singsang des Gebetes; so würde das Idiom eines katholischen Priesters klingen, der aus Wells' Zeitmaschine in der römischen Suburra an einem Markttag abstiege und ein Fischweib in Kirchenlatein anredete.

»Aber welchen Sinn hat die Sprache, wenn Sie die Schrift nicht lesen?«, sagte er. »Wissen Sie zum Beispiel, was Rabbi Elieser von Safed mit Bezug auf Jochanan den Schuster sagte?«

Ich gestand, dass ich es nicht wusste, und achtete inzwischen auf die Unebenheiten der Straße, denn wir fuhren gerade in den Wadi ein.

»Oi«, rief, von einem heftigen Stoß gerüttelt, der alte Grinfeld und rückte seinen Hut mit der Pelzkrempe wieder zurecht. »Fahren Sie doch langsam, wozu die Eile? Wir werden noch rechtzeitig ankommen, so Gott will ... Nun zu Rabbi Elieser von Safed. Sooft ihn sein Weg an dem Geschäft von Jochanan dem Schuster vorbeiführte, pflegte er hineinzugehen und ihm das Kapitel des Tages aus der Bibel vorzulesen. Jochanan war hocherfreut und geehrt, obwohl er kein Wort verstehen konnte, denn es hatte dem Herrn gefallen, ihn stocktaub zu erschaffen. Also befragten den Rabbi einige Schüler über die Sache. Und Rabbi Elieser sprach: ›Es ist natürlich ein Unterschied, ob er hören kann oder nicht, aber der Unterschied ist klein. Die Heiligkeit des Gottesnamens beeinflusst den Menschen, selbst wenn er sich dessen nicht bewusst ist ...‹« Er blickte mich unter seinem Pelzhut hervor mit seinen rotgeäderten Augen an.

»Nu, sagt Ihnen die Geschichte etwas?«

Ich lächelte und nickte, meine Augen auf die Straße geheftet.

»Dann kommen Sie mich besuchen, wenn Sie nach Safed kommen. Ich wohne in dem Haus neben der Ari-Synagoge. Waren Sie schon in Safed?«

»Nein, aber ich wollte schon immer hingehen.«

»So eine Schande«, sagte der Rabbi. »Da lebt er in dem Land ich weiß nicht wie viele Jahre und war noch nicht in Safed. Wie wenn jemand in einer Dachkammer lebt und noch nie im Keller war.«

In gewissem Sinn hat der alte Grinfeld recht. Es ist eine

Schande, die Wiege des hebräischen Mystizismus und der Poesie nie gesehen zu haben, die Stadt der mittelalterlichen Kabbalisten und den Mittelpunkt des Hebräertums nach dem Exodus aus Spanien. Ich versprach dem alten Grinfeld, ihn in Safed zu besuchen.

»Aus welchem Land kommen Sie?«

»Aus England.«

»England? Sehr wenige kommen aus England«, sagte er. »Was veranlasste Sie zu kommen?«

Ich antwortete ausweichend, und er schob seine Brille hinauf, um mich anzusehen.

»Nu, los, los, erzählen Sie«, sagte er ungeduldig. »Es steht geschrieben: Wer kann sich des Redens enthalten?«

Und plötzlich hatte ich das Verlangen, dem alten Grinfeld vom *Zwischenfall* zu erzählen. »Ich warte«, sagte er entschieden.

Also erzählte ich ihm die ganze Geschichte und wählte meine Worte so taktvoll wie möglich. Der alte Grinfeld schüttelte nachdenklich den Kopf.

»Oi, was für Geschichten man von euch jungen Leuten zu hören bekommt«, sagte er. »Sie wollen mir einreden, Sie hätten wegen diesem dummen Weib alles im Stich gelassen?«, fragte er mit einem schlauen Augenzwinkern.

»Oh, nicht ihretwegen. Aber es war eine Art von Schock. Von diesem Augenblick an sah ich alles in einem anderen Licht.«

»Ich versteh schon, Sie müssen nicht so viel reden«, rief der alte Grinfeld aufgeregt. »Seine Zunge ist wie eine bereitwillige Feder, aber er versteht nichts.«

»Ich pflege diese Geschichte nicht zu erzählen, wissen Sie.«

»Ich versteh, ich versteh. Sie fürchten, die anderen Heiden würden Sie auslachen, statt den *Namen* zu preisen, weil er auf so schlaue Art einen Narren eines Besseren belehrte. Und was ist die Lehre?«

»Ich weiß es nicht.«

»Dann lassen Sie sich's vom alten Grinfeld sagen. Weil du ein Verräter in Verkleidung warst, stellte er dich bloß in der Nacktheit deines Fleisches ...«

Er schob seine Brille wieder zurück und wendete sich wieder der Bibel zu mit einer Miene, als habe er die Angelegenheit endgültig und zu jedermanns Zufriedenheit gelöst.

Die Ankunft zu Hause mit Wagen. Rabbi, Benzin und Chupa war ein Triumph. Alles ging glatt. Wir kauften die Ringe, verheirateten alle drei Paare mit Max als Stellvertreter für den Bräutigam mit der Dysenterie, verkauften die Ringe dem alten Grinfeld zurück und nährten ihn mit Zwiebeln und Nudeln, was er anstandslos hinnahm. Dann fuhr ich ihn nach Gan Tamar und ritt auf Garbos Rücken zurück.

Es war ein höchst vergnüglicher Tag. Abends nahm ich Ellen mit aufs Feld hinaus.

Mittwoch

Die Jahresversammlung ist vorüber, und man hat mich nicht einmal gelyncht. Was mich gerettet hat, war die Neuigkeit, dass wir nächsten Monat eine neue Gruppe von dreißig bis vierzig Leuten bekommen würden und dass wir in ungefähr einem Jahr auf unsere volle Stärke von zweihundert Erwachsenen gebracht werden sollen. Die neue Verfolgungswelle in Mitteleuropa hat zu einer Beschleunigung des Programmes geführt; alle Kommunen sollen in raschester Zeit auf die Höchstzahl ihrer Aufnahmsfähigkeit gebracht werden, je nachdem, wie viel Land sie besitzen.

Das heißt, wir bekommen Kredite für wichtige Bauten und Anschaffungen, und es bedeutet eine Veränderung des ganzen Budgets für das folgende Jahr. Der größte Teil des Bauprogrammes ist nach den Normalplänen des Fonds festgelegt, sodass unsere Opposition, von Max und Sarah geführt, wenig zu streiten fand. Ihre Gelegenheit kam bei den nicht spezifizierten Posten der »allgemeinen Verbesserungen« und bei »Verschiedenes« (das Letztere schließt das sogenannte Luxusbudget ein). Nachdem alles, was über das elende Cello gesagt werden konnte, gesagt worden war (»Joseph fiedelt, während Rom brennt«), brachte Max eine Resolution ein, der zufolge alle nicht für bestimmte Zwecke zugewiesenen Summen bis zum letzten Groschen für das Kinderhaus verwendet werden sollen. Das war wieder einmal das Signal für den Anfang der endlosen Debatten über die Kinder, die in den letzten zwanzig Jahren in allen Kommunen geführt wurden. Jeder gibt zu, dass die Kinder das wichtigste »Produkt« der Kommunen seien und dass ihre Pflege und Erziehung über alles andere gestellt werden soll. Demgemäß ist der erste Stein- oder Betonbau in jeder Kommune das Kinderhaus; der zweite gewöhnlich der Kuhstall. Zuerst die Kinder; dann das Vieh; dann die Arbeiter, heißt das Grundprinzip, die eiserne Hierarchie der Reihenfolge, nach der unsere Kommunen aufgebaut werden. Selbst in einer neuen Paria-Siedlung wie der unseren mit bis jetzt nur fünf Kindern ist das Kinderhaus ein kleines Wunder an Luxus, mit gekachelten Duschen und Klosetten und einer besonderen Küche, während die Mehrzahl der erwachsenen Arbeiter noch immer in hölzernen Blockhütten wohnt – eiskalt im Winter, glühend heiß im Sommer – und einige gar in Zelten. Wir ziehen unsere Kinder wie Prinzen heran, während ihre Eltern wie Schweine leben. Es ist eines der ungesunden Extreme, zu der semitische Intensität gekreuzt mit linkem Radikalismus so sehr neigt. Die neue Generation wird zu einem Fetisch, die alte ist bloß »Dünger der Zukunft«, wie man sich in den frühen puritanischen Tagen der russischen Revolution auszudrücken pflegte. Resultat: die hohe Krankheitsziffer unter den Erwachsenen und die Häufigkeit physischer und psychischer Erschöpfungskrisen.

Ein weiteres paradoxes Ergebnis der Gemeinschaftserziehung ist, dass sie, statt die sentimentale Vergötterung ihrer Sprösslinge, die ich immer als eine der lästigsten Eigenschaften unseres Stammes empfunden habe, zu verringern, diese noch steigert. Die Kinder leben fast von ihrer Geburt an in dem Kinderhaus, was so viel bedeutet, dass sie von geschulten Pflegerinnen aufgezogen werden statt von ungeschulten Dilettantinnen. (Elternschaft, die verantwortungsvollste Arbeit in der Gesellschaft, ist die einzige, für die kein Befähigungsnachweis erforderlich ist.) Unser System hat den weiteren Vorteil, beiden Eltern tagsüber Zeit zur Arbeit zu geben, ihnen bei Nacht einen ununterbrochenen Schlaf zu garantieren und das Kleinkind vor dem alten Papa Ödipus und anderen Heimsuchungen zu schützen. Ich glaube, unsere Kinder wachsen in besserer physischer und psychischer Gesundheit heran als die der anderen, aber die Eltern hängen noch mehr an ihnen als in der normalen Familie. Sobald sie mit ihrer Arbeit fertig sind, eilen sie hinüber ins Kinderhaus, und von fünf Uhr bis zur Nachtmahlzeit sieht man in allen Siedlungen nichts als stolze Eltern, die mit ihren kleinen Engeln spazieren gehen. Die meisten Leute finden dies entzückend, mir kommt es langweilig vor; aber Kinder sind für mich immer je nach ihrer Persönlichkeit lieb oder auch nicht, nicht aber, wie es anscheinend für die meisten der Fall ist, eine besondere Gattung Mensch.

Die Diskussion endete nach Mitternacht infolge allgemeiner Ermattung. Einige schliefen, wie gewöhnlich, andere dösten vor sich hin. Aber wir alle durchschlafen lieber eine ganze Sitzung, als dass wir auch nur eine Minute davon versäumen; und verzichten lieber auf einen Finger als auf das Recht, über die Frage, wo der nächste Hühnerstall gebaut werden soll, abzustimmen.

Donnerstag
Das Nachtpensum ging heute gar nicht vorwärts; das Schnarchen von Max, mit dem ich ein Zimmer teile, begann mich plötzlich zu irritieren. Ich gab es auf. Ich verließ die Baracke und ging hinüber zu Ellens Zimmer. Aber Ellen schlief schon; und Dascha, mit der sie ein Zimmer teilt, war auch da; da konnte man eben nichts machen. Irgendwie war ich ganz froh, denn ich hatte während der Zeremonie des alten Grinfeld einen eigentümlichen Blick Ellens aufgefangen, und ich war heute nicht in der Stimmung, Erklärungen abzugeben und »uns auszusprechen«.

Ich durchschritt den Platz in der Dunkelheit. Der Turm sah in der Nacht immer riesenhaft aus gegen die Sterne: ein freundlicher Koloss, der über uns wacht. Der Scheinwerfer ist die letzten zwei Monate, seit es in unserem Gebiet ruhiger geworden war, nicht mehr in Betrieb. Ich ging zum nördlichen Verhau hinauf. Alles war Ruhe und majestätische Würde in der großartigen Sternenbeleuchtung. Nach einiger Zeit kam Herman, einer unserer zwei Hilfspolizisten, leise auf mich zu und bot mir eine Zigarette an. Er sah malerisch aus mit seinem Gewehr und Bersaglierihut; aber er beklagte sich, wie langweilig es sei, hier festgebunden zu sein, wo doch schon seit fast drei Monaten kein Angriff gewesen war, wogegen seine Kollegen in Wingates »Special Night Squads« beim Aufspüren arabischer Terroristen den größten Spaß hätten. Er sprach mit Bewunderung von Wingate, dessen Name im ganzen Land rasch zur Legende wurde – eine Art Lawrence der Hebräer. Er erklärte mir eingehend die Taktik des »Gegenhinterhalts«, den Wingate erfand, mit anscheinend unbewaffneten Arbeitergruppen, die als Köder dienten. Es gehört schon einiger Mut dazu, als Köder zu agieren, dachte ich, aber da unsere Heldenzeit vorüber ist, hat das Kriegspielen seine Anziehungskraft für mich verloren. Und selbst während der

Zeit, da wir jede Woche zwei bis drei Angriffe hatten und fast jede Nacht eine blinde Schießerei, war alles bald zu einer lästigen Routine geworden, und die Hauptsorge war der Mangel an Schlaf. (Trotzdem haben wir nach den Polizeiberichten etwa dreißig Terroristen getötet, und nach den Blutspuren zu schließen, die wir gewöhnlich am folgenden Morgen fanden, noch viel mehr verletzt. Die Leichen selbst waren aber immer verschwunden, da die Araber sie unweigerlich wegtrugen.)

Wie rasch man vergisst, wenn man in der Gegenwart aufgeht und jeder Tag neuen Antrieb und Erfüllung bringt! Aber die ganze verfluchte Geschichte noch einmal durchmachen zu müssen wäre schon aufreibend.

Ich überließ den armen Herman seiner kriegerischen Enttäuschung und schlenderte zurück auf das Kinderhaus zu. Es ist ein netter, weißer, würfelförmiger Betonblock mit den Anfängen eines Gartens davor. Ich schaute durch das Fliegengitter des offenen Fensters ins Kinderzimmer hinein und sah in dem blassen blauen Licht der Nachtlampe drei Knirpse ganz in die Arbeit des Schlafens vertieft. Einer von ihnen lag mit dem Gesicht zum Fenster, den Mund halb offen und seine geballte Faust in einem Antifaschistengruß en miniature komisch in die Luft gereckt.

Ich wanderte weiter, zum Kuhstall. Auch er ist ein Betonbau und nach dem Kinderhaus unser Hauptstolz. Aus irgendeinem Grund brennt das elektrische Licht die ganze Nacht. Das hell erleuchtete Innere mit seinen zwei Reihen schlafender Tiere zu beiden Seiten des Betonganges hat etwas Bühnenhaftes und Zauberisches. Eine schwarze Kuh, die morgen kalben soll, stand aufrecht da, allein unter ihren schlafenden Nachbarn. Unter ihrem Schwanz hing schon der Fötussack herunter – eine reine, mit einer durchsichtigen Flüssigkeit gefüllte membranöse Kugel, die an einer Art dünnen Röhre hängt. Sie wandte den Kopf, als ich am Ende des Ganges hereinkam, und verfolgte mich mit den

Augen, als ich mich näherte. Ich glaube immer, dass der Blick einer Kuh, bevor sie kalbt, besonders weich ist, aber das kann auch Einbildung sein. Ich rieb mit den Knöcheln gegen ihre knochige Stirn, und sie drückte ihren Kopf gegen meine Faust; und dann fiel mir plötzlich die jämmerliche Tragödie unserer Kuhställe ein. Wir kreuzen syrische Kühe mit holländischen Stieren, da dies in unserem Klima die besten Resultate ergibt. Da aber die holländische Rasse größer ist als die syrische, bleibt oft der Kopf des Fötus stecken; und da die Technik des Kaiserschnittes an Kühen bis jetzt noch nicht entwickelt ist, muss man in solchen Fällen die Kuh töten, um das Kalb zu retten. Bei einer unserer Wochenversammlungen machte Sarah deshalb wahrhaftig eine hysterische Szene, beschuldigte uns des vorbedachten Mordes und brachte Tolstoi, Buddha und die Bibel vor. Aber wir müssen mit dieser elenden Geschichte fortfahren, und erst wenn wir einmal unsere Mischrasse entwickelt haben, wird es nicht mehr geschehen müssen. Als aber Tirza mich mit ihren sanften, schläfrigen Augen anblickte und vertrauensvoll ihren Kopf gegen meine Knöchel rieb, kam ich mir fast vor wie Raskolnikow. Ich dachte auch darüber nach, ob Tirza in ihrer nebelhaften und unbestimmten inneren Wachheit wohl eine Vorahnung habe, dass sie sterben würde. Dann erwachte ihre Nachbarin mit einem leisen, dumpfen Muh, und der Bann war gebrochen. Ich streichelte Tirza und verließ den Schuppen.

In der Speisebaracke übte das Streichquartett einen Beethovensatz. Ich hörte einige Zeit zu und ging dann mit mir versöhnt auf mein Zimmer zurück. Meine Rastlosigkeit schien in der kühlen Nachtluft verdunstet zu sein. Max hatte sich mit dem Gesicht zur Wand gedreht und zu schnarchen aufgehört. Ich fühlte die Lust zu meinem Nachtpensum wiederkommen und übersetzte etwa dreihundert Worte aus Pepys ins Hebräische, fertig mit Fußnoten und Anmerkungen. Das Englisch des siebzehnten

Jahrhunderts lässt sich wunderbar in biblischer Sprache wiedergeben. Phraseologische Wendungen boten sich dar und neigten sich wie willige Bräute. Ich las das letzte Kapitel durch, sehr mit mir zufrieden; rauchte meine letzte Zigarette (bis zur nächsten Wochenausgabe, morgen Nachmittag): – *we as la-mitta* – und dann zu Bett.

Sabbath

Der alte David, der Lastwagenchauffeur der Milchgenossenschaft, der oft auf einen Tratsch zu mir in meine Werkstatt kommt, brachte gestern als Erster die Nachricht darüber, dass Bauman die *Hagana* gesprengt habe. Er ist mit ungefähr dreitausend Anhängern und einer beträchtlichen Menge illegaler Waffen aus ihr heraus und zu den Extremisten übergegangen. Der alte David, der selbst ein Mitglied des Gebietskommandos der *Hagana* ist, stammelte vor Empörung. »Stellen Sie sich nur vor«, schrie er mich an, »sich diesen Raufbolden anzuschließen, diesen faschistischen Halsabschneidern, die Bomben auf arabische Märkte werfen und damit Frauen und Kinder töten. Und gerade Bauman!« Aber er wusste keine Einzelheiten.

Ich verstehe noch nicht, was geschehen ist. Hätte irgendein romantischer Hitzkopf die Spaltung verursacht, so wäre es bloß eine weitere Episode in unseren internen Streitigkeiten. Bauman aber ist einer der ausgeglichensten und verlässlichsten Burschen, die ich kenne. Er ist in den Traditionen der österreichischen Sozialdemokratie aufgewachsen und ist Sozialist durch und durch, instinktiv und überzeugungsmäßig. Wenn er sich entschlossen hat, sich Jabotinskys rechten Extremisten anzuschließen, dann muss die Situation kritischer sein, als wir in unserer Abgeschiedenheit wissen. Schließlich leben wir hier auf einer Insel – Esras Elfenbeinturm. Ich war schon über ein Jahr nicht in Jerusalem oder Tel Aviv gewesen. Und wir gehen so in unseren Problemen auf, dass wir den Kontakt mit der Wirklichkeit verlieren. Der Egoismus einer Kommune verengt den Horizont nicht weniger als der individuelle Egoismus.

Ich wurde ganz aufgeregt und bestürzt. *Aux armes, citoyens!* Der Einzige, mit dem man hier über diese Dinge reden kann, ist Simon; also verließ ich meine Werkstatt mitten in der Arbeitszeit und ging zu ihm hinüber. Er war in der Baumschule und pflanzte gerade eine Reihe von Bäumchen. Das ist *seine* Leidenschaft. Er sah mich nicht kommen, und ich beobachtete ihn. Er war ganz in seine Arbeit vertieft. Er kniete, den Rücken mir zugewandt, und klopfte mit der Hand das Loch zurecht, in das der Baum hinein sollte. Er schloss ein Auge, um abzuschätzen, ob die Mitte des Loches genau in einer Linie mit der Reihe war. Sein scharfes, unglückliches Profil war weicher geworden; es hatte das Selbstvergessen eines Kindes, das im Spiel zu sich selbst spricht. Er setzte den Baum ein und häufte die Erde mit seinen Fingern darüber, dann blieb er so und betrachtete ihn ganz still auf seinen Knien. Als er mich ein paar Schritte hinter sich bemerkte, errötete er; ich hatte die Keuschheit seiner Leidenschaft verletzt.

Es ist eigenartig, wie die meisten von uns hier besondere Leidenschaften entwickeln. Es sind keine Steckenpferde für die Freizeit, denn sie stehen in direkter Verbindung mit der Arbeit. Da ist zum Beispiel Dascha, die die Küche leitet, mit ihrer Vitamin- und Kalorienmanie; da ist Arje, der mit seinen Schafen so intim ist, dass ich ihn im Verdacht habe, er begehe nach echter bukolischer Tradition Sodomie; da ist Dina mit ihrem Kinderhaus und Mosche unser Kommunenshylock. Das Verschmelzen der Arbeit mit dem Steckenpferd ist unter den qualifizierten Arbeitern natürlich zum Teil die Folge der in einer Kommune möglichen freieren Berufswahl – freier im Vergleich mit dem Leben des individuellen Städters oder Farmers. Aber nur zum Teil. Es ist noch ein zusätzliches Etwas in Simons Verhältnis zu den Bäumen oder dem Dinas zu den Kindern anderer. Es ist etwas von einer neuen Art von Besitz- und Eigentumsgefühl, das die Kommune hervorbringt. Ich fühle es in mir selbst, aber es lässt sich schwer ausdrücken. Als wir vorigen Sabbath vom Konzert in Gan Tamar zurückkamen, war es besonders stark. Als wir spätnachts aus dem Wadi in den Karrenweg einbogen, der zum ORT hinaufführt, erinnerte ich mich an unsere erste Nacht, an meine Fahrt mit Simon und Dina auf der Höhe des schwankenden Lastwagens; und daran, wie wir in der Dämmerung diesen Karrenweg bauten, schwitzend und voll unbestimmter Befürchtungen – ich schien den Abdruck jedes Steines, den wir aus dem Wege räumten, in Erinnerung zu haben. Es war mein Weg, gehörte inniger mir als was immer, das ich je besessen, Armbanduhr oder Zigarettendose. Und es gehört noch mehr mir, weil dieses Mir-Gehören von Dina und Simon geteilt wird, deren Erinnerungen meine eigenen widerspiegeln; denn schließlich ist das Gefühl, einen Gegenstand zu besitzen, der Widerschein der Erinnerungen, die der Gegenstand vertritt; sein Wert ist kristallisierte Erinnerung. Und dasselbe gilt für den Turm, den wir alle sich in die Luft heben sahen wie einen toten Koloss, der zum Leben erwachte, für jedes Gebäude, das wir bauten, für jede Maschine und Werkzeug und Stück Vieh, das wir kauften. Dieses innige Besitzempfinden ist allen Bauern gemeinsam, in unserem Falle aber steckt mehr dahinter. Nehmen wir einen individuellen Farmer, der mit seiner Frau eine kleine Farm aufgebaut hat. Der Wert jeden Schuppens ist für ihn dadurch erhöht, dass er ihn mit ihr teilt; denn er teilt seine Erinnerungen mit ihr, denn es liegt mehr kristallisierte Erinnerung darin. Wenn sie stirbt, fühlt er sich ärmer – eine Gemeinschaft von Erinnerungen ist aufgelöst worden. Die Kommune ist eine große, dichte, eng gewebte Gemeinschaft von Erinnerungen. Und so wird dadurch, dass ich an dem ORT alles mit allen teile, mein Gefühl des Mir-Gehörens nicht verringert, sondern verstärkt – und das ist kein theoretischer Schluss, sondern die Analyse einer vertrauten Erfahrung. Man könnte ihn auch bei der Analyse patriotischer Gefühle anwenden – aber der Stamm oder die Nation bestehen aus mehr heterogenen und zerstreuten Einzelnen als eine Kommune.

Später

Ich bin schon wieder vom Thema abgeschweift wie gewöhnlich; obwohl es diesmal ein unbewusstes Ausweichen vor den Fragen sein könnte, die sich aus meiner Unterredung mit Simon ergaben. Ich sagte, dass er errötete, als er meine Anwesenheit bemerkte. Er erhob sich und streifte den Staub von den Knien seiner Zeltstoffhose. Seine Nettigkeit ist fantastisch. Er trägt niemals kurze Hosen, und seine Hose, wenngleich fadenscheinig und geflickt wie bei uns allen, ist peinlich sauber und hat sogar den Anflug einer Bügelfalte – wahrscheinlich legt er sie in der Nacht unter die Matratze.

Ich erzählte ihm die Neuigkeit, die mir der alte David gebracht hatte, obwohl es mir jetzt schon sinnlos vorkam, mitten in der Arbeitszeit eigens herzukommen, um mit ihm darüber zu reden. Es liegt immer eine gewisse Verlegenheit in der Luft, wenn man mit Simon unter vier Augen spricht. Sein Blick ist durchdringend und aggressiv; er scheint nicht zu wissen, was er mit seinen Augen machen soll, während er spricht, wie ein Jugendlicher mit seinen ungeschickten Händen; man gewinnt den Eindruck, dass er seine Augen gerne in die Taschen stecken würde, dann, nach ungefähr einer Minute, verankert sich sein Blick in dem des anderen, und es entsteht dieselbe eigenartige Verlegenheit, wie wenn sich die Blicke zweier fremder Menschen in einer Straßenbahn oder einem Lift treffen.

»Ich weiß«, sagte er, als ich geendet hatte, »ich bin mit Bauman in Verbindung.«

Das war mir neu; doch hatte ich eigentlich auch erwartet, dass Simon mehr als sonst jemand von der Sache wissen würde. Ich erinnerte mich auch an die Szene an unserem ersten Abend, als Simon über Terror predigte, und an Baumans merkwürdig trockene Stimme, als er, um seine Meinung gefragt, geantwortet hatte: »Ich teile Simons Ansicht.«

»Dann wirst du mir auch sagen können, was Bauman zu dieser Entscheidung veranlasste?«, fragte ich.

Simon hielt einen Augenblick ein, dann sagte er:

»Wie ernsthaft bist du an dieser Sache interessiert?«

»Ich glaube, wir sind alle gleich interessiert«, sagte ich.

»Nein«, sagte er langsam. »Die Mehrheit ist blind und stumpf. Sie pflegen unseren kleinen Kollektivgarten und schließen die Augen vor der Wirklichkeit.«

»Du warst recht glücklich, wie du deine Bäumchen pflanztest, als ich kam«, sagte ich. Ich war aggressiv geworden, weil ich bereits in der Defensive war; denn ich wusste schon, was kommen würde, und wollte dem entgehen. Aber Simon war nicht mehr verlegen, weil ich ihn in einem Augenblick der Losgelöstheit überrascht hatte; er sagte mit einer Art von Trauer:

»Es wird nicht von Dauer sein ...« Er sah auf seine Reihe von Bäumchen und sagte bitter:

»In zwei, drei Jahren wird da der Anfang eines Waldes sein ...«

»Willst du offen mit mir sprechen oder nicht?«, fragte ich.

In diesem Moment geschah das Peinliche, und unsere Augen blieben ineinander haften. Aber es war nicht richtig, wenn ich es mit der zufälligen Verlegenheit verglich, die in einem Lift vorkommen kann; es ist nichts Zufälliges in der starren, schwarzen Offenheit von Simons Blick. Es ist unmöglich, die Augen von einer solchen Nacktheit des Ausdrucks nicht abzuwenden; und Simon weiß dies und versucht deshalb, seine Augen in die Tasche zu stecken. Er schien den Grad meiner Verlässlichkeit abzuwägen, was aber kaum nötig war – in Esras Turm weiß jeder alles über jeden.

»Wenn du reden willst, dann setz dich eine Minute nieder«, sagte Simon. (Ich bin etwas größer als Simon, und er spricht nicht gerne hinauf.) Wir setzten uns, und Simon zupfte seine Hose mit Daumen und Zeigefinger in die Höhe. Er kam sofort zur Sache.

»Die Engländer machen Vorbereitungen, uns aufzugeben. Sie haben die Einwanderung praktisch schon eingestellt, und bald werden sie sie vollkommen und für immer einstellen. In Deutschland hat die Nacht der langen Messer begonnen; unsere Leute sind mit dem Gesicht gegen eine verriegelte Tür aufgestellt, während das Messer Zoll für Zoll in ihren Rücken eindringt. Die meisten von uns hier haben Verwandte darunter; und was tun wir dagegen? Über Russland diskutieren und unsere Gärtchen pflegen.«

Er sprach ruhig und rieb nur sein Knie mit den Händen, als ob er versuchte, einen rheumatischen Schmerz zu lindern.

»Tow«, fuhr er fort. »So viel bedeutet das Versperren der Tore für die, die außerhalb der Mauern sind. Für uns, die wir drinnen sind, bedeutet es, dass wir in einer Todesfalle gefangen sind. Wir sind heute eine Minderheit von eins gegen drei, und die arabische Geburtenziffer ist ungefähr zweimal so hoch wie die unsere. Von der Außenwelt abgeschnitten, wird unsere kleine Gemeinschaft ein stehendes Wasser werden, wird ihren Lebensstandard dem der Eingeborenen anpassen müssen, orientalisiert werden, im arabischen Meer untergehen. Wir kamen hierher aufgrund des feierlichen Versprechens, dass dies unser Nationalheim werden würde, und finden uns dazu verurteilt, in einem orientalischen Ghetto zu leben und schließlich ausgerottet zu werden, wie seinerzeit die Armenier ...«

Er wandte mir plötzlich seinen verwirrenden Blick voll zu. »Glaubst du, ich übertreibe?«, fragte er.

»Nein«, sagte ich, »vorausgesetzt, dass sie wirklich beabsichtigen, die Einwanderung einzustellen und uns aufzugeben, wovon ich noch nicht überzeugt bin.«

»Sie werden es tun. Schau doch, wie sie die Tschechen aufgegeben haben.«

»Das ist etwas anderes. Deutschland ist eine wirkliche Gefahr, die Araber sind es nicht.«

»Trotzdem werden sie's tun.«

»Wieso weißt du das mit so einer Sicherheit?«

»Wir haben unsere Informationen.«

»Wer sind wir?«

»Darüber werden wir ein anderes Mal sprechen – vielleicht.«

Wir saßen Seite an Seite in der heißen Sonne. Auf dem uns gegenüberliegenden Abhang, in etwa einer halben Meile Entfernung, weidete Arje seine Schafe; in der klaren, durchsichtigen Luft sahen wir ihn auf dem Rücken liegen, den Hut übers Gesicht gezogen. Simon kaute an einem dürren Grashalm, und ich tat dasselbe. Ich war nicht bewegt, nur dumpf dessen bewusst, dass langsam, gleitend, unentrinnbar irgendein Verhängnis näher und näher an mich herankam.

»Also«, sagte ich, »angenommen, deine politische Wettervoraussage wäre richtig, was gedenken Bauman und seine Leute zu tun?«

»Kämpfen.«

»Gegen wen? Wie? Womit?«

Simon wiederholte seinen vorigen Satz:

»Darüber werden wir ein anderes Mal sprechen.«

»Worauf wartest du?«

»Bis es in dir reift.«

»Wie wirst du wissen, wann ich reif bin?«, fragte ich.

»Du wirst zu mir kommen«, antwortete er mit so einfacher, völliger Überzeugung, dass ich nichts mehr sagen konnte.

Montag
Wir mussten Tirza töten; das Kalb ist gesund, taumelig auf seinen dünnen Beinchen. Es ist eine junge Kuh; wir haben sie Elektra genannt.

Dina ist mit Sandfliegenfieber im Spital und wird erst in vierzehn Tagen zurück sein.

Dienstag
Das Theater des alten Grinfeld hat es unseren Mädchen angetan. Es ist nicht gerade die mystische Gewalt des *Namens*, die auf die Tauben wirkte, sondern etwas Prosaischeres und Erdverbundeneres; eine Regung eingefleischter Tradition, die sie überwunden zu haben glaubten. Sie sprechen nicht darüber, aber wenn man jahrelang in einer vertraulichen Gemeinschaft lebt, fühlt man den kleinsten Wechsel in der Atmosphäre. Einige von ihnen gehen mit einem ausgesprochen nachdenklichen Blick umher, der in ihre Augen kam, als sie das Ritual unter dem verschossenen Samtbaldachin beobachteten, und der sie nicht mehr verlassen hat. Es wird in ein paar Tagen vorüber sein, wie nach dem vorigen Besuch des alten Grinfeld, aber im Augenblick ist die Luft erfüllt von den abgebrauchten Geistern der Vergangenheit.

Als Ellen während der Mittagspause in meine Werkstatt kam, wusste ich, dass die Stunde des »sich Aussprechens« geschlagen hatte. In ihren Augen war jener Ausdruck dumpfen Verletztseins und Vorwurfs, der seit Kurzem ein ständiger Zug an ihr ist. Und es hatte doch alles in so netter, fortschrittlicher und sachlicher

Weise begonnen. Kein Geschwafel über Liebe, nein – akzeptiert. Sympathie, ja, mäßig – akzeptiert. Gegenseitige Notwendigkeit, geben und nehmen – akzeptiert. Keine Verpflichtungen, keine Eintragungen in den Soll- und Habenspalten – quitt. Das vollkommene Tauschsystem nach Dr. Schacht. Herrgott, waren wir fortschrittlich!

Sie ging und stand und hockte in der Werkstatt herum und lehnte sich plötzlich mit dem Rücken gegen meine Werkbank, und jeden Augenblick wurde der Laden gesättigter vom stummen Vorwurf des verwundeten, aber stolzen Weibes, das ihr Leiden bei sich behält, ja, ganz bei sich – außer natürlich, du drückst auf den Knopf, der die Schleusen öffnet und dich in dem herabstürzenden Katarakt ertränkt; aber du hast ja schließlich angefangen, nicht? Wenn du andererseits nicht auf den Knopf drückst, bist du ein gefühlloser Rohling, und der stumme Vorwurf erhöht die Spannung, bis deine Nerven wie eine Saite vibrieren. Ich beschloss, ein Rohling zu sein und es zu vermeiden, an irgendetwas zu rühren. »Was macht der Gemüsegarten?«, fragte ich und hämmerte weiter an dem Schuh, an dem ich arbeitete.

»Er ist in Ordnung«, sagte sie, aber ihr Ton sollte bedeuten: »und wenn schon«. Ellen arbeitet im Gemüsegarten. Sie arbeitet gut und gewissenhaft und ist von der Kommune sehr geschätzt, weshalb ich mir noch mehr wie ein Schuft vorkomme. Denn ich muss zugeben, dass die Situation nach unseren Normen regelwidrig ist. Der rechtmäßige und einfache Vorgang wäre, dem Sekretariat unsere einvernehmliche Entscheidung, ein gemeinsames Zimmer zu beziehen, zu melden. Es gäbe eine Glückwunschfeier, Mosche müsste mit zwanzig Piastern für drei Flaschen Wein und Kuchen herausrücken, und alles wäre in Ordnung. Der alte Grinfeld müsste nicht auf der Bildfläche erscheinen, wenn und solange nicht ein Kind unterwegs ist; und theoretisch könnte jeder von uns, jederzeit und ohne Gründe anzuführen, die Verbindung auflösen und in die Junggesellenzimmer zurückgehen; die Kinder, wenn welche da sind, würden wie vorher weiter im Kinderhaus leben, und es gäbe keine wie immer gearteten finanziellen oder sonstigen Verpflichtungen.

Ja, theoretisch. Aber praktisch ...

»Joseph«, sagte Ellen.

»Ja?«

»Was ist los mit dir?«

»Los mit mir?«

»Ja.«

»Nichts ist los mit mir.«

»Wirklich?«

»Wirklich.«

Bühnendialog zwischen zwei fortschrittlichen Menschen, die in einer kommunistischen Gesellschaft leben ... Ich begann vor der Anstrengung, ein Rohling zu bleiben und nicht auf den Knopf zu drücken, zu schwitzen. Im harten Mittagslicht wirkte Ellen schwer, robust und geschlechtslos wie eine Bauerndirne bei der Arbeit. Sie war geradewegs aus dem Gemüsegarten auf dem Weg zu den Duschen hereingekommen. Im Mondlicht ist der Duft der Achselhöhlen eines Mädchens erotisch; am Morgen ist er abstoßend. Besonders, wenn er sich mit dem Geruch von Schusterleim vermischt. Aber andererseits wusste ich auch, dass ich, wenn ich mit Ellen Schluss machte, innerhalb von drei Tagen wie eine mit Geschlechtshormonen vergiftete Ratte herumlaufen würde. Vor weiblicher Erpressung gibt es kein Entrinnen. Natürlich würde Ellen, wenn ich mich weigerte, mich von ihr erpressen zu lassen, dieselbe Entbehrung erleiden. Der wesentliche Unterschied ist aber, dass die geschlechtlich hungernde Frau durch ein Gefühl der Tugendhaftigkeit und der moralischen Befriedigung belohnt wird, während der geschlechtlich ausgehungerte Mann sich zu allem noch lächerlich und erniedrigt vorkommt …

Oh, diese weitgehenden Übervereinfachungen der aufgeklärten Theoretiker! Papa Marx und Onkel Engels machten sich über die Bourgeoisfamilie lustig, hatten aber nichts anderes vorzuschlagen; und die Russen wiederum haben einen Kodex proletarischer Moral festgelegt, mit denen verglichen unsere viktorianischen Großeltern wilde Wüstlinge gewesen sind.

»Joseph …«

»Ja?«

»Ich möchte mich mit dir aussprechen …«

Krach! Da haben wir's; es gibt kein Entrinnen. Und Ellen hatte angefangen, Nägel zu kauen – die kurzen, viereckigen Nägel einer tüchtigen Gemüsegärtnerin und verlässlichen Genossin. Nun also, wenn man sich aussprechen muss, sollen wir die Aussprache haben; ich legte den Schuh nieder und gab es auf, mich zu verstellen.

»Tow«, sagte ich. »Sprechen wir uns aus, unter der Bedingung, dass du aufhörst, Nägel zu kauen.«

Sie brach plötzlich in Tränen aus.

»Warum bist du so abscheulich zu mir? Anfangs warst du ganz anders.«

Das abgedroschen Stereotype der Szene gab mir in der Tat ein abscheuliches Gefühl. Es ist wieder eine Art Schachspiel: Königsbauer 4, Damenbauer 4 – hilflos wusste ich im Voraus die Antwort zu allem, was sie oder ich sagen würde.

»Was jetzt uns freut«, zitierte ich, »durch Zeitumschwung entwertet. Wandelt sich in das eigne Gegenteil.«

»Was ist das?«, fragte Ellen und unterbrach ihr Schluchzen.

»*Antonius und Kleopatra*, meine eigene Übersetzung. Im englischen Original klingt es auch nicht besser.«

»Oh, bitte, Joseph, mach dich nicht über mich lustig«, sagte sie und fing von Neuem an, Nägel zu kauen und hilflos zu weinen.

Und da hatten wir es – Mitleid, das giftige Heftpflaster, das niemand herunterreißen kann, ohne seine eigene Haut zu verletzen.

»Ich mache mich nicht lustig«, sagte ich. »Die Übersetzung gehört schon hierher. Sie ist meine Nachtarbeit und mein halbes Leben. Wenn wir in einem Zimmer wohnten, könnte ich nicht arbeiten.«

»Aber warum? Wenn du arbeiten kannst, wenn Max da ist, warum nicht bei mir?«

»Max stört es nicht, wenn ich das Licht brennen lasse und im Zimmer auf und ab marschiere und mitten in der Nacht spazieren gehe; er dreht sich zur Wand und schnarcht. Du aber könntest nicht schlafen, und da ich wüsste, dass es dich stören würde, könnte ich nicht arbeiten.«

Ich wusste, es klang wie eine gekünstelte Ausrede, obwohl es die Wahrheit war; aber nur die halbe Wahrheit. Die andere Hälfte – dass die Gegenwart von Max im Zimmer eine neutrale war, wogegen die ihre etwas wäre, an das man ständig anstoßen, das den Raum des Zimmers völlig durchdringen und so jede private Freiheit und Arbeit unmöglich machen würde; dass ich, kurz gesagt, von Zeit zu Zeit die Annehmlichkeiten ihres Körpers haben wollte, aber nicht ihre ständige Gesellschaft –, aber wie konnte man das jemals sagen, ohne die Gefühle eines Mitmenschen, den man gern hat und achtet, furchtbar zu verletzen? Also muss dieses »sich Aussprechen« immer eine Farce bleiben. Unsere aufgeklärten Dreiviertelwahrheiten sind manchmal schlimmer als die viktorianische Halbwahrheit. Diese unterdrückte offen das Fleisch mit der Tyrannei sakramentaler Zustimmung; wir gewähren ihm eine gewisse Autonomie, sind aber noch weit davon entfernt, ihm sein volles, unumschränktes

Recht auf Unabhängigkeit einzuräumen. Und es ist leichter, sich gegen Tyrannei aufzulehnen als gegen einen salbungsvollen, scheinheilig-liberalen Kompromiss. Es fiele mir leichter, mich zu weigern, Ellen zu heiraten, wenn sie eine konventionelle Spröde aus dem Mittelstand wäre, als ihren Anspruch auf Intimität über das rein Sexuelle hinaus abzuweisen.

Ellen schluchzte und kaute richtig unglücklich auf ihren Nägeln. »Ich versprech dir, ich werde dich nicht stören«, schluchzte sie. Es war ein sinnloses Versprechen und erniedrigend, es anzubieten; und diese Selbsterniedrigung eines stolzen und energischen Mädchens tat mir in der Seele weh und machte das Heftpflaster-Gift noch wirksamer.

»Warum?«, fragte ich in Verzweiflung. »Warum bestehst du auf etwas, das, wie wir beide wissen, nicht gut ausgehen wird?« Aber ich wusste, dass ihr meine Argumente gleichgültig waren; und plötzlich hatte ich einen Verdacht.

»Oder bekommst du ein Kind?«

Sie schüttelte den Kopf und schnäuzte sich heftig.

»Schau, Ellen. In der kapitalistischen Welt wollen die Mädchen aus Prestigegründen und der ökonomischen Sicherheit wegen heiraten. Bei uns hier gibt es so etwas nicht. Selbst wenn du ein Kind hättest, wäre es ganz gleichgültig, ob wir in einem Zimmer leben oder nicht. Unsere Baracken sind zwanzig Meter voneinander entfernt, und wir können einander sehen, sooft wir wollen. Warum quälst du uns also beide und verdirbst alles?«

Ellen versuchte das Schluchzen zu unterdrücken und fing stattdessen zu schlucken an. Es war pathetisch. Mit einer kleinen, schüchternen Stimme, den Kopf nach der anderen Richtung gedreht, sagte sie zwischen zweimal Schlucken:

»Willst du nie mit mir schlafen – ich meine wirklich schlafen, die ganze Nacht, Seite an Seite, und in der Früh gemeinsam aufwachen?«

(Genau das will ich nicht.)

»Aber Liebling, natürlich, das möchte ich sehr gerne. Aber verstehst du denn nicht? ...«

»Den Kronkolonien des Fleisches volle Souveränität und Unabhängigkeit zu gewähren, wie das verehrliche Mitglied von Esras Turm vorschlägt, würde unweigerlich zu Chaos und Anarchie führen.« – »Hört, hört.«

»Wenn es uns nicht passt«, unterbrach Ellen, »können wir uns jederzeit wieder trennen, nicht?«

»Die Kronkolonien des Fleisches haben jedoch die verfassungsmäßigen Rechtsmittel, gegen jede etwaige Verletzung ihrer Rechte Einspruch zu erheben, und können sicher sein, dass ihre Sache einer wohlwollenden Prüfung unterzogen werden wird.« – »Hört, hört.«

»Schau, Ellen«, sagte ich, »du weißt ebenso gut wie ich, dass es hier nicht so leicht ist, sich scheiden zu lassen, obwohl es theoretisch kein Hindernis gibt. Bis jetzt hatten wir nur einen Fall, und du erinnerst dich, was für ein Gerede und was für eine Aufregung es gab wegen Gabys ›unsozialem Verhalten‹ und ›zersetzender Tendenzen‹, weil sie von Max genug hatte und sich mit Mendl zusammentat ...«

Es entstand eine Stille; dann sprang Ellen plötzlich von der Bank herunter. Sie hatte eingesehen, dass unsere Auseinandersetzung sinnlos und erniedrigend für sie war.

»Gut«, sagte sie. »Spar dir deine Argumente. Ich weiß sowieso, was oder wer der Grund von alldem ist.«

Ich wusste es auch; aber ich fragte sie nicht, und sie war so anständig, Dina nicht zu nennen. Sie ging hinaus und warf die Tür hinter sich zu.

Der Teufel soll den alten Grinfeld holen.

Simon habe ich den ganzen Tag nicht gesehen.

Mittwoch
Der stellvertretende Distriktkommissar und seine Frau waren gestern da, um uns ihren jährlichen Besuch abzustatten. Diesmal kamen sie ohne den Major. Newton schien es zu beeindrucken, was wir aus dem ORT gemacht hatten – der, als er ihn vor einem Jahr zum ersten Mal sah, nichts war als ein abgestecktes Viereck in der Wüste. Er sagte nicht viel, sondern war einsilbig in seiner zerstreuten Art, die einen denken lässt, er versuche, ständig ein schwieriges Schachproblem zu lösen (was wahrscheinlich auch der Fall ist); man konnte aber trotzdem sehen, dass er beeindruckt war. Wir zeigten ihnen die Felder, Gemüsegarten, Baumschule, Wäscherei usw. und vergaßen kein einziges Huhn, mit dem wir Staat machen konnten. Ich glaube, er sieht in allen Siedlungen so ziemlich dasselbe; es wird einige Zeit dauern, bevor wir einsehen werden, dass unsere Kühe und Hühner genauso sind wie die anderen Kühe und Hühner, und aufhören werden, unsere Besucher mit unserem kindischen Stolz über jede Tomate, die wir ziehen, zu langweilen.

Als Newton nach Kfar Tabije hinüberblickte, erwähnte er, dass sie nächste Woche der großen Friedensschluss-Zeremonie beiwohnen werden, die die zwanzig Jahre alte Blutfehde zwischen den Familien der beiden Muchtars beenden sollte. Als ich sagte, dass auch einige unserer Leute zu der Zeremonie eingeladen seien, schnitt Mrs. Newton ein Gesicht, als ob wir in ihren Klub in Roonah eingebrochen wären. Sie sah verkniffener aus denn je und schien überrascht, dass wir nicht von den Arabern ausgerottet worden waren, sondern noch lebten und uns rührten. Der Sitte gemäß aßen sie ihr Mittagsmahl mit uns in der Speisebaracke, und wie gewöhnlich war das Essen armselig – Zwiebelsuppe und Nudeln mit Saft. »Esst ihr das jeden Tag?«, fragte sie, was klar heißen sollte, dass wir für sie absichtlich ein besonders elendes Zeug gekocht hätten. Hätten wir ihnen ein üppiges Mahl bereitet, wären nachher Bemerkungen über arme Araber und schwelgende Juden gefallen. Um die Spannung zu erleichtern, erzählte ich ihnen die Geschichte von Sir Arthur Wauchopes berühmtem Mittagessen in Chefziba. Als Wauchope zum Hochkommissar von Palästina ernannt wurde, stattete er Chefziba, einer der ältesten Kommunen im Tale Jesreel, einen formellen Besuch ab. Es war eine ziemlich zeremonielle und hochpolitische Gelegenheit, und die Leute von Chefziba setzten dem neuen Hochkommissar ein fürstliches Mahl vor. »Esst ihr jeden Tag so gut?«, fragte Wauchope; worauf Lederer, der Sekretär von Chefziba, sagte:

»Exzellenz, als wir von Ihrem bevorstehenden Besuch erfuhren, beriefen wir eine Sitzung ein, um zu beschließen, ob wir essen sollen, wie *wir* jeden Tag essen oder wie *Sie* jeden Tag essen; wir entschieden uns für das Letztere.«

Newton kicherte. Als wir ihnen das Kinderhaus zeigten, sagte Mrs. Newton:

»Wissen Sie auch, wem sie gehören? – Ich meine, wer die Väter sind?«

Es war eine peinliche Stille, der arme Newton hustete und räusperte sich, und dann sagte Mosche mit diabolischem Gesicht:

»Nein, Madame. Wir ziehen Lose.«

»Wirklich? Wie interessant«, sagte Mrs. Newton, worauf mehrere Mädchen zu kichern begannen und das unglückselige Weibsbild puterrot wurde. Mein Gott, muss sie uns hassen.

Simon blieb unsichtbar, solange der Besuch da war.

Donnerstag

Arbeitete den ganzen Tag in der Werkstätte an Schuhreparaturen. Ohne die zwei Tafeln Leder aus Gan Tamar müsste in den kommenden Regengüssen die halbe Kommune barfuß gehen.

Schuhe reparieren ist eine sehr angenehme Arbeit, fast noch mehr als neue machen. Man hat die Befriedigung des heilenden Chirurgen ohne sein Risiko; nicht einmal die ältesten Stiefel bekommen interne Blutungen unter meinem Messer. Ich habe den Geruch des frischen Leders und des Leims gern; ich muss immer pfeifen, wenn ich Nägel in einen Absatz schlage – es ist ein konditionierter Reflex. Die Arbeit ist nie eintönig; es gibt keine langweiligen Vorbereitungsstadien wie zum Beispiel das Abschmirgeln des Holzes bei der Arbeit des Zimmermanns. Die Verwandlung eines kotverklebten, durchlöcherten, verkrümmten, runzeligen Überrestes in einen glänzenden, wiedergeborenen, so-gut-wie-neuen Schuh unter meinen Händen ist rasch und ermunternd; ich komme mir vor wie ein gütiger Zauberer.

Keine andere Arbeit gibt dasselbe intensive Gefühl der Befriedigung. Ein in einen Anzug eingesetzter Fleck ist ein Schönheitsfehler; deshalb sind Flickschneider ein demütiger, misstrauischer Menschenschlag mit einem Schein geheimer Schuld in den Augen. Oder wenn man Automechaniker ist, kann man bei der Arbeit immer auf irgendein ekelhaftes Hindernis stoßen: eine große rostige Schraube, die an einer Stelle feststeckt, wo man mit dem Spanner nicht zukann, oder einen gebrochenen Bestandteil, für den man keinen Ersatz bei der Hand hat. Deshalb schauen Automechaniker immer mürrisch und reserviert drein, und wenn man sie fragt, wie lange sie zu der Arbeit brauchen werden, antworten sie mit einem vorsichtigen und deprimierenden »das kann man nicht wissen«; wogegen ich es immer wissen kann und nicht fürchte, mich festzulegen. Meine Nägel gehen hinein wie ein Messer in die Butter und geben mir das Gefühl müheloser Macht. Wenn ich eine frische Ledertafel mit einem scharfen Messer schneide und der runden Kontur des Absatzes folge, gibt mir das ein reines, sinnliches Vergnügen.

Man nehme mein Gegenstück, den Friseur. Er spielt sich mit nichtigen und sinnlosen Verschönerungen des Gipfels herum, wogegen ich für die unumgänglichen Grundlagen des auf Erden wandelnden Menschen sorge. Deshalb ist der Friseur ein geschwätziger, flatterhafter Figaro, wogegen der Schuster in allen volkstümlichen Überlieferungen als würdiger, heiterer Philosoph aufscheint, voll Zufriedenheit und Güte. Ich kann mir für mich keine andere manuelle Arbeit vorstellen; die Eintönigkeit des Grabens auf einem Feld würde mich in zwei Wochen wahnsinnig machen. Ich verstehe nicht, dass mich die anderen nicht alle um meine Arbeit beneiden. Aber wahrscheinlich empfinden Dascha und Mosche und Mendl und die anderen Narren ebenso ... Warum schwätzen die Leute alle über die Rote Gefahr, wenn es doch klar ist, dass in einem armen Agrarland ausschließlich eine Art gemeinschaftlicher Organisation dem Menschen genügend Freiheit geben kann, nicht mehr als acht Stunden zu arbeiten und sein Steckenpferd zu seiner Tagesarbeit zu machen?

O Gott, warum kann ich nicht bleiben, wie ich bin? Ich war ein ziemlich anspruchsvoller Bursche, und doch, du siehst es, habe ich hier Frieden gefunden – oder doch so viel Frieden, als ich zu haben fähig bin. Ich habe viel verlangt, und doch, du siehst es, bin ich mit wenig zufrieden, wenn es in der rechten Art gegeben wird. Ich liebe diese Hügel und meine Tagesarbeit und meine Nachtarbeit; ich werde bejaht und bejahe die anderen, mag meine Nächsten und bin wohlgelitten. Manchmal, wenn ich auf dem Rücken in der Sonne liege, flüstere ich die Worte des Liedes: »und sein Banner über mir war Liebe ...«

Oh, lass mich bleiben, wie ich bin. Du hast uns zweimal aus dem Lande verbannt und uns aus Spanien vertrieben und zu einer Rasse ewiger Vagabunden gemacht; und wie sehr wir auch versuchen, uns zu verkleiden, sie spüren uns auf und verspotten uns in der Nacktheit unseres Fleisches; nun, da das Rad einen ganzen Kreis zurückgelegt hat, mit trockenem Blut an jeder seiner Speichen, kannst du es nicht endlich zum Stillstand bringen, endlich, endlich ...?

Ich scheine hysterisch zu werden. Ich dachte, es wäre nicht viel Eigennutz daran, dass ich hergekommen bin, um als Schuster in den unfruchtbaren Hügeln von Galiläa zu leben; und nun ist es nach dem, was Simon sagt, reiner Egoismus und Drückebergerei.

Ich wollte, Dina wäre zurück und ich könnte mit ihr reden. Morgen gibt unser Streichquartett sein erstes Konzert ...

3

Die Friedensschlusszeremonie war das seit vielen Jahren bedeutendste Ereignis dieser Art in der Gegend. Die Vorbereitungen für das große Versöhnungsmahl hatten viele Tage vorher begonnen, und eine Reihe von Gästen war eingeladen worden – auch eine Gruppe Engländer aus Jerusalem, unter ihnen die Frau des stellvertretenden Hochkommissars, Lady Joyce Gordon-Smith.

Die Blutfehde zwischen den beiden führenden Klans des Dorfes, den Hamdan und den Abu Scha'uisch, ging auf die Tage der Türken zurück. Um des Gleichgewichts willen hatten die türkischen (wie später die britischen) Regierenden immer dem vornehmsten Mitglied jedes der beiden Klans die Muchtarwürde verliehen. Vor fünfzehn Jahren wurde Issas Urgroßvater, Hadsch Saade el-Hamdan, von einem Mitglied des Abu-Scha'uisch-Klans getötet. Ein *Atwa* oder Waffenstillstand wurde festgesetzt, aber die Verhandlungen über das Blutgeld scheiterten, und nachdem er sich volle acht Jahre Zeit gelassen hatte, tötete Issas Großvater den Mörder, der in der Zwischenzeit zum Muchtar der Abu-Scha'uisch-Gruppe ernannt worden war.

Es gab der Gründe zwei, warum Issas Großvater so lange gewartet hatte, bevor er die Ehre der Familie rächte. Erstens war der Mörder ein vorsichtiger Mann, der ständigen Gefahr, in der er lebte, wohl bewusst, und es war deshalb notwendig, auf eine gute Gelegenheit zu warten und ihm eine sorgfältig vorbereitete Falle zu stellen. Zweitens hatte Issas Großvater vorgezogen zu warten, bis der Mörder dasselbe Alter und Ansehen erreicht haben würde wie sein Opfer zur Zeit seines Todes, um den Racheakt eindrucksvoller und befriedigender zu gestalten. Issas Großvater erfreute sich weithin des Rufes, Tradition und Etikette streng einzuhalten, und die Art, in der er sein Opfer tötete, galt bis zum heutigen Tag im ganzen Distrikt als ein Musterbeispiel der Eleganz. Als es ihm endlich, als Belohnung für Geduld und Schlauheit, gelungen war, den Abu-Scha'uisch-Muchtar allein im Schlafe zu überraschen, war er neben ihm auf der Matte mit dem Messer in der Hand niedergekniet und hatte ihn an der Schulter gerüttelt: »Wacht auf, ja Abu-Scha'uisch, denn ihr habt meinen Vater getötet, und es ist für euch die Zeit gekommen, zu sterben«, und dann hatte er ihm den Hals von Ohr zu Ohr aufgeschlitzt. Man nahm ihn gefangen und behielt ihn einige Zeit in Haft, aber es konnte ihm nichts nachgewiesen werden, da zwanzig Mitglieder des Hamdan-Klans den feierlichen Schwur leisteten, er hätte die kritische Zeit in ihrer Gesellschaft verbracht und mit ihnen das Wetter erörtert.

Das hatte sich vor sieben Jahren abgespielt. Wiederum wurde ein *Atwa* festgesetzt, der drei Tage nach dem Mord ablief und gegen eine Zahlung von fünfzehn Pfund seitens des Hamdan-Klans auf drei Monate verlängert wurde, um die Spesen zu decken, die dem Klan des Opfers durch Bewirtung der Leidtragenden, Besucher und Polizei entstehen. Aber auch der zweite Waffenstillstand lief ab, und trotz der Anstrengungen der Würdenträger, Reformer und berufsmäßigen Friedensstifter des Distriktes konnten sich die beiden Klans immer noch nicht über die Höhe des Blutgeldes einigen, das entweder in bar oder in Kamelen zu zahlen war. Es wurde aber ein dritter *Atwa* geschlossen, der die

Hamdans eine beträchtliche Summe Geldes kostete und der dauern sollte, »bis Frieden geschlossen und Vergessen erlangt« würde. Als Monate und Jahre vergingen und noch immer kein Frieden geschlossen war, begann man neuerlich darüber zu verhandeln, ob der *Atwa* noch in Kraft sei oder nicht. Mehrere Male waren während dieser Zeit Mitglieder der beiden Klans aneinandergeraten, was zu dem Verlust von Gliedmaßen, Zähnen und Augen, nicht aber zu dem Verlust des Lebens führte, da beide Familien darauf achteten, den Hauptpunkt nicht zu komplizieren. Inzwischen war Issas Vater als Nachfolger des alten Mannes zum Muchtar ernannt worden, und es war jedem klar, dass die Abu Scha'uisch nur warteten, bis er das richtige Alter, Ansehen und Vermögen erlangt haben würde, um die Ehre der Familie zu rächen. Am besten wusste das der Hamdan-Muchtar selbst, und trotz der sorgfältigen Vorsichtsmaßregeln, die er traf, fühlte er sich doch nie wirklich sicher; und dazu die Sorgen mit den Patrioten in den Bergen und den Hebräern auf dem Hügel der Hunde machten, dass er sich fühlte, als würde er im Schatten einer Wolke von Unheil wandeln.

Vor etwa sechs Monaten jedoch war von der Regierung ein neuer tüchtiger Distriktsvorsteher ernannt worden, ein ehrgeiziger junger Mensch namens Jussuf Tubaschi. Dieser junge Mann hatte an der Universität von Beirut studiert, bewunderte den römischen Diktator und war entschlossen, im Dienste der Regierung Karriere zu machen, um später, wenn die Engländer und Juden vertrieben sein würden, einer der Führer der Nation auf dem Pfade von mittelalterlicher Rückschrittlichkeit zum modernen totalitären Staat zu werden. Tubaschi, der natürlich darauf bedacht war, in seinem Distrikt einen sinnlosen Mord, der seine Karriere trüben könnte, zu verhindern, machte sich mit jugendlichem Eifer an die Sache, und es gelang ihm in ein paar Wochen, was die alten Würdenträger in vielen Jahren nicht zustande gebracht hatten: Mit Drohungen und Überredungskunst brachte er die Abu-Scha'uisch-Leute dazu, die alte Fehde gegen eine angemessene Summe Blutgeldes beizulegen, und die Hamdan-Leute, diese zu zahlen. Heute sollte der Tag seines ersten Triumphes sein, und er hatte alles getan, der Friedensschlusszeremonie in der arabischen Presse und den höheren Kreisen der Gesellschaft Jerusalems die entsprechende Publizität zu verleihen. Als Mr. Newton, stellvertretender Kommissar des Distriktes, vor drei Tagen dem ihm untergeordneten Distriktsvorsteher Tubaschi mitgeteilt hatte, dass die Frau des stellvertretenden Hochkommissars Mr. Gordon-Smith in eigener Person unter den Gästen sein werde, war Tubaschi davon überzeugt, dass von nun an seine Karriere gesichert sei.

Lady Joyce Gordon-Smith, die seit fünf Jahren im Lande lebte, aber noch nie einer arabischen Friedensschlusszeremonie beigewohnt hatte, benützte gerne die Gelegenheit, der Langweile Jerusalems zu entgehen und sich einer Gruppe von Engländern auf der Fahrt nach Kfar Tabije anzuschließen. Sie war etwas über vierzig, in der Provinz aufgewachsen, groß und mit regelmäßigen Zügen – eine Juno aus Wiltshire hatte sie einmal ein Verehrer genannt –, sie hatte eine Vorliebe für Sportkostüme, Schuhe mit niederen Absätzen und trug ständig einen Schimmer von Frischgebadetsein auf ihrer kühlen, aseptischen Haut. Die übrige Gruppe bestand aus Cyril Watson, einem dunklen, fahrigen jungen Mann, der für den British Council in Jerusalem Vorlesungen über elisabethanische Lyrik hielt, und Fliegermajor James Abdul Rahman Henderson, der den Glauben der Moslems angenommen hatte, wie ein Berufsfußballer aussah und für den Geheimdienst arbeitete. Dann war noch ein dritter, älterer Engländer namens Windham da, der nicht zu der Gruppe gehörte.

Er hatte während des Ersten Weltkrieges in der Jüdischen Legion als Bataillons-Kommandant gekämpft und war wegen seiner strengen Zucht unter seinen Leuten verschrien gewesen, die ihn eines antisemitischen Vorurteils verdächtigten. Sobald jedoch der Krieg vorbei war, veröffentlichte er ein Buch, das eine leidenschaftliche Stellungnahme für das Wiedererstehen des jüdischen Staates war, gestützt auf die Prophezeiungen des Jesaja; er ließ sich vom Heer pensionieren und kaufte sich ein kleines Haus am Karmelberg, wo er allein lebte, selbst kochte und den Haushalt führte und jedem als »der Oberst« bekannt war. In der britischen Kolonie war er ziemlich unbeliebt wegen seiner zionistenfreundlichen Ansichten und gleichermaßen unpopulär unter den Zionistenführern, die er der Feigheit zieh, weil sie noch nicht die Araber vertrieben und den jüdischen Staat proklamiert hatten. Er war ein kleiner, trockener und schweigsamer Mann von ausgeprägt militärischer Haltung, mit einem etwas starren Blick und einer Atmosphäre von Einsamkeit an sich.

Die Jerusalemer Gruppe und der Oberst waren aus verschiedenen Richtungen, aber fast zur selben Zeit in der Früh angekommen und vom Distriktsvorsteher Tubaschi in das Haus der Familie des Mörders geführt worden, wo sich, der Sitte gemäß, die Gäste zu versammeln hatten. Der Hamdan-Muchtar empfing sie auf der Terrasse seines Hauses; er strahlte und sah in seinem neuen silberdurchsponnenen Agal wundervoll aus. Es waren noch zwei oder drei schweigsame Männer des Hamdans-Klans da, die den Ankommenden zeremoniell vorgestellt wurden. Issa reichte süßen schwarzen Kaffee in Fingerhuttässchen herum, schlug seine Augen vor Lady Joyce Gordon-Smiths etwas verwirrend offenem Juno-Blick nieder, und dann nahmen sie alle auf den niederen geflochtenen Stühlen des Balkons Platz. Fliegermajor Abdul Rahman nahm eine Wasserpfeife und zum Spielen einen Rosenkranz aus bernsteinfarbenen Perlen entgegen, und der Muchtar strahlte entzückt. Die Konversation schleppte sich fort, und Tubaschi übersetzte mit großer Fertigkeit.

Cyril Watson, der es nie aushalten konnte, bei Gesellschaften länger als fünf Minuten ruhig zu sitzen, schlenderte zum Geländer hinüber. »Was ist das für ein Dorf da drüben?«, fragte er und deutete mit seiner Kaffeetasse gegen Esras Turm. Tubaschi übersetzte mit einem wissenden Lächeln, mit diskret leiser Stimme, als wollte er sich für eine taktlose Frage entschuldigen. »Oh, das ist die hebräische Siedlung«, sagte der Muchtar in gleichgültigem Ton.

»So«, sagte Watson. »Verdirbt etwas die Aussicht.«

Tubaschi übersetzte mit einem womöglich noch feineren Lächeln. Auch der Muchtar lächelte unverbindlich. »So gefiel es der Regierung«, sagte er.

»Fragen Sie ihn, wo der Mörder ist«, sagte Lady Joyce. Tubaschi übersetzte wieder in seinem gewöhnlichen Konversationston.

»Ah, Sie wollen, dass ich Ihnen den Mörder vorstelle?«, sagte der Muchtar und strahlte wieder. Er wandte sich an Issa: »Sohn, rufe Abu Arkub.«

Issa ging ins Haus und kam einen Augenblick später mit einem verhutzelten und elend aussehenden Männchen zurück, das bei der Tür stehen blieb und mit gehorsamem Lächeln Stirn und Brust berührte.

»Ist das Ihr Vater?«, fragte Lady Joyce, starrend.

Der Muchtar lachte geräuschvoll. »Oh, Abu Arkub, hast du das gehört? Die Dame hält dich für meinen Vater. Ha!« Das Männchen lächelte sauer.

»Nein«, erklärte der Muchtar wieder ernst. »Er ist mein Vetter. Mein Vater ist auf seinem Zimmer, nicht ganz wohl, und er bedauert, das große Vergnügen zu versäumen, den Gästen vorgestellt zu werden.«

Tubaschi übersetzte. »Ich dachte, jemand hätte gesagt, der Mörder wäre sein Vater«, sagte Lady Joyce.

»Es wurde nie bewiesen«, erklärte Tubaschi mit seinem feinen Lächeln. »Es wäre auch beschwerlich für den alten Mann, sich dem Ritual der Zeremonie zu unterziehen. Dieser Mann ist ein armer Verwandter des Muchtars, und man hat beschlossen, dass er der Mörder sei.«

»Ich verstehe «, sagte Lady Joyce trocken. Der stellvertretende Mörder, der sah, dass die Leute sich nicht mehr für ihn interessierten, berührte seine Stirn und zog sich zurück.

»Wann fängt das Theater an?«, fragte Cyril Watson.

»Oh, bald. In einer Stunde oder vielleicht zwei.«

Watson seufzte und wischte sich gewohnheitsmäßig übers Gesicht, obwohl es nicht heiß war. Er trug sein Taschentuch in seinem Ärmel, hielt es aber meistens zusammengeballt in der Hand. »Was ist das, was dort drüben wächst?«, fragte er ins Tal hinunterblickend.

»Gerste«, erklärte Tubaschi. »Das ist die wachsende Wintersaat.«

»Und auf dem Feld rechter Hand?«

»Das ist auch Gerste.«

»Aber warum ist die Gerste zur Rechten um so viel höher als die andere?«

Tubaschi übersetzte dem Muchtar die Frage. »Die Gerste rechter Hand wird von den Hebräern gezogen. Sie verwenden Dünger.«

»Ach so«, sagte Watson. »Und warum verwendet ihr nicht auch Dünger?«

Tubaschi übersetzte, und der Muchtar zuckte die Achseln mit einem resignierten Lächeln. »Wir sind arm«, sagte er. »Das ist ein sehr armes Dorf. Wir müssen uns sogar den Traktor von den Hebräern ausborgen für zweieinhalb Pfund pro Dunam.«

»Ein gepfefferter Preis, bei Mohammed«, bemerkte Abdul Rahman auf arabisch und rauchte mit unbeweglichem Gesicht. Der Muchtar antwortete nicht und lächelte wie ein Schwerkranker, der sein Kreuz mit Geduld trägt.

»So gefällt es der Regierung«, sagte er.

»Ich glaube, man tut euch ein verdammtes Unrecht«, sagte Cyril Watson. Tubaschi übersetzte; der Muchtar fuhr fort, sanft zu lächeln, sagte aber nichts. Er stand mit dem Rücken zum Geländer mit gefalteten Armen, eine mächtige, imponierende Gestalt. Es entstand eine Stille, die der Oberst, der bis jetzt kein Wort gesprochen hatte, plötzlich unterbrach.

»Das ist alles dummes Zeug«, sagte er scharf. »Fragen Sie ihn, ob es wahr ist, dass er, als er vor drei Monaten seine Tochter verheiratete, den Hochzeitssaal mit Pfundnoten austapezieren ließ.«

Tubaschi übersetzte. Der Muchtar strahlte.

»Wir haben unsere Gastfreundschaftssitten«, sagte er bescheiden. »Ein Mann wird sich ruinieren, um seinen Gästen gebührende Ehre zu erweisen.«

»Sagen Sie ihm, dass ein Quadratmeter jener Tapete genügt, um einen Traktor und Dünger für das ganze Gebiet zu kaufen.«

»Aber wirklich, Herr Oberst«, unterbrach ihn Watson und knetete sein Taschentuch indigniert. »Ich erhebe Einspruch. Man kann von ihnen nicht verlangen, ihre Traditionen über Nacht zu ändern. Nächstens werden Sie erwarten, dass sie *Woolworth*-Filialen und Apotheken in der Wüste eröffnen.«

»Oder Synagogen«, murmelte der Fliegermajor halblaut, die Wasserpfeife im Mundwinkel.

Der Oberst blickte mit seinem Parade-Starren von einem zum anderen und verfiel wieder in sein Schweigen.

»Was sagten sie?«, fragte der Muchtar Tubaschi.

»Sie streiten untereinander«, sagte Tubaschi lächelnd.

»Sag unseren Gästen, dass wir nicht zu jenen gehören, die ständig ihr Unglück in die Ohren der Welt hineinjammern, wie es gewisse Leute tun. Wir haben keine Propagandabüros in den Hauptstädten Europas und kein Gold, um uns Zeitungen und einflussreiche Freunde zu kaufen. Wir sind ein armes, einfaches und schwer arbeitendes Volk und verlangen nur, dass die Erde, die unseren Vätern und den Vätern unserer Väter gehörte, uns nicht genommen werde.«

Tubaschi übersetzte mit einer gewissen Feierlichkeit, und es entstand wieder eine kurze Stille, die durch die Ankunft des Gebietskommissars Newton und seiner Frau unterbrochen wurde. Mrs. Newton trug eine Micky-Maus-Brosche, einen Krönungsschal mit dem Porträt des Königspaares und einen komplizierten Hut, den eine Modistin in Jerusalem von einem Beiruter Modejournal kopiert hatte. »Oh, wir kennen einander«, sagte sie mit ihrer freundlichen Stimme zu Lady Joyce-Gordon Smith. »Wirklich?«, sagte Lady Joyce. »Vom Schiff«, sagte Mrs. Newton. »Ja«, sagte Lady Joyce, die immer noch ungläubig den Hut anstarrte, »man vergisst die Gesichter vom Schiff immer, nicht wahr?«

Es wurde wieder Kaffee herumgereicht, und alle standen oder saßen herum und wussten nicht recht, was sie in der lähmenden Atmosphäre, die allen Gesellschaftsereignissen, bei denen sich sonst getrennte Gruppen mischen, gemeinsam ist, mit sich anfangen sollten. Um das Gefühl des Unbehagens zu vervollständigen, erschien auch noch Kaplan, der hebräische Distriktsvorsteher, mit dem ihm eigenen düsteren Blick. Er war im Lande geboren – sein Großvater war einer der »Zionsfreunde«, die in der Mitte des neunzehnten Jahrhunderts zu Fuß aus den russischen Ghettos kamen, um sich im Heiligen Land niederzulassen. Er war ein harter, zäher und bitterer Mann, den jahrelange Kämpfe gegen voreingenommene Vorgesetzte gelehrt hatten, der Regierung, unter der er diente, zu misstrauen. Seine Beziehung zu seinem Kollegen Tubaschi war ein Fall von gegenseitigem Abscheu auf den ersten Blick. Mit seinem unmittelbaren Vorgesetzten Mr. Newton vertrug sich Kaplan relativ gut, weil er dessen Leidenschaft für Schach teilte; aber Mr. Newton verübelte ihm seine Tüchtigkeit, während Kaplan Mr. Newtons fortwurstelnde Art verachtete. Im Übrigen hasste Mrs. Newton den hebräischen Distriktsvorsteher und hatte eine schwärmerische Schwäche für Tubaschi, der mit ihr in arabische Dörfer ritt, wo jedermann nett zu ihr war.

Es wurde neuerdings Kaffee herumgereicht. »Himmel«, bemerkte Lady Joyce zu Cyril, »ich habe das Gefühl, dass ich inwendig ganz verbrannt und schwarz bin. Werden sie nie anfangen?«

»Sie dürfen nie eine Tasse zurückweisen – das wäre eine tödliche Beleidigung«, sagte Cyril, der stolz darauf war, die arabische Etikette zu kennen.

Tubaschi, der die ziemlich hörbare Bemerkung der Lady Joyce gehört hatte, flüsterte dem Muchtar etwas zu, der zustimmend nickte. Tubaschi klatschte in die Hände, und es entstand sofort eine erwartungsvolle Stille.

»Meine Damen und Herren«, rief Tubaschi, »da es noch einige Zeit dauern wird, bis die Zeremonie beginnt, lädt unser Muchtar Sie alle zu einem Spaziergang ein, um Ihnen das Dorf zu zeigen.«

Man stimmte erleichtert zu und schritt paarweise die Stufen der Terrasse hinunter. Lady Joyce und Fliegermajor Henderson führten den Zug an, und der Muchtar und die schweigenden Klanältesten waren die Nachhut. Tubaschi lief nach vorn und nach hinten und erklärte alles mit seinem verbindlichen Dolmetscher-Lächeln. Sie folgten der einzigen holprigen Serpentinenstraße, die mit dem Rinnstein in der Mitte ihren Weg zwischen den Lehmhütten durchschlängelte. »Möchten Sie nicht eine Hütte von innen ansehen?«, schlug Tubaschi vor.

Der Zug hielt vor einem kleinen Platz von zwei oder drei Quadratmetern an. Er war von einer Reihe von Steinen abgegrenzt, welche eine Mauer andeuten sollten. In der Mitte dieses Platzes hockte vor der Lehmhütte eine in Schwarz gehüllte Frau, die für die Familie das Essen kochte. Ihre Kochwerkzeuge waren eine rostige Benzinkanne, die unsicher auf zwei Ziegelsteinen schwankte, über einem Feuer aus Unterholz, das dichten Rauch verbreitete. Sie hatte blaue Punkte auf Stirn und Kinn tätowiert und sah aus wie sechzig, obwohl sie, nach dem nackten Säugling zu schließen, den sie beim Herannahen der Fremden von ihrer Brust genommen hatte, kaum über dreißig war. Drei andere Kinder in verschiedenen Altersstufen hockten um sie herum auf dem vom Feuer vorhergegangener Mahlzeiten rußigen Steinboden. Als der Zug vor ihr stehen blieb, machte sie eine Bewegung, als wollte sie ins Haus laufen, blieb aber mit niedergeschlagenen Augen auf den Steinen sitzen und rührte das Gebräu in der Benzinkanne mit einem Zweig um.

»Was kocht sie denn da?«, fragte Lady Joyce.

Tubaschi fragte die Frau. Sie murmelte etwas, ohne die Augen zu heben.

»Es ist eine Suppe; aus Kräutern gemacht. Ich weiß nicht, wie es auf Englisch heißt.«

Lady Joyce beugte sich über die Büchse mit der grünlichen Flüssigkeit. »Sauerampfer«, sagte sie.

»Ja. Es wächst hier überall.«

»Ist das alles, was sie zu Mittag essen?«

Tubaschi fragte die Frau und wiederholte die Frage etwas barsch, als sie nicht gleich antwortete.

»Sie sagt, es wird auch noch Brot geben.«

Er führte sie in die Hütte hinein. Die Hütte war ein einziger fensterloser Raum. Die Hälfte des Bodens war für den Esel, der dort schlief, mit Stroh bedeckt. Die andere Hälfte war leer bis auf eine auf der Erde liegende zerrissene Matte, einer großen Decke aus Ziegenhaar, unter der die Familie schlief, und einem von ein paar weiteren Benzinkanistern gestützten Brett, auf dem ein paar Lumpen und ein zahnloser Kamm lagen, die das ganze Besitztum der Familie darstellten.

»Fragen Sie, bitte, den Muchtar nach dem Beruf ihres Mannes«, sagte Cyril Watson, als sie wieder draußen waren; er stopfte sein Taschentuch, das er vor den Mund gehalten hatte, in seinen Ärmel zurück.

Der Muchtar gab einige langwierige Erklärungen ab.

»Er sagt«, übersetzte Tubaschi, »dass ihr Mann Bahnarbeiter sei. Er hatte verschiedentlich Pech gehabt; sein Dach ist eingestürzt, und er musste die Reparatur bezahlen. Außerdem ist vor einem Jahr seine erste Frau gestorben, und er musste sich eine neue kaufen.«

Der Muchtar fügte mit einem verächtlichen Lächeln etwas hinzu, und Tubaschi übersetzte:

»Er sagt, die da gehöre zur billigsten Sorte – er bekam sie um fünf Pfund.«

Die Frau fuhr fort, mit niedergeschlagenen Augen die Suppe mit einem Zweig umzurühren, mit ausdruckslosem Gesicht, als ob sie taub wäre. Eines der Kinder begann zu weinen. Seine Augen waren verklebt von der ägyptischen Krankheit, und die Fliegen krochen in Schwärmen über es. Die Gäste schauten schweigend zu. Plötzlich bellte der Oberst heraus:

»Fragen Sie Ihren Muchtar, warum sie nicht von den Juden lernen, wie man zusammenarbeitet.«

Tubaschi übersetzte mit unbeweglichem Gesicht. Der Muchtar antwortete mit höflich abgemessener Stimme. Tubaschi übersetzte:

»Er sagt, dass sie an den Willen Gottes, aber nicht an den Sozialismus glaubten.«

Der Zug bewegte sich weiter. Sie besuchten eine zweite Hütte, die ein bisschen wohlhabender aussah; eine hölzerne Scheidewand trennte den Esel von der Familie, und es gab auch getrennte Matten für die Kinder. In der Ecke saß eine sehr alte Frau; der Muchtar richtete einige scherzhafte Worte an sie, die sie mit einer raschen Flut von Worten beantwortete.

»Man hält sie für eine Hexe«, erklärte Tubaschi. »Die Leute sind hier sehr abergläubisch. Sie verkauft Eheamulette an junge Männer vor der Hochzeit.«

»Wozu brauchen sie Amulette, wenn sie sich die Braut schon gesichert haben?«, fragte Lady Joyce.

»Oh – es sind Eheamulette, nicht Liebesamulette«, sagte Tubaschi ausweichend, leicht verlegen.

»Ich weiß, was er meint«, sagte Cyril zu Mrs. Newton, als sie weitergingen. »Es sind Amulette gegen Impotenz. Man sollte nicht glauben, wie viele von diesen Dorfjungen in ihrer Hochzeitsnacht impotent sind. Es ist einfach furchtbar. Ein jüdischer Arzt in Tiberias erzählte mir davon. Es dauert oft mehrere Monate, bevor die Ehe konsumiert wird. Es kommt natürlich davon, dass alle diese Jungen unberührt bleiben müssen, bis sie heiraten, und außerdem gibt es die höchst peinliche Zeremonie, dass die Mutter in die Brautkammer stürzt, um das Leintuch mit den Beweisen der Ehre ihrer Tochter zu holen, während das ganze Dorf draußen wartet, Sie verstehen doch. Es ist richtig widerlich, und jeder Mann wäre unter solchen Umständen impotent.«

Mrs. Newton errötete zuerst leicht und wurde dann purpurrot, was Cyril aber nicht bemerkte, da er selten die Person, zu der er sprach, anblickte. Er plauderte darauflos, froh, mit seinen Kenntnissen der arabischen Sitten protzen zu können.

»Es gibt natürlich auch eine Menge Homosexueller unter ihnen. Da sie jahrelang warten müssen, bis sie das Geld haben, eine Frau zu kaufen, ist das nur natürlich. Und ihre Frauen sind auch nicht so attraktiv, oder doch? Sie sprechen manchmal ganz offen darüber. Man kann oft Paare hübscher Jungen auf der Straße gehen sehen, die einander die Hände halten oder die kleinen Finger ineinanderhaken. Einerseits ist es recht charmant, irgendwie bukolisch, wenn Sie verstehen, was ich meine. Und es gibt natürlich auch eine Menge von Sodomie. Ihre meisten Witze sind über Schafe und Ziegen und so fort ...«

»Mr. Watson«, schrie die arme Mrs. Newton, nach Atem ringend. »Ich muss Sie bitten, sofort aufzuhören. Noch nie hat es jemand gewagt, mit mir über so unanständige Sachen zu reden.«

Cyril blickte sie verblüfft an, und seine dunklen, rastlosen Augen blieben einen Augenblick an ihrer Micky-Maus-Brosche und dem Krönungsschal haften. »Oh, es tut mir unendlich leid«, murmelte er. »Ich habe es nicht so aufgefasst ... Es ist gewissermaßen nur – ich meine, Volkskunde und so weiter, wissen Sie ...«

Er gab es auf und trocknete sein Gesicht mit dem Taschentuch. Mrs. Newton ging mit zusammengepressten Lippen schweigend weiter, das Kinn erhoben. Während Watson sprach, hatte sie immer wieder auf Mr. Newton zurückgeblickt, in der Absicht, ihn zu bitten, ihre beleidigte Ehre zu beschützen, aber Mr. Newton hatte, wie immer, hoffnungslos friedlich und zerstreut dreingeschaut. Er ging mit Kaplan, zu dem er eben bemerkt hatte:

»Ich habe nun alle bis auf drei Spiele des New Yorker Turniers durchgespielt und bin immer mehr geneigt zu glauben, dass die indische Eröffnung nur eine Modesache ist, die sich nicht halten wird.«

»Nein«, sagte Kaplan in seinem gewöhnlichen grimmigen Ton. »Es ist nicht nur eine Modesache, es ist ein neuer Schritt in der Entwicklung des Spieles. Es ist ein um Stellung Manövrieren unter Deckung, das den alten Kavalleriestil der altmodischen

Eröffnungen mit dem Königsbauern ersetzt, genauso wie beim Fußball die Strategie des flachen Zupassens die alte Stoß- und Lauf-Technik ersetzt. In beiden Fällen ist es eine die individuelle Bravour ablösende geplante, zusammenwirkende Kollektiv-Handlung. Der Stil aller Spiele wird von der wechselnden Struktur des Gesellschaftslebens beeinflusst.«

»Ich muss darüber nachdenken«, sagte Mr. Newton. »Sie könnten da auf etwas Richtiges gestoßen sein ...« Wie gewöhnlich war er von der ermüdenden Gescheitheit seines Distriktsvorstehers sowohl beeindruckt als auch unangenehm berührt.

Sie kamen zu einem weiten, offenen Platz am unteren Ende des Dorfes. Auf der entfernteren Seite herrschte große Geschäftigkeit: Frauen arbeiteten über drei offenen Feuern, über denen drei ganze Schafe an Spießen hingen, während zwei lange, roh gezimmerte Bretter auf Fußgestellen mit ein paar Korbsesseln als Festtafel für die europäischen Gäste hergerichtet wurden. Der Rauch der brennenden Zweige vermischte sich mit dem Geruch des leicht verbrannten Fleisches und der brennenden Kräuter, und allen wässerte der Mund.

»Riecht es nicht himmlisch?«, sagte Cyril. Die Jerusalemer Gruppe war seit dem frühen Morgen unterwegs, und nun war es zwei Stunden nach Mittag. Sie blickten alle nachdenklich zu der anderen Seite des offenen Platzes hinüber.

»Sie bereiten das Friedensmahl«, erklärte Tubaschi heiter. »Der Tradition gemäß ist es die Familie des Opfers, die es bereitete, und die Familie des Mörders, die es bezahlt.«

»Schauen wir zu, wie sie die Schafe braten«, schlug Lady Joyce vor.

»In diesen Teil des Dorfes dürfen wir leider nicht hinübergehen, bevor nicht offiziell Frieden geschlossen wurde«, sagte Tubaschi. »Dort drüben wohnen die Abu Scha'uisch. Wir dürfen vor dem Ende der Zeremonie diesen Platz nicht überqueren. Aber unser Muchtar lädt uns ein, in sein Haus zurückzugehen und Kaffee zu trinken.«

Mit einem resignierten Seufzer wandten sie sich um, dem Hause des Muchtars zu. Der Muchtar zeigte auf einen kleinen weiß getünchten Steinbau in dem verbotenen Teil des Dorfes, aus dem eine Menge barfüßiger kleiner Jungen strömte. Sie waren alle in Lumpen und hatten kahl geschorene Schädel, was ihre braunen Köpfe wie Billardkugeln aussehen ließ.

»Das ist die Schule«, übersetzte Tubaschi die Erklärungen des Muchtars. »Alle kleinen Jungen besuchen sie, bis sie zwölf Jahre alt sind.«

»Er meint zehn«, bemerkte Kaplan.

»Also gut, zehn, Mr. Kaplan«, sagte Tubaschi mit seinem unverwüstlichen Lächeln. »Dieses Dorf ist natürlich sehr arm. Sie können sich's noch nicht erlauben, viel Erziehung zu bieten.«

»Unsinn«, platzte plötzlich der Oberst heraus, der die letzte halbe Stunde nichts gesprochen hatte. »Das bezahlt die Regierung, und wenn das Dorf etwas beitragen würde, könnten sie eine ordentliche Schule haben.«

»Aber bitte, Herr Oberst, wir sind schließlich ihre Gäste, oder nicht?«, murmelte Cyril.

»Wo ist die Mädchenschule?«, fragte Lady Joyce.

Tubaschi übersetzte und sah zum ersten Mal etwas verlegen aus.

»Er sagt, es wäre gegen die Tradition, Mädchen in die Schule zu schicken ... Aber dieses Dorf ist natürlich sehr rückschrittlich«, fügte er leise hinzu. »Bald ...«

»... Und es wäre schon eine verdammt gescheite Idee«, murmelte der Fliegermajor durch seine Pfeife.

»Reden Sie keine Dummheiten, James«, sagte Lady Joyce. »Gehen wir zurück.«

Während der Zug zum Hause des Muchtars zurückmarschierte, sagte der Kaplan zu Mr. Newton:

»Wann werden Sie endlich in der Sache etwas tun?«

»In welcher Sache?«, fragte Mr. Newton in der Defensive.

»In dieser Schulangelegenheit. Die Juden bezahlen ihre Schulen selbst, und die Regierung bezahlt die arabischen Schulen. Aber die Einkünfte der Regierung stammen hauptsächlich von den jüdischen Steuerzahlern. Wenn wir schon die arabische Erziehung finanzieren müssen, wollen wir sie wenigstens ordentlich durchgeführt haben.«

»Seit wann liegt Ihnen die arabische Erziehung so am Herzen?«, fragte Mr. Newton, der sich bemühte, sarkastisch zu sein.

»Seit ich entdeckt habe, dass unsere einzige Chance, uns mit ihnen zu verständigen, ist, sie ordentlich zu erziehen. Man kann mit einer fanatischen Horde von Analphabeten zu keiner Verständigung kommen. Ich möchte, dass ihnen etwas Vernunft eingebläut wird, damit wir es mit einem geistig erwachsenen Gegner zu tun haben.«

»Sie haben doch Ihren Kollegen Tubaschi«, sagte Mr. Newton, unangenehm berührt, dass er wieder belehrt wurde. »Warum können Sie sich mit Tubaschi nicht verständigen? Er hat die Universität besucht; na?«

»Das hat ihm einen Schmarrn genützt«, sagte Kaplan.

»Nun, mein Lieber, Entweder-oder – ja, ja ...«, sagte Mr. Newton, glücklich, dass er endlich ein Argument gefunden hatte.

Sie waren wieder im Hause des Muchtars angelangt. Während ihrer Abwesenheit hatten sich ein paar weitere Gäste auf der Terrasse versammelt; arabische Würdenträger aus anderen Dörfern, zwei mohammedanische Priester, ein Schullehrer und ein Beduinen-Scheich. Es waren auch zwei junge Männer in khakifarbenen kurzen Hosen da, der Kassier und der Schuster der Kommune Esras Turm. Sie standen da, gegen das Geländer gelehnt, etwas abseits von den arabischen Gästen, und unterhielten sich miteinander auf Hebräisch, als ob sie zu Hause wären. Man stellte weiter vor und reichte wieder Kaffee in Fingerhuttässchen herum. Der Muchtar begrüßte die jungen Männer von Esras Turm mit feierlicher Höflichkeit.

»Man sagt mir, dass ihr wieder eine Anzahl von Freunden erwartet, die mit euch leben sollen«, sagte er.

»Ja, das stimmt«, sagte Mosche. »Und im Frühjahr werden noch mehr kommen.«

»Sie sind willkommen«, sagte der Muchtar milde. »Dieses Land ist arm und klein, und bald wird für niemanden mehr genug Land da sein: aber sie sind willkommen ...«

»Hören Sie«, sagte Cyril zu Lady Joyce, »diese jüdischen Siedler sprechen recht fließend arabisch.«

»Sieht ihnen ähnlich«, sagte Lady Joyce. »Sie sind alle Wunderkinder.«

»Ich wollte immer auf einige Zeit in einer ihrer Siedlungen leben und ihre soziale Organisation und dergleichen studieren.«

»Tun Sie's doch!«, sagte Lady Joyce. »Sie werden sich wunderbar unterhalten, koscheren Fisch essen und mit allen den hübschen dicken Mädchen schlafen.«

»Ich weiß nicht«, sagte Cyril zappelnd. »Ich glaube, man sollte zu ihnen gehen und mit ihnen reden. Aber sie sind so beängstigend.«

Der Muchtar, der feierlich von Gast zu Gast ging, war gerade bei dem Beduinenscheich angelangt, und Kaplan hatte sich den beiden jungen Männern beim Geländer angeschlossen.

»Wie geht es oben?«, fragte er. Wenn er hebräisch sprach, verlor seine Stimme die Bitterkeit und klang beinahe warm.

»Alles in Ordnung«, sagte Mosche. »Ausgaben steigen, Einnahmen sinken, zweiundzwanzig Prozent sind auf der Krankenliste, und nächste Woche kommt eine neue Gruppe.«

»Ich weiß«, sagte Kaplan. »Es sind Flüchtlinge, meistens frisch aus Europa, ohne jede Berufsausbildung. Ihr werdet es verflucht schwer mit ihnen haben, bis sie sich eingewöhnen werden.«

»Das wird sich schon alles geben«, sagte Mosche. »Können Sie nicht Ihre Autorität als Regierungsbeamter aufbieten, um uns etwas zum Essen zu verschaffen?«

»Geduld«, sagte Kaplan. »Geduld; keine Überstürzung; Zeit lassen: das sind die drei Gebote eines Regierungsbeamten, und der gemeinsame Boden, auf dem sich die britische und die arabische Philosophie treffen. Zehn Jahre im Dienste Seiner Majestät haben mich gelehrt, dass eine tiefe Verwandtschaft zwischen der britischen und der orientalischen Lebensauffassung besteht. Dasselbe Über-den-Sachen-Schweben, dasselbe Festhalten an Traditionen, derselbe mystische Glaube, dass schließlich alles irgendwie gut ausgehen werde.«

»Ist der Kerl mit der Pfeife der berühmte Henderson?«, fragte Joseph.

»Jawohl, unser Miniatur-Lawrence in Person. Vorige Woche hatte er wieder die Muchtars meines Gebietes in arabischem Kostüm besucht, ihnen gesagt, die Regierung sähe es nicht gerne, wenn sie uns Land verkauften, und ließ die üblichen Andeutungen fallen.«

»Und kann man da nichts machen?«

»Was? Bei Newton Protest einlegen? Niemand reicht an Hendersons Mittel heran. Es wird von der rechten Hand erwartet, dass sie nicht wisse, was die linke tut.«

In der Gruppe auf der Terrasse entstand Bewegung. »Es sieht aus, als wäre etwas los«, sagte Joseph.

»Du wirst doch nicht sagen wollen, es wäre das Essen«, grunzte Mosche.

»... Meine Damen und Herren«, rief Tubaschi, und es verbreitete sich eine erwartungsvolle Stille. »Die Friedensschluss-Zeremonie wird jetzt beginnen. Gruppieren Sie sich, bitte, paarweise, dann werden wir alle hinter dem Mörder und seiner Familie zu der Familie des Opfers hinübergehen und uns über die Versöhnung freuen.«

Es entstand ein allgemeines Scharren von Schuhen, und Abu Arkub, der Mörder, erschien aus dem Innern des Hauses. Er hatte den oberen Teil seines langen, gestreiften Rockes über den Kopf gezogen, sodass es aussah, als hätte er eine Kapuze an, und er trug seinen Agal, die schwarze Kopfschnur, um den Hals gehängt als Symbol, dass er das Joch der Knechtschaft annehme. Er trug auch einen Stock in der Hand, an dessen Ende sein Kefije, das weiße Kopftuch, befestigt war, dessen Quasten zu Knoten verknüpft waren.

Der Zug setzte sich die Terrasse hinunter in Bewegung; der Mörder in der Kapuze führte. Er war unter dem symbolischen Joch gebeugt und trug das Kefije am Stock wie eine weiße Fahne. Hinter ihm schritt der Muchtar, der seinen blinden Vater am Arm führte; denn gerade bevor sich der Zug in Bewegung setzte, war dieser plötzlich auf die Terrasse hinausgehumpelt, hochmütig und ehrfurchtgebietend und sichtlich gar nicht krank. Hinter ihnen marschierten die schweigenden Klanältesten, die arabischen Würdenträger und die europäischen Gäste.

Der Zug bewegte sich langsam die unebene Straße entlang, an der sich gaffende Frauen und Kinder um die Türen der Lehmhütten drängten. Ein räudiger herrenloser Hund lief eine Weile neben ihnen her, aber ein kräftiger Tritt von Issa ließ ihn am Rücken zappeln, und Blut tropfte von seiner Schnauze.

»Ist es nicht einfach bezaubernd?«, sagte Cyril zu Lady Joyce. »Alles an dieser Zeremonie hat eine eigene Bedeutung, die auf die Tage Mohammeds zurückgeht. Zum Beispiel die Knoten in dem Kefije. Sie bedeuten das Blutgeld – jeder Knoten stellt eine bestimmte Summe dar, zehn oder dreißig Pfund, ich weiß nicht mehr genau. Das Blutgeld wurde natürlich ursprünglich in Kamelen ausgezahlt; Bargeld ist ein Zugeständnis an den Vormarsch der Zeit.«

»Warum wird nicht in Autos gezahlt?«, sagte Lady Joyce. »Einen Ford für einen gewöhnlichen Mord und einen Rolls für einen Würdenträger.«

»Sie können auch nichts ernst nehmen«, klagte Cyril. »Haben Sie kein Empfinden für Tradition und dergleichen?«

»Ich bin hungrig«, sagte Lady Joyce.

Sie waren auf dem offenen Platz, der die Gebiete der beiden Muchtars trennte, angelangt, und der Zug blieb stehen. Tubaschi schusselte herum und ordnete sie zu zwei Gruppen an. Die Hamdan-Sippe wurde in einer Reihe aufgestellt, die Gäste standen in Gruppen in einiger Entfernung da. Der Stock mit dem Kefije wurde in die Erde gepflanzt. Inzwischen näherte sich die Abu-Scha'uisch-Familie vom anderen Ende des Platzes, einer hinter dem anderen. Sie sahen ärmlicher aus als die Hamdans, außer ihrem Muchtar, der den Zug anführte. Er war ein großer, knochiger Mann, der durch ein fehlendes Auge auffiel.

»Der ist gelungen«, flüsterte Cyril. »Er sieht aus wie ein Räuberhauptmann.«

Es war ganz still, während die Abu-Scha'uisch sich den Hamdans gegenüber in einer Reihe aufstellten. »Es sieht aus, als wollten sie einen Opernchor singen«, sagte Lady Joyce.

Henderson nahm seine Pfeife aus dem Mund. »Gewöhnlich machen sie diese Geschichten nicht«, bemerkte er. »Tubaschi arrangierte es, um uns zu beeindrucken.«

»Was deklamiert er?«, fragte Lady Joyce – denn Tubaschi, der zwischen den beiden Reihen und neben der weißen Fahne stand, hatte angefangen, eine Rede zu halten.

»Von Frieden und Vergessen und der gemeinsamen Sache«, sagte Henderson.

Es war heiß, und der Nachmittagswind wehte den köstlichen Geruch von Schaschlik über den Platz herüber. Endlich hörte Tubaschi auf. Es folgte ein schwaches und würdevolles Händeklatschen, dann Stille. Plötzlich rief der Abu-Scha'uisch-Muchtar etwas mit rauer Stimme, was wie eine Beleidigung klang, und man klatschte wieder, und Tubaschi knüpfte eilig einen der Knoten aus dem Kefije des Mörders auf.

»Was bedeutet das?«, fragte Lady Joyce.

»Der Klan des Opfers hat eben verkündet, dass sie zu Ehren des Königs das Blutgeld um zehn Pfund herabsetzen.«

Nun rief der Mann, der neben dem Abu-Scha'uisch-Muchtar stand, seinerseits etwas, und man klatschte und knüpfte noch einen Knoten auf.

»Das ist für König Faruk von Ägypten«, sagte Henderson.

»Ich dachte, sie hätten die Summe vorher ausgemacht?«

»Stimmt. Aber auch die Nachlässe.«

Es wurde wieder etwas verkündet und noch ein Knoten aufgebunden.

»Zehn Pfund für Mr. Chamberlain«, übersetzte Henderson. »Zehn für Präsident Roosevelt. Zehn für seine Exzellenz den Hochkommissar. Zehn für den Distriktkommissar. Zehn für mich.«

»Für Sie?«, sagte Lady Joyce. »Und was ist mit meiner Wenigkeit?«

»Frauen zählen nicht. Zehn für den Scheich. Zehn für Tubaschi. Das ist alles.«

»Sie haben ein Vermögen weggegeben«, sagte Lady Joyce.

»Theoretisch. So sieht die Summe imposanter aus«, sagte Henderson.

Der Hamdan-Muchtar trat vor, befeuchtete seinen Daumen, zählte ein Bündel Banknoten in Tubaschis Hand, der sie, von erneutem Händeklatschen begleitet, dem Abu-Scha'uisch-Muchtar überreichte. Es wurden die restlichen Knoten aus des Mörders Kefije aufgebunden, der sich im Winde entfaltete.

Es herrschte gespannte Stille, und die Augen aller waren auf den Mörder gerichtet. Plötzlich löste er sich aus der Reihe der Hamdans und schritt, in seiner Kapuze demütig geneigt, vorwärts auf den Platz zu, der die beiden Klans trennte. Als er vor dem großen Abu-Scha'uisch-Muchtar stand, stand er einen Augenblick still, führte dann des Muchtars Hand an seine Lippen und küsste sie. Der Muchtar zog den Mörder zu sich empor und küsste ihn auf beide Wangen. Es folgte neuerliches Klatschen, während Abu Arkub die Reihe des Abu Scha'uisch entlangging und jedem die Hand küsste und selbst auf die Wangen geküsst wurde. Dann richtete er sich auf und schien plötzlich um einen Kopf gewachsen zu sein. Und man klatschte wieder.

Da man nun dem Mörder formell vergeben hatte, war die Reihe, sich zu versöhnen, an den übrigen Mitgliedern seiner Familie. Der Erste, der vortrat, war der Hamdan-Muchtar, der seinen blinden Vater beim Arm führte. Als der alte Mann vor dem Abu-Scha'uisch-Muchtar stand, dessen Vater er getötet hatte, entstand noch ein letztes Mal eine Spannung. Dann führte der Hamdan-Muchtar die beiden Hände des blinden Mannes zu der Rechten seines Feindes, die schlaff an seiner Seite herabhing; aber in dem Augenblick, da ihre Hände einander berührten, warf der Abu-Scha'uisch-Muchtar seine Arme um die Schultern des alten Mannes und küsste ihn lange und leidenschaftlich. Die beiden Gruppen mischten sich, schreiend, küssend und einander auf die Schultern klopfend; man sah einige der älteren Männer weinen.

»Tradition hat schon etwas für sich«, sagte Joseph zu Mosche, als die ganze Versammlung eilends auf die Festtafeln zuging.

»Nicht, wenn sie zur Parodie wird«, sagte Kaplan, der neben ihnen ging. »Ihr hättet die Bemerkungen des Beduinenscheichs hören sollen.«

»Was sagte er?«

»Er war so empört, dass ihn beinahe der Schlag getroffen hätte. Er ist der Scheich eines der Ruheiwat-Stämme, die hauptsächlich von Haschisch-Schmuggel aus Syrien leben, und er hat die ganze Verachtung des armen Beduinen für die degenerierten Mischrassen, die in Städten und Dörfern leben. Er nennt sie Bastarde, Hundesöhne und leugnet, dass sie überhaupt Araber seien. Er ist ein ganzer Kerl. Möchtet ihr ihn kennenlernen?«

»Ist er ein Freund von Ihnen?«

»Er ist mein Blutsbruder«, sagte Kaplan grinsend. »Ich half ihm einmal aus einer unangenehmen Situation heraus – aber das ist eine lange Geschichte ... Oi, ja, Scheich!«, rief er der hohen Gestalt zu, die ein paar Schritte vor ihnen ging, nun stehen blieb und mit einer raschen seitlichen Drehung sich ihnen zuwandte.

»Dies ist mein Bruder, Scheich Silmi von Ruheiwat«, stellte Kaplan auf Arabisch vor, »und das sind meine Freunde Jussuf und Mussa, zwei Hebräer aus der Siedlung jenseits des Tales und sehr brave Burschen.«

»Meines Bruders Freunde sind meine Freunde«, sagte Scheich Silmi und schüttelte ihnen die Hände. Er war ein älterer, dunkler und lebhafter Mann, mit einem schütteren schwarzen Bart, der an den Rändern seiner Kiefer entlangwuchs und auf dem Kinn in einem unerwarteten Büschel endete.

»Ich erzählte meinen Freunden gerade, dass euch die Zeremonie nicht gefiel«, sagte Kaplan,

»Es war ein Gespött«, sagte Silmi. »Es war, wie wenn Affen versuchten, Araber zu spielen.«

Sie kamen zu dem Tisch, an dem die englische Gruppe und einige Standespersonen bereits Platz genommen hatten. »Würdet Ihr meinen Freunden die Beduinenlegende wiederholen, die Ihr mir gerade erzählt habt?«, fragte Kaplan Silmi, als sie saßen.

Scheich Silmi lächelte breit und entblößte dabei seine Zähne. »Ganz wie Ihr wünscht«, sagte er. »Zu Beginn der Welt war nichts als ein starker Wirbelwind in der Wüste, und Gott fing einen Stoßwind davon ein und schuf daraus den Beduinen. Dieser Beduine schoss einen Pfeil in die Luft ab, und Gott fing ihn auf und machte daraus das Kamel. Dann beugte sich Gott nieder und hob einen Tonklumpen auf und formte ihn zu einem Esel. Und hernach sah Gott, dass er etwas vergessen hatte; und er beugte sich noch einmal herab und hob den Mist auf, den der Esel fallen gelassen hatte, und daraus machte er den Bauer.«

Die Schafe wurden auf riesigen, hölzernen Schüsseln, von Reisbergen umgeben, hereingetragen, und das Mahl nahm seinen traditionellen Lauf. Es gab weitere Reden und wieder Kaffee und eine Fantasia zu Ende des Mahles, bei der die Dorfjugend auf ihren kleinen unterernährten Pferden rund um den Platz galoppierte und in die Luft schoss.

»*Habibi*«, sagte Mosche zu Joseph mit einem diskreten Rülpsen, »wenn wir das täten, würden sie uns die Gewehre als illegale Waffen beschlagnahmen und uns in das Kittchen stecken. Wir sind eben nicht malerisch.«

»Halt den Mund«, sagte Joseph. »Du hast dir mit ihrem Essen den Bauch vollgestopft, also hör auch zu murren auf. Mir gefällt es.«

»Lasse es dir weiter gefallen«, sagte Mosche. »Ich werde weiter darüber nachdenken, wo sie die neuen Mauser herhaben.«

»Da müssen Sie den Duce fragen«, sagte Kaplan.

»Wozu sind Sie ein Regierungsbeamter?«, fragte Mosche.

»Um mit meinen Vorgesetzten Schach zu spielen und von euch Steuern einzuheben«, sagte Kaplan. »Und wenn es euch hier nicht gefällt, könnt ihr wieder dorthin zurückgehen, woher ihr gekommen seid, verstanden?«

Als die Sonne unterging, machte sich die Jerusalemer Gruppe auf den Weg.

»Haben Sie bemerkt«, sagte Cyril Watson zu Lady Joyce, »wie sich diese Jungen von der jüdischen Siedlung benahmen? Sie sahen drein, als ob sie die ganze Zeit ordinäre Witze machten, und sie kamen gar nicht auf die Idee, zu uns herüberzukommen und ein paar Worte mit uns zu wechseln.«

»Was denn haben Sie erwartet?«, fragte Lady Joyce.

»Ich dachte, Sie wollten eine Weile mit ihnen leben, um Kommunismus zu studieren«, sagte Henderson und zündete seine Pfeife an.

Sie waren alle müde und gingen ein paar Schritte schweigend weiter.

»Ich weiß nicht«, sagte Cyril nach einer Weile. »Man muss fair zu ihnen sein. Die Verfolgungen und das alles. Aber ich muss schon sagen, aufmunternd sind sie nicht.«

»Macht nichts«, sagte Lady Joyce. »Gehen Sie sie nur studieren und schlafen Sie mit den Damen Genossinnen.«

»... Die Araber dagegen«, grübelte Cyril, »was man auch von ihnen denken mag, sie haben einen gewissen Stil.«

»Ganz richtig«, sagte Lady Joyce, als sie in den Wagen stieg. »Und da Sie jetzt das Problem gelöst haben, möchte ich den ganzen Weg von hier nach Jerusalem zurück schlafen.«

»Hast du bemerkt«, sagte Mosche zu Joseph, als sie auf den von Gan Tamar ausgeborgten Pferden auf Esras Turm zurückritten, »hast du bemerkt, dass nicht einer von diesen Engländern ein Wort an Kaplan oder uns richtete?«

»Ja«, sagte Joseph. »Warum haben *wir* nicht mit ihnen gesprochen?«

»Ich?«, schnaubte Mosche. »Soll ich vor dieser anmaßenden Gesellschaft vom Herrenvolk Nummer zwei kriechen?«

»Sie sind weniger anmaßend als schüchtern«, sagte Joseph. »Hemmungen sind bei ihnen eine Nationalkrankheit.«

»Was für eine missverstandene Nation«, sagte Mosche. »Sie sahen sich genötigt, vor lauter Schüchternheit ein ganzes Imperium an sich zu reißen.«

Joseph tätschelte den Kopf des Pferdes. Es war ein kleines arabisches Pferd, und er dachte an das Pony, das er in vergangenen Tagen zu reiten pflegte, an die Rasenfläche vor dem geräumigen elisabethanischen Haus und an Mr. Watkins, den Gärtner, der an Sonntagen in der Methodistenkirche predigte.

»Zu Hause sind sie anders«, sagte er. »Es ist unfair, sie nach den Typen zu beurteilen, die wir hier draußen kennenlernen. Wenn man von den Franzosen spricht, so meint man die Franzosen in Frankreich. Spricht man aber von den Engländern, dann ist der Engländer im Ausland gemeint – der Tourist und der Kolonialengländer. Man kann aber jahrelang in England leben, ohne einen Vertreter dieses Typus zu sehen – außer in Karikaturen.«

»Ich kann sie nur nach denen beurteilen, die ich kenne«, sagte Mosche. »Wenn sie den englischen Typus so wenig repräsentieren, wie du sagst, dann sollte man sie nicht ins Ausland schicken. Versuch nicht, mir einzureden, dass der arme Henderson die Araber gegen uns aufhetzt, weil er schüchtern ist und Hemmungen hat.«

Joseph antwortete nicht. Mosche irritierte ihn ein wenig, wie so oft. Aber schließlich war es nicht seine Sache, die Engländer zu verteidigen. Es war ihre eigene Schuld, wenn sie immer im falschen Licht erschienen. Warum konnten sie sich niemals zeigen, wie sie wirklich waren? Warum fanden sie es unter ihrer Würde, Dinge zu erklären, und warum verachteten sie das Urteil der Welt so sehr?

»Weißt du, es ist nicht ganz so einfach«, sagte er nach einer Weile.

»Was du nicht sagst!«

»Es ist wie die Schichten des Sandwichbrotes. Oben ist eine krustige Lage von scheinbarer Arroganz, die, wie ich schon bemerkt habe, nichts als Schüchternheit ist. Wenn man diese durchdringt, stößt man auf eine weiche Lage von Frohsinn und Anständigkeit. Wenn man aber auch durch diese durch ist, findet man die unterste Lage von wirklichem Dünkel; er ist umso unerschütterlicher, da er elastisch, undeutlich und unzusammenhängend ist. Es ist die Arroganz der Überbescheidenheit, die schlimmer ist als Prahlerei.«

»*Tow, tow*«, sagte Mosche. »Ob es zweischichtige oder einfache Arroganz ist, läuft für mich auf dasselbe heraus.«

Nachdem der Hamdan-Muchtar sein Abendgebet gesprochen und seinen blau-gelb gestreiften Pyjama angelegt hatte, streckte er seinen gewaltigen Körper genießerisch in seinem Bett aus. Es war seit vielen Jahren das erste Mal, dass er zu Bett gegangen war, ohne dass der Schatten der Gefahr über seinen Träumen hing. Er war zu aufgepulvert, um sofort einschlafen zu können, und so rief er nach Issa. Issa kam herein, sein Abaje flüchtig über seine Unterkleidung geworfen.

»Nun, mein Sohn«, sagte der Muchtar mit ungewöhnlicher Heiterkeit, »Gott sei's gedankt, es war ein großer Tag.«

»Jawohl, Vater«, sagte Issa.

»Mit Gottes Hilfe wird nun auf ewig Friede im Dorfe sein«, sagte der Muchtar.

»So helfe uns Gott«, sagte Issa.

»Ist es dir aufgefallen, dass die Engländer und die Hebräer nicht miteinander sprachen?«, fragte der Muchtar nachdenklich. »Da muss etwas dahinterstecken. Und Henderson Effendi machte eine gewisse Bemerkung ...«

»Was sagte er, Vater?«

Der Muchtar schaute auf das pockennarbige Gesicht seines Sohnes, und es gefiel ihm nicht. Aber zu irgendjemandem musste er sprechen.

»Er machte eine Bemerkung über den Hügel der Hunde. Er sagte, es sei nicht sicher, dass noch Siedler kommen würden, um dort zu leben. Er hat nichts Genaues gesagt. Henderson Effendi spricht immer in Rätseln.«

»Was bedeutet das, Vater?«

»Ich weiß nicht«, sagte der Muchtar. Sicher aber ist, dass sie nicht miteinander gesprochen haben, Sie sind wie Hunde und Katzen, Gott sei Dank ...« Er lachte in sich hinein und fügte hinzu:

»Wo es Hunde und Katzen gibt, was gibt es da noch? Das ist auch ein Rätsel, mein Sohn.«

»Ich weiß nicht«, sagte Issa.

»Den Stock«, sagte der Muchtar. Er lachte und hätte es gerne gehabt, wenn Issa mit ihm gelacht hätte. Aber Issa lächelte nur sauer, und der Muchtar hörte zu lachen auf. »Den Stock«, wiederholte er. »Der Stock schlägt sie beide, den Hund und die Katze.«

»Jawohl, Vater«, sagte Issa.

Draußen in den Hügeln ging gerade der Mond über Esras Turm auf, der große, friedliche, orangenfarbene Mond Galiläas.

4

Blätter aus der Chronik Josephs,
eines Mitglieds der Kommune von Esras Turm

Sonntag, ... November 1938
Seit voriger Woche hat sich unser Bestand beinahe verdoppelt. Esras Turm zählt nun 77 Seelen: 41 alte Siedler (einschließlich der fünf Kinder) und 11 Neuankömmlinge, die Mitglieder der Kommune werden sollen, plus 25 Burschen und Mädchen, die sechs Monate ihrer Berufsausbildung hier verbringen werden. Die ganze vorige Woche war einfach ein Tollhaus. Der ganze süße Friede und die Tageseinteilung zerstört, zerschmettert, zerschlagen. Oh, wo sind unsere Salattage, unsere sagenhaften Tage, Tage der Jugend und Unschuld!

Die elf neuen Siedler kamen zuerst an. Sie kamen am Dienstag. Wir wussten weiter nichts von ihnen, als dass sie eine gemischte Gesellschaft waren – Deutsche, Polen, Rumänen und sogar Ägypter die uns unsere Kolonisations-Abteilung zuwarf oder besser aufpfropfte, als erste Rate weiterer Pfröpflinge, die uns in ein oder zwei Jahren auf unsere volle Stärke von zweihundert erwachsenen Arbeitern bringen sollen. Wir wussten ferner, dass sie erst vor Kurzem im Lande angekommen und Flüchtlinge waren – zum Unterschied von uns, die mit Ausnahme von Dina und Simon alle noch vor dem Beginn der ersten Verfolgungen in Europa und mehr oder weniger freiwillig gekommen waren. Schließlich wussten wir, dass es sieben Männer und vier Mädchen sein würden, bis jetzt alle unverheiratet, und unsere Junggesellen beiderlei Geschlechts freuten sich auf die Ankömmlinge mit unverhohlener Erwartung, besonders Gaby, unsere rothaarige Wiener Messalina, die vor einem Jahr Max um Mendls willen verlassen und nun auch Mendl im Stich gelassen hatte (der sich aber wenig daraus zu machen scheint und seine ganze Zeit zwischen dem Traktor und dem Streichquartett aufteilt).

Jedenfalls schlugen wir unsere drei unbenützten Zelte aus den alten Tagen auf, befestigten ein Band mit der Aufschrift *»Gesegnet sei, wer kommt«* quer über das Gittertor und erhofften das Beste. Sie kamen in einem Lastwagen von Tel Aviv und trafen in der Mittagspause ein; also stellten wir uns alle, außer jenen, die draußen am Feld arbeiteten, beim Tor auf, um die Neuankömmlinge zu begrüßen, mit denen wir, soweit abzusehen war, den Rest unseres Lebens verbringen sollten.

Die elf Siedler standen – ihre Bündel und Habseligkeiten unordentlich um sich aufgebaut – im großen Wagen, der den Pfad hinaufgepoltert kam, und mein erster Eindruck war der von einer Gruppe Überlebender aus einem Feuer oder Erdbeben, die gerettet hatten, was ihnen zuerst unter die Hände kam: Es waren Matratzen da, Kochtöpfe, eine Kuckucksuhr, ein Großvaterstuhl, ein Fahrrad und sogar ein Vogelkäfig. Aber sie sangen aus ganzer Seele *»El jiwne ha-Galil«*, und das ließ alles etwas besser scheinen; trotzdem starrten wir sie an, als der Wagen durch das Tor einfuhr, wie eine Schar von Dorftölpeln die ankommenden Sommergäste. Auch ich fühlte mich wie gelähmt und sah in einem beängstigenden Scheinwerferlicht unsere eigene Schar von schweren, sich langsam bewegenden Männern und Frauen, dumpf, vorsichtig und hinterwäldlerisch, wie wir während dieses ersten langen, schweren Jahres geworden waren ... Dann aber begannen wir neben dem Wagen einherzulaufen, begleiteten ihn zum Platz, winkend und schreiend, und der Bann war gebrochen. Der Wagen blieb vor dem Turm stehen, die Neuen sprangen herunter und fingen an, in militärischer Haltung die Hymne zu singen; so taten auch wir dasselbe und fielen ein. Wir hatten die Hymne schon weiß Gott wie lange nicht mehr gesungen, und es war alles recht feierlich. Mittendrin begann eine Neue zu weinen; sie war sehr dick, mit rundem Pudding-Gesicht, und Tränen liefen ihr das Gesicht hinunter, während sie den Refrain sang:

... Noch erstarb unsere Hoffnung, dic uralte, nicht,
Dass wir heimkehren ins Land der Väter,
In die von David bewohnte Stadt ...

Das zweite Gesicht, das mir ins Auge fiel, war das des Ägypters. Er ist so dunkel, dass er schon ein richtig farbiger hebräischer Herr ist, mit den bläulich weißen Augäpfeln und den gummiartigen, lockeren Gliedern eines Neger-Steptänzers. Er stand Habtacht mit vollkommen regungslosem Körper – eines der Dinge, derer Juden gewöhnlich nicht fähig sind –, selbst seine Pupillen waren unbeweglich; sie waren aufwärts gerichtet, auf den höchsten Punkt des Turmes. Der dritte, der mit auffiel, war ein schmächtiger und linkischer junger Mann, der typische deutsche Akademiker und künftige Dr. phil. (Spezialgebiet: Neo-Kantianismus). Er war übereifrig in Haltung gesprungen, verkrampfte alle Muskeln und stand jetzt da, als ob seine Knochen gebrochen und falsch zusammengesetzt worden wären und er nun versuchte, sie durch einiges Zappeln wieder einzurenken. Ich nahm mir das Gelübde ab, keine Abneigung gegen ihn zu empfinden, und hatte es zu Ende des ersten Verses bereits gebrochen. Mittlerweile hatten Gabys Augen den Ägypter anzuschmachten begonnen (sie ist scheinbar eines Orgasmus der Pupillen fähig), während Sarahs verkniffenes Vogelgesicht jenen Ausdruck spröd indignierten Zurückweisens hatte, den es immer annimmt, wenn ein Mann ihren verhungerten Sinnen zusagt. Während wir weitersangen, drängte sich mir der Gedanke auf, dass, obwohl Gaby ohne Mühe bei neun von zehn Burschen Glück haben würde, im Falle des ägyptischen Jungen die Möglichkeit bestünde, dass ihn der erste Ansturm der Adler'schen Psychotherapie erledigen und ihn auf Gabys mehr ins Auge springende Reize verzichten lassen könnte. Dann fiel mein Blick auf Mosche, der mir gegenüberstand und aus Leibeskräften sang, während sein Blick mit dem Gusto eines erfahrenen Pfandleihers über die auf dem Wagen aufgehäuften Habseligkeiten strich, die von morgen an unser gemeinschaftliches Warenlager bereichern sollten.

Als wir die Hymne fertiggesungen hatten, strömten wir alle in die Speisebaracke, und der Prozess, mit den Neuen Freundschaft zu schließen, begann. Max nahm das dicke Mädchen unter seinen Schutz, seine Tapirnase schnüffelte förmlich an ihr, während er mit großer Lebhaftigkeit sprach (wahrscheinlich über die Notwendigkeit der Förderung arabischer Gewerkschaften). Sie hörte ihm zu, scheinbar ohne ein Wort zu verstehen, und blickte ihn mit ihren großen Kuhaugen bewundernd an. Ellen war in ein ernstes und abgemessenes Gespräch mit dem Dr. phil. vertieft und warf aus den Augenwinkeln gelegentlich Blicke zu mir herüber. Dina beteiligte sich an diesem Auftauungsprozess nicht. Kontakte mit neuen Ankömmlingen aus Europa hatten immer eine schlechte Wirkung auf sie. Sie saß am äußersten Ende einer Bank und löffelte ihre Suppe mit teilnahmsloser, abweisender Miene. Seit sie vom Spital zurück ist, haben sich die Schatten unter ihren Augen vertieft, und sie sieht bezaubernder aus denn je.

Im Großen und Ganzen tun wir, was wir können; und doch wird es lange dauern, bevor sich die Neuen zu Hause fühlen und wir selbst sie akzeptieren werden. Und ich habe das Empfinden, dass selbst dann noch immer ein Unterschied bestehen bleiben wird – kaum merkbar, nicht eingestanden und doch in allem angedeutet. Es wird Erinnerungen an alte Tage geben, die sie nicht teilen, Anspielungen und Scherze, von denen sie sich ausgeschlossen fühlen. Sie werden uns immer als die alte Garde betrachten, die *Mayflower*-Aristokratie des Ortes; und wir selbst uns nicht weniger in unserem Innersten. (Und schließlich *haben* ja *wir* diesen Fleck aus der Wildnis heraus gebaut, oder nicht?) Aber wenn die nächste Gruppe ankommt, wird sie zu beiden älteren Gruppen mit Scheu und Respekt emporblicken und wird uns nicht unterscheiden können – so wie der letzte Ankömmling im Wartezimmer eines Arztes, ohne die vorher festgesetzte Hierarchie zu beachten, alle Wartenden in die eine Kategorie derjenigen, »die früher da waren«, zusammenfasst.

Diese kleine patrizierhafte Anmaßung wird an uns haften bleiben, und mit der Zeit werden wir, die ursprünglichen siebenunddreißig, wie in Daganja, Chefziba und Kfar Gileadi, eine Schar malerischer Alter werden, mit Pfeifen und Gicht und Prophetenbärten – geachtet, legendär und ziemlich langweilig ... Das heißt, diejenigen von uns, die es erleben werden.

Später

Die Ankunft der Jugendlichen war weniger schön.

Es ist nicht das erste Mal, dass mich unsere neue Generation erschreckt. Diese fünfundzwanzig Halbwüchsigen beiderlei Geschlechts sind ziemlich typisch; sie sind alle Sabras – im Lande geboren und erzogen; sie sind alle zwischen sechzehn und neunzehn. Der größte Teil von ihnen sind Söhne und Töchter von Farmern aus Petach Tikwa, Rosch Pina, Metulla und anderen Dörfern des alten, vor der Zeit der Kommunen gegründeten Types. Die anderen kommen aus den Städten. Schule und Jugendbewegung brachte sie zusammen, und sie formten eine Gruppe, mit dem Ziel, eine eigene Kommune zu gründen. Sie werden sechs Monate ihrer Berufsausbildung bei uns verbringen und in ungefähr einem Jahr angesiedelt werden, auf Boden, den der Nationalfonds ihnen im östlichen Teil des Tales Jesreel, irgendwo bei Beisan, versprochen hatte. Die Gruppe zählte alles in allem ungefähr hundertfünfzig Jugendliche, die für die Zeit ihrer Ausbildung in kleinere Einheiten aufgeteilt worden waren.

So weit wäre nichts dagegen einzuwenden. Es ist ein gutes Zeichen, dass viele von den im Lande Geborenen sich dem Leben in Kommunen zuwenden. Diese Wahl wird ihnen natürlich durch die Propaganda in den Schulen erleichtert – unsere Lehrer gehören alle den Arbeiterparteien an, und die Lehrergewerkschaft sieht darauf, dass sich kein rechtsgerichteter Ketzer einschleicht. Auch damit bin ich einverstanden, jede Erziehung ist Propaganda für die eine oder andere Lebensform; und warum nicht Propaganda für die Richtung, an die wir glauben? Und dennoch besteht bereits ein Unterschied zwischen uns, die wir aus dem Ausland kamen und nach einer neuen Form von nationaler Existenz tasteten, einem experimentellen Bruderorden, wie er noch nie versucht worden war – und denen, die, von den Älteren geleitet, in eine schon fertige Form gleiten. Für uns enthielt unsere Entscheidung ein revolutionäres Verneinen unserer Vergangenheit – für sie ist die ihre ein Akt der Bestätigung.

Aber das würde nicht viel ausmachen. Wenn sich ein nebelhaftes Experiment zu einer Institution verdichtet, beweist das nur, dass es gelungen ist. Wir wollen keine Fantasten und keine andauernden Aufstände. Wir wollen eine gefestigte Lebensform für unser Volk. Und wenn die neue Generation die Lebensform annimmt, die wir herausgearbeitet haben, sollten wir uns darüber unbändig freuen.

Und dennoch sagt etwas in mir, vielleicht mein angeborener Pessimismus, dass dies zu schön ist, um wahr zu sein. Der Haken steckt nicht in der Institution, sondern in der menschlichen Qualität der neuen Generation. Ich beobachte sie, seit sie angekommen sind – diese kleinen stämmigen Mädchen mit den etwas groben Zügen, großem Hinterteil und schweren Brüsten, physisch überentwickelt, geistig zurück, überreif und unfertig zu gleicher Zeit; und diese ungehobelten Burschen, die ihnen klatschend auf die Hintern schlagen, unreif, stumpf und schwer, mit ihrem aggressiven Lachen und unschmiegsamer Stimme ohne Traditionen, Benehmen, Manieren, Stil ...

Ihre Eltern gehörten der weltbürgerlichsten Rasse der Welt an – *sie* sind provinzlerisch und chauvinistisch. Ihre Eltern waren empfindsame Nervenbündel mit unbeholfenen Körpern – *ihre* Nerven sind wie Peitschenstränge und ihre Körper die einer Horde hebräischer Tarzans, die durch die Hügel von Galiläa streifen. Ihre Eltern waren angespannt, beflissen, überreizt, mit zu viel Würze – *sie* sind geschmacklos, ungewürzt, ungesäuert und zäh. Ihre Eltern waren notorisch vielsprachig – *sie* wurden in einer Sprache aufgezogen, welche zwanzig Jahrhunderte überwintert hatte, bevor sie wieder künstlich zum Leben zurückgebracht worden ist.

Da, in der Sprache, liegt die Hauptreibungsfläche. Das Hebräische aus seiner heiligen Versteinerung zu erwecken, um es wieder als lebende Sprache einer Nation dienstbar zu machen, war eine fantastische Leistung. Aber mit diesem Wunder ging ein schweres Opfer einher. Unsere Kinder werden in einer Sprache aufgezogen, die sich seit dem Beginn des Christentums nicht entwickelt hat. Sie hat keine Aufzeichnungen, keine Erinnerungen, kaum eine Spur von dem, was der Menschheit seit der Tempelzerstörung widerfahren ist. Man stelle sich vor, die Entwicklung des Englischen hätte mit Beowulf aufgehört – und selbst Beowulf ist uns um tausend Jahre näher! Unsere Klassiker sind die Bücher des Alten Testamentes; unsere Lyrik hörte mit dem Hohen Lied, unsere Novellen mit den Erzählungen Hiobs auf. Von da an – eine tausendjährige Lücke ...

In einem archaischen Idiom zu sprechen hat natürlich auch seine Reize. Wir fahren in einem Autobus und bieten einem Nachbarn eine Zigarette an: »Vielleicht begehrt mein Gebieter Rauch zu machen?« – »Nein, danke. Rauch zu machen findet keine Gnade vor meinen Augen.«

Aber wir sind uns dieser Seltsamkeit unserer Redeweise nicht mehr bewusst; wo alle auf Stelzen gehen, wird niemand stehen bleiben und staunen. Und diese junge Generation wurde in einem Idiom aufgezogen, das daran krankt, dass es sein Gedächtnis verloren hat, mit der flüchtigsten Kenntnis der Weltliteratur und der europäischen Geschichte und einer nur sehr schwachen Vorstellung von allem, was seit dem Tage geschah, da die neunte Legion unter Titus die Zitadelle Davids eroberte. Sie sprechen keine europäische Sprache außer ein bisschen Englisch auf der Stufe der Berlitz School; die nicht zu zahlreichen und nicht zu guten Übersetzungen der Weltklassiker berühren sie nicht; es fehlen die humanistischen Hormone des Geistes, denn Latein und Griechisch werden an unseren Schulen nicht gelehrt. Dagegen wissen sie alles über Düngemittel und Bewässerung und Fruchtabfolgen; sie kennen die Namen der Vögel und Pflanzen und Blumen; sie verstehen zu schießen und fürchten weder Araber noch Teufel.

Mit anderen Worten, sie haben aufgehört, Juden zu sein, und wurden hebräische Bauern.

Genau das ist es natürlich, was unsere Philosophie und Propaganda anstrebt. Ins *Land* zurückzukehren und innerhalb des *Landes* zur Erde; die nervöse Überreiztheit von Exil und Zerstreuung zu heilen; den rassischen Minderwertigkeitskomplex zu beseitigen und eine gesunde, normale, erdverbundene Bauernrasse hervorzubringen. Diese hebräischen Tarzans sind, was wir haben wollten. Warum also erschrecken sie mich?

Vielleicht wegen des ewigen Widerstreits der Werte »schöpferischer Kraft« und »Sicherheit«. Auf der einen Seite das Fieber und die Einbildungskraft; auf der andern Seite der träge Puls der Gesundheit. Auf der einen Seite der Waage Verfolgung und Anderssein als Ansporn zu geistigen Leistungen; hektische Propheten und kranke Erlöser von Jesus bis Marx und Freud. Auf der anderen Seite der Waage der Preis, den wir dafür zahlen mussten; der Geruch von Tonnen brennenden Fleisches auf Spaniens Scheiterhaufen, so viel vergossenen Blutes, dass man damit das Tote Meer füllen könnte; der Gestank und Schmutz und die Klaustrophobie des Ghettos; die Verschlechterung der Erbmasse, die durch das Überleben der Behändesten, der Unterwürfigsten, der Verschlagensten zum Endprodukt des plattfüßigen, unruhig blickenden ewigen Vaganten führt.

In Buchenwald hängt man die Leute jetzt am Mund auf Haken auf wie Karpfen. Wer würde nicht alle Formeln Einsteins dagegen eintauschen, dass man einen einzigen zappelnden armen Teufel von seinem Haken nehme?

Aber wer könnte sich nach Abschluss dieses Tausches darüber freuen?

Ich hätte beinahe die Episode vergessen, die mich am meisten erschreckte. Es war die Geschichte, die mir einer der jungen Tarzans grinsend erzählte, als er mich durch die offene Tür meines Zimmers bei meiner Arbeit an Pepys sah. Er erzählte von einem seiner Freunde, geboren und erzogen in der Kommune »Herodes' Quell«. Als der Junge dreizehn wurde, schenkte ihm sein Vater eine Füllfeder. Als er siebzehn war, schrieb er seinem Vater den folgenden Brief: »Lieber Papa, heute habe ich die Schule beendet. Ich werde also die Feder nicht mehr brauchen und schicke sie Dir somit zurück.«

Das war ein extremer Fall. Aber es wäre sinnlos zu leugnen, dass diese jungen Tarzans ein Schritt zurück sind und dass es mehrere Generationen dauern wird, um dies wieder nachzuholen. Es ist ein bewusstes Opfer, aber das macht es nicht weniger deprimierend. Rousseau hatte Glück, dass die Franzosen ihn nicht ernst nahmen; hätten sie seinen Rat befolgt und wären sie alle Hirten und Landarbeiter geworden, er würde sich erhängt haben.

Mittwoch

Die Kommission, die von der britischen Regierung eingesetzt worden war, um Vorschläge zur Teilung des Landes auszuarbeiten, hat ihren Bericht veröffentlicht. Diesen Vorschlägen zufolge hat der jüdische Staat weniger als ein Prozent der Gesamtfläche Palästinas zu umfassen – ein vierzig Meilen langes und zehn Meilen breites Rechteck, das unsere meisten Siedlungen, ganz Galiläa, das Tal Jesreel und so weiter ausschließt. Es ist kein politischer Bericht, sondern ein gedrucktes Hohngelächter.

Zugleich mit dem Bericht hat die Regierung ein Weißbuch herausgegeben, das die Teilung verwirft – aber nicht wegen der Ungeheuerlichkeit der vorgeschlagenen Grenzen, sondern wegen der »damit verbundenen politischen und finanziellen Schwierigkeiten«. Dagegen soll eine Round-Table-Konferenz stattfinden, um über die Zukunft des Landes zu entscheiden – eine Konferenz, zu der nicht nur die beiden betroffenen Parteien, sondern sämtliche arabische Staaten eingeladen werden sollten. Das ist etwas Neues. Ich habe noch nie gehört, dass Großbritannien Irak und Syrien einlud, um an seinen Gesprächen mit Ägypten teilzunehmen. Es kann nur eines bedeuten: Sie suchen eine Ausrede, um ihre Verpflichtungen uns gegenüber loszuwerden und die Idee unseres Nationalheimes zu begraben. Unsere Zukunft liegt unter seinen Trümmern.

Donnerstag
Simon liegt mit Typhus im Spital in Haifa. Ich wollte, er wäre zurück. Die Gleichgültigkeit unserer Leute gegenüber der politischen Situation macht mich wahnsinnig; sie scheinen nicht einmal zu bemerken, dass etwas nicht in Ordnung sei. Die meisten von ihnen lesen nur die Überschriften in den Zeitungen. Abends sind sie alle müde und wollen in Ruhe gelassen werden; es ist die alte, ehrliche und verhängnisvolle Haltung: »Wir verrichten unsere Arbeit, das Übrige überlassen wir den Politikern.«

Gestern Abend fand eine Feier statt: Judith, Mosches Frau und Leiterin unserer Wäscherei, ist aus der Gebärklinik mit Zwillingen zurückgekommen – Insassen Nummer sechs und sieben des Kinderhauses. Es gab süßen Wein und Kuchen und eindeutige Witze über Mosches Methoden zur Rationalisierung der Produktion. Da ihr Zimmer gerade zehn stehende Menschen fasste, gingen wir in Schichten hinein; Mosche stand bei der Tür, stämmig wie ein Preisstier, schüttelte mit ernstem Gesicht und von Stolz gebläht jedem die Hand. Da wir nur fünf- oder sechsmal im Jahre Wein trinken, haben selbst zwei kleine Gläschen von dem widerlich süßen Zeug eine aufheiternde Wirkung; also tanzte man Horra auf dem Platz, mit Mendl als Rattenfänger, und die Neuen gerieten außer Rand und Band; der Ägypter tanzte wie ein Derwisch, der Dr. phil. stolperte über seine eigenen Füße und zerbrach seine Brille und machte sich überhaupt lächerlich. Die Jugendgruppe schaute uns begeisterten Alten einige Zeit kritisch zu und begann dann zwischen ihren Zelten unter Brüllen und Hinternklatschen eine eigene Horra wie eine Horde von Tarzans im Dschungel.

Gegen Mitternacht waren einige von uns zum traditionellen »Kumsitz« mit Kaffee und Keksen in die Küche geschlüpft. Es waren dieselben Leute wie gewöhnlich – Ruben, Mosche, Max, Dina, Dascha und ich. Ich drehte das Radio im Speisesaal an, um die Mitternachts-Nachrichten zu hören, es war aber natürlich nichts los. Ich wusste, es würde wieder nur zu einer unserer fruchtlosen Debatten führen, aber ich konnte mich nicht zurückhalten; also begann ich die Kumsitz-Gesellschaft zu fragen, was ihrer Ansicht nach in der jetzigen Situation geschehen solle.

Es entstand eine unwillige Stille, und ich fühlte mich sofort schuldig, die Feier gestört zu haben – wir feiern schließlich nicht so oft. Dann sagte Ruben vorsichtig:

»Der Teilungsvorschlag war ein Skandal – aber andererseits wurde er ja abgelehnt.«

»Aber siehst du denn nicht«, sagte ich, »dass die bloße Tatsache, dass eine solche Ungeheuerlichkeit veröffentlicht werden konnte, bezeichnend dafür ist, wie sie das ganze Problem anpacken? Ein Prozent des Landes – denk doch nur! Es deutet die Richtung an, in der sie nach dem suchen, was sie einen angemessenen Kompromiss nennen. Zuerst veröffentlichen sie eine Beleidigung mit der Bemerkung, sie könne aus technischen Gründen leider nicht durchgeführt werden; dann laden sie die Vertreter der Moslemländer ein, um über unser Geschick zu entscheiden – nachdem man ihnen klar angedeutet hat, was der Meinung der Regierung nach mit uns geschehen sollte.«

»Oh – du übertreibst, wie gewöhnlich«, sagte Dascha.

»Joseph ist von den Bauman-Leuten beeinflusst«, sagte Max. »Er möchte zuerst auf die Araber, dann auf die Engländer Bomben werfen.«

»Aber halt den Mund«, sagte Dina. »Bauman ist kein Narr.« Wenn Dina über Politik spricht, nehmen ihre Augen den Ernst eines Kindes an, das nicht recht weiß, ob es seine Schokolade gleich oder später essen solle.

»Kein Narr?«, rief Max. »Wenn er sich mit Jabotinsky und seinen faschistischen Terroristen zusammentut?«

»Schau her, Max«, sagte ich. »Können wir nicht die innere Parteipolitik aus dem Spiel lassen?«

»Nein«, sagte Ruben ruhig, »das kann man nicht. Diese Leute bekämpfen unsere Gewerkschaften und unsere Arbeiterpartei mit aller Verbissenheit. Sie haben keine einzige eigene Siedlung geschaffen. Sie haben die *Hagana*, unsere Verteidigungs-Organisation, gespalten. Sie haben nichts Konstruktives geleistet und nichts im Kopf außer Brüllen und Soldatenspiel.«

»Mit anderen Worten, sie sind Faschisten. Hebräische Faschisten«, sagte Max.

»Man kann Bauman keinen Faschisten nennen«, sagte Dina.

»Warum nicht?«, rief Dascha. »Sie werfen Bomben auf arabische Märkte und töten Frauen und Kinder.«

»Sie verdrehen jungen Dummköpfen wie Ben Jossef den Kopf«, sagte Max, »und überreden sie dazu, irgendeine blödsinnige Gewalttat zu begehen und dafür aufgehängt zu werden. Und Ben Jossefs Komplize musste ins Irrenhaus gesteckt werden. Das ist ein Symbol. Fanatiker und Wahnsinnige, das sind sie alle.«

Und so ging es weiter. Es machte mich umso wütender, als ich wusste, dass die Hälfte von dem, was sie sagten, wahr war. Ich ließ mich hinreißen und wandte mich gegen Max.

»Dieser Narr Ben Jossef«, schrie ich »war der erste Jude, der in diesem Land gehängt wurde, seit Bar Kochba sich das letzte Mal den Römern entgegengestellt hatte. Du sprichst, als würdest du diesen Jungen, der schließlich und endlich für unsere Sache starb, mehr als jene hassen, die ihm den Strick um den Hals legten. Deine verdammte Objektivität! Eine Rasse, die objektiv bleibt, wenn ihr Leben auf dem Spiele steht, wird es verlieren.«

Alle waren ein oder zwei Sekunden lang ruhig, aber meine Wut legte sich nicht. Oh, welche Erleichterung es war, die Objektivität außer Acht zu lassen und meine Augen gegen die Argumente der anderen zu verschließen, gegen alle die »wenn« und »aber«, die ich auch sehe und besser sehe als sie. Und ich ließ mich hinreißen und riss sie mit – zumindest eine Minute lang.

»Also Joseph«, sagte Ellen mit dem ganzen Ernst einer verantwortlichen Gemüsegärtnerin in einer sozialistischen Agrarsiedlung, »also, Joseph, seien wir vernünftig ...«

»Aber ich will nicht vernünftig sein«, schrie ich. »Ich habe es satt, zweitausend Jahre lang vernünftig gewesen zu sein, während es die anderen nicht waren. Ich war die vernünftige Fliege, die im Zickzack über das Fenster lief, weil auf der anderen Seite Licht brannte, und es wurden mir die Beine ausgerissen und die Flügel mit Zündhölzern abgebrannt. Ich habe genug von eurer Vernünftigkeit.«

»Was schlägst du also vor, was geschehen solle?«, fragte Ruben kühl. Trotz seiner ruhigen Stimme hörte ich den warnenden Unterton.

»Ich weiß nicht«, sagte ich und fühlte, wie meine Wut zu einem Gefühl der Machtlosigkeit wurde. »Ich weiß nur, dass man uns ein Prozent unseres Landes als angemessenen Kompromiss angeboten hat. Und ich weiß, dass ich mich in jener ersten Nacht, wo man uns offen angriff und ich mit reinem Gewissen und dem Segen Gottes zurückschießen konnte, glücklich fühlte, zu töten ...«

»Da hört ihr es – ihr hört die Stimme des Faschismus«, schrie Max in einer ganz hohen Stimmlage, schon fast krähend.

»Und du?«, fragte Dina plötzlich und beugte sich über den Tisch und fauchte Max ins Gesicht. »Was sagst du, du ganz Gescheiter? Was schlägst du vor? Sollen wir die ›Rote Fahne‹ singen, du ganz Gescheiter?«

Max schreckte zurück, als hätte ihr Atem sein Gesicht versengt. Es schien mir, dass Dina, zur Liebe unfähig gemacht, die Keuschheit des Hasses behalten hatte, vielleicht als die einzige von uns allen. Auch Max musste etwas Ähnliches empfunden haben, denn er wurde blass in den Furchen um seine Nase.

»Wenn du noch imstande bist zuzuhören«, sagte er mit überraschender Zurückhaltung, »werde ich dir sagen, wie ich mir das, was zu geschehen hat, vorstelle. Wir müssen die Araber für uns gewinnen, ob du willst oder nicht. Du kannst mich beschimpfen, wie du willst, und mir Hymnen ins Ohr singen und Banner vor meiner Nase baumeln lassen, ich werde mich in meinem Glauben nicht beirren lassen. Proletarier aller Länder, Arme und Unterdrückte der Welt, vereinigt euch. Das ist mir ebenso heilig wie die Zehn Gebote oder die Bergpredigt. Die Araber sind Arme und Unterdrückte, und wir sind Arme und Unterdrückte. Es gibt keinen andern Weg. Das ist mein Credo, und ich werde mein Credo nicht für ein chauvinistisches Linsengericht verkaufen ...«

Seine große Tapirnase zitterte, und seine Augen mit den ständig entzündeten Lidern zitterten auch. Er gefiel mir, und ich hasste ihn im selben Atem. Also sagte ich:

»Du hättest das Linsengericht nicht hineinziehen sollen. Es ist eine heikle Parabel – ein Bumerang.«

»Was meinst du damit?«, sagte Max blinzelnd.

»Einer unserer Vorfahren, namens Jakob, erhielt seinen Segen und mit diesem das Land durch Schlauheit und Schwindel.

Es ist eine widerliche Geschichte. Er betrog den harmlosen Esau; er half sich selbst, so half ihm auch Gott. Wäre er heikler in der Wahl seiner Methoden gewesen, hätten wir das Land nicht bekommen – es wäre an den fellhäutigen Jäger der Wüsten gefallen ...«

»Aber halt den Mund«, sagte Max.

»*Du* halt den Mund«, rief ich. »Du mit deinen welterlösenden pazifistischen Phrasen! Was aber, wenn sich die Araber von dir nicht erlösen lassen wollen? Sie wollen nicht dein Geld, nicht deine Spitäler und deine Gewerkschaften.«

»Das ist nur der Einfluss der Effendis – der Grundbesitzer und Priester«, sagte Max. »Sie haben Angst um ihre Privilegien. Wenn aber einmal die Leute einsehen, dass wir als ihre wahren Freunde kommen ...«

»Wenn einmal«, sagte Dina. »Wenn einmal, du ganz Gescheiter. Wirst du draußen warten auf dieses *wenn einmal* hundert Jahre oder tausend, ja?«

»Niemand sagte etwas von warten«, sagte Max, der vor Dina sichtlich Angst hatte. »Das habe ich nie gesagt. Was ich sagte, war nur, dass wir ihnen auf halbem Weg mit gutem Willen und Verständnis entgegenkommen müssen.«

»Aber sie *wollen* dir nicht entgegenkommen, du blinder Idiot«, brüllte ich. »Sie hassen dich, weil du ein Fremder bist und weil die Priester ihnen befahlen, dich zu hassen, und weil sie den Priestern glauben und Analphabeten sind und im dreizehnten Jahrhundert leben und Marx nicht studiert haben. Was tust du also? Du sprichst von gutem Willen und Verständnis, in Wahrheit aber drängst du dich mit den Ellbogen hinein, ob sie es wollen oder nicht. Das tust du, du scheinheiliger Kerl.«

»Ich kann nicht diskutieren, wenn ihr so laut brüllt«, sagte Max.

»Warum brüllst du nicht zurück?«, sagte Dina. »Warum brüllst du nicht, du ganz Gescheiter? Du wirst immer verlieren, wenn du nicht brüllst.«

»Wirklich«, sagte Ruben. »Das ist etwas unfair, ein Brüllmatch von zweien gegen einen ...«

»Der Teufel hole deine Unparteilichkeit und dein jüdisches Gewäsch«, sagte ich.

»Das ist ganz neu«, sagte Ellen. »Joseph ist ein Antisemit geworden.«

In diesem Augenblick trat endlich die Dampfwalze in Aktion. »Das ist keine Diskussion, sondern ein Spiralnebel«, schnaubte Mosche. »Es ist erhitzt, nebelhaft und hat weder Anfang noch Ende. Wenn ich richtig verstanden habe, hat Joseph gerade entdeckt, dass die Regierung Chamberlain uns gerne loswerden möchte. Das wissen wir. Ebenso wissen wir, dass sie es nicht können. Wir sind zu stark geworden. Wir sind nicht mehr ein bloßes Versprechen auf einem Blatt Papier, sondern eine halbe Million Menschen, ein Drittel der Bevölkerung des Landes und mehr als zwei Drittel seiner Wirtschaft. Sie ließen uns im Stich, als die Araber zu schießen begannen. Wir maßen uns mit den Arabern im Schießen und haben bewiesen, dass wir uns mit ihnen messen können. Wir kennen unsere Stärke und müssen nicht hysterisch werden. Was wir haben, haben wir Acker für Acker und Kuh für Kuh selbst aufgebaut. Ich für meinen Teil weiß, was ich zu tun habe: noch einen Acker und noch eine Kuh zu kaufen. Gute Nacht.«

So wurde alles wieder beschwichtigt – zumindest für den Augenblick –, und da es keinen Sinn hatte weiterzudiskutieren, gingen wir alle schlafen.

Sabbath
Die frühen Regen haben ernsthaft begonnen und mit ihnen die zweitschlimmste Tortur nach der Hitze: *Boz*, der Schlamm. Nächstes Jahr, falls wir das Geld haben sollten, werden wir durch die Siedlung Betonwege bauen; diesen Winter werden wir als Morastbewohner leben müssen.

Wenn es bloß eine Frage des Watens in die Arbeit und wieder nach Hause wäre, wäre es eine Kleinigkeit. Leider sind aber unsere Wohn- und Speise-Einrichtungen über eine Fläche von über zwei Hektar verstreut. Die Gemeinschaftsduschen und WCs sind 120 Meter von der Baracke entfernt, in der ich wohne; der Speisesaal ist 80 Meter weg, der Lesesaal 100, das Sekretariat 150 nach einer anderen Richtung. Und so werden alle periodischen Lebensfunktionen durch den regendurchtränkten Sumpf in amphibische Expeditionen verwandelt, was das fortwährende Wechseln von im Freien zu tragenden Gummistiefeln und im Hause zu tragenden Schuhen notwendig macht und die langweilige, sich den ganzen Tag hindurchziehende Prozedur des Stampfens, Scharrens und des Bürstens der Fußbekleidung.

Es ist natürlich nur eine Geldfrage. Wenn wir genug Geld für richtige Kanalisierung hätten, könnten wir wenigstens fließendes Wasser und ein WC für jede Wohnbaracke haben. Aber diesen Luxus konnten sich bis jetzt nicht einmal die ältesten und wohlhabendsten Kommunen leisten. »Erst kommen die Kinder, dann das Vieh, dann die Arbeiter ...«

Immerhin, die ersten beiden Betonwohnbaracken und drei weitere Blockhütten nähern sich der Vollendung, in einem Monat wird jeder, einschließlich der Jugendgruppe, ein Dach über dem Kopf haben, und die Zelte werden wir für die nächste Schar von Neuankömmlingen aufheben.

Das Schlimmste während der Regenzeit ist es, Bauchschmerzen zu haben – und sie kommen sehr häufig vor. Nachts durch

Regen und Sturm und Schlamm zum Klosett zu waten, womöglich drei- oder viermal, ist viel ärger als ein arabischer Angriff. Aber für heldenhafte Leistungen dieser Sorte gibt es keine Lorbeeren.

Es gibt eine Wassermusik von Händel und eine Alpensymphonie von Strauß; ich wünschte, Mendl würde die Symphonie des Schlammes komponieren. Es müsste hauptsächlich für Kontrabass geschrieben sein – eine langsame, schwere, stumpfe, klatschende, quatschende, spritzende atonale Kakophonie, mit der Begleitung des Trommelns des Regens auf die Dächer.

Sonntag

Die arabischen Unruhen gehen zu Ende. Gestern besuchte uns Peter, der Führer der *Hagana* in Chanita, unserer exponiertesten Siedlung an der syrischen Grenze. Er hatte eine lange vertrauliche Unterredung mit Ruben, wahrscheinlich über illegale Waffen. Später erzählte er uns in der Speisebaracke neue Geschichten über Wingate, der im vergangenen Sommer einige Zeit in Chanita verbracht hatte; er bildete sie in der offensiven Guerillataktik aus und befehligte sie bei verschiedenen Kriegshandlungen. Sie vergöttern ihn alle, sogar Peter, der ein trockener und vorsichtiger Junge ist. Wie es scheint, hat Wingate die Gewohnheit, in seinem Zimmer splitternackt zu arbeiten. Er spricht wenig, hat einen lakonischen Sinn für Humor, eine romantische Vorliebe für hebräische Geschichte, und es scheint ihm die Fähigkeit zu Furcht und Ermüdung abzugehen. Einmal bemerkte er zu Peter: »Ihr Burschen lernt in einer Woche mehr als ein englischer Soldat in einem Monat; aber ihr könnt an einem Tag mehr reden als der in einem Jahr ...«

Das ist alles recht gut, aber Wingate ist eine Ausnahme. Er kann die Politik der Regierung nicht ändern, welche darauf aus ist, unsere Hilfe gegen die Araber anzunehmen und zur selben Zeit unser München vorzubereiten. Und wie beleidigt sie sind, wenn das Opfer protestiert, bevor man ihm die Kehle durchschneidet! Den Tschechen bleibt wenigstens der Trost, geopfert worden zu sein, damit der Friede Europas gerettet werde. Aber uns lässt man ohne dringende Notwendigkeit im Stich, bloß weil Verrat zu einem konditionierten Reflex dieser Regierung wurde. Der sogenannte arabische Aufstand war ein Bluff, an dem nur etwa fünfzehnhundert Hügelleute teilnahmen. Die mohammedanische Welt ist sogar noch mehr gespalten als die christliche; Wahabiten und Irakier hassen einander mehr als Deutsche und Franzosen; die Wüstenstämme sind eifrig mit Überfällen und Blutfehden beschäftigt; die Gefahr eines heiligen Krieges der Moslems ist ungefähr so echt wie der großmütige Scheich der Filme. Unsere Nachbarn im Lande sind nicht einmal Araber, sondern die Abkömmlinge der Kanaaniten, Jebusiten, Philister, Kreuzfahrer und Türken, mit einem beträchtlichen Anteil jüdischen Blutes. Sie sind nichtsdestoweniger nette Leute, naiv, schlau, streitsüchtig, gutmütig und grausam. Die Widersprüche in ihrem Charakter sind die zurückgebliebener Kinder: Habgier und Großzügigkeit, Kriechertum und Stolz, Bestechlichkeit und Ritterlichkeit.

Natürlich mögen sie uns nicht. Sie sind wie Kinder aus dem Elendsviertel im Besitz eines riesigen Spielplatzes, die sich dort selig im Schmutz wälzen. Eine andere Schar von Kindern, die keinen Spielplatz haben, kommt herein und fängt an, mit schrecklicher Tüchtigkeit den Platz sauber zu machen und Zelte und Klosette zu bauen. »Heraus von da«, schreien sie, »wir wollen euch nicht.« »Aber da ist Platz genug«, sagt die Schar der Tüchtigen, »und wir haben die Erlaubnis, ihn mit euch zu teilen, und wir werden den Platz verbessern, und dann wird er auch für euch viel schöner sein.« »Raus, raus«, schreien sie und haben inzwischen den Neuankömmlingen schon einige Werkzeuge und Spielsachen stibitzt; »heraus von da, wir wollen euch nicht. Der Platz gehört uns, und wir wollen ihn, wie er ist«.

Sie sind ein Überrest aus dem Mittelalter. Sie haben keine Vorstellung von einer Nation und keinen Sinn für Disziplin; sie sind gute Meuterer und schlechte Kämpfer, sonst hätte keine unserer isolierten Siedlungen überleben können. Als politischer Faktor sind sie seit der Tage der Kalifen unbeachtlich, außer als Unannehmlichkeit. Wenn man sie mit Strenge behandelt, verhalten sie sich ruhig, wenn man sie aufstänkert, können sie verflucht unangenehm werden. Die Politik der Leute, die hier die Macher sind, ist die, die Araber aufzustänkern, um eine Ausrede zu haben, uns loszuwerden. Vor zwei Jahren, als die Sache zum Himmel zu stinken begann, entsandten sie eine Königliche Kommission, um die Angelegenheit zu untersuchen, »Wenn etwas aus den Akten der Mandatsregierung klar hervorsticht«, hieß es in dem Bericht der Kommission, »dann ist es die Milde, mit der die arabische politische Agitation, selbst wenn sie zu Gewalttat und Mord aufreizt, behandelt wird.«

Wenn selbst ein vorsichtiger, verwässerter offizieller Bericht so weit geht, kann man sich vorstellen, wie weit unsere Hendersons in ihrem Spiel gegangen sind ...

Oh, wenn ich doch wenigstens hassen könnte wie Simon! Aber schließlich bin ich selbst halb Engländer. Verwöhnt und verweichlicht durch die Sicherheit unserer Insel, die seit tausend Jahren unangetastet blieb, während andere Länder Schlachtfelder waren, konnten wir uns erlauben, durch die Jahrhunderte fortzuwursteln und weiterzustümpern und den mystischen Glauben zu entwickeln, dass unser Stümpern höhere, gottbegnadete Weisheit sei. Wir sind imstande, uns und die übrige

Welt ins Unheil zu stürzen, schlimmer als je in der Geschichte der Menschheit, und wenn wir wieder auf die Beine taumeln, bloß um ein paar humoristische Bemerkungen über unsere eigene Dummheit zu machen – selig der Tatsache unbewusst, dass wir, wenn wir auch für unsere Fehler selbst zahlen müssen, nie das Grauen werden bezahlen können, in das wir die andern hineingezogen haben, die tot und begraben sind und den Scherz nicht mit uns zu teilen vermögen.

Dienstag
Noch mehr Regen und Boz. Es ist nicht so sehr der Schmutz und die Mühe, die einen bedrücken, sondern das bloße Gewicht an den Schuhen. Es zieht einen nieder, beraubt einen aller Leichtigkeit, macht einen matt und erdverbunden. Wenn ich durch den schweren Schlamm stapfe, komme ich mir beinah durch die Macht der Mimikry in eine schwerfällige, tropfende, zerfließende Tonfigur verwandelt vor.

Donnerstag
Zwei neue Paare. Gaby hat in dem Wettbewerb um den Ägypter gesiegt (falls er Sarahs Mitbeteiligung jemals bemerkt haben sollte). Sie sind schamlos glücklich, er hat Stielaugen, und die ihren zerschmelzen. Bei ihnen wenigstens erhielten die unterdrückten Gebiete des Fleisches volle Herrscherrechte. Sie nennt ihn »Cham«, was auf Hebräisch »heiß« heißt, aber auch Noahs zweiten Sohn, von dem die Ägypter abstammen, bezeichnet oder – englisch – als Hinweis auf sein Hinterteil verstanden werden könnte. Das zweite Paar sind Max und das sehr dicke neue Mädchen aus Rumänien. Vielleicht wird der Umstand, dass er mit dieser weichen Eiderdaune schlafen wird, seinen welterlösenden Eifer etwas besänftigen. Beide Paare werden in die neue Baracke ziehen, die bis nächsten Sabbath fertig sein wird; so

werde ich also Max los sein und vorläufig ein Zimmer für mich allein haben – obwohl Ellen mit zusammengepressten Lippen herumgeht und mich kaum anschaut.

Der armen Sarah geht es noch schlimmer. Ihre Keuschheit scheint eine ätzende Wirkung auf sie zu haben wie eine langsam wirkende Säure. Die Junggesellen beiderlei Geschlechts sind ein bis jetzt ungelöstes Problem in den Kommunen. Bei uns gibt es elf. Jene, die sich nach ein, zwei Jahren noch nicht zu Paaren zusammengefunden haben, verlieren die sexuelle Reaktionsfähigkeit gegeneinander; die Intimität des Lebens wirkt in den kleineren Kommunen als eine sich allmählich herausbildende Inzestschranke. Solange noch neue Gruppen eintreffen sollen, ist Hoffnung für sie da; wenn wir einmal unsere volle Stärke erreicht haben, wird wenig Hoffnung übrig sein. Dann werden sich einige damit abfinden, andere werden zusammenbrechen und uns verlassen – und wahrscheinlich nach einem Jahr wieder zurückkommen, von ihrer Einsamkeit besiegt, von der Einsamkeit in einer auswärtigen Welt, in die sie nicht mehr hineinpassen.

Dann gibt es noch den Ausweg eines einjährigen Urlaubs. Das geht manchmal gut aus; er wird aber nur für ein oder zwei gleichzeitig bewilligt, und die Leute suchen nicht gern darum an; zum Teil wegen der mit einer derartigen Brautschau verbundenen Bloßstellung und Lächerlichkeit, und zum Teil, weil es etwas von dem Pathos der letzten Chance an sich hat und sie sich fürchten, allein und besiegt zurückzukehren.

Sonntag

Ich hatte gehofft, einen friedlichen Sabbathnachmittag mit Pepys verbringen zu können; stattdessen hatte ich eine zweistündige Unterredung mit Ruben, die zu wichtigen Folgen führte. Gegenstand: ich selbst (Joseph und seine Brüder oder das Individuum und die Gemeinschaft).

Ruben war es, der provozierte. Er kam in mein Zimmer, und mit Anzeichen einer milden Verlegenheit und einem halb offiziellen Gehaben schlug er einen Spaziergang vor. Ich wusste sofort, dass irgendetwas los sei. Es war mir bis dahin nicht ganz klar gewesen, wie weit ich mich in eine Krise hineingearbeitet hatte, und es war mir noch weniger bewusst, dass die anderen es bemerkt hatten. Man ist immer geneigt zu vergessen, dass die Kommune höchst empfindliche Fühler hat; einzeln genommen sind wir vielleicht keine guten Beobachter, aber es gibt eine Art kollektiver Intuition, die sich auswirkt wie in einem Insektenstaat.

Es hatte seit dem frühen Morgen nicht mehr geregnet, und obwohl die Siedlung noch voll Schlamm war, fingen die Abhänge des Wadis schon zu trocknen an. Ruben meinte, wir sollten zum Wadi hinuntergehen und dann den Hügel nach Westen hinauf, um zu sehen, wie unsere neuen Reben gediehen. Also stellte ich Pepys wieder aufs Bücherbrett, und wir gingen. Wir kamen am Turm vorbei und an dem Kinderhaus; wie immer am Sabbath waren alle Kinder in den Zimmern der Eltern, und das Haus war leer und still. Die Türen waren offen und zeigten verlassene Betten und Wiegen; am Ende des Ganges saß Dina ganz allein auf einem Stuhl und tat, als würde sie lesen. Es sah aus, wie wenn sie beweisen wollte, dass sie stets für das Haus und für die Kinder, die ihr nicht gehörten, sorgte. Das weiße Haus stand still und tot in der Nachmittagssonne da, in dem einschläfernden Frieden des Sabbath versunken und seltsam bedrückend. Als wir vorbeigingen, blickte Dina mit einem pathetisch fröhlichen Lächeln auf, sie schien auf eine Einladung zu warten, sich uns anzuschließen. Ruben nickte ihr zu, aber sagte nichts, also konnte auch ich nichts sagen. »Ruben führt mich auf einen Spaziergang«, sagte ich zu ihr, »und dann werde ich in den Brunnen geworfen.« Ich sah ihrem Gesicht an, dass sie erriet, um was es sich handelte. Wir gingen wortlos weiter, und Rubens Schweigen sagte mir, dass er seinerseits verstanden hatte, warum Dina allein in dem leeren Kinderhaus saß.

Wir wissen alle zu viel voneinander.

Manchmal ist die Luft überladen wie gewisse Regionen des Äthers, wenn zu viele Übertragungen auf derselben Wellenlänge gemacht werden.

Als wir an dem Zaun vorbei waren, sagte ich: »Also, heraus damit. Worum handelt es sich – Ellen oder meine faschistischen Neigungen oder mein allgemeiner Zynismus?«

Ruben ließ sich Zeit und schritt bedächtig den Abhang hinunter. Schließlich sagte er: »Es handelt sich um deine Haltung zur Gemeinschaft im Allgemeinen. Jeder hier hat seine Probleme und versucht, sie zu vereinfachen. Bei dir hat man manchmal den Eindruck, als würdest du sie absichtlich komplizieren.«

»Wodurch? Dadurch, dass ich die Zeitung lese? Oder weil ich es ablehne, mit einem Mädchen zu leben, das ich nicht liebe?«

Ruben wartete wieder. »Es ist mir äußerst peinlich, mich in deine Privatangelegenheiten zu mischen«, sagte er. »Aber Ellen ist in äußerst schlechter Verfassung, und wenn etwas so weit geht, dass es das innere Gleichgewicht einer Genossin gefährdet, ja selbst ihre Arbeitsfähigkeit, dann ist es nicht mehr eine Privatangelegenheit, sondern betrifft die ganze Kommune.«

»Oh, Gott«, sagte ich. »Oh, unser Lehrer Moses.«

Ruben schritt weiter gleichmäßig den Abhang hinunter. Ich hätte ihn gehasst, wenn ich nicht gewusst hätte, wie sehr ihm selbst alles das zuwider war, was er zu sagen hatte.

»Machen wir es kurz«, sagte ich. »Du kannst mich nicht zwingen, mit Ellen zu leben. Die Ansprüche, die die Gemeinschaft an die Mitglieder stellen kann, haben ihre Grenzen.«

»Wenn du ein Moslem wärst«, sagte Ruben, »würdest du es als natürlich betrachten, dass dich die Gemeinschaft dazu zwingen kann, ein Mädchen zu heiraten – oder du wirst von ihrem Bruder erdolcht. Wenn du in einer Stadt lebst, würdest du es gleichermaßen für selbstverständlich halten, dass sexuelle Beziehungen gewisse Verpflichtungen mit sich bringen. Es ist ein alltäglicher Irrtum der meisten Menschen, die Beschränkungen, die ihnen die herkömmlichen Gesellschaften auferlegen, als eine Selbstverständlichkeit zu betrachten, aber jede Einmischung seitens einer sozialistischen Gesellschaft als unerträglich zu empfinden.«

»Aber natürlich«, sagte ich. »Das Wesentliche in einer sozialistischen Gesellschaft ist es, von den traditionellen Beschränkungen frei zu werden und die Einmischung auf ein Minimum zu beschränken.«

»Ganz richtig«, sagte Ruben. »Es kommt darauf an, wie du dieses Minimum definierst. Ich glaube, dass ein beiderseitiges Respektieren der Gefühle des anderen in der Definition enthalten sein sollte.«

»Und was, wenn diese Gefühle unvereinbar sind?« »Dann muss von der Gesellschaft eine Regelung getroffen werden, die, um im Großen gerecht zu tun, ein kleines Unrecht begehen muss.«

»Und dieses ›kleine Unrecht‹ wäre wohl in meinem Falle eine erzwungene Verbindung, die ich verabscheue?«

»Entweder eine feste Verbindung – oder, wenn deine Abneigung dagegen wirklich so stark ist und nicht nur Egoismus und gefühlsmäßige Feigheit –, dann solltest du Ellen ganz aufgeben.«

»Aber ich brauche sie – und sie braucht mich. Und alles ist fast sechs Monate lang gut gegangen.«

»Und nach sechs Monaten beginnt Ellen die Einseitigkeit deiner Bedürfnisse als unbefriedigend und entwürdigend zu empfinden.«

»Aber Ruben«, stöhnte ich, »wann wirst du verstehen lernen, dass körperliche Beziehungen ihre unabhängigen Rechte haben und weder mehr noch weniger entwürdigend sind als intellektuelle? Ist es entwürdigend für meinen Tennispartner, wenn ich mit ihm nicht Schach spiele? Politik in leichtem Plauderton zu erörtern ist für mich genauso obszön und verletzend wie ein Herumknutschen mit einer Halbjungfrau. Aber zwei Menschen, die einander körperliche Befriedigung geben, haben ein reines und gesundes Verhältnis, das sich selbst genug sein sollte.«

»Da bin ich nicht deiner Meinung«, sagte Ruben. »Ich glaube nicht, dass das Geschlechtliche von dem Übrigen getrennt werden kann. Aber es kommt nicht darauf an, was du oder ich glauben, sondern was Ellen empfindet. Und sie hat sehr starke Empfindungen« (er schaute nur auf seine Füße), »und sie will die Sache bei der nächsten Versammlung öffentlich vorbringen.«

»Oh, allmächtiger Gott«, sagte ich.

»Mosche und ich versuchten, sie davon abzubringen, aber es ist uns nicht gelungen.«

»Ich dachte«, sagte ich unglücklich, »dass wir über diese Periode von pubertäthaftem Exhibitionismus schon um Jahre hinaus wären.«

»So steht nun einmal die Sache«, sagte Ruben mürrisch.

Obwohl ich mich elend fühlte, begann ich plötzlich zu lachen. Ich hatte in Rubens Haltung eine keusche männliche Sympathie und Solidarität entdeckt, ganz unvereinbar mit seinen Überzeugungen und der Rolle, die er spielen musste. Gleichzeitig stiegen in mir Erinnerungen aus unseren früheren Tagen und an unsere komisch verwirrenden Geständnisse auf …

»Was hast du?«, fragte Ruben.

»Erinnerst du dich«, sagte ich, »an die Zeit, da Dascha bei einer Versammlung feierlich gestand, dass sie eine eitle, egoistische Kleinbürgerin sei, weil sie fürchtete, zu dick zu werden?«

Ruben lächelte. Die Nachmittagssonne war schön und heiß, und wir setzten uns auf die Steine des Abhanges nieder.

»Und wie Max gestand«, fuhr ich fort, »dass er nicht imstande wäre, sich von einer irrationalen und antisozialen Abneigung gegen mich frei zu machen, und die Genossen bat, ihm zu helfen, dies zu überwinden? Und wie uns Sarah Vorträge hielt über die Vorzüge der Keuschheit als Mittel, die biologischen Impulse zu sozialen zu veredeln? Und die Erörterungen darüber, ob die Raucher das Rauchen aufgeben sollten, weil das daraus gewonnene Vergnügen ihnen einen hedonistischen Vorteil über die Nichtraucher verleihe? ...«

»Das war jugendlicher Unsinn«, sagte Ruben, »und wir hörten bald damit auf.«

Er warf einen Kieselstein nach einem Geier, der ein paar Schritte von uns entfernt dahockte. Der Vogel erhob sich, schlug mit seinen mächtigen Schwingen um sich und stieß einen starken Schrei des Protestes aus.

»Schau, Joseph«, sagte er, »wir sind schon fast sechs Jahre zusammen. Als wir kamen, waren wir junge Narren. Jene Geständnisse und Mitteilungen waren die Ergüsse halbwüchsiger Jugendlicher unter dem Einfluss der Essäer und der sozialistischen Mystiker aus Galizien. Aber jetzt sind wir herangewachsen, und wenn eine reife Genossin wie Ellen sich veranlasst fühlt, an die ganze Gemeinschaft zu appellieren, dann ist es eine ganz andere, eine ernsthafte Angelegenheit.«

»Wir sind also wieder dort, wovon wir ausgegangen sind«, sagte ich. »Sag mir genau, wie ernsthaft es ist, Ruben. Du meinst doch wohl nicht, dass ein Antrag gestellt werden wird, mich auszuschließen? ...«

Ruben fuhr fort, Kieselsteine zu werfen, obwohl keine Geier mehr da waren. Als er beharrlich schwieg, fühlte ich meine Kehle trocken werden. Ich hatte endlich die Gefahr, in der ich mich befand, erkannt, und ich fühlte den bekannten Druck der Angst in meinem Herzen und meiner Blase. Ich hatte diese Art der Panik in einem Film gesehen, auf dem Gesicht eines Negers, der von einer Masse gelyncht werden sollte – ein Mann, den man eines Verbrechens bezichtigte, das er nicht begangen hatte, und der plötzlich verstand, dass die Richter nicht an seine Unschuld glauben wollten. Er schrie bloß »Nein! Nein!«, mit weißen Lippen, sein Mund war weit aufgerissen wie der eines schnappenden Karpfens, und er wusste bereits, dass es »Ja! Ja!« sein würde, feierlich, verhängnisvoll wie ein unwiderruflicher Traum.

»Man wird mich also lynchen?«, fragte ich.

Ruben zuckte die Achseln und fuhr fort, mit zerstreuter Genauigkeit Kieselsteine zu werfen. Ein Schwarm von Staren kreiste über uns, und das Gefühl des Traumhaften verstärkte sich. Vor uns erhoben sich unverändert die Hügel, und sie würden genauso still und gleichgültig aussehen, wenn sie mich hinauswerfen werden, und ich werde gehen müssen. In der untergehenden Sonne leuchteten die Hügel allmählich in einem violetten Glühen auf; in einer Farbe zwischen silber und violett, typisch für unsere Landschaft. Obwohl sie unfruchtbar sind, ist nichts Zerklüftetes an ihnen; sie sind sanft und gewellt, eine große Flut welliger Erde in unbeweglichen Schlummer versetzt; ein massives Meer von silbernem Kalkstein und roter Erde, die sich zu jener eigenartigen blassen Färbung verbinden. Sie üben einen erotischen Zauber auf die Menschen aus, und wenn sie sich nach den ersten Herbstregen langsam mit grünem Flaum bedecken, träume ich des Nachts manchmal, dass ich auf dem Bauch liege, in das lebende, pulsierende Fleisch der Erde beiße und die Milch Galiläas einsauge.

»Man wird mich also lynchen?«, wiederholte ich.

Ruben hörte mit den Kieselsteinen auf, aber blickte mich nicht an. »Ich weiß nicht«, sagte er. »Wenn du nicht nachgibst, sieht es schlecht aus. Man wird von unsozialem Verhalten reden, von Leichtfertigkeit, Missachtung der Genossinnen gegenüber und so weiter. Man kann dich natürlich nicht zwingen, und ich glaube nicht, dass genug Grund für einen Ausschluss vorhanden ist. Aber sie alle werden ölige Reden halten und dann die ganze Sache vertagen, und nach einer Weile wird das Ganze von vorne anfangen. Und inzwischen wird die ganze Atmosphäre verseucht sein. Wir hatten schon jahrelang keinen Skandal, und jeder wird sich daran ergötzen. Es wird dem schmutzigen Instinkt in uns allen zusagen. Und du wirst wie gewöhnlich heftig werden und sie noch mehr provozieren. Es gibt sowieso schon genug Unwillen wegen der von dir geäußerten Sympathien für Baumans Dissidenten und ihre Terrorakte und wegen dessen, was man, nicht ganz unbegründet, deine faschistischen Neigungen nennen kann. Es wird vorgebracht werden und wird alles nur noch verschlimmern.«

Ich sagte nichts. Ich dachte daran, wie ich mich in der Nacht, als wir den Platz besetzten, vor Dina gerühmt hatte: Es gibt nichts Schöneres, als zu bejahen und bejaht zu werden, die Nächsten zu mögen und wohlgelitten zu sein – und wie eigenartig sie mich angeschaut hatte, als ich das sagte. Ich hatte ein ziehendes, heimwehartiges Gefühl in der Brust. Rubens tastende Stimme fuhr fort:

»Das Pech mit dir ist, Joseph, dass du ein so bunter Vogel bist. In einer Kommune machen sich die grauen Vögel am besten – wie ich.«

Ich sagte nichts. Es ist wahr, dass Ruben ein grauer Vogel ist, aber ich habe ihn riesig gern – vielleicht gerade deshalb. Und der Grund für meine Panik war, dass ich plötzlich die Überzeugung verloren hatte, dass er mich genauso gern hatte. Und Mosche? Und Max? Dascha, Mendl, Simon, Arje, sie alle? In welchem Narrenparadies hatte ich gelebt? Was ist die Bindung zwischen uns allen? Eine Art vager Kohäsion, Gewohnheit, gemeinsame Interessen – aber gibt es auch wahre Freundschaft und Vertrautheit? Wir hängen zusammen wie ein Gummigürtel, der seine Elastizität verloren hat.

Ich wollte allein sein. Ich stand auf und ging wieder den Abhang hinauf. Ich hatte Ruben nichts geantwortet, weil ich meiner Stimme nicht trauen konnte. Einen Augenblick lang dachte ich, ich würde zu Dina gehen, aber dann fiel mir ein, dass ich, wenn ich zu ihr spräche, mich wieder vergessen und ihre Hand berühren könnte und dass sie sie mit einem erschreckten kleinen Zusammenzucken wieder zurückziehen würde. Ich stolperte über einen Stein und stieß ihn fort und kletterte den Abhang weiter hinauf, so schnell ich konnte, bis ich außer Atem war. Dann hörte ich Ruben hinter mir rufen und blieb stehen.

Als er mich eingeholt hatte, legte er seine Hand auf meinen Arm – ein seltenes Zeichen der Zuneigung bei Ruben. Es beruhigte mich sofort. Ich hatte das Empfinden, als ob mein Blut nach einer plötzlichen, kurzen Stockung wieder zirkuliert hätte – vom Fleck aus, wo Rubens Hand lag.

»Sei kein Narr, Joseph«, sagte er. »Obwohl dir gewissermaßen recht geschieht. Wenigstens weißt du jetzt, wie sich Ellen die ganze Zeit gefühlt hat.«

»Ellen?«, sagte ich. »Das ist mir nicht aufgefallen.«

»Nein – es ist dir nicht aufgefallen, weil du zu sehr mit dir selbst beschäftigt warst.«

»Das ist nicht wahr. Sie tut mir leid. Es gab mir richtig einen Riss, als sie neuerlich zu weinen begann. Glaub mir, ich habe ein Gefühl großer Wärme und Mitleid für sie – aber ich kann ihr nicht helfen.«

»Auf Mitleid kommt es nicht an«, sagte Ruben. Er lächelte leicht, sein verschleiertes, resigniertes Lächeln. »Dein Herz blutet, wenn sie da ist, heilt aber gleich wieder zusammen, wenn sie dir den Rücken kehrt. Sie ist ein Objekt für dich und kein Subjekt. Sie existiert für dich nur in Beziehung zu dir selbst. Du bist gefühlsmäßig ein Positivist. Du erkennst bloß jene Phänomene des Gefühls an, die man wahrnehmen kann. Du liebst in abstrakten Begriffen. Du vertiefst dich in das Judentum, aber magst die Juden nicht. Du liebst die Idee der Menschheit, aber nicht den Menschen selbst. Du hast sechs Jahre mit uns gelebt, und wir sind immer noch Objekte für dich und keine Subjekte.«

»Das ist nicht wahr«, rief ich. »Ich habe euch viel lieber als ihr mich.«

Rubens Hand auf meinem Arm hatte sich allmählich zu einem festen Griff geschlossen, und er schüttelte mich leicht.

»Das ist Sentimentalität«, sagte er. »Du hast Gefühlsausbrüche, aber keine Zuneigungen. Du hast die Menschen als Gegenstand für deine Beobachtung und als Projektionsleinwand für deine eigenen Gefühle gern. Das ist, wie man für einen Hund oder ein Pferd empfindet.«

Ich fühlte mich hohl und erschöpft. Ich riss meinen Arm los und setzte mich auf dem feuchten Abhang nieder. Ruben blieb vor mir stehen; ich hatte ihn noch nie so gesprächig und gebieterisch gesehen.

»Jedermann trägt eine Portion Einsamkeit mit sich herum«, sagte er. »In einer Kommune mehr als draußen. Draußen gibt es die Familie mit ihrer konzentrierten Liebe. Hier gibt es nur ein ausgebreitetes, gleichmäßig verteiltes Wohlwollen. Es genügt nicht, die Sehnsucht der Menschen nach Intimität zu befriedigen, besonders die der Frauen. Wir müssen es mit dauerhaften persönlichen Verbindungen ergänzen.«

»Also zurück zu der heiligen Familie, von der wir losgebrochen zu sein glaubten.«

»Sei nicht lächerlich und unfair. Wir haben das Kind von der Tyrannei der Eltern befreit, und die Eltern von der Tyrannei der Wirtschaft. Glaubst du nicht, dass das sehr viel ist?«

»Es bleibt die Tyrannei der Monogamie.«

»Schau her«, sagte Ruben und zeigte zum ersten Mal Anzeichen von Ungeduld. »Es ist der Sinn der Kommune, eine Lösung für dringende nationale und soziale Probleme zu finden. Glaubst du nicht, wir hätten ein bisschen zu viel auf uns geladen, wenn wir versuchten, auch die biologischen und sexuellen Probleme zu lösen? Der Unterschied zwischen einer Utopie und einem betriebsfähigen Werkl ist der, dass man die eigenen Begrenzungen kennt.«

Ich dachte, und nicht zum ersten Mal während unserer Auseinandersetzung, an Esther, Rubens Frau, ein mausähnliches, fades kleines Geschöpf, das bald ihr erstes Kind erwartete und aussah wie ein einziger riesiger Trommelbauch, dem alles Übrige bloß als Beiwerk angehängt ist. Ich hatte noch nie Rubens wirkliche Gefühle ihr gegenüber herausfinden können.

»Also gut«, sagte ich. »Wir haben genug diskutiert. Was erwartest du von mir?«

»Dass du dich dem ungeschriebenen Gesetz der Gemeinschaft unterordnest, ohne das sie nicht bestehen könnte, sondern sich innerhalb eines Jahres auflösen würde. Dass du den letzten Schritt der Anpassung tust – oder, wenn du dramatisch sein willst, das letzte Opfer bringst. Worauf es aber praktisch ankommt, ist, dass du ein Zimmer mit Ellen teilst statt mit Mendl und möglicherweise dem Dr. phil. als Dritten. Denn du weißt, wenn die nächste Gruppe kommt, werden wir drei Junggesellen in ein Zimmer stecken müssen.«

Ich musste lachen. »Wenn das keine Erpressung ist ...«

»Ich habe den Dr. phil. nicht erfunden«, sagte Ruben. »Und die Junggesellen müssen zusammen wohnen.«

»Aber selbst wenn ich nachgebe, wäre es doch eine furchtbare Erniedrigung für Ellen, dass ich nur unter äußerem Druck mit ihr zusammenlebe.«

»Nicht, wenn du deinen sprichwörtlichen Charme spielen lässt und alles als Missverständnis wegerklärst ...« Er lächelte. »Übrigens sind selbst empfindsame Frauen überraschend dickhäutig, wenn es sich darum handelt, zu heiraten.«

»Du bist der verdammteste Jesuit, der mir je untergekommen ist«, sagte ich.

»Ich versuche nur, mich meiner Pflichten als der auf ein Jahr gewählte Sekretär der Kommune zu entledigen«, sagte er mit völlig ernstem Gesicht.

»Und die Alternative, wenn ich mich weigere, ist, dass ich weg muss?«

Er blickte mit leichtem Lächeln zu mir hinunter.

»Ich habe nicht einen Augenblick angenommen, dass du dich dafür entscheiden wirst. Denn schließlich, Joseph, gehörst du zu unserer alten Garde.«

Ich erwiderte nichts, aber ich wusste, dass ich bereits nachgegeben hatte. Nach der Panik vor einer Sekunde war alles andere bloß Erleichterung – die Erleichterung des Lynchkandidaten, der hört, dass sein Urteil in lebenslänglichen Kerker umgewandelt wurde. Das Leben mit Ellen schien plötzlich seine anziehenden Seiten zu haben – eine nette, gemütliche Gefängniszelle mit Büchern zum Lesen und viel Turnen im Hof ...

Das war der Augenblick, da Ruben, der Jesuit der Kommune, mit seiner Überraschung herausrückte.

»Ich nehme also an, dass wir einig sind«, sagte er leichthin. »Es ist noch etwas anderes da, das ich mit dir besprechen wollte. In zwei Wochen soll die nächste Gruppe kommen. Die Kolonisierungsabteilung beschleunigt den ganzen Plan unserer Vergrößerung. Das bedeutet, dass der Kassier viel wird herumreisen müssen, um neue Maschinen und Baumaterial und dergleichen einzukaufen. Mosche kommt mit der Arbeit draußen und hier schon jetzt nicht nach. Und jetzt bei diesem Wirbel, wo unsere ganzen Pläne auf den Kopf gestellt sind, werden wir ihn die ganze Zeit hier brauchen. Das heißt, wir müssen ein neues Mitglied des Sekretariats für die Außenarbeit wählen, der fünf Tage der Woche in Jerusalem und Tel Aviv zubringen muss. Mosche und ich haben beschlossen, dass du bei der Monatsversammlung nächste Woche für dieses Amt vorgeschlagen werden sollst ...«

Ich schnappte nach Luft. »Was ist das – eine Bestechung?«

»Überlege dir selbst, ob du jemanden vorschlagen kannst, der dazu besser geeignet ist. Du bist die beste Lösung für unsere Bedürfnisse – und es ist die beste Lösung für die deinen.«

So endete diese denkwürdige Unterredung. Man hat mich in den Brunnen geworfen und wieder herausgezogen, und Freitag in einer Woche werde ich wahrscheinlich zu meinem neuen Amt ernannt werden – als Joseph der Versorger. In der Zwischenzeit muss ich dem Dr. phil. eine Reihe von Vorträgen halten, genannt »Einführung in die Elemente der Theorie und Praxis der angewandten Schuhmacherkunst«, in der Absicht, ihn zu meinem einstweiligen Stellvertreter zu machen.

Ehe als Wochenend-Einrichtung wird auch nicht so schlimm sein. Ich freue mich fast darauf; vielleicht kann man etwas für die nationale Geburtenziffer tun. Ich werde wieder in Städten sein und das feste Pflaster von Sodom und Gomorrha betreten.

Ich bin aber noch zu aufgeregt, um die Folgen von alldem zu sehen. Ich hatte Ruben unterschätzt, Gott segne ihn. Ich wünschte, jede Kommune hätte einen Jesuiten wie ihn. Einige haben ihn auch, oder fast so einen wie ihn; aber welcher andere Ort kann schließlich den Vergleich mit Esras Turm bestehen? ...

Mittwoch
Wir hatten jetzt zur Abwechslung ein paar sonnige Tage, und ich kletterte während der Mittagszeit den Hügel auf der anderen Seite des Wadis hinauf, um der Ahnenhöhle einen Besuch abzustatten.

Die Ahnenhöhle wurde vor sechs Monaten von dem Hirten Arje entdeckt. Der ganze Hügel über den neuen Weingärten ist von Höhlen durchlöchert, von denen ungefähr ein halbes Dutzend in der byzantinischen Zeit als Grabkammern diente. Sie alle waren unzählige Male geplündert worden, und selbst die Gebeine wurden zerstreut. Die verhältnismäßig besterhaltene ist diejenige, die Arje fand, die Höhle des Ahnen Joschua. Aber sein Schädel fehlt; vielleicht hat ihn ein arabischer Terrorist entwendet, damit er in dem Bürgerkrieg nach der Auferstehung mit einem Hebräer weniger zu rechnen habe. Sie nehmen das sehr ernst. Um für den kommenden Kampf vorbereitet zu sein, haben sie bereits vierhundert Moslemhelden mit ihren Schwertern unter der südöstlichen Ecke des Haram-el-Scheriff begraben, deren Aufgabe es sein wird, die Omarmoschee gegen einen nachapokalyptischen Angriff von einem hebräischen Friedhof im Tale von Josaphat aus zu verteidigen.

Jedenfalls gefällt uns der Gedanke, eine Ahnenhöhle zu besitzen, wenn sie auch nur ein kopfloses Skelett und die Inschrift mit seinem Namen enthält und überhaupt eine bescheidene Angelegenheit ist, verglichen mit den in anderen Kommunen entdeckten Altertümern, wie zum Beispiel dem byzantinischen Mosaikboden der uralten Synagoge in Beth-Alpha mit seinem wundervollen Bild Abrahams bei der Opferung Isaaks und verschiedenen schachbrettartigen Arabesken. Man erzählt, dass, nachdem die hebräische Religion nach Bar Kochbas Aufstand verboten worden war, die Gläubigen sich in der Synagoge versammelten und, wenn die Wachtposten das Nahen von Soldaten signalisierten, sich alle niederhockten und Dame spielten.

Ich fand Arje mit seinen Schafen nahe der Ahnenhöhle; er lag, wie gewöhnlich, auf dem Rücken, seinen ausgefransten breiten Hut übers Gesicht gezogen. Arje ist vielleicht der einzige von uns, der imstande ist, sich auszuruhen, wenn er im Freien auf dem Rücken liegt. Wenn ich mit Ellen oder Dina oder Mosche spazieren gehe und wir einen Augenblick rasten, kauern sie immer mit angezogenen Knien auf ihren Schenkeln oder liegen auf dem Bauch und schlagen mit den Zehen gegen die Erde; und nach ein, zwei Minuten werden sie immer unruhig und wechseln die Lage. Das Leben auf dem Lande hat ein Gutteil der Rastlosigkeit aus unserem Blut gewaschen, aber es ist noch immer etwas Atavistisches in uns ständig auf der Hut. Unser kollektives Unbewusste muss mit einer Unzahl Gespenster von Legionären, Inquisitoren, Kreuzfahrern, Landsknechten und Kosaken übervölkert sein.

Unsere Tarzans aber, glaube ich, sind sie losgeworden. Sie haben den traumlosen, aseptischen Schlaf ohne Furcht und Fantasie – *chevaliers sans peur et sans rêves.*

Arje ist eine Ausnahme; aber Arje ist freilich arm im Geiste – um es milde auszudrücken. Ich habe ihn gern, und ich glaube, es ist beruhigend, wenigstens einen Hirten in einer Kommune zu haben, der nicht ein Ex-Professor ist.

Ich konnte nicht sehen, ob er schlief oder nicht, Guri, unser riesiger Schäferhund, lag mit seinen Vorderpfoten quer über Arjes Brust. Als ich näher kam, begann er zu knurren. Guri hat sich anscheinend das Element des Misstrauens aus dem Unterbewusstsein seines Herrn angeeignet. Denn obgleich Guri gemeinsames Eigentum ist, betrachtet er doch Arje als eigentümlichen Herrn, während er für uns Übrige nur eine Art freundlicher Herablassung zeigt. Wir alle sind auf Guri eifersüchtig, und es würde mich nicht wundern, wenn Sarah die Sache eines Tages in der Generalversammlung zur Sprache brächte.

Da sich Arje nicht bewegte, beschloss ich, dass er schlief, und verfolgte weiter den Abhang zu den Höhlen hinauf. Ich fand die, die ich suchte, und kroch durch das niedrige Eingangsloch in die Vorhalle der Grabkammern. Es war kotig und roch nach Feuchtigkeit und Urin. Die Vorhalle führt zu drei kleinen Kammern – nicht mehr als in den Fels gehauene Nischen, jede vom Ausmaß eines kleinen Sarges. Aber die Ahnen waren natürlich ohne Särge begraben worden, bloß in ein Leintuch gehüllt und in die Nische geschoben. In der ersten Kammer liegen ein paar verstreute Gebeine, die anderen enthalten nichts außer dem feuchten Sand auf dem Grunde der Nischen. In der ersten Kammer ist immer auch ein Kerzenstumpf; ich zündete ihn an und ging die drei schlüpfrigen Stufen zu dem unteren Gang vorsichtig hinunter, um mir den Kopf nicht am Felsen anzuschlagen. Das untere Vestibül enthält noch drei Nischen, und die mittlere gehört dem kopflosen Joschua. Mit einer ungeschickten kindischen Handschrift sind in den harten Kalkstein die vier Buchstaben *jod, schin, waw* und *'ajin* eingraviert; Joschua oder Jeschu oder Jesus. Ich blickte auf die in den feuchten Sand eingebetteten Gebeine und versuchte ohne Erfolg, irgendein Gefühl aufzubringen; aber ich konnte mir so gar nicht vorstellen, dass jemals warmes Fleisch um diese pathetischen Knochen gewesen sei und seltsame Kleider um dieses Fleisch und Gedanken in dem fehlenden Kopf. Am allerwenigsten konnte ich mir vorstellen, wie er ausgesehen haben mag. Immerhin muss nach den Gesetzen der Wahrscheinlichkeit irgendein Splitter in mir direkt von ihm abstammen. In meinen Testikeln sind einige komplizierte, aber stabile Gruppen von Molekülen, die er mit unverändertem Muster an mich weitergegeben hatte; und vielleicht werde ich diese eines Tages an Ellen weitergeben und so fort die Kette hinunter. Es ist wie eine lange, lange Röhrenleitung nicht im Raum, sondern in der Zeit gelegt, an der bei etwa jeder Zeitmeile ein Hahn an einem Paar Lenden angebracht ist. Manchmal öffnet sich der Hahn, und der uralte Strom vermischt sich mit anderen Strömen in anderen Röhren. Ein sorgsam ausgearbeitetes Bewässerungssystem wie das in unseren Gemüsegärten, ausgebreitet über die trockene Kruste der Erdkugel. Ja, ja …

Wenn man es bedenkt, so sind eigentlich gar nicht so viele Hähne zwischen dem alten Joschua und mir; die Länge der Röhren beträgt ungefähr siebzehn Jahrhunderte, was nicht mehr als einundfünfzig Generationen gleichkommt. Mit anderen Worten: der alte Joschua war bloß etwa der sechsundzwanzigste Großvater meines Großvaters. Ziemlich wahrscheinlich gehörte er zu Bar Kochbas illegaler Rebellenarmee, die die Legionäre in diesen selben Hügeln Galiläas bekämpfte, und seine Frau und nächsten Anverwandten wurden gekreuzigt oder mit dem Schwerte hingerichtet, und sein fehlender Kopf, einst bärtig und warzig und von gelben Runzeln durchfurcht, schwirrte von Zu-Vergessendem.

Ich kletterte aus der Höhle heraus. Draußen vor dem Loch wartete Guri auf mich, winselnd vor Angst über das Verschwinden eines Sechsunddreißigstels seines kollektiven Eigentümers in die Eingeweide der Erde. Als mein Kopf aus dem Loch auftauchte, heulte er vor Freude, und da ich beide Hände brauchte, um herauszuklettern, benützte er die Gelegenheit, mein Gesicht mit seiner geifernden Zunge ringsherum ganz abzulecken. Ich freute mich natürlich; es gibt nichts Schmeichelhafteres als die Aufmerksamkeit eines Hundes mit starker Persönlichkeit. Menschen mögen einen wegen dieser oder jener Eigenschaft, aber Hunde verehren uns bloß wegen unseres Dinges an sich.

Während ich den Abhang hinunterging, heftete ich meine Augen auf den Boden und hielt Ausschau nach Münzen und Oberflächen-Keramik. Münzen gibt es um diese Jahreszeit massenhaft – der Herbstregen wäscht sie aus der Erde der verfallenen Terrassen heraus. Neulich fand der Dr. phil. eine »Judaea capta«, die eine Seltenheit ist. Ich fand nur einige Constantinusse und Jupiter Ammons.

Als Guri und ich zu Arje zurückkamen, saß er und rauchte eine Zigarette mit seinem guten Freund Walid, dem arabischen Hirten von Kfar Tabije. Guri, der starke rassische Vorurteile hat, knurrte Walid an, aber auf ein Wort von Arje ließ er seine Ohren hängen, ließ sich in der klassischen Sphinx-Stellung nieder und beobachtete uns mit heraushängender Zunge. Ich schüttelte Arje und Walid die Hände und setzte mich nieder, um mit ihnen eine Zigarette zu rauchen. Walid ist ein ruhiger und sehr höflicher Junge, und so ging ich das zeremonielle Frage-und-Antwort-Spiel mit ihm durch.

»Wie geht es Euch, ja Walid?«

»Gut, Gott sei Dank.«

»Es geht Euch also gut, ja Walid?«

»Es geht mir sehr gut, Gott sei Dank.«

»Und geht es Eurem Vater auch gut?«

»Es geht ihm sehr gut, Gott sei Dank.«

»Es freut mich, dass es Eurem Vater gut geht, ja Walid.«

»Meinem Vater geht es gut, Gott sei Dank.«

»Und wie geht es Eurem älteren Bruder, ja Walid?«

Und so weiter, durch die beiden jüngeren Brüder und das Pferd und die zwei Maulesel und das Vieh und die Herden. Die Antwort ist immer, dass es gut gehe, selbst wenn die ganze Familie im Sterben liegt und die Herde von der Maul- und Klauenseuche dezimiert wird. Es ist ein beruhigendes, freundliches Zeremoniell, und das britische Spiel »Schönes Wetter« ist nur eine rohe, vereinfachte Variation davon. Als wir damit fertig waren, sagte Walid, der seine Zigarette beendet hatte und an einem Grashalm kaute:

»Ich habe gerade zu Ihrem Freund bemerkt, dass eure jungen Bäume sehr schön aussehen.«

»Walid hat Bäume gern«, sagte Arje erklärend.

»Ich finde, Bäume sind schön«, sagte Walid.

»Warum pflanzt ihr keine in eurem Dorf?«, fragte ich.

»Tss!«, sagte Walid und warf seinen Kopf zum Zeichen heftiger Verneinung herum. »Das ist unmöglich.«

»Warum ist das unmöglich?«

»Tss! Die Bäume würden sich nicht halten.«

»Warum würden sie sich nicht halten?«

»Man streitet mit einem Nachbarn, und er haut den Baum um.«

»Das ist sehr schlimm«, sagte ich. »Könnt ihr nichts dagegen tun?«

»Tss!«, sagte er. »Nein. Wir können keine Bäume pflanzen.«

Wir waren eine Zeit lang still, saßen bloß da und beobachteten die Schafe und die Wolken. Arje bot Zigaretten an, aber er hatte nur noch zwei übrig; also brach er eine in zwei Hälften, die er und ich teilten. Walid lehnte zweimal höflich ab, eine Zigarette anzunehmen, und nahm sie beim dritten Mal. Nach einer Weile sagte er:

»Ihr seid sehr arm.«

»Nicht sehr«, sagte ich. »Wir haben ja erst angefangen.«

»Ihr habt Traktoren und Elektrizität, aber ihr habt keine Zigaretten.«

»Wir stecken unser ganzes Geld in Traktoren und Maschinen, und später werden wir reich sein.«

»Nein«, sagte er. »Wenn ihr mehr Geld haben werdet, werdet ihr mehr Traktoren kaufen.«

Aus irgendeinem Grund irritierte mich dies, und ich sagte, um ihn zu necken:

»Ihr habt keine Traktoren und auch keine Zigaretten.«

»Aber ich bin frei«, sagte Walid. »Und ihr lebt wie im Gefängnis.«

»Walid meint, wir arbeiten zu schwer«, erklärte Arje.

»Niemand sagt uns, wie viel wir arbeiten müssen«, sagte ich. »Wir arbeiten, weil es uns freut.«

»Ihr fangt an, Bäume zu pflanzen, und dann müsst ihr sie weiterhin pflegen. Ihr fangt immer etwas Neues an, und dann müsst ihr es beenden, und wenn es fertig ist, müsst ihr wieder etwas Neues anfangen. Ihr seid wie Gefangene. Ich bin frei. Wenn es mir gefällt, kann ich morgen nach Ägypten gehen oder nach England oder nach Amerika.«

»Dazu brauchst du Geld«, bemerkte Arje philosophisch.

»Ma lesch – das macht nichts«, sagte Walid. »Ich kann gehen, wohin ich will. Ägypten oder Amerika oder Indien. Ich bin frei, und ihr seid Gefangene.«

»Jeder, der sich ein Ziel gesteckt hat, wird ein Gefangener«, sagte ich. »Aber das macht nichts. *Ma lesch.*«

»Ma lesch«, stimmte Walid zu.

»Ma lesch«, sagte Arje und legte sich auf den Rücken zurück und zog seinen Hut über seine Augen ...

Donnerstag

Heute sagte ich Dina, dass ich Ellen heiraten werde. Sie sagte, sie habe es erwartet, und bemerkte weiter nichts mehr. Wir standen zusammen auf der Terrasse des Turmes nach Einbruch der Dunkelheit.

Wir standen vielleicht fünf Minuten schweigend da. Mehrere Male wollte ich schon sprechen, aber jedes Mal fühlte ich, wie meine Stimme dick wurde in meiner Kehle, und ich gab es auf.

Ich wusste, dass wir beide an dieselbe Szene dachten: jenen ersten Morgen, als sie auf meinem Arm in dem Erste-Hilfe-Zelt geschlafen hatte und wir auf den Turm geklettert waren, um die Sonne über den Hügeln aufgehen zu sehen.

Plötzlich kam mir der wahnsinnige Gedanke, dass vielleicht Dinas Leiden bloß Faxen und Hypochondrie seien und ich vielleicht, wenn ich sie überraschte, den Bann brechen könne. Ich zählte im Stillen bis zehn und wandte mich dann ihr zu und packte sie mit einem festen Griff an den Schultern. Sie zuckte nicht zurück, es war, als hätte sie es erwartet; ich bin sogar überzeugt davon, dass sie es erwartet hat. Sie leistete keinen Widerstand, als ich sie an mich zog, aber ihr Körper wurde steif und unbeugsam; und sie zitterte so stark, dass ich das leicht knirschende Geräusch ihrer Zähne hören konnte, als sie die Kiefer zusammenpresste, um nicht aufzuschreien. Zu diesem Zeitpunkt hatte ich schon Angst, aber ich wollte die Sache zu Ende führen und ich wusste, dass auch Dina in derselben verzweifelten Hoffnung wollte, dass ich sie zu Ende führe. Gegen ihren Willen drängte sie ihren starren Körper von mir weg; und in dem Augenblick, als ich meinen Mund gegen ihre geschlossenen, trockenen Lippen presste, die hart waren durch die hinter ihnen zusammengepressten Zähne, stieß sie mich mit der unbezähmbaren Gewalt einer Explosion von sich. Während wir beide keuchend auf der dunklen Terrasse standen, gelang es ihr mit einer Art von Zischen hervorzustoßen: »Entschuldige, Joseph – bitte geh weg – rasch«; und bevor ich mich besinnen konnte, übergab sie sich über das Geländer. Ich wagte nicht einmal, ihr den Kopf zu halten.

Nach einiger Zeit wurde ihr besser, und wir kletterten die Leiter hinunter. Wieder wagte ich nicht, ihr zu helfen. In dem schwachen Licht, das durch die offene Tür der Speisebaracke schien, sagte sie mit dem Versuch eines Lächelns Gute Nacht.

Ich wanderte in die Felder hinaus und warf mich auf die sanfte, taubedeckte Erde. Ich schloss die Augen und verfiel in einen Wachtraum darüber, was ich mit den Kerlen, die Dina das angetan hatten, machen würde, wenn ich Hand an sie legen könnte. Es war das erste Mal in meinem Leben, dass mich eine Fantasie dieser Art überwältigte, und als ich mich wieder davon losriss, waren meine Kleider ganz verschwitzt, und ich zitterte. Aber nüchtern zu werden war fast unerträglich; also begann ich noch einmal, meine Nägel in die feuchte Erde zu bohren, welche sich in die wässerigen Augenhöhlen von Dinas Peinigern verwandelte. Als ich zum zweiten Male nüchtern wurde, war der Anfall vorüber.

Selbst jetzt, völlig bei Sinnen, würde ich die Gelegenheit körperlicher Rache ergreifen. Das ist gegen mein vernunftmäßiges Denken und gegen meine Überzeugungen. Aber Logik kann weder Hunger noch Brunst befriedigen, und heute Nacht habe ich gelernt, dass Rachedurst zur physiologischen Realität werden kann. Es würde Dina nicht helfen; aber mir.

Ich kenne eine Geschichte von einem sizilianischen Bauern, der fünf Jahre im Gefängnis verbracht hatte wegen versuchten Mordes an dem Verführer seiner Frau und der an dem Tage seiner Entlassung geradeswegs zum Haus des Verführers ging, ihn tötete und zufrieden ins Gefängnis zurückging für den Rest seiner Tage. Der italienische Kommunist, der mir die Geschichte erzählt hatte, sagte, dass der Gefangene nach zehn Jahren Gefängnis vollkommen glücklich zu sein schien und nichts bedauerte. Damals konnte ich es nicht glauben; jetzt verstehe ich, dass unter gewissen Umständen ein Urteil auf Lebenszeit oder der Galgen als angemessener Preis der wiedergefundenen Seelenruhe erscheinen mag.

Die Araber scheinen das zu wissen. Und ebenso einige von Baumans Burschen, wie jener Junge Ben Jossef, der die Hymne sang, bis der Strick seine Stimme erstickte. Das ist nicht so einfach, wie es klingt. Das Klima oder die von Ahnengräbern durchbohrte Erde scheinen gewisse Hähne und Rohre zu öffnen, die besser verschlossen bleiben sollten.

Nun, da ich das niedergeschrieben habe, ist der kopflose Joschua aus mir ausgetrieben. Aussprechen können ist der Tod des Instinktes. Aber habe ich nicht schon gesagt, dass das Schlimme an uns ist, dass wir zu aussprechfähig geworden sind? ...

Freitag

Gleich in der Früh traf ich vor den Duschen mit Dina zusammen und ging mit ihr in die Speisehalle zum Frühstück. Ihre Haare waren noch nass von der Dusche und dampften leicht in der kalten Morgenluft. Der Kontrast zwischen dem frischen Kaltwasser-Schimmer auf ihrem Gesicht und den blauen Rändern unter den Augen machte sie anziehender denn je. Beim Frühstück plauderte sie mit ungezwungener Heiterkeit. Sie schien, was gestern geschah, völlig vergessen zu haben, und nach dem ersten Teller voll Hafergrütze war auch mir viel leichter.

Gestern wurde es jedenfalls endgültig: Ellen zieht morgen in mein Zimmer.

Sonntag

Simon wurde von der Infektionsabteilung weggebracht, und so konnte ich ihn gestern wenigstens im Hadassahspital in Haifa besuchen.

Das Gesicht flach auf dem Kissen, sah er mehr denn je wie ein kranker Falke aus. Seine schwarzen Augen hefteten sich auf mich, sobald ich das Zimmer betrat, und schienen mich auf meinem Weg um die anderen Betten herum an seine Seite zu ziehen und zu steuern. Sein Gesicht ist abgemagert und ebenso seine langen, nikotinverfärbten Finger. Das Leintuch auf seinem

Bett war sauber eingesteckt und sein Pyjama bis zum Hals zugeknöpft; es war nichts Entkleidetes an Simon im Bett. Die Decke, das Nachtkästchen und selbst das Kissen waren mit Papieren und Zeitungsausschnitten bedeckt.

Ich setzte mich auf den Sessel neben seinem Bett und ergriff seine Hand, die flach auf der Decke lag.

»Du solltest mich nicht anrühren – ich könnte noch infektiös sein«, sagte er, aber ich konnte sehen, dass er sich freute. »Nun, wie geht's in unserem Elfenbeinturm?«

»Ich werde Ellen heiraten und Kassier für die Arbeit außerhalb der Kommune werden«, platzte ich heraus.

»Nein!«, rief er aus in offenem und naivem Erstaunen. Er erschien aufgeregt über meine Nachrichten wie ein Schuljunge, dem man erzählt, was während seiner Abwesenheit in der Klasse vorgegangen ist. Simon schaute im Bett doch irgendwie menschlicher aus.

»Was du nicht sagst ...« Er lachte, begann aber nach ein oder zwei Ansätzen zu husten. »Bei Gott, Ruben versteht zu reden ... Aber es ist gut so«, fuhr er fort. »Du bist der Geeignetste für diese Arbeit, und sonst wärst du ja – früher oder später – weggegangen.«

Also auch Simon hatte bemerkt, wie weit ich abgetrieben worden war. Alle scheinen es bemerkt zu haben – nur ich nicht.

Es war Besuchszeit, und am Bettrand eines jeden der vier Patienten saßen ein oder zwei Verwandte. Alle waren in ihre eigenen Gespräche vertieft und schufen eine neutrale, entspannte Atmosphäre, in der jedes Bett mit seinem Nachtkästchen, seinem Sessel und seiner spanischen Wand eine kleine private Insel bildete. Simon lag auf dem Rücken und starrte zur Decke. »Erzähl mir noch etwas von unserem Elfenbeinturm«, sagte er.

»Gaby heiratet den Ägypter, und Mosche hat Zwillinge – aber das weißt du wahrscheinlich schon.«

Er nickte. »Und sonst?«

»Wir kaufen um zwanzig Pfund eine Mähre von En Haschofeth.«

»Wie alt?«

»Drei Jahre. Recht hübsch, zeigt aber zu viel Rippen.«

»Wie wird sie heißen?«

»Alija.« Er stieß ein kurzes, bitteres Lachen aus. »Einwanderung«, wiederholte er, »Symbole, Symbole und nichts dahinter.«

Eine alte, dicke Krankenschwester watschelte vorbei, eine Leibschüssel in der Hand. Trotz der netten Uniform sah sie mehr wie eine Rabbinerfrau aus.

Simon war eine Weile ruhig, dann räusperte er sich und sagte beiläufig: »Und die Baumpflanzen?«

»Judith pflegt sie. Seit den Regenfällen sind sie fast zweieinhalb Zentimeter gewachsen.«

»Nirgends schiefgegangen?«

»Soviel ich weiß, nicht.«

»Die letzte Reihe gegen die Ecke des Gemüsegartens zu braucht besonders viel Wasser.«

»Ich werde es Judith sagen.«

Er starrte zur Decke und zuckte die Achseln. »Es ist ja eigentlich ganz gleichgültig ...«

»Wann werden sie dich herauslassen?«, fragte ich.

»In ungefähr einer Woche.«

»Du wirst mit Mendl und dem Dr. phil. ein Zimmer teilen müssen.«

»Das werde ich nicht.«

»Es wird schwer sein, es anders einzuteilen. In zwei Wochen erwarten wir eine neue Gruppe.«

Simon sagte nichts, und nach einer Weile fragte ich:

»Werden sie dich zuerst in ein Erholungsheim nach Sichron schicken?«

»Ich glaube.«

»Und wann wirst du wieder zu Hause sein?«

»Nie.«

Ich starrte ihn an, und er blickte zur Decke und wandte dann langsam den Kopf zu mir.

»Das überrascht dich doch wohl nicht?«

Mein Herz klopfte.

»Chabibi«, sagte ich zuletzt. »Nein. Nein, ich kann es nicht glauben.«

Er lächelte. »Das Komische ist, es kommt mir selber noch unglaublich vor.«

Dies überzeugte mich mehr als alles andere, dass er gesagt haben könnte, dass es sinnlos wäre, ihn umstimmen zu wollen. Ohne Simon war das Bild des ORTES in meiner Seele plötzlich eine Schattierung dunkler und grauer geworden – wie eine Szene auf der Bühne, wenn ein Licht nach dem andern abgedreht wird. Es war vielleicht sogar schlimmer, als wenn wir Dina verloren hätten. Eine Kommune ist nicht bloß eine Anzahl von Menschen – sie ist ein Muster, eine Mosaikfigur, und wenn ein Stück losbricht, bleibt für immer eine Lücke.

»Aber warum, Simon?«, fragte ich.

Sein Lächeln wurde ironisch. »Frag dich selbst, und du wirst die Antwort finden.«

Ich schwieg, denn ich fühlte mich nicht nur unglücklich über Simon, sondern auch schuldig – genauso wie während unseres letzten Gespräches in der Baumschule. Ich hatte ihn seither gemieden, und, um die Wahrheit zu sagen, seine Krankheit war mir sehr gelegen gekommen. Aber nun war es so weit, und ich konnte dem nicht mehr entgehen, genauso wie ich der anderen Frage mit Ellen im Mittelpunkt nicht entkommen konnte.

Es hat keinen Sinn, vor den Dingen davonlaufen zu wollen –

sie bewegen sich langsamer, aber sicherer und holen einen schließlich immer ein.

Simon hatte sich auf seinen Ellbogen aufgestützt und kramte in seinen Papieren. Er war sehr schwach, und sein dünner Hals mit dem knöchernen Adamsapfel zitterte leicht unter der Anstrengung. Die dicke Schwester watschelte aufgeregt auf uns zu. »Ich habe Ihnen doch gesagt, Sie dürfen sich nicht aufsetzen«, gackerte sie.

»Gehen Sie zum Teufel«, sagte Simon ruhig. Sie starrte ihn verblüfft an, als er unter seinen Papieren weitersuchte und sie vollständig ignorierte, und nach ein paar Minuten drehte sie sich um und ging ohne ein weiteres Wort mit rotem Gesicht davon.

»Lies das«, sagte Simon, drückte mir ein Bündel von Zeitungsausschnitten in die Hand und ließ sich wieder auf das Kissen zurückfallen. Die Ausschnitte waren sauber etikettiert und mit einer Heftklammer zusammengehalten. Ich las:

»Zufolge eines von der Regierung Nordrhodesiens herausgegebenen Berichtes haben sich die gewählten Mitglieder der gesetzgebenden Kammer einstimmig gegen jede Einwanderung von jüdischen Flüchtlingen ausgesprochen. Der stellvertretende Gouverneur sieht sich infolgedessen nicht in der Lage, den Staatssekretär dahin anzuweisen, die Angelegenheit weiterzuverfolgen ...«

»Es muss festgestellt werden, dass eine Masseneinwanderung in portugiesische Kolonien strengstens verboten ist ...«

»Präsident Vargas von Brasilien hat ein Dekret erlassen ... welches die jährliche Einwanderungsquote auf zwei Prozent der Gesamtzahl der Einwanderer gleicher Nationalität während der letzten fünfzig Jahre festsetzt ...«

»Ein Memorandum, welches das Verbot fremder Einwanderung nach Zypern fordert, wurde dem Gemeinderat von den örtlichen Verbänden der freien Berufe unterbreitet ...«

»Flüchtlinge aus europäischen Ländern werden nicht ermutigt, nach Neuseeland einzuwandern, erklärte Finanzminister Mr. Nash …«

»Wie man erfährt, ist die Regierung Südafrikas nicht geneigt, eine Abänderung der strengen Bestimmungen des Ausländergesetzes zu erwägen, die die jüdische Einwanderung praktisch unmöglich machen …«

»Es wird uns berichtet, dass die Regierung von Uruguay ihre Konsuln beauftragte, Juden, die aus rassischen oder politischen Gründen auswandern, Visa zu verweigern …«

Simon schaute mich mit seinen bitteren, hypnotischen Augen an. Es war ein flüssiges Gift in ihnen, und ich verstand, warum ihm die dicke Schwester nicht widersprochen hatte.

»Bedenke«, sagte er, »dass diese Ausschnitte aus einer einzigen englischen Zeitung stammen, und zwar alle aus den letzten drei Monaten. Ich habe die Dekrete von etwa zwanzig weiteren Ländern auf meiner Liste – Dekrete, die die Einwanderung der Aussätzigen mit dem gelben Fleck verbieten. Und jetzt lies das …«

»Wir erfahren aus verlässlichen Quellen in Deutschland, deren Ursprung nicht enthüllt werden kann, dass in staatlichen Waisenhäusern seit einiger Zeit Experimente zur schmerzlosen Liquidierung von Kindern durchgeführt werden, die entweder unheilbare Krüppel oder geistig nicht normal oder von unerwünschter rassischer Abstammung sind. Die angewendeten Methoden sind Phenolinjektionen in die Aorta, intravenöse Luftinjektionen, die Thrombosen verursachen, und Todeskammern, die mit Kohlenmonoxydgas gefüllt sind.«

Simon beobachtete mich. »Das kann übertrieben sein«, sagte ich nach einiger Zeit.

»Meinst du? Nein, das meinst du nicht. Das ist der Engländer in dir, der versucht, die Jalousien zuzumachen. Und jetzt lies noch das.« Es war die Zeitung des Vortages, die uns in Esras Turm noch nicht erreicht hatte. Ich las:

> *»LONDON, 8. Dezember. Der Unterstaatssekretär für Kolonien Marquis von Dufferin und Ava zeigte Verständnis für den eindringlichen Appell, 10000 jüdische Kinder, deren Eltern Opfer der Verfolgungen in Deutschland geworden waren, nach Palästina zuzulassen, wies aber darauf hin, dass die Regierung Seiner Majestät außerstande wäre, dem beizustimmen, da man die Gefahr in Betracht ziehen müsse, die Round-Table-Konferenz über Palästina, die nun bald in der Hauptstadt stattfinden werde, zu gefährden.*
>
> *... Es wurde ferner in der Debatte im Oberhaus darauf hingewiesen, dass ablehnende Entscheidung der Regierung über das Angebot der palästinischen hebräischen Gemeinschaft, die Kinder aufzunehmen, gleichbedeutend damit sei, diese der Aussicht eines Entkommens zu berauben.«*

Ich gab ihm die Ausschnitte zurück. »Wozu sammelst du das Zeug?«

»Ich wurde ersucht, eine Broschüre zusammenzustellen.«

»Von wem?«

Er zögerte, dann blickte er mich mit einem ironischen Lächeln an und sagte:

»Von der Bauman-Gruppe – und jenen, die mit ihr in Verbindung sind. Tu nicht, als wärest du überrascht.«

»Nein«, sagte ich. Dann fügte ich hinzu:

»Deshalb verlässt du uns also.«

Simon wischte sich den Schweiß vom Gesicht und breitete dabei ein korrekt gefaltetes Taschentuch aus.

»Ist das alles, was du zu bemerken hast?«, sagte er. »Ich dachte, du würdest mich einen Faschisten nennen, einen Mörder, einen Verstoßenen und weiß Gott was.«

»Nein«, sagte ich. »Das werde ich nicht tun.«

Eine Zeit lang sprach keiner von uns beiden, aber Simon beobachtete mich unausgesetzt, und ich wusste, dass jeder Ausdruck meines Gesichtes in seinem Gedächtnis wie auf fotografischen Platten verwahrt sein würde. Dann sagte er: »Die Dinge entwickeln sich jetzt rasch. In ein paar Monaten oder Wochen wird unsere Gruppe in den Untergrund gehen müssen. Die Regierung wird anfangen, uns zu verhaften und zu deportieren. Dann werden wir zu schießen beginnen – und du kannst mir's glauben, wir werden es besser machen als die Araber. Wir haben ein paar technische Überraschungen für sie bereit.«

Er sprach mit der Selbstsicherheit eines Mannes, der ein Heer hinter sich hat.

»Woher werden die Sachen kommen?«, fragte ich.

»Die Waffen? Wir haben genug, und es kommt noch mehr.«

»Woher?«

»Aus dem Ausland. Du wirst rechtzeitig davon hören. Du wirst noch viel hören, was dich überraschen wird.«

Ich sagte nichts. Alles, was Simon sagte, klang prahlerisch und fantastisch – alles, außer, wie er es sagte. Der Köder war seine Selbstsicherheit. Sie saugten den Widerstand meines Urteils auf. Sein Kontakt wirkte immer auf mich wie ein kommunizierendes Gefäß: Er leerte mein kritisches Denkvermögen und füllte mich mit Vertrauen. Es war ein ungeheuer tröstliches Gefühl. Alles, was man tun müsste, wäre hineinzuspringen, und man wäre alle Zweifel los und von innerer Gewissheit und dem Vorteil des blinden Gehorsams erfüllt – wie in der ersten Nacht, als ich unter Rubens Kommando schoss.

»... Aber die Zeit für dich ist noch nicht gekommen«, sagte

Simon, und ich hatte das Gefühl, als hätte er bewusst den Kontakt durchschnitten. »Sie brauchen dich in unserem Elfenbeinturm. Mosche hat recht damit, dass man weitermachen soll, solange noch eine Möglichkeit besteht. Wenn wir dich brauchen, werden wir dich schon verständigen.«

»Ich habe noch gar nicht gesagt, dass ich deine Ansichten teile«, sagte ich. Aber Simon lächelte bloß:

»Glaubst du, ich hätte dir so viel gesagt, wenn ich nicht wüsste, dass wir dir trauen können?«

Die Besuchsstunde ging dem Ende zu, und im ganzen Zimmer standen die Leute in Gruppen um die Betten herum und nahmen zögernd und umständlich Abschied. Simon schien wieder zu einem kranken Mann in einem Spitalsbett zusammenzuschrumpfen, der sich fürchtete, allein zu bleiben. Ich fühlte Mitleid mit ihm – Mitleid mit dem Starken, das schmerzlicher ist als Mitleid mit dem Schwachen.

»Oh, Simon«, sagte ich und drückte ihm seine feuchten, gelben Finger. »Warum können wir nicht in unserem Elfenbeinturm bleiben? Du mit deinen Pflanzen und ich mit meinen alten Stiefeln und Pepys. Ist das zu viel verlangt?«

Er zog seine Hand zurück. »Von wem verlangt?«, fragte er trocken. »Von Gott oder den Engländern?«

»Zeit, bitte«, rief die dicke Schwester.

»Wovon wirst du in der Stadt leben?«, fragte ich; und erst jetzt fiel es mir ein, dass uns Simon nach sechsjähriger Arbeit in der Kommune verlassen wird, ohne einen Schilling oder ein zweites eigenes Hemd.

Simon zuckte die Achseln. »Ich werde ein berufsmäßiger Totschläger werden«, sagte er. Es war mir nicht einmal klar, ob er scherzte oder nicht.

»Zeit, bitte«, rief die Schwester und schaute auf uns.

»Vergiss eines nicht, Joseph«, sagte Simon. »Eine Phrase, die du selbst einmal zu mir sagtest. Es ist die Tat, die zählt, und nicht ihr innerer Schatten. Jede unserer Handlungen wird zu Protokoll genommen. Sie wird auf einer objektiven Waage gewogen und nicht nach individueller Einschätzung.«

»Zeit, bitte«, rief die Schwester. Ich war der letzte Besucher im Saal.

TAGE DES ZORNES
1939

*»Es heißt, dass Irland die Ehre hat, das einzige Land zu sein,
das niemals die Juden verfolgte. Weißt du, warum?«
»Nein, warum?«, fragte Stephen.
»Weil es sie nie hereinließ«, sagte Mr. Deasy würdevoll.*

JAMES JOYCE, ULYSSES

1

»Und der König von Babylon schlug sie, und tötete sie zu Reblatha im Lande Emath; und Juda ward weggeführt aus seinem Lande. Und die Feinde zündeten das Haus Gottes an, und rissen die Mauer von Jerusalem nieder, und verbrannten alle Türme, und zerstörten alles, was köstlich war. Wenn einer dem Schwerte entronnen, ward er nach Babylon geführt, und diente dem Könige und seinen Söhnen, bis der König der Perser regierte.«

(Bücher der Könige und Chroniken)

2

»*Es war im ersten Jahre des Zyrus, Königs der Perser, dass der Herr, um das Wort des Herrn aus dem Munde Jeremias zu erfüllen, den Geist des Zyrus, Königs der Perser, erweckte, dass er eine Stimme ausgehen ließ in seinem ganzen Reiche, wie auch durch Schrift und sagen ließ:*

Dieses spricht Zyrus, der König der Perser: Alle Reiche der Erde hat mir der Herr, der Gott des Himmels, gegeben, und er hat mir geboten, dass ich ihm ein Haus baue zu Jerusalem, das in Juda ist. Wer ist unter euch von seinem ganzen Volke? Sein Gott sei mit ihm und lasse ihn ziehen.

Das aber sind die Söhne der Landschaft, heraufgezogen aus der Gefangenschaft, die Nebuchodonosor, der König von Babylon, nach Babylon geführt, und wiederkehrten nach Jerusalem und Juda. Und sie setzten den Altar Gottes auf seine Grundlagen, obwohl sie geschreckt wurden von den Völkern der Landstriche ringsum. Und da die Bauleute den Grund gelegt am Tempel des Herrn, standen die Priester in ihrem Gewande mit Trompeten und die Leviten mit Zymbeln, und sie sangen zusammen Danklieder und lobten den Herrn, dass der Tempel des Herrn gegründet worden. Aber sehr viele von den Priestern und Leviten und Fürsten der Väter und die Greise, welche den vorigen Tempel gesehen, weinten mit lauter Stimme, als der Grund zu diesem Tempel gelegt ward vor ihren Augen; und viele erho-

ben ihre Stimme überlaut in Freude. Und niemand konnte die Stimme des Freudengeschreis unterscheiden von der Stimme des Weinens im Volke.

Es hörten aber die Feinde Judas und Benjamins, dass die Kinder der Gefangenschaft dem Herrn, dem Gott Israels, den Tempel erbauten; und sie dingten Ratgeber wider sie, um ihren Rat zu vereiteln alle Tage des Zyrus, Königs der Perser, und bis zur Regierung des Darius, Königs der Perser. Denn unter der Regierung des Ahasverus, im Anfang seiner Regierung schrieben sie eine Anklage wider die Einwohner von Juda und Jerusalem. Und in den Tagen des Artaxerxes schrieben Rehum der Kanzler und Schimschai der Schreiber und die Übrigen, die in ihrem Rate waren, an Artaxerxes, den König der Perser. Das ist die Abschrift des Briefes, den sie zu ihm sandten:

Dem König Artaxerxes! Deine Knechte, die Männer, die diesseits des Flusses wohnen, wünschen Heil! Kund sei dem König, dass die Juden, welche von dir zu uns heraufzogen, nach Jerusalem gekommen sind, diese aufrührerische und sehr böse Stadt zu bauen, ihre Mauern aufzuführen und die Wände zusammenzufügen. So sei nun dem König kund, dass, wenn diese Stadt erbauet sein wird und hergestellet ihre Mauern, sie keine Schatzung noch Zoll und jährliche Abgaben mehr geben werden und dieser Schaden an die Könige gelangen wird.

Da sandte der König eine Antwort an Rehum den Kanzler und an Schimschai den Schreiber und an die übrigen Einwohner Samarias, die in ihrem Rate waren, und an die andern jenseits des Flusses, und wünschten ihnen Heil und Frieden. Die Anklage, welche ihr an uns eingesendet, ist öffentlich vor mir gelesen worden; und es ward von mir befohlen; und sie haben nachgeforscht und gefunden, dass diese Stadt von alters her sich wider die Könige auflehnet und Aufruhr und Streit darin erweckt wird. So höret nun den Spruch: Wehret diesen Männern, dass diese Stadt nicht wieder erbauet werde, bis dass es etwa von mir befohlen wird.

Also war die Abschrift des Befehles Artaxerxes, des Königs, gelesen vor Rehum und Schimschai, dem Schreiber, und ihren Räten; und sie zogen eilig nach Jerusalem zu den Juden, und wehrten ihnen mit mächtigem Arme.«

(Aus dem Buche Esra)

3

Der Schreibtisch des ehrenwerten Patrick Gordon-Smith, O. B. E. (Inhaber des Ordens des britischen Imperiums), stellvertretender Oberkommissar der Regierung von Palästina, war ein gewöhnlicher polierter Mahagoni-Schreibtisch, wie man ihn in jedem Warenhaus sehen kann. Wie um ihn für die Geschichts- und Traditionslosigkeit des Tisches zu entschädigen, eröffneten die Fenster der provisorischen Amtsräume der Regierung in dem Hospiz von St. Paul die erhabene Aussicht auf die Mauer des alten Jerusalem, von Soliman dem Großen aus riesigen viereckigen, ockerfarbenen Steinen erbaut; die Reliefarbeit an einigen von ihnen verriet römischen Ursprung und hatte einmal die äußere Mauer des herodianischen Tempels gebildet. Wenn sich der stellvertretende Oberkommissar in seinem Stuhl nach links beugte, konnte er auch eine Teilansicht des regen Lebens vor dem Damaskustor sehen – ein staubiges und übel riechendes, aber äußerst reizvolles Gemisch von Eseln, Kamelen und Arabern in jeder Art von Gewand, was trotz der lärmenden Rufe der Limonadeverkäufer, des Kreischens einer gesprungenen Grammophonplatte auf der Terrasse eines nahe gelegenen arabischen Kaffeehauses, des Geklingels der Schafsglocken und des ständigen Hupens der Autos eine seltsam traumhafte Wirkung ergab, wie wenn eine Szene aus einer mittelalterlichen Radierung, die Geschichte eines Wallfahrers darstellend, zum Leben erwacht wäre. Es gehörte zu den wenigen von der vulgären modernen hebräischen Architektur noch nicht gestörten Teilen Jerusalems und war eine Gegend, in die sich die Juden heutzutage selten wagten, da das ganze arabische Viertel nördlich der alten Stadtmauer für sie als nicht sicher galt.

Der stellvertretende Oberkommissar las mit gequälter Miene das auf dem gelben Einlaufsbrett von heute zuoberst liegende Dokument, einen Protest der armenischen Gemeinde gegen eine angebliche Übertretung des *Status quo* in der Basilika der Geburt Christi zu Bethlehem, die von griechisch-orthodoxen Priestern dadurch begangen worden sein soll, dass sie den Vorhang ihrer Kapelle auf dem obersten Nagel Nr. 1 an dem Pfeiler südöstlich von den linken, zur Krippe führenden Stufen befestigten.

Es war eine Gewohnheit des stellvertretenden Oberkommissars, in der Früh den Einlauf auf dem »nicht dringenden« gelben Brett zuerst zu lesen, bevor er sich dem »dringenden« blauen und dem »äußerst dringenden« roten Brett zuwendete. Im Verlauf der Jahre hatte diese Gewohnheit so feste Wurzel gefasst, dass ihm die Anwendung der umgekehrten Prozedur als ausgefallen und geschmacklos vorgekommen wäre. Als er einmal zu einer Erklärung gedrängt wurde – obwohl er Erklärungen persönlichen Charakters, die einen psychologischen Beigeschmack hatten, hasste –, hatte er versucht, eine zu improvisieren.

»Ich denke«, hatte er in seiner stockenden, tastenden Art gesagt, »ich denke, das gehört zu den Dingen, die sich nicht erklären lassen. Wenn man es aber näher betrachtet, ist es eigentlich ziemlich klar. Die sogenannten dringenden Fälle werden auf jeden Fall behandelt, wogegen die anderen leicht in Vergessenheit geraten könnten. Es ist ungefähr dasselbe, wie wenn Mütter versuchen, ihre unhübschen Töchter zuerst zu verheiraten – eine

Art ausgleichender sozialer Gerechtigkeit, wenn Sie wissen, was ich meine.«

Das Mädchen, das die Frage gestellt hatte – eine hübsche kleine Jüdin, die als Übersetzerin angestellt war und sich kätzchenhaft geschickt Freiheiten herausnahm –, hatte ziemlich verblüfft dreingeschaut. Sie hatte sticheln wollen und war mit ihrer eigenen Waffe dieser Art logischer Spitzfindigkeit, die sie alle so gern hatten, geschlagen worden. Der stellvertretende Oberkommissar, der von seiner hageren Höhe von sechs Fuß zwei Zoll über dem rundlichen kleinen Mädchen thronte, amüsierte sich still. Denn er wusste natürlich, dass die von ihm gegebene Erklärung bestenfalls eine erste Annäherung an die Wahrheit war. Eine nähere Untersuchung hätte jedoch auf die frühen Schultage des stellvertretenden Oberkommissars zurückgeführt und sich als viel zu verwirrend »psychologisch« erwiesen, um erörtert zu werden. Es hätte zu dem in jenen frühen Tagen eingepflanzten Befehl zurückgeführt, dass es zum schlechten Ton gehöre, auf irgendetwas scharf zu sein (außer auf sportliche Leistungen) und zu dem konditionierten Reflex, seine unüberlegten Impulse zu beherrschen – was sich in ihm in einem solchen Grad verwurzelte, dass die Verdrängung beinahe dem Impuls zuvorkam, und die Hintergedanken vor den vorderen auftauchten. Der stellvertretende Oberkommissar war nun in Wahrheit an seiner Arbeit sehr interessiert, eine Schwäche, die er mit Erfolg hinter einer diskret gelangweilten und gequälten Miene verbarg; und daher schien es ihm umso weniger zulässig, in sein Büro zu stürmen, den Hut hinzuschmeißen und sich auf die dringenden Einläufe zu stürzen, einem Geschäftsmann ähnlich, der seine Kuverts aufreißt, um zu sehen, welche Aufträge über Nacht eingelangt wären.

Sich dem gelben Brett zuerst zuzuwenden und das rote als letztes zu lassen war also nicht bloß eine reine Vernunftsache, wie er es der zudringlichen Übersetzerin klargemacht hatte, sondern die Frage rührte auch an Dinge, die man aus Angst, hochtrabend und pedantisch zu klingen, nicht offen erwähnt: an Tradition, Würde und Form. Der Wert des Rituals wurde durch die Tatsache erhöht, dass der stellvertretende Oberkommissar allein im Zimmer war, wenn er es durchführte. In Anwesenheit eines Untergebenen ging er manchmal sogar so weit, die Reihenfolge umzukehren; denn es war ein Gebot der Höflichkeit, gelegentlich von sich aus gute Sitten schlechten anzupassen, um keinen Anstoß zu erregen – wie man zum Beispiel bei einem arabischen Mahl mit den Fingern aß und so tat, als schmecke es einem so, oder mit einem Juden über juristische Tüfteleien diskutierte und so tat, als wären sie wichtig.

Der stellvertretende Oberkommissar drückte auf die Handglocke auf seinem Schreibtisch, eine gusseiserne Kamelglocke, deren Berührung ihm jedes Mal ein sinnliches Vergnügen bereitete, und ersuchte seine Privatsekretärin, Miss Clark, aus den Akten, die sich auf die Verteilung der Rechte und Pflichten unter den verschiedenen Gemeinden an den heiligen Stätten bezogen, jenen, der den *Status quo* in der Basilika der Geburt Christi in Bethlehem betrifft, herauszusuchen. Bevor er das nächste Dokument fertiggelesen hatte – einen energischen Protest des Rabbinats der orthodoxen antizionistischen Aguda-Gruppe gegen angebliche unorthodoxe Vorkommnisse in den rituellen Schlachthäusern, die von der orthodoxen prozionistischen Misrachi-Gruppe beaufsichtigt werden –, war Miss Clark mit dem gewünschten Akt zurück. Es war der Bericht eines arabischen Unterinspektors im Jahre 1920 an Sir Ronald Storrs, den damaligen Gouverneur von Jerusalem, und enthielt eine bewundenrungswürdig knappe Definition jener umstrittenen Privilegien, deren Verletzung durchschnittlich zweimal im Jahr zu Schlägereien und Blutvergießen unter den Priestern der verschiedenen

Religionsgemeinschaften führte. Der Bericht war *»Basilika der Geburt Christi – Reinigung derselben«* betitelt und stellte fest:

»1. Dass die griechisch-orthodoxe Gemeinde die Fenster der Basilika, welche nach Süden blicken, ausschließlich für die Zeit des Reinigens öffnen dürfe.
2. Dass die griechisch-orthodoxe Gemeinde auf den Boden der armenischen Kapelle eine Leiter stellen dürfe, um den oberen Teil dieser Kapelle oberhalb der Kranzleiste zu reinigen.
3. Dass die Armenier das Recht hätten, die nördliche Vorderseite der Säule, an der der Altar liegt, bis zur Kranzleiste zu reinigen.
4. Dass Folgendes einvernehmlich beschlossen wurde:
   a) dass die Griechen ihren Vorhang auf den unteren Nagel Nr. 2 zu Fuße der Säule, welche südöstlich von den linken, zur Krippe führenden Stufen liegt, befestigen (diesen Paragrafen unterstrich der stellvertretende Oberkommissar mit einem blauen Stift);
   b) dass die Lateiner ihren Vorhang von derselben Säule natürlich herunterfallen lassen, wobei sie zwischen diesem und jenem der griechisch-orthodoxen einen Zwischenraum von 16 Zentimeter lassen sollten;
   c) dass der Nagel Nr. 1 von keiner der beiden Gemeinden benützt werden soll (dies unterstrich der stellvertretende Oberkommissar zweimal).
5. Dass, sooft die Regierung irgendeinen Teil der Basilika reinigen lässt, sie ihre eigenen Geräte zu verwenden habe.
6. Dass die oben getroffene Übereinkunft jedoch Änderungen unterliege, im Falle irgendwelche offizielle Dokumente zugunsten einer der obigen Gemeinden vor der nächstjährigen Reinigung vorgewiesen werden können.«

»Schauen Sie«, sagte der stellvertretende Oberkommissar zu Miss Clark, »Nagel Nr. 1 soll von keiner der beiden Gemeinden benützt werden. Ein schöner, klarer Fall. Ich wünschte, so wären alle.«

Miss Clark stieß ein glühend zustimmendes kleines Schnappen aus. Sie hegte eine grenzenlose Verehrung für den ständig von diesen ekelhaften eingeborenen Sekten und Gemeinden und was sonst noch gequälten stellvertretenden Oberkommissar, der trotzdem immer geduldig, höflich und liebenswürdig war. Sie versuchte, seine Last durch ihre rasche, stille, sich selbst in den Schatten stellende Arbeitsamkeit zu erleichtern, und gab ihren Ansichten hauptsächlich in Form von jenem zustimmenden Seufzer oder Schnappen Ausdruck, welches in einem plötzlichen scharfen Atemanhalten bestand und in dem ihre ganzen unterdrückten und beherrschten Gefühle explodierten. Zuerst war der stellvertretende Oberkommissar über diese sich wiederholenden Inhalationsgeräusche etwas überrascht, aber bald gewöhnte er sich daran, sie als zeitsparende Äquivalente für »Jawohl, Mr. Gordon-Smith« zu betrachten, während er die tieferen gefühlsmäßigen Inhalte lieber übersah.

Er diktierte zwei kurze Briefe an Dunby, den Untersekretär, der eine Antwort auf den armenischen Protest aufsetzen und eine Untersuchung (die sechste oder siebente) der rituellen Schächtangelegenheit versprechen sollte; dann wandte er sich dem nächsten Eingang zu. Er bestand aus etwa einem Dutzend mit beigelegten Übersetzungen zusammengehefteten Briefen von verschiedenen, der gemäßigten Naschaschibi-Partei angehörenden arabischen Standespersonen und Dorfmuchtars, die ihre Loyalität der Regierung gegenüber beteuerten und um Schutz vor den arabischen Terroristenbanden baten. Zwei der Briefe enthielten die naive Frage, ob das Gerücht wahr wäre, dass die Regierung den Terror billige als ein Mittel, die Hebräer loszuwerden; und wenn dem so wäre, würde die Regierung bitte den Terroristen nahelegen, dass sie aufhören, den Arabern Geld abzuknöpfen, und ihren Besitz in Ruhe lassen. Aber dies war Sache der Militärs und der C. I. D. Während der stellvertretende Oberkommissar den Brief Miss Clark überreichte, gestattete er seinen Gedanken, einen Augenblick lang bei seinem Neffen Jimmy zu verweilen, der als Unteroffizier in dem schottischen Regiment Black Watch diente und dem vorige Woche nach einem Zusammenstoß mit Terroristenbanden, die eine hebräische Siedlung angegriffen hatten, ein Bein amputiert wurde. Aber das dauerte bloß einen Augenblick; mit einem leichten Schuldgefühl, dass er seine persönlichen Empfindungen in öffentliche Angelegenheiten schlüpfen lasse, wendete er sich dem blauen, halb dringenden Brett zu.

Das zuoberst liegende Schriftstück trug den bekannten hebräischen Briefkopf der Zionistischen Exekutive und die bekannte Unterschrift Mr. Glicksteins, der um eine Unterredung mit Seiner Exzellenz bat, betreffend die Zulassung von 10 000 Kindern aus Deutschland. Quer darüber stand in der energischen Handschrift Seiner Exzellenz: »Nein. Angelegenheit endgültig erledigt durch Erklärung des Kolonialsekretärs, Unterhaus, 24. November, Oberhaus, 8. Dezember.« Der stellvertretende Oberkommissar wandte sich mit einem besorgten Lächeln an Miss Clark.

»Er ist ein hartnäckiger Kerl, unser Herr Glickstein, nicht?«

Miss Clark stieß ihren kleinen Seufzer aus. Er war gefärbt von Mitleid für ihren Chef, der wieder einmal für Seine Exzellenz die Suppe auslöffeln musste, und von Missbilligung gegen den zudringlichen Herrn Glickstein mit dem Goldzähnelächeln.

»Schreiben Sie, dass Seine Exzellenz bedauert, nicht in der Lage zu sein, ihn zu empfangen, dass ich mich aber freuen werde, nächsten Montag um 11 Uhr vormittags mit ihm zu sprechen.«

Während er sich der nächsten Angelegenheit auf dem Brett zuwendete, dachte er, dass Seine Exzellenz damit wirklich ein bisschen weit ging, wenn er seine Abneigung gegen die jüdische Gemeinschaft so offen zeigte. Während des letzten Jahres hatte er es hartnäckig abgelehnt, Glickstein zu empfangen, und zu der diesjährigen Garden Party wurde so gut wie keiner von den Leuten eingeladen. Glickstein war ein ermüdender Mensch, und seine Hartnäckigkeit, mit der er eine Sache betrieb, die vom Parlament bereits abgelehnt worden war, war sowohl bedauerlich als auch hochgradig geschmacklos, aber ebenso bedauerlich war Seiner Exzellenz demonstrative Unhöflichkeit. Er setzte einen in einer ansonsten vollkommen berechtigen Sache ins Unrecht und setzte die Regierung lästigen Angriffen im Parlament und in Genf aus, die Herr Glickstein und seine Freunde so geschickt zu inszenieren verstanden. Nichtsdestoweniger ...

Das Nächste war ein Auszug aus der gestrigen hebräischen und arabischen Presse, gespickt mit den üblichen krassen Ungenauigkeiten und giftigen Angriffen gegeneinander, gegen Spaltgruppen im eigenen Lager jeder Partei und hauptsächlich gegen die Regierung. Er überblätterte die Spalten des Leitartikels mit den sich ständig wiederholenden Gefühlstiraden und konzentrierte sich stattdessen auf kürzere Notizen mit etwas Tatsachengehalt:

> »*Wie wir hören*«, schrieb die führende hebräische Zeitung, »*gibt es augenblicklich keinen ständigen jüdischen Arzt im Regierungsspital in Jerusalem zur Behandlung der jüdischen Patienten. Wir wurden außerdem davon benachrichtigt, dass das Gesundheitsamt der Regierung eine ungenügende Anzahl hebräischer Beamter beschäftigt. In dieser Abteilung hat Arabisch das Übergewicht. Die britischen Abteilungsleiter sprechen die jüdischen Beamten lieber arabisch als hebräisch an. Einer der Leiter verlangte, auf Arabisch gegrüßt zu werden und nicht auf Hebräisch ...*«

Diesem Blatt hatte die selbstständige Miss Clark aus eigener Initiative einen maschinengeschriebenen Zettel beigelegt, welcher lautete: »Tatsachen, von unserem Gesundheitsamt ermittelt. Im Regierungsspital Jerusalem sind vier von zehn Ärzten der Anstalt Juden. Und 21 von 53 Krankenschwestern. Alle drei Spitalsbeamten sind Juden. Von 75 ärztlichen Angestellten der ganzen Abteilung sind gegenwärtig 31 jüdisch und ebenso 38 Prozent der 331 Krankenschwestern.«

»Ausgezeichnet«, sagte der stellvertretende Oberkommissar. »Wir werden ihnen eine Berichtigung schicken.«

Er lehnte sich einen Augenblick in seinem Stuhl zurück, beide Arme auf die Lehnen gestützt, den hohen, schlanken Körper in einer Kurve über den Schreibtisch gebeugt. Er blickte hinaus auf die Mauer Soleimans des Großen, hinter der die Straße König Salomos durch die Schuks zum Tempelgebiet mit dem Felsendom führte (dessen Hauptprediger, Scheich Abdul al-Chatib, gerade von Extremisten aus dem Klan des Muftis ermordet worden war).

»Wie kleinlich das doch alles ist«, sagte der stellvertretende Oberkommissar.

Miss Clark schnappte ein wenig. »Man wundert sich manchmal, ob sie sich jemals wirklich zivilisieren werden«, wagte sie zu äußern.

Miss Clark wäre in Verlegenheit gewesen, das Wort »zivilisiert« genauer zu definieren, aber sie hatte eine lebhafte Vorstellung von seiner Bedeutung. Es bedeutete Tee, zwei Buttersemmeln und eine Schnitte Käse in London im Corner House am Strand zu der Begleitung des uniformierten Frauenorchesters, das Liszts Ungarische Rhapsodie spielte, als Mittagessen.

Der stellvertretende Oberkommissar schien heute in einer entspannten Stimmung zu sein; er lehnte sich in seinem Stuhl zurück und ging seinen Gedanken nach.

»Zu viel Heiligkeit in der Luft – glauben Sie nicht, Miss Clark? Es verpestet die Atmosphäre. Heiligkeit ist nur in milden Lösungen erträglich wie Badesalz. Die konzentrierte Essenz ist Gift.«

Das Ausbleiben des üblichen Schnappens ließ den stellvertretenden Oberkommissar erkennen, dass er Miss Clark schockiert hatte. Auf ihr sofortiges Verzeihen vertrauend, wendete er sich jedoch an das dringende Brett, dessen wesentlicher Teil ein langatmiger vertraulicher Bericht der politischen Abteilung des C. I. D., Zweigstelle für jüdische Angelegenheiten, über die Umtriebe des *Irgun Z'wai Le'umi* (»Nationale Militär-Organisation«) war. Diese extrem nationalistische, halbmilitärische Vereinigung war seit der Angliederung der sogenannten Bauman-Gruppe wesentlich stärker geworden. Sie hatte auch ihre Politik wesentlich geändert. Bis jetzt hatte sich der *Irgun* hauptsächlich mit dem Einschmuggeln illegaler Einwohner aus Osteuropa und Vergeltungsakten gegen die Araber beschäftigt. Während der letzten Woche jedoch war es ihnen gelungen, einen geheimen Kurzwellensender zu errichten, von dem sie auf Wellenlänge 37,3 zwei Stunden täglich sendeten. Die Station schien umherzuwandern, denn man hatte die Richtung des Strahls an verschiedenen Tagen in verschiedenen Gegenden zwischen Tel Aviv und Niedergaliläa verfolgt. Die Hauptansagerin war ein jüdisches Mädchen mit einem spaniolischen Akzent und einer angenehmen Altstimme. Der Inhalt der Übertragungen war zu ungefähr gleichen Teilen zwischen Angriffen auf die angeblich antizionistische Politik der Mandatasmacht und Angriffen auf die Passivität der *Hagana*, der von den offiziellen zionistischen Stellen überwachten linksgerichteten Verteidigungsorganisation, aufgeteilt. Die Sendungen begannen und schlossen mit der Schallplattenwiedergabe eines Chores der hebräischen Nationalhymne und waren unterstreut mit dem Schlagwort »Deine Nächsten werden in Europa gemordet. Was tust du dagegen?«, was alle fünf Minuten monoton wiederholt wurde. Die Verschiebung des Schwergewichtes von antiarabischer auf antibritische Propaganda war auffallend und schien auf geplante Terrorakte gegen die Verwaltung hinzuweisen, Eine ergänzende Liste von Verdächtigen war beigefügt (Liste III. B.). Sie enthielt etwa dreißig Namen, darunter jenen eines gewissen Simon Stark aus der Kommune »Esras Turm«.

»... So, so«, sagte der stellvertretende Oberkommissar. »Was halten Sie davon?«

»Ich finde, es ist ein Skandal«, sagte Miss Clark geziert, mit vor Empörung leichter Röte an den sonst blassen Wangen. »Wir lassen diese Leute herein und verteidigen sie gegen die Araber, und statt Dankbarkeit bekommen wir das von ihnen.«

»Richtig«, sagte der stellvertretende Oberkommissar, und es fiel ihm zum ersten Male ein, dass Jimmy seine Meldung für das Tennisturnier des Klubs werde zurückziehen müssen, »Ganz richtig, Miss Clark – wenn auch nicht ganz.«

Er lehnte sich in seinen Stuhl zurück und starrte sie einen Augenblick geistesabwesend an. Miss Clark senkte ihre Lider und dachte, dass der stellvertretende Oberkommissar heute noch gequälter aussehe als sonst. Er wird sich noch umbringen mit allen diesen ekelhaften Sekten und Minderheiten, dachte sie. Und doch, so gestand sie sich mit einem leichten Pochen des Herzens, erhöhte der gequälte Blick irgendwie sein undefinierbar vornehmes Aussehen. Sie kannte niemanden, der so distinguiert aussah wie ihr Chef – nicht einmal Seine Exzellenz. Alles an ihm trug zu dieser Wirkung bei: seine Größe und Schlankheit, die leichte Krümmung der Schultern, die davon herrührte, dass er sich immer herunterbeugen musste, wenn er mit anderen sprach; die graue Strähne in den dunklen Haaren und selbst die leichte Unregelmäßigkeit der Augen, von denen eines um eine Schattierung dunkler war als das andere, was seinem Blick eine gewisse unpersönliche Festigkeit verlieh, wie wenn er ein Monokel trüge.

Allmählich schien er wieder lebendig zu werden, als wäre eine Batterie in ihm ausgebrannt und wieder ersetzt worden. »Richtig, Miss Clark, wenn auch nicht ganz«, wiederholte er zu sich und wünschte, man könnte die Dinge auch in einer so einfachen, geradlinigen Schwarz-Weiß-Manier sehen wie Miss Clark. Leider konnte man es nicht. Und leider veränderte die Art der Betrachtung das Endergebnis nur sehr wenig.

Er wandte sich schließlich mit einer unterdrückten Grimasse von Widerstreben dem ganz dringenden Brett zu. Es enthielt nur ein Memorandum, von dem er die ganze Zeit gewusst hatte, was es war: das Ersuchen Seiner Exzellenz um den Entwurf von Vorschlägen für eine Regierungserklärung, welche auf Londons Ersuchen unterbreitet werden soll. Und er kannte auch schon die wesentlichsten Punkte der Vorschläge Seiner Exzellenz, wie sie in der energischen Handschrift des Memorandums zusammengefasst waren.

»Danke, Miss Clark«, sagte der stellvertretende Oberkommissar. »Ich werde Sie heute früh nicht mehr brauchen«, und seinen Rücken in einen gotischen Bogen über den Schreibtisch krümmend, begann er in seiner kleinen, pedantischen Handschrift das Dokument zu entwerfen.

»Soll ich Sie erinnern, wann Sie gehen sollen?«, fragte ihn Miss Clark von der Tür her. »Sie haben Mittagsgäste.«

»Ja – rufen Sie mich um drei viertel eins, ja?«, sagte er, ohne aufzuschauen.

Es gehörte zu den Gewohnheiten des stellvertretenden Oberkommissars, die Miss Clarks Respekt für ihn erhöhten, dass er, wenn er in seine Arbeit vertieft war, regelmäßig auf die Zeit vergaß.

4

Eineinhalb Jahre nach seiner ersten Reise war Dick Matthews zum zweiten Mal auf Besuch nach Palästina gekommen. Sein letztes Buch, *»Hat die Demokratie noch Schmiss?«*, das vor einigen Monaten erschienen war, war ein Erfolg gewesen, der es ihm ermöglichte, die Redaktionsarbeit aufzugeben und sich auf Zeitschriftenbeiträge zu verlegen. Er hatte einen Auftrag für eine Artikelserie, die seine Ausgaben decken und später das Rückgrat eines neuen Buches abgeben sollte.

Als er mit seinem schweren, polternden Gang und dem angenehmen Gefühl eines ihm langsam zu Kopf steigenden Doppel-Arraks, den er in der Bar zum König David zu sich genommen hatte, die Straße der Propheten hinunterschritt, sah er einen jungen Arbeiter ohne Hut, in den kurzen Hosen und der Reißverschluss-Lederjoppe der Gemeinschaftssiedlungen nahen. Der Arbeiter hatte ein groteskes Affengesicht, das Matthews schon gesehen zu haben glaubte, und ging mitten auf der staubigen Straße in ein Selbstgespräch vertieft daher; er bewegte die Lippen, und seine über dem Nasenrücken zusammengewachsenen Augenbrauen sprangen auf und ab.

Matthews blieb am Rande des Gehsteiges stehen. »*Sch'mana Bachur!*«, rief er in einem gutturalen Michigan-Hebräisch mit einer halb erstickten Schwingung nach jedem Vokal, »*amod*, bleiben Sie stehen, ich kenne Sie von irgendwo.«

Der junge Mann blieb stehen, blickte ihn eine Sekunde lang ausdruckslos an und lächelte dann.

»Joseph – von Esras Turm«, sagte er in einem Public-School-Englisch. »Sie sind also zu uns zurückgekommen und haben sogar Hebräisch gelernt.«

»Jawohl – ein paar Worte«, sagte Matthews. »Euer verdammtes Land ist mir irgendwie sympathisch geworden.«

»Welche Hälfte davon – unsere oder die arabische?«

»Um Gottes willen«, sagte Matthews. »Können Sie nicht einmal in den ersten dreißig Sekunden damit Ruh' geben?«

»Nein«, sagte Joseph. »Und Sie würden es auch nicht können, wenn Sie da lebten.«

»Was haben Sie sich vorrezitiert, als ich Sie weckte? Ein Manifest?«

»Nein – unser monatliches Defizit. Sie müssen wissen, ich bin jetzt eine Art Kassier der Kommune.«

»Sind Sie deshalb in Jerusalem, anstatt die Erde Galiläas zu pflügen?«

»Eben deswegen.«

»Und wohin gehen Sie jetzt?«

»Zu der Siedlungsabteilung der Exekutive. Ich muss versuchen, sie dazu zu bewegen, einen sechsmonatigen Schuldschein auf hundert Pfund für die genossenschaftliche Arbeiterbank zu garantieren; von dieser Summe werde ich fünfzig Pfund als Zeichen des guten Willens an das genossenschaftliche Landwirtschaftsinstitut einzahlen, bei dem gestern eine Rechnung auf zweihundertfünfzig Pfund fällig war.«

»Jesus«, sagte Matthews. »Und was gedenken Sie mit den restlichen fünfzig zu machen?«

»Sie dem Kassier der Kommune Dalia zu leihen, der mir dafür einen von der Molkereigenossenschaft T'nuwa garantierten Schuldschein auf dreihundert Pfund versprach, von dem ich wenigstens fünfundsiebzig in bar zu bekommen hoffe, wofür ich einen gebrauchten Traktor zu kaufen gedenke, den ein Bauer in ›Dawar‹ zum Kauf angeboten hat.«

»Und wann werdet ihr in Konkurs gehen?«, fragte Matthews.

»Niemals. Im Gegenteil, wir gedeihen recht gut. Wir haben eine Quelle entdeckt, die uns genug Wasser geben wird, um weitere sechzig Dunam zu bewässern. Aber es ist eine Kreditinflation im Land und kein Bargeld, und so muss man halt weiterwursteln.«

»Ich möchte gern mehr davon hören«, sagte Matthews. »Jetzt habe ich eine Mittagsverabredung mit eurem ehrenwerten Dingsda. Aber wie wäre es, wenn wir morgen im König David zusammen mittagäßen?«

»So wie ich bin?«, sagte Joseph und deutete auf seine kurzen Hosen und Lederjoppe. »Ich habe keine anderen Kleider hier.« (Und auch sonst nirgends, dachte er.)

»Wen geht das was an?«, sagte Matthews. »Haben Sie Minderwertigkeitsgefühle deswegen?«

Joseph lächelte und schüttelte den Kopf. »Also gut, ich komme«, sagte er nach kurzem Zögern. »Auf Wiedersehen.«

»Auf Wiedersehen«, sagte Matthews. Aber nach ein paar Schritten drehte sich Joseph um und ging zu ihm zurück.

»Hören Sie«, sagte er zögernd. »Sie kommen aus dem Ausland und wissen, was vorgeht. Wir hier wissen gar nichts. Was halten Sie von unseren Chancen – ich meine politisch?«

Matthews blickte ihn einen Augenblick ruhig an.

»Schlecht«, sagte er. »Mr. Chamberlain wird euch verkaufen.«

Joseph antwortete nicht. Er stand einen Augenblick mit hochgezogenen Augenbrauen da, drehte sich dann um und ging.

Um zehn Minuten vor eins schritt der stellvertretende Oberkommissar durch die Lücke in der Steinmauer in den Kaktusgarten vor seinem Haus. Es war ein altes umgebautes zweistöckiges arabisches Gebäude, von außen nichts als ein strenger Steinquader mit dicken Wänden und kleinen Fenstern; aber drinnen war es kühl und düster und bequem, mit der leicht muffigen Atmosphäre eines Gewölbes. Die Eingangstür öffnete sich in eine geräumige Halle mit steingekacheltem Boden und einigen kleinen Perserteppichen. Sie war schütter möbliert mit Sofas und Armsesseln längs der Wand, niedrigen eingelegten Jourtischchen und einem riesigen Kamin aus Ziegeln, der, wenn auch etwas ausgefallen, dennoch angenehm zu dem allgemeinen Bild passte. In der Mitte des Zimmers stand, etwas statuenhaft, Lady Joyce, die zu dem rituellen Flamingokuss ihre Stirne darbot. Aus der Art ihres Lächelns schätzte der stellvertretende Oberkommissar, dass seine Frau mit einem Anflug von Migräne unpässlich war. Wie viele kinderlose Frauen neigte sie dazu, ihren periodischen Unpässlichkeiten übermäßige Beachtung zu schenken, und das Klima machte es nur noch schlimmer.

Der arabische Diener brachte Getränke und drei Briefe auf einem Servierbrett. Einer der Briefe war eine Einladung zu einer Gemäldeausstellung in Tel Aviv, englisch und hebräisch gedruckt, der zweite eine Einladung der Zitronen- und Orangenzüchter in Jaffa, in Englisch und Arabisch, der dritte ein kurzer maschinengeschriebener Brief auf gewöhnlichem Foliopapier ohne Briefkopf und ohne Unterschrift, nur in Hebräisch. Da das Hebräisch des stellvertretenden Oberkommissars nur rudimentär war, war er gerade dabei, den Brief in die Tasche zu stecken und ihn später übersetzen zu lassen, als ihm ein in großen Buchstaben geschriebenes Wort ins Auge fiel: Es war das Wort MA'WET, Tod. Er nahm das Wörterbuch vom Bücherregal, und in den Lehnstuhl zurückgelehnt, die Beine überkreuzt, begann er den Brief zu entziffern, während er an seinem Arrak nippte.

»Wozu machst du dir die Mühe?«, fragte Joyce.

»Es ist etwas recht Eigenartiges«, sagte der stellvertretende Oberkommissar und suchte ein Wort in dem Wörterbuch. Nach ein paar Minuten war er fertig.

»Hör dir das einmal an«, sagte er, den Brief sorgfältig an den Rändern zwischen seinen gespreizten Fingern haltend:

»An den stellvertretenden Oberkommissar, Jerusalem. Wiederholte Warnungen wurden dem in der Bucharastraße 133 in Haifa wohnhaften Polizeiangeber und Lockspitzel Izchak Ben David zugeschickt, seine verräterische Tätigkeit einzustellen.

Da diese Warnungen erfolglos geblieben sind, hat das Oberkommando der hebräischen Nationalen Militärorganisation nach Prüfung des unterbreiteten Beweismaterials Izchak Ben David des Hochverrates gegen die Nation schuldig befunden und ihn zum Tode verurteilt.

Das Urteil wird bei der ersten sich bietenden Gelegenheit vollstreckt werden ...«

»Etwas komisch«, sagte Joyce.

»Das kann ich nicht finden. Diese Burschen meinen es ernst. Sie haben eine ganze Menge Araber als sogenannte Vergeltungsakte getötet.«

»Araber töten ist etwas anderes«, sagte Joyce. »Sie werden sich nicht trauen, einen Mann, der für uns arbeitet, anzurühren.«

»Ich bin nicht so sicher«, sagte der stellvertretende Oberkommissar, während er das Wörterbuch auf das Regal zurückstellte. Seine weiteren Bemerkungen wurden vom Diener unterbrochen, der die ersten Gäste, Professor Shenkin von der hebräischen Universität und seine Frau, anmeldete.

Professor Shenkin war ein älterer Herr mit einem Spitzbart, der mit einer tiefen Verbeugung und ausgestreckter Hand auf die Frau des Hauses zuging. Seine Frau Rebekka war klein, dick und dunkel; sie entstammte einer der alten jüdischen Familien Jerusalems, die schon unter türkischer Herrschaft mehr als hundert Jahre lang hier gelebt hatten. Ihr Vater, ein Bäcker in der alten Stadt, hatte mit Häuserspekulationen ein Vermögen gemacht und besaß mehrere Häuser in dem uralten Viertel der Hundert Tore. Er war ein orthodoxer Jude und ein wütender Gegner des politischen Zionismus. In den alten türkischen Tagen waren die wenigen Tausend Juden des Landes – meistens fromme alte Leute, die gekommen waren, um im Heiligen Land zu sterben – von den Moslems, abgesehen von ein paar Pogromen, kaum der Rede wert, geduldet worden; jetzt dagegen, wo die Zionisten mit ihrem Geschwätz von einem hebräischen Staat dahergekommen waren, waren die Araber feindselig geworden; der Nationalfonds machte Landspekulationen fast unmöglich, die heidnische Jugend in den Kommunen entweihte das Heilige Land, und die Arbeiter in der Bäckerei waren in Gewerkschaften organisiert. Frau Shenkin teilte im Geheimen die Ansichten ihres Vaters, aber sie sprach nie mit ihrem Mann darüber, der aus Bukarest und ein Zionist war, wenn auch ein gemäßigter. Sie war sehr stolz darauf, mit einem Universitätsprofessor verheiratet zu sein. Sie war sich dessen bewusst, dass das Geld ihres Vaters ein entscheidender Faktor für ihre Ehe gewesen war, fand dies aber nicht störend; wie konnte man auch von einem gelehrten Wissenschaftler erwarten, die Tochter eines Bäckers zu heiraten, wenn sie nicht einmal Geld hatte? Sie hatte ihm in Dankbarkeit fünf Kinder geboren, und ihre Ehe war im Großen und Ganzen glücklich.

Als die Begrüßung vorüber war, befand sich Frau Shenkin in der ungemütlichen Gegenwart der Lady Joyce vor dem Kamin, während sich die beiden Männer gegen das andere Ende des Zimmers zubewegt hatten. Der Diener bot ihr etwas zu trinken an, und Frau Shenkin schüttelte heftig den Kopf. »Ich trinke nicht. Ich bin nicht eine moderne Frau«, sagte sie in ihrem schrecklichen Englisch.

»Ich schon«, verkündete Joyce matt. Sie lehnte mit dem Rücken gegen den Kamin und blickte auf Frau Shenkins Kopf hinunter, um herauszufinden, ob sie eine Perücke trug. Joyce hatte gehört, dass alle jüdisch-orthodoxen Frauen ihre Haare abschneiden lassen, wenn sie heiraten, und ihr restliches Leben eine Perücke tragen. Aber durch Frau Shenkins schüttere graue Haarsträhne konnte man den blassen Schimmer ihrer Kopfhaut sehen; sie trug keine Perücke.

»Wir gerade aus Tel Aviv zurückgekommen«, sagte Frau Shenkin, um Konversation zu machen. »Wir haben unseren zweiten Sohn besucht, der im Gymnasium studiert. Tel Aviv ist eine schöne Stadt. Sie oft gehen dort?«

»Nie«, sagte Joyce. Sie war nur einmal in Tel Aviv gewesen, und die furchtbare Architektur der hebräischen Stadt, ihre lärmenden, heißen Straßen mit ihren Reihen von Limonadegeschäften, schwärmend von einer schwitzenden, lärmenden Menge, hatten ihr das Gefühl suggeriert, sie wäre in einen semitischen Ameisenhaufen gefallen. Sie liebte es, durch die arabischen Schuks zu gehen, obwohl diese fast noch übelriechender und lärmender waren; aber sie waren wenigstens der Orient – wogegen Tel Aviv nur ein mittelländisches East End war, eine Kreuzung zwischen Whitechapel und Monte Carlo.

»Warum nicht?«, fragte Frau Shenkin. »Haben Sie nicht gern, im Meer zu schwimmen?«

Frau Shenkin schwamm nie im Meer, aber sie nahm richtigerweise an, dass Joyce es täte.

»Es sind zu viele Menschen«, sagte Joyce.

»Ja – so viele Menschen!«, rief Frau Shenkin. »Tel Aviv wird bald hundertfünfzigtausend Menschen haben. Und vor zwanzig Jahren – nichts.« Obwohl sie eher antizionistisch eingestellt war, teilte Frau Shenkin den allgemeinen jüdischen Stolz auf Tel Aviv.

Joyce sagte nichts. Sie trank ihren Dry-Martini mit einem nach innen gekehrten Blick, mit ihrer Unpässlichkeit beschäftigt. Diese dicken Jüdinnen sollen so viel über Kräutertees und dergleichen wissen. Aber andererseits konnte man sie unmöglich fragen.

»Das ist mein Sohn«, verkündete Mrs. Shenkin. Da es ihr überlassen war, Konversation zu machen, hatte sie eine Fotografie aus ihrer Tasche gezogen.

»Hübsch«, sagte Joyce nach einem flüchtigen Blick, ohne Frau Shenkin die Fotografie aus der Hand zu nehmen. Aber sie musste zugeben, dass der schlanke, blonde Junge überraschend gut aussah. Wie diese beiden hässlichen Menschen ihn hatten zustande bringen können, war ihr ein Rätsel.

»Er ist ein Genie«, stellte Frau Shenkin wie eine Tatsache fest. »Er übersetzt Puschkins Gedichte ins Hebräische.«

»Sehr tüchtig«, sagte Joyce.

»Ja. Er kann kein Wort, übersetzt Puschkin und Russisch.«

Lady Joyce begann plötzlich in ihren Cocktail hineinzuhusten. Sie musste sich diese Geschichte für den Klub merken: das jüdische Wunderkind, das Puschkin übersetzt, ohne Russisch zu können. Sie stellte ihr Glas nieder.

»Wie macht er es denn aber?«, fragte sie, zum ersten Mal mit etwas Wärme in der Stimme.

»Oh, das ist ganz einfach«, sagte Mrs. Shenkin. »Einer seiner Freunde, ein Russe, erzählt ihm den Inhalt, und er setzt ihn in Reime.«

»Wie gescheit«, sagte Joyce.

Der Diener meldete Mr. Richard Matthews, und der Amerikaner polterte ins Zimmer, ziemlich unordentlich aussehend, etwas zerstreut und leicht angeheitert. Joyce hatte ihn in einer Gesellschaft kennengelernt, die Seine Exzellenz während Matthews' erstem Besuch gegeben hatte, und er war ihr vom ersten Moment an unsympathisch gewesen. Er war linkisch, unhöflich und eingebildet, auf eine ordinär demokratische Art unverschämt – typisch amerikanisch. Er hatte aber während der letzten zwei Jahre ziemliches Ansehen erworben, und als Frau des stellvertretenden Oberkommissars musste man eben mit allen Arten von Leuten verkehren. Diese Gesellschaft wurde ihm zu Ehren gegeben, und die Shenkins waren vorgeführt worden, weil diese amerikanischen Zeitungen sich immer darüber beschwerten, dass man nicht nett genug zu den Juden war. Um das Gleichgewicht herzustellen, hatte sie auch Kamel Effendi el-Schallabi eingeladen, den Herausgeber einer gemäßigten arabischen Wochenzeitung, aber, wie gewöhnlich, kam er zu spät.

Sie standen um den Kamin herum, ihre Gläser in den Händen, mit dem dumpfen Gefühl der Zwecklosigkeit, das bei allen Jerusalemer Gesellschaften die typische Atmosphäre ist. Herr Shenkin erzählte eine verwickelte Geschichte über Ausgrabungen am Toten Meer und darüber, warum sie schief ausgegangen waren. Dann und wann warf der stellvertretende Oberkommissar mit der Miene freundlicher Zustimmung eine unaufdringliche Frage ein, die des Professors archäologische Unwissenheit aufzeigte. Shenkin war nämlich kein Archäologe, sondern Professor der Philosophie, obwohl niemand recht wusste, worüber er eigentlich philosophierte. Er hatte zeit seines Lebens nur zwei kurze Beiträge in hebräischen Zeitschriften veröffentlicht, einen über »Spinoza und die Neo-Platonisten« und einen über »Talmudische Einflüsse auf den mittelalterlichen deutschen Mystizismus«. Es gab Gerüchte, dass er die Lehrkanzel an der Universität erhalten hatte, weil einer seiner Verwandten in Amerika, wo das Geld herkam, im Ausschuss der Kuratoren saß.

Schließlich kam Kamel Effendi an, mit rotem Gesicht, heiter, elegant, einen Rosenstrauß für die Hausfrau in der Hand. Er begrüßte die Shenkins mit überschwänglicher Herzlichkeit, obwohl er sie nur einmal bei einer offiziellen Garden Party gesehen hatte. Es wurden wieder Getränke herumgereicht. Matthews trank einen großen Whisky und Soda, Kamel Effendi einen Arrak, an dem er mit vornehm weggestrecktem kleinen Finger nippte, während der Professor ein Glas mit klebrig süßem palästinensischem Wermut liebkoste. Als ihn Joyce beobachtete, erinnerte sie sich mit Schaudern an die einzige Dinner-Gesellschaft bei Glickstein, der sie beizuwohnen gezwungen war und wo es zum Fisch süßen Karmelwein in Likörgläsern gegeben hatte.

Endlich bewegte sich die Gesellschaft in den Speisesaal. Ein leichter Geruch in der Luft belehrte Joyce, dass der arabische Koch wieder einmal den Pilaw hatte anbrennen lassen, was er immer tat, wenn jüdische Gäste da waren, obwohl es ein Rätsel war, wie er das im Vorhinein wissen konnte. Sie war jedoch von ihnen allen zu sehr angewidert, um sich zu kränken.

Kamel Effendi führte das Wort. Von einer Frage Matthews' angetrieben, steuerte er in die arabische Politik:

»Ah, der Mufti, der Mufti!«, schrie er. »Er und seine Familie sind der Ruin des Landes. Wie oft haben wir unsere englischen Freunde vor den Machinationen des Husseini-Klans gewarnt! Wir erzählten ihnen, wie der Mufti seine Stellung und die ihm anvertrauten religiösen Fonds dazu ausnützte, die Terroristenbanden zu finanzieren. In jedem kleinen Dörfchen hat er seine Agenten. In jeder Moschee predigt der Mullah auf seinen Befehl Hass und Mord. Leider – ihr habt uns nicht geglaubt ...« Er wendete sich mit einem schalkhaft anklagenden Finger zu dem stellvertretenden Oberkommissar. »Nein, ihr habt uns nicht geglaubt, ihr unterstütztet Hadsch Amin, bis er euch hinterging und das Land im Blute schwamm. Und dann ließet ihr ihn direkt vor eurer Nase nach Syrien entkommen, von wo aus er fortfährt, mit italienischem Geld Unheil zu stiften.«

Der stellvertretende Oberkommissar lächelte und nahm sich von dem angebrannten Pilaw. Er sah aus wie ein nachsichtiger Lehrer bei einem Picknick, bei dem die Schüler etwas über die Schnur hauen, während er versucht, es nicht zu bemerken.

»Ist es wahr, dass er in Frauenkleidung aus der Omar-Moschee entkam?«, fragte Frau Shenkins pfeifend hohe Stimme.

»Bah«, rief Kamel Effendi. »Es ist mir gleichgültig, wie er entkam. Was mir nicht gleichgültig ist, ist, dass seine bezahlten Banditen meinen Vetter Mussa Effendi und Fachri Bej Naschaschibi und Scheich Abdul Chatib, den großen Prediger der Omar-Moschee, töteten. Hadsch Amin ist ein Fluch. Die ganze Husseini-Familie und ihre Nationale Partei sind ein Fluch. Sie töten und erpressen jeden, der gegen sie ist, und treiben uns zu Blutvergießen.«

Der Arrak und der schwere Burgunder aus Rischon le-Zion begannen auf Kamel Effendi schwer einzuwirken. Sein Gesicht war womöglich noch röter geworden, und er sprach mit recht lauter Stimme.

»Ihr sprecht beinahe wie ein Zionist, Kamel Effendi«, sagte der stellvertretende Oberkommissar, der sich auf seine stille Art amüsierte.

»Ein Zionist – bah!«, sagte Kamel Effendi. »Wir brauchen keine Husseiniten, um den Zionismus zu bekämpfen. Alle Araber sind vereint gegen die zionistische Gefahr.« Er erinnerte sich plötzlich an die Shenkins und wendete sich mit einem breiten Lächeln an den Professor. »Das ist nicht persönlich gemeint«, sagte er freundlich. »Freunde bleiben Freunde. Wir sprechen über Prinzipien.«

Der Professor, der seine Serviette unter seinen Spitzbart geschlagen hatte, lächelte zuvorkommend zurück.

»Wir haben alle mit unseren Extremisten und Unruhestiftern im eigenen Lager zu tun«, sagte er salbungsvoll. »Sie haben Ihren Mufti und seine Anhänger, und wir haben unsere jungen Fanatiker. Ohne diese könnten Araber und Juden genauso glücklich zusammenleben wie vor tausend Jahren in Spanien.«

»Ganz richtig«, sagte der stellvertretende Oberkommissar. »Die Frage ist natürlich nur, unter welchen Bedingungen«, fügte er unschuldig hinzu.

»Bedingungen – bah!«, rief Kamel Effendi, und er wendete sich unerwartet an seine Gastgeberin, die in krampfhaft aufrechter Haltung auf ihrem Sessel saß und darauf wartete, dass die schwache Schmerzwelle wiederkehre. »Wenn Sie, Madame, mich mit einer Einladung in Ihr Haus beehren, werde ich nach den Bedingungen fragen? Und wenn ich die Privilegien Ihrer Gastfreundschaft genieße, werde ich verlangen, der Herr des Hauses zu sein? Nein, Madame, gewiss nicht. Dasselbe gilt für unsere jüdischen Freunde. Sie genießen unsere Gastfreundschaft – *ahlan w'sahlan,* ihr seid willkommen. Wir werden wie Brüder sein. Wir werden euch mit offenen Armen als unsere Gäste empfangen ...«

»*Yeah* – zahlende Gäste«, murmelte Matthews, aber glücklicherweise hörte ihn Kamel Effendi nicht. Der stellvertretende Oberkommissar, der ihn wohl hörte, nahm sich noch etwas Pilaw.

»... wie Brüder«, schloss Kamel Effendi. »Gerade wie in den glorreichen Tagen des spanischen Kalifats, wie unser Freund, der Professor, sagte. Aber Bedingungen – bah! Wenn sie unser Haus wollen – niemals!«

»Nun, Professor«, sagte Matthews mit einem schweren Zwinkern der Augen. »Jetzt ist die Reihe an Ihnen.«

Shenkin streichelte seinen Spitzbart.

»Natürlich«, sagte er. »Ich persönlich kann den Standpunkt unseres Freundes verstehen. Ich stellte mich immer gegen die provokanten Reden über einen hebräischen Staat, die unsere arabischen Freunde nur verstimmen. Für mich ist Zion ein Symbol. Ein Staat! Was ist ein Staat? Ein selbstsüchtiges, veraltetes Vorurteil ...«

»*Aywah!*«, nickte Kamel Effendi. »Wie wahr!«

»Unsere jungen Fanatiker«, fuhr der Professor fort, »wünschen eine jüdische Mehrheit. Was sind das für Reden? Provokationen. Was sind Zahlen? Was sind Mengen? Es ist der Geist, der zählt. Wir müssen unseren arabischen Freunden in einem Geist von Freundschaft und Verständnis entgegenkommen. Die Juden verabscheuen Gewalt. Das ist unsere geschichtliche Mission ...«

»Quatsch«, sagte Matthews plötzlich und hörbar. Alle blickten ihn an, aber er war in seinen Pilaw vertieft.

»Möchten Sie nicht noch ein bisschen?«, fragte Joyce mit klingender Stimme durch die Stille. »Ich fürchte zwar, er ist etwas ...«

»Ja«, sagte Frau Shenkin ernst. »Er ist angebrannt. Unser Koch macht das auch. Das kommt von den Primusöfen.«

»Ja – sie sind wirklich furchtbar!«, sagte Joyce in eisigem Ton.

»Hören Sie«, sagte Matthews, der den letzten Bissen auf seinem Teller gegessen hatte und sich nun an den Professor wandte. »Seid ihr Leute hergekommen, um ein Land aufzubauen, oder wieder ein Ghetto?«

»Ich kam«, sagte Professor Shenkin, der sich auf seinem Sitz wand, »ich kam, um an der Hebräischen Universität zu lehren.«

»Zum Teufel mit Ihrer Universität«, sagte Matthews. »Die Leute müssen zuerst Sicherheit haben, dann etwas Einkommen und etwas Freizeit, bevor sie an eine Universität denken können. Ihr packt alles von der verkehrten Seite an.«

»Das ist Ansichtssache«, sagte Shenkin.

»O nein«, sagte Matthews, sein Glas leerend. »Ihr Leute macht einen verrückt. Man möchte euch helfen, und ihr macht es einem so verdammt schwer.«

Kamel Effendi kicherte. »Das ist eine sehr wahre Bemerkung, Mr. Matthews. Wir sind in derselben Lage. Wir möchten diesen armen Menschen helfen, und wie danken sie uns dafür? Sie wollen unser Haus wegnehmen.«

»Aber, hören Sie mit dem Gerede über das Haus auf«, sagte Matthews. »Die letzten fünfhundert Jahre lang gehörte es nicht Ihnen, sondern den Türken.«

Kamel Effendi wurde wieder rot, während Shenkin in seinen Stuhl zurücksank und sich den Kopf mit der Serviette abtupfte.

»Die Majorität der Bevölkerung war immer arabisch«, schrie Kamel Effendi. »Nehmen Sie mich. Meine Familie stammt direkt von Walid el-Schallabi, Mohammeds Eroberer-General, ab. Wir sind die älteste Familie in Palästina ... Die Husseinis und Naschaschibis sind die reinsten Parvenus«, konnte er sich nicht enthalten hinzuzufügen.

»Mein Vater ist ein Kohen«, quiekte Frau Shenkin plötzlich. »Und die Kohens sind Abkömmlinge der Kohanim, der Priester der alten Tage.«

»Sollen wir gehen?«, sagte Joyce, etwas unerwartet aufstehend. Sie hatte ungeduldig darauf gewartet, bis Matthews mit seinem letzten Löffel Gefrorenes fertig war, und hatte nun das Gefühl, sie könne es nicht eine Minute länger aushalten. Als sie sah, dass Frau Shenkin in Unkenntnis der englischen Sitte verblüfft dreinschaute, erklärte sie: »Die Herren werden sich uns später auf einen Kaffee anschließen.« Und mit einem entschuldigenden Lächeln segelte sie aus dem Zimmer, gefolgt von der kurzen, watschelnden Frau Shenkin – eine Königin mit unstandesgemäßem Gefolge.

Die vier Männer hatten sich einen Augenblick erhoben, und als sie sich wieder niedersetzten, sagte der stellvertretende Oberkommissar, um dem Gespräch eine Wendung zu geben:

»Es scheint ein Chamsin im Anzug zu sein. Meine Frau fühlt ihn gewöhnlich vierundzwanzig Stunden im Voraus.«

»Ist das eure lokale Abart des Schirokko?«, fragte Matthews.

»Ja – nur gefährlicher.«

»Ah – der Chamsin!«, schrie Kamel Effendi. »In einem richtigen Chamsin wird jeder verrückt.«

»Dann muss dieses Land in einem ständigen Chamsin leben«, sagte Matthews.

Kamel Effendi lachte schnarchend. Der Professor strich sich seinen Bart.

»Wenn der Ostwind bläst, trauern die Weiden der Hirten, und das Haupt des Karmels verdorrt«, zitierte er von irgendwo aus der Bibel.

»Stimmt«, sagte der stellvertretende Oberkommissar. »Aber derselbe sengende Ostwind wird auch Atem des Herrn genannt. Wenn wir also alle verrückt sind, ist es ein heiliger Wahnsinn, wie Sie sehen.«

»Ich schätze«, sagte Matthews, »dass der Allmächtige weniger damit zu tun hat als euer Kolonialamt.«

»*Aywah*«, sagte Kamel Effendi. »Und euer Lord Balfour.«

»Sind schon wieder dabei«, sagte der stellvertretende Oberkommissar. »Wer möchte einen Port oder Likör?«

Alle lehnten ab, außer Matthews, der ein Kugelglas Brandy wählte. »Was haben Sie gegen den alten Balfour?«, fragte er und schob seinen großen unordentlichen Kopf gegen Kamel Effendi vor.

»Er verschenkte unser Haus«, sagte Kamel Effendi, der gerne dieselben Bilder verwendete.

»Auch das ist Quatsch«, sagte Matthews, der den Brandy kostete und ihn gut fand. »Da ist nie ein Haus gestanden. Da waren eine Wüste und ein stinkender Morast und syphilitische Fellachen. Ihr wart die Parias des Morgenlandes, und heute seid ihr das reichste arabische Land. Eure Bevölkerung war jahrhundertelang im Abnehmen, weil die Hälfte eurer Säuglinge in der Wiege im Schmutz erstickte, und seit die Juden kamen, hat sie sich verdoppelt. Sie haben euch keines Zolls eures Landes beraubt, aber sie haben euch eure Malaria genommen und euer Trachom und euer Kindbettfieber und eure Armut ...«

»Aber, aber, Mr. Matthews«, sagte der stellvertretende Oberkommissar und setzte eine gequälte Miene auf, obwohl er sich im Geheimen amüsierte. »Das ist eine ziemlich starke Sprache und überdies etwas unfair.«

Kamel Effendi war von seinem Sitz aufgesprungen. Er rang nach Worten.

»Bah!«, brachte er schließlich hervor. »Jetzt wissen wir, was wir von Ihnen zu halten haben. Sie kommen her als unser Gast, angeblich als Journalist aus Amerika – sind aber auch nichts anderes als einer von denen, die sie ...« Außer sich rieb er seinen Zeigefinger gegen seinen Daumen, und sein Gesicht verzerrte sich.

»Yeah«, sagte Matthews ruhig. »Ich bin einer der Weisen von Zion – was?«

»Ich denke, es ist an der Zeit, uns den Damen anzuschließen«, sagte der stellvertretende Oberkommissar, und der Professor stand gehorsam auf, aber Kamel beachtete ihn nicht.

»Es interessiert mich nicht, wer Sie sind«, schrie er. »Sie kommen her als unser Gast, und dann beschimpfen Sie uns. Das haben wir von unserer Gastfreundschaft ...«

»Regen Sie sich nicht auf, Mr. Kamel«, sagte Matthews. »Ich bin nicht Ihr Gast, ich zahle für meinen Unterhalt, und ich habe Sie nicht um Erlaubnis gebeten.«

»Ob Sie zahlen, ist mir gleichgültig«, schrie Kamel Effendi. »Und Ihre Spitäler und Ihre Schulen sind mir auch gleichgültig. Das ist unser Land, verstehen Sie? Wir wollen keine fremden Wohltäter. Wir wollen keine Gönner. Wir wollen in Ruhe gelassen werden, verstehen Sie? Wir wollen auf unsere Art leben, und wir wollen keine fremden Lehrmeister und kein fremdes Geld und keine fremden Sitten und kein herablassendes Lächeln und kein Auf-die-Schulter-Klopfen und keine Arroganz und keine schamlosen Weiber mit scharwenzelnden Hintern auf unseren heiligen Stätten. Wir wollen nicht ihren Honig, und wir wollen nicht ihren Stachel. Das können Sie ihnen sagen in Ihrem Amerika. Wenn man sie aus anderen Ländern hinauswirft – sehr bedauerlich, sehr bedauerlich. Es tut uns sehr, sehr leid – ist aber nicht unsere Angelegenheit. Wenn sie hier herkommen wollen – einige von ihnen, vielleicht tausend, vielleicht zweitausend – *t'faddal,* willkommen. Dann aber wisset, ihr seid Gäste und achtet auf euer Benehmen. Ansonsten – zum Teufel. Ins Meer und *halass*, erledigt. Das ist offene Sprache. Sagen Sie es ihnen.«

Es entstand eine peinliche Stille, während Kamel Effendi seine Stirne abwischte und der stellvertretende Oberkommissar über der Gruppe hing wie ein unglücklicher Flamingo. Dann sagte Matthews unerwartet:

»*Yeah* – ich verstehe Sie, Mr. Kamel. Ich meine, Sie haben unrecht, aber Sie haben mit vollem Recht unrecht.«

Der stellvertretende Oberkommissar starrte ihn mit seinen zweifärbigen Augen eigenartig an; er schien eine Bemerkung machen zu wollen und überlegte sich's wieder. Aber Kamel Effendi lachte schnarrend und ohne Übergang.

»Ho! – Ho!«, rief er. »Mit vollem Recht unrecht haben! Das ist ein tiefsinniger Ausspruch, mein Freund – sehr tiefsinnig.« Er schnalzte anerkennend mit der Zunge und ergriff spontan

Matthews' Hand und schüttelte sie. »Nichts für ungut, Mr. Matthews«, sagte er. »Wir alle werden hier dann und wann leicht hitzig. Das ist unser Klima, wissen Sie – der Chamsin.«

Und so gingen sie alle in recht fröhlicher Stimmung sich den Damen anschließen – außer dem Professor, der den Gang entlangschlich, den Kopf auf eine Seite geneigt und mit dem Finger über die Wand fahrend.

5

Die Shenkins gingen bald – sie mussten eine Schwiegertochter besuchen, die eben ihr drittes Kind auf der Hassadah-Gebärklinik geboren hatte; Kamel Effendi folgte nach einigen Minuten. Matthews, der den stellvertretenden Oberkommissar ersucht hatte, eine Viertelstunde offen mit ihm reden zu können, blieb noch. Joyce zog sich auf ihr Zimmer zurück, um sich niederzulegen; der Chamsin wurde ärger und ihre Nerven desgleichen.

»Zigarre?«, fragte der stellvertretende Oberkommissar, als sie allein waren. Er sank in seinen Lieblingslehnstuhl und ließ den gequälten Blick langsam aus seinem Gesicht schwinden. »Nun, Mr. Matthews«, sagte er, »heute hatten Sie einen Vorgeschmack von der eigenartigen Atmosphäre dieses kleinen Landes. Und vergessen Sie nicht, beide waren Gemäßigte …«

»Der Professor gewiss«, sagte Matthews. »Ich meine, die Auswahl der Parteien war hübsch unfair.«

Der stellvertretende Oberkommissar lächelte. »Mag sein«, sagte er. »Aber Sie können von mir nicht erwarten, dass ich, um fair zu sein, einen jüdischen Terroristen einlade. Wohlgemerkt, mir würde es ja Spaß machen, aber meine Frau hängt irgendwie an ihren Möbeln.«

Matthews füllte sein halb leeres Brandyglas mit Soda an.

»Herrgott«, sagte er. »Euer Chamsin nimmt einen aber her.« Er leerte das Glas und stellte es leicht klirrend auf den eingelegten Tisch. »Und jetzt sagen Sie mir rundheraus, Herr Oberkommissar«, sagte er und schob seinen schweren Körper im Stuhl etwas vorwärts, »warum verkauft ihr sie?«

»Ich fürchte ...«

»Aber lassen Sie das. Sie müssen keine Angst haben. Wir sprechen streng vertraulich, Herr Oberkommissar.«

»Stellvertretender Oberkommissar«, verbesserte der stellvertretende Oberkommissar. Obwohl er weiterhin freundlich lächelte, wurde der Unterschied der Augenfarben betonter, ein Zeichen, dass er sich ärgerte. »Darf ich fragen, was Sie eigentlich unter *verkaufen* verstehen?«

»Aber lassen Sie das«, wiederholte Matthews und zog jeden Konsonanten zu einem schleppenden Schnörkel aus. Es war, wie wenn ein massiger Stier absichtlich versuchte, den schlanken Matador zu reizen. »Sie haben die Berichte des Völkerbundes gelesen. Es geht aus ihnen klar hervor, dass ihr die Araber gegen die Juden aufgewiegelt habt, um einen Grund zu haben, den Zionismus fallen zu lassen.«

Der stellvertretende Oberkommissar streifte mit der Behutsamkeit einer klinischen Operation die Asche von seiner Zigarre. Es fiel ihm ein, dass er Sonntag Jimmy nicht werde im Spital besuchen können, weil er versprochen hatte, eine Ausstellung für Gartenkultur in Tel Aviv zu eröffnen.

»Mein lieber Herr«, sagte er, »ich bin ein aufrichtiger Bewunderer der Juden. Sie sind die bewunderungswürdigsten Verkäufer in der Welt, gleichgültig, ob es sich um Teppiche, Marxismus, Psychoanalyse oder ihre den Pogromen ausgesetzten eigenen Kinder handelt. Es ist ein Kinderspiel für sie, wohlmeinende Leute wie Professor Rappard und andere Mitglieder der Genfer Mandatskommission herumzukriegen – oder auch, wenn notwendig, Mitglieder aus beiden englischen Parlamentshäusern. Wenn jene fantastischen Anschuldigungen wahr wären, wie könnten Sie sich die Tatsache erklären, dass zweihundert britische Soldaten im Kampf gegen die arabische Revolte getötet wurden? Glauben Sie nicht, dass die Tatsache, dass sie jüdisches Leben und Eigentum verteidigen, erwähnt zu werden verdient, wenn gewisse voreilige Kritiken geübt werden?«

»Sentimentales Gerede«, sagte Matthews, der sich unaufgefordert sein Glas nachfüllte. Ich werde diesen eingebildeten Kerl noch wütend machen, selbst wenn er mich von seinem Ahmed oder Mahmud hinauswerfen lässt, dachte er. »Vor einem Jahr«, fuhr er fort, »als ich das erste Mal da war, sah ich eine Bande von arabischen Halsabschneidern Ihres Muftis auf ein paar alte Juden Steine werfen und mit aller Macht brüllen: ›*Eddaula ma'na.*‹ Die Regierung ist mit uns. Können Sie das leugnen, Herr Oberkommissar?«

»Stellvertretender Oberkommissar«, verbesserte der stellvertretende Oberkommissar. »Das werde ich sicherlich nicht leugnen. Die Unruhestifter reden das der Menge ein, genauso, wie sie ihnen einreden, dass Juden tote Schweine in die Omar-Moschee werfen. Aber es wäre wohl etwas unfair, uns für jedes Gerücht in den Schuks verantwortlich zu machen – oder nicht?«

»Nein, so leicht kommen Sie mir nicht davon«, sagte Matthews. »Die Araber glaubten, ihr hießet die Morde an den Juden gut, weil eure ganze Haltung sie ermutigte, dies anzunehmen! Ihr stütztet den Mufti zwanzig Jahre hindurch, obwohl ihr von seinem Treiben wusstet. Ich habe den Bericht eurer Königlichen Kommission gelesen, alle vierhundert Seiten, der eure hiesige Regierung anklagt, den arabischen Terror zu ermöglichen. Das ist keine jüdische Verkaufsanpreisung – es wurde in der Druckerei Seiner Majestät hergestellt. Ich kenne einen Burschen von eurem Geheimdienst, der mit seinem Wagen in den arabischen Dörfern um Nazareth herumfuhr und den Leuten nahelegte, den Juden kein Land zu verkaufen, weil eure Regierung dagegen sei. Ich kenne andere, die Waffen für die syrischen Rebellen schmuggelten. Ich weiß, dass Sie persönlich dafür nicht verantwortlich sind, aber Sie hätten alle Hebel in Bewegung setzen müssen, um Schluss damit zu machen, dass diese romantischen jungen Blümchen aus euern Universitäten in Beduinengewändern losgelassen werden, um Unheil zu stiften. Ich habe einige von diesen geheimnisvoll tuenden Bürschchen kennengelernt, und wenn ich etwas zu sagen hätte, würde ich ihnen den Hintern versohlen und sie ins College zurückschicken. Reden wir offen, Herr Oberkommissar. Es ist nur zu den Unruhen gekommen, die Sie herausgefordert hatten, und jetzt beklagen Sie sich, dass britische Soldaten getötet wurden. Ihr musstet die arabischen Banden unterdrücken, nicht der Juden wegen, sondern wegen eurer selbst; denn dieses Land ist der strategische Mittelpunkt eures Imperiums, und ihr braucht es. Und trotzdem habt ihr verdammt wenig getan, um die jüdischen Siedler zu schützen, die sich selbst wehren mussten und eingesperrt wurden, weil sie Gewehre besaßen, um sich und ihre Frauen zu verteidigen ...« Er zog ein Notizbuch mit Eselsohren aus der Tasche.

»Da, Bericht eurer Königlichen Kommission, Seite 201: *Heute ist es klar, dass die grundlegende Pflicht, öffentliche Sicherheit zu bieten, nicht erfüllt worden war. Wenn es eine Beschwerde gibt, die vorzubringen die Juden zweifellos recht haben, dann ist es das Fehlen der Sicherheit.* ... Nein, Herr Oberkommissar, so leicht kommen Sie mir nicht davon. Ihr Dankbarkeitsgerede mag Ihren sogenannten Professor und seinesgleichen beeindrucken, nicht aber einen unparteiischen Beobachter.«

Er schnaubte und trank sein Glas aus. »Herrgott«, dachte er, »wenn er auf das nicht einschnappt, ist er ein toter Fisch.« Der stellvertretende Oberkommissar blickte ihn nachdenklich an.

»Der eben erwähnte unparteiische Beobachter sollen zweifellos Sie sein, Mr. Matthews?«, fragte er ruhig.

»Ich denke, das bin ich«, sagte Matthews. »Ich bin kein Jude, und zu Hause waren sie mir genauso unsympathisch wie jedem anderen.«

»Sie scheinen eine Bekehrung mitgebracht zu haben.«

»*Yeah*. Sie können es so nennen, wenn Sie wollen.«

»Zweifellos hatte unser überzeugender Mr. Glickstein einen starken Einfluss auf Sie.«

»Zum Teufel mit Glickstein. Er ist derselbe Typ wie Ihr Professor. Sie stinken nach Ghetto.«

»Was denn ließ Sie Ihre Meinung ändern in dieser so – heftigen Weise, wenn ich fragen darf, ohne zu neugierig zu scheinen?«

»Sie dürfen. Ich habe ihre Siedlungen gesehen. Ich war unten im Jordantal und oben in Galiläa und im Tale Jesreel und in den Huleh-Sümpfen. Das sind ganze Kerle. Sie sind ein neuer Typ. Sie haben aufgehört, Juden zu sein, sie wurden zu Hebräern.«

»Ich teile Ihre Bewunderung für sie. Aber glauben Sie nicht, dass Sie das Ganze doch etwas romantisch betrachten, genauso wie andere Leute, die Ihnen unangenehm sind, die Araber in romantischem Lichte sehen?«

»Keineswegs. Ich habe nicht gemerkt, dass die Araber von Tanger bis Teheran die ganzen letzten tausend Jahre außer Kabaretts und schmutzigen Ansichtskarten irgendetwas Zeigenswertes hervorgebracht haben.«

Der stellvertretende Oberkommissar lächelte.

»Ist Ihnen noch nie aufgefallen, dass eine Rasse gewisse Werte oder eine Lebensweise pflegt und erhält, die sich nicht in sichtbaren Leistungen ausdrückt?«

»Mag sein«, sagte Matthews. »Aber das ist nicht der Punkt, den wir erörterten. Mich kann man nicht so leicht ablenken,

Herr Oberkommissar. Wir besprechen nicht die Philosophie des Lebens, sondern die Politik Ihrer Regierung, welche die Juden verkauft.«

Der stellvertretende Oberkommissar stieß einen spaßhaft bekümmerten Seufzer aus.

»Nein, man kann Sie nicht leicht ablenken, Mr. Matthews. Ich hatte das Privileg, diese Besonderheit Ihres Denkens in Ihrem Buch ›*Hat die Demokratie ihre Schlagkraft verloren?*‹, zu bewundern.«

»Schmiss«, verbesserte Matthews, »Schmiss, Schmiss, Schmiss. Aber das gehört auch nicht hierher.«

»Nicht so wenig, wie es scheint«, sagte der stellvertretende Oberkommissar milde. »Ihr Buch ist, wenn ich es so nennen darf, ein brillanter und scharfer Angriff auf das, was man mit einem populären, wenn auch nebelhaften Schlagwort unsere Besänftigungspolitik in Europa nennt. Nun, Mr. Matthews, ich muss gestehen, ich bin ein eingefleischter Sünder in Ihren und Ihrer Freunde Augen. Ich bin dafür, dass wir uns mit den Arabern verständigen – sie besänftigen, wenn sie wollen. Mit anderen Worten, ich glaube, dass jede Politik, die vergangene, gegenwärtige und zukünftige, auf einem räsonablen Kompromiss basieren muss.«

»*Yeah*«, sagte Matthews. »Die Frage ist nur, was sie räsonabel nennen.«

»Also warten Sie«, sagte der stellvertretende Oberkommissar. »Ich dachte, das Wort erkläre sich selbst. Aber das mag ein nationales Vorurteil sein. Ziehen wir also lieber ein Wörterbuch heran ...«

Er tauchte aus seinem Lehnstuhl auf und schritt mit seiner sanften Flamingoneigung zum Bücherregal hinüber.

»Also«, sagte er und gewann sichtlich die Stimmung seines stillen Amüsements zurück. »Rasieren – rasig – Räson – räsonabel. Da haben wir's: *Von richtigem Urteilsvermögen, sinnvoll, gemäßigt, nicht zu viel erwartend, Vernunftgründen zugänglich; im Einklang mit der Vernunft, nicht absurd, nicht wesentlich mehr oder weniger, als man erwarten kann; preiswert, erträglich, fair* ... Das ist so ziemlich alles, was das Concise Oxford Dictionary zu sagen hat. Wenn Sie das nicht befriedigt, habe ich auch das kürzere zweibändige und auch das zwölfbändige Oxford Dictionary zur Verfügung.«

Gegen den Bücherschrank gelehnt, lächelte er höflich zu Matthews hinunter, der sich sein Glas wieder mit Soda anfüllte, der giftigen Lächerlichkeit dieses Dialogs voll bewusst. Vielleicht war es der Chamsin – der ihm das Gefühl gab, dass die Reibung seines Hemdes Funken aus seiner Haut springen ließ und den Flaum auf seiner Brust in kribbliger Gereiztheit aufstellte, oder vielleicht war es nur das allgemeine atmosphärische Gift des Landes. Als seine Augen dem zweifärbigen Starren des stellvertretenden Oberkommissars begegneten, fragte er sich, woher dieser Kerl seine arrogant bescheidene Selbstsicherheit herhatte. Was macht ihn so bescheiden?, fragte er sich mit leicht schwimmendem Kopf. Und plötzlich hatte er eine absurde Vision von dem stellvertretenden Oberkommissar als kleinen Jungen, wie er den engen Gang der *Via dolorosa* der englischen Mittelschule durchschritt. Zuerst stand ein zitternder kleiner Junge da mit einer Kricket-Kappe und dünnen Gliedern, empfindsam und etwas zu fantasievoll, etwas zu interessiert an Gedichten und dergleichen; nach der fünften oder sechsten Station stelzte eine völlig veränderte Person einher mit vorspringendem Adamsapfel und mutierender Stimme, in einem schmerzlichen Prozess begriffen, in dem seine Empfindsamkeit ironisiert und seine Reflexe derart konditioniert wurden, dass die Verdrängung dem Impuls und die Hintergedanken den vorderen zuvorkamen; am Ende tauchte in gestreiften Hosen das

Endprodukt dieses exklusiven Passionsweges, dieser distinguierten Folterkammer und Seelengerberei auf – eingekapselt in einer geschmeidigen und zurückweichenden Kruste, einer gegerbten Haut, sowohl gegen äußere Einflüsse als auch gegen den versiegelten Druck von innen undurchlässig; eine anhaftende Rüstung, umso unüberwindlicher, als sie nicht etwas Angelegtes war, sondern die Verkrustung eines früher lebenden Gewebes, verwandelt in elastische Gefühllosigkeit ...

Matthews gähnte und streckte seine Beine aus. »O Herr Oberkommissar, bleiben wir doch bei der Sache.«

»Trinken Sie doch noch etwas«, sagte der stellvertretende Oberkommissar und ging wieder zu seinem Lehnstuhl zurück. »Die ganze Sache ist einfacher, als sie aussieht. Von Anfang an hatte der Husseini-Klan die meisten Anhänger unter den Arabern; und unter den Husseiniten hatte Hadsch Amin, der spätere Mufti, das größte Ansehen. Daher führte der glatteste Weg, mit den Arabern zu verhandeln, über ihn. Wir hätten natürlich lieber mit den Gemäßigten verhandelt; genauso, wie wir es vorgezogen hätten, mit Dr. Brüning zu verhandeln statt mit Herrn Hitler. In beiden Fällen beschuldigte man uns, den extremen Flügel zu unterstützen, wo doch unsere Politik tatsächlich bloß den bedauerlichen, aber unleugbaren Verlauf der Geschichte bestätigte und sich ihm anpasste. Der arabische Nationalismus ist hier, wie auch in Ägypten, im Irak und in Syrien, in rapidem Anwachsen begriffen. Es mag in einigen unserer Abteilungen individuelle Sympathiker dieser Richtung geben – ich weise in Paranthese darauf hin, dass ich nicht zu diesen gehöre; ich kann Ihnen jedoch versichern, dass diese persönlichen Neigungen unsere prinzipielle Politik kaum beeinflussen. Nationalistische Bewegungen haben notwendigerweise einen irrationellen Grundzug, daher ist es sinnlos, mit arabischen Nationalisten, selbst mit der gemäßigten Sorte, über die unzweifelhaften Vorteile, die sie aus der jüdischen Einwanderung ziehen, zu diskutieren. Sie wollen die Herren im Lande sein, in dem sie die Mehrheit bilden; und sie fürchten und bekämpfen eine jüdische Herrschaft, unbeschadet irgendwelcher materieller Vorteile ...«

»Warum verkaufen sie dann ihr Land an die Juden, sooft sie eine Möglichkeit dazu haben?«

»Mein lieber Herr – individuelle Habgier und patriotische Gefühle ringen miteinander, seit die Welt besteht. Der Wunsch, den guten Tropfen zu genießen, nicht aber den schlechten, ist ein altes menschliches Charakteristikum.«

»Und Sie lassen sich's also angelegen sein, diese Habgier zu dämpfen und den Arabern dadurch patriotische Gefühle einzuimpfen, dass Sie den Verkauf von Land an Juden verbieten ...«

»Wir werden vielleicht wirklich ein Gesetz dieser Art einzubringen gezwungen sein«, sagte der stellvertretende Oberkommissar leichthin, während er sich im Stillen wunderte, woher dieser verflixte amerikanische Eindringling diese geheimen Informationen hatte.

»Es ist Ihnen doch klar, Herr Oberkommissar, dass ein derartiges Gesetz, das den freien Verkauf von Boden an Juden verbietet, einzigartig in der Welt wäre – vom nationalsozialistischen Deutschland abgesehen?«

»Ich weiß, dass, falls wir eine Verordnung dieser Art herausbringen sollten – obwohl ich darauf hinweisen möchte, dass bis jetzt offiziell noch nichts entschieden worden ist –, die Zionisten ihre übliche Hetze veranstalten werden, wobei sie genau Ihre Argumente verwenden werden, Mr. Matthews. Aber die Analogie ist in Wahrheit nur rein äußerlich. Deutschland hat eine alteingesessene jüdische Bevölkerung, wogegen ein derartiges Gesetz hier bloß darauf abzielen würde, die eingeborene Bevölkerung gegen den fremden Zustrom zu schützen.«

»Ich dachte, Ihre Regierung hätte sich verpflichtet, durch die geschlossene Ansiedlung der Juden im Lande ein jüdisches Nationalheim zu errichten? Aber wahrscheinlich bin ich in das falsche Land gekommen.«

Der stellvertretende Oberkommissar schaute auf seine Uhr. Es war das erste Zeichen von Ärgerlichkeit, das er sich erlaubt hatte, und er machte sein Sichgehenlassen sofort mit einem liebenswürdigen Lächeln wieder gut.

»Nun, Mr. Matthews, wir werden uns jetzt auf keine juristische Diskussion einlassen. Die einfache Wahrheit an der Sache ist, dass wir die einander widerstreitenden Interessen der beiden Gemeinschaften ausgleichen müssen. Die Juden tun uns unendlich leid, und es mag nicht unwesentlich sein, darauf hinzuweisen, dass Großbritannien den Juden mehr geholfen hat als irgendein anderes Land in Europa und schließlich auch außerhalb Europas. Man kann zum Beispiel mit gutem Grund annehmen, dass ein wesentlicher Prozentsatz der jüdischen Kinder aus Deutschland, die in dieses Land zu schaffen nicht tunlich war, in Kürze nach England selbst zugelassen werden wird. Wir können es uns jedoch nicht leisten, die Araber der Juden wegen zu bekämpfen, genauso, wie wir es uns nicht leisten könnten, einen Weltkrieg wegen der Tschechen anzufangen. Sie mögen sagen, dass wir die Tschechen geopfert haben, und ich werde antworten, dass zur Vermeidung eines Weltbrandes dieses kleine Opfer gerechtfertigt war. Wir standen ruhig dem Zorne wohlmeinender, aber etwas hitzköpfiger junger Männer, wie Sie einer sind, gegenüber, und man hat uns beschimpft und uns in der Presse angegriffen – aber dies war ein kleiner Preis, um Europas Frieden für die Zeit unseres Lebens zu sichern. Sie mögen sagen und schreiben, Mr. Matthews, dass wir keinen ›Schmiss‹ haben – mir persönlich ist der Ausdruck unsympathisch –, aber Sie werden zugeben müssen, dass es uns nie an Mut fehlte, uns im Interesse des bleibenden Guten vorübergehend unpopulär zu machen. Unsere Aufgabe in diesem Lande mag eine undankbare sein, aber seien Sie versichert, dass wir sie durchführen werden. Wir müssen uns mit Ägypten und dem Irak verständigen, und wir müssen uns mit der arabischen Bevölkerung in diesem Lande auf der Basis eines räsonablen Kompromisses einigen, das die Rechte der jüdischen Minderheit vollkommen wahren wird. So liegt, kurz gesagt, die ganze Sache – und alles andere sind Propaganda und Phrasen ...«

Es entstand eine kurze Pause; dann richtete sich Matthews auf.

»Ich danke, Herr Oberkommissar«, sagte er. »Das ist alles, was ich hören wollte. Jetzt haben wir's klargestellt. Ich habe mir Ihre vernünftigen Schlussfolgerungen angehört, die größeres Unheil über die Welt bringen werden als das Toben von Wahnsinnigen. Auf Wiedersehen.«

Er polterte auf die Tür zu. Der stellvertretende Oberkommissar begleitete ihn freundlich. Dann ging er zu seinem Lehnstuhl zurück. Er dachte, es wäre vielleicht besser, wenn er selbst an die Veranstalter des Turniers schriebe, um Jimmys Meldung zurückzunehmen.

Ja, mein Lieber, dachte er, ein Bein bei der Verteidigung jüdischer Siedlungen zu verlieren scheint Mr. Matthews nicht zu genügen. Was ist mit dem zweiten? Sonst wird er weiterhin sagen, wir hätten unseren Schmiss verloren.

6

Als Antwort auf Oberst Wedgwoods Anfrage sagte Mr. Malcolm MacDonald, dass 1220 illegale Einwanderer zwischen dem 15. Februar und 15. April 1939 an der Landung in Palästina gehindert wurden. Am 21. März wurden 269 Juden von dem Schiff »ASSANDU« gezwungen, am 25. März nach Konstanza, ihrem Ausgangshafen, zurückzukehren. 710 Juden, davon 698 aus Deutschland, wurden am 2. April daran gehindert, von der »ASTIR« zu landen und gezwungen, zurückzukehren. Am 2. April wurden 250 Juden an der Landung von dem Schiff »ASSIMI« gehindert, und das Boot wurde mit seinen Passagieren im Hafen von Haifa zurückgehalten und gezwungen umzukehren.

»Mr. Noel Baker fragte daraufhin den Kolonialminister, wohin die jüdischen Flüchtlinge nach der Landungsverweigerung zurückgeschickt würden. Mr. MacDonald sagte, dass sie in ihre Ausgangshäfen zurückgeschickt worden wären.

Mr. Noel Baker: »Bedeutet das: in die Konzentrationslager?«

Mr. MacDonald: »Die Verantwortung tragen jene, die für die Organisation illegaler Einwanderung verantwortlich sind.«

Der Minister fügte hinzu, dass die Regierung volles Mitgefühl mit den jüdischen Flüchtlingen habe, aber wenn man eine Schiffsladung hineinließe, würden mehr folgen.

(Aus der Debatte im englischen Unterhaus am 26. und 27. April 1939)

Jeder kommandierende Schiffsoffizier, dessen Schiff oder Boot die vorschriftsmäßigen Insignien oder die entsprechende Flagge gehisst hat, darf jedes Fahrzeug innerhalb der Hoheitsgewässer von Palästina verfolgen, von dem er annimmt, es trage illegale Einwanderer, und das auf ein Signal oder die Aufforderung zu halten, nicht Folge leistet. Er hat auch das Recht, nach dem ersten Signalschuss gegen oder in das Schiff zu feuern, um es zum Halten zu veranlassen.

(Abänderungszusatz zur Einwanderungsverordnung.
Außerordentliches Amtsblatt, Jerusalem, 27. April 1939)

7

Der neuen Lebenseinteilung entsprechend hatte Joseph das Wochenende – das heißt, den Freitagnachmittag und den Sabbath – zu Hause in Esras Turm verbracht und sich Sonntag morgens auf seine gewohnte Pflichttour gemacht.

Er stand um halb vier Uhr auf, sprang geräuschlos über Ellens schlafenden Körper, der sein Kind trug, lief die hundert Meter an Turm, Speisebaracke und Kinderhaus vorbei zu den Duschen, lief zurück, zog sich an, nahm die imponierende Aktentasche, die mit seinem Amt verbunden war, an sich (sie hatte einmal dem Dr. phil. gehört) und kam gerade zurecht, um den Milchwagen nach Haifa zu erwischen. David, der Chauffeur, war verdrießlich und unrasiert wie gewöhnlich – er litt an Zwölffingerdarmgeschwüren, der nationalen Krankheit –, also setzte sich Joseph auf den Sitz neben ihn, um zu schlafen, und wachte nur von Zeit zu Zeit auf, wenn ein Ruck seinen Kopf gegen den Seitenrahmen des Chauffeurkastens aufschlagen ließ. Aber das Gepolter hörte auf, als sie die Schotterstraße erreichten, und ein paar Stunden hindurch störte nichts seinen Schlaf.

Er wachte jedoch, wie beabsichtigt, bei einer bestimmten Kurve ein paar Minuten nach Nazareth auf, wo die Straße, die aus den Hügeln Niedergaliläas auftauchte, plötzlich eine atemberaubend schöne Aussicht über das Tal Jesreel eröffnete. Im Süden verbreiterte sich das Tal in eine etwa zwölf Meilen weite Ebene, glitzernd in der neugeborenen Sonne – ein glänzendes Schachbrett mit bebauten Vierecken in dunklem und lichterem Grün, Zitronengelb und Siena. Die Hauptstraße Afule-Jerusalem schnitt scharf und gerade über die Ebene, ein weißer Pfeil im Fluge, der auf die silbernen Kalkhügel von Samaria deutete, die das Tal in einem weiten Halbkreis wie die Mauern eines Amphitheaters umschlossen. Im Westen endete diese entfernte und verschleierte Mauer in den dunkleren Fichtenabhängen des Karmel, die in das blasse Meer abfielen; im Osten in der aggressiven Masse des Berges Gilboa.

Aber die fernen Hügel waren nur der Rahmen des Bildes; was Josephs Augen so wohltat, war das grüne Tal Jesreel selbst, die Wiege der Kommunen. Vor zwanzig Jahren ein ödes Sumpfgebiet, von allen ägyptischen Plagen heimgesucht, war es nun zu einer fortlaufenden Kette von Siedlungen geworden, welche sich wie eine grüne Perlenschnur über den Hals des Landes von Haifa zum Jordan erstreckte. Es war die stolzeste Leistung der Heimkehr, der Kern des hebräischen Staates, das Tal der Täler. Ein Schlachtfeld die Jahrhunderte hindurch, war es selbst in seiner geologischen Gestaltung großartig; denn sein östlicher Teil fiel ab in die tiefste Erdsenkung des Landesinnern, vierhundert Fuß unter dem Meeresspiegel. Dieser östliche Teil war eine heiße tropische Unterwelt mit Temperaturen, die 40 Grad im Schatten überschritten, und es schien widersinnig, dass die ältesten der großen Kommunen – Herodes' Quell, Haus Alpha und Josefs Hügel – gerade an diesem höllischen, sumpfigen, von Krankheiten und Räubern heimgesuchten Fleck errichtet worden waren. Aber vor zwanzig Jahren war das Land in jenen wilden Morasten billig gewesen, und jede Quadratmeile Landes hatte für bare Münze gekauft werden müssen; und die einzigen Einnahmequellen des

Nationalfonds waren Wohltätigkeitsbeiträge und die blauen Sammelbüchsen, mit welchen die schwarzäugigen lockigen Kinder des Stammes in den East Ends von Warschau bis New York klimperten – Bettlerschalen zum Ankauf eines Königreiches. Der für sein finanzielles Genie sprichwörtliche Stamm musste sein Nationalheim hektarweise auf Raten ankaufen, und die Spekulationen der Araber trieben den Preis eines Hektars von Wüstensumpf in die Höhe eines Baugrundes in einer Industriestadt hinauf. Wenn das Jehovas Strafe für die Geldwechsler war, dann hatte der alte Wüstengott wieder einmal seinen rachsüchtigen Witz bewiesen. Aber diesmal hatte das Kolonialamt selbst den alten Jehova überlistet. Kein Brachland sollte mehr an die Heimatlosen verkauft werden. Der hölzerne Pflug musste gegen den lärmenden Traktor beschützt werden, die durstende Erde gegen eine künstliche Bewässerung, die Steine auf den Felsen gegen unheilige Entfernung und die hilflosen Moskitos gegen das grausame Trockenlegen ihrer Brutsümpfe. Denn siehe, es gab noch Gerechtigkeit in der Welt, die nach den Schwachen sah.

Ein Ruck des Lastwagens erweckte Joseph aus seinem Brüten und ließ seinen Kopf geradewegs gegen das Dach des Chauffeurkastens aufschlagen. Er war dem Schmerz dankbar, der den bitteren Strom seiner Gedanken und seinen verkrampften, ohnmächtigen Hass durchschnitt. Während der letzten paar Tage war er davon wie besessen. Nachts, wenn er einzuschlafen versuchte, begann der Strom mit seinem schwellenden Lauf. Zuerst war es nur ein Tröpfeln von Phrasen, von Argumenten, um einen unsichtbaren, unpersönlichen, stummen und allmächtigen Gegner zu überzeugen. Manchmal erschien dieser Gegner als der kupferfarbene Polizeimajor, der sie am ersten Tage besucht hatte; manchmal war es das ganze Unterhaus, dessen gespreizte Possen ihn einst von der Zuschauergalerie aus ergötzt hatten; manchmal der bärenhäutige Automat, der auf seinen steifen

Beinen auf dem Kies vor dem Buckingham Palace auf und ab stampfte. Aber er konnte nie den Blick des Speakers auf sich ziehen noch den vorbeimarschierenden sechs Fuß hohen Beinewerfer aufhalten; und da seine Rede in der Kehle erstickt blieb, verstärkte sich ihr Druck, und der Tropfen schwoll zu einem Sturzbach an, der sich über seinen ganzen Körper ausbreitete, bis sich sein Magen in einem Krampf zusammenzog und er grüne Galle in sein Taschentuch spuckte. Ich werde entweder Magengeschwüre bekommen, dachte er, oder mich Baumans Terroristen anschließen. Das ist die wahre Alternative. Man kann bis zu einem Grade erniedrigt werden, wo Gewalt der einzige Ausweg ist. Wenn ich nicht beißen kann, wird sich meine Wut in meine Eingeweide hineinbeißen. Deshalb ist unser ganzer Stamm im blutigsten, wörtlichen Sinn mit Geschwüren behaftet. Fünfzehnhundert Jahre ohnmächtigen Zornes haben an unserem Inneren genagt, unsere Züge verschärft und unsere Mundwinkel nach unten gezogen.

Wenn er endlich einschlief, hatte er keine eigentlichen Träume, nur halb bewusste Folterbilder. Er saß auf der Zuschauergalerie und schrie zu dem Speaker in der weißen Perücke hinunter, aber niemand hörte seine Stimme, und er konnte niemals den Blick der schönen und würdevollen Gestalt auf sich ziehen. Er versuchte, dem bärenhäutigen Wachtposten den Weg zu verstellen, aber der sechs Fuß Hohe marschierte mit dröhnendem Schritt durch ihn hindurch, als ob er durchscheinende Luft gewesen wäre. Und einmal schien er eine verbindliche, kultivierte Stimme mit dem Akzent seiner eigenen Universität zu hören: »Im Interesse von Frieden und Ordnung werden die verehrlichen Abgeordneten eingeladen, auf den Köpfen der ertrinkenden Menschen Platz zu nehmen.«

Die Nächte waren schlimm. Aber in der Früh, statt zu versuchen, sich mit Bauman oder Simon in Verbindung zu setzen, fuhr er mit seinen komplizierten Pflichten als herumfahrender Kassier der Kommune von Esras Turm fort. Die Kommune wuchs rasch; eine dritte Gruppe war angekommen, und Joseph wusste, dass er im Augenblick unersetzlich war. Er wünschte sehnlich, mit Simon sprechen zu können, aber sowohl dieser als auch Bauman arbeiteten jetzt illegal; Joseph kannte wohl ein Ende der Kette, durch welches er mit ihnen in Verbindung kommen könnte, man hatte ihm aber nahegelegt, dies nur im Falle von Dringlichkeit zu benützen. Er beneidete sie, dass sie die Brücken hinter sich abgebrochen hatten, und bewunderte sie, wie ein kleiner Beamter den Spieler bewundert, der um alles oder nichts spielt. Oh, welch höchste Gabe ist doch die Unverantwortlichkeit, welch Geschenk, Empfindung in direkte Handlung umsetzen zu können! Oh, welche Erleichterung, seinen Zorn mit einer guten selbst gemachten Bombe explodieren zu lassen! Die Handlung des Tötens erschien ihm bereits seiner fleischzerreißenden physischen Seite entkleidet, frei von Tod und Schmerz, beinahe als eine platonische Handlung. Es war nicht mehr die tastbare Empfindung des Breies, der Naphtalis Auge ersetzt hatte, sondern der reine unpersönliche Akt, in der Nacht auf einen Funken zu zielen. Welch Luxus, seine Finger auf hartes Metall gelegt, das Gewehr abzudrücken, sich aufhängen zu lassen und dabei die Hymne zu singen, und alles wäre vorbei – vorbei das Zu-Vergessende, das sich weigerte, vergessen zu werden, ja sich in ständig wachsendem Umfang, mit immer fürchterlicheren Einzelheiten, wiederholte; es wuchs an einen heran, wuchs in einen hinein, verkrallte sich im Gehirn und in den Eingeweiden, während die winkenden Hände der Ertrinkenden den Blick des Speakers nicht auf sich zu ziehen vermochten. Es gab nur eine Hoffnung, seine Aufmerksamkeit zu wecken: durch den Widerhall der Bomben, die Baumans Leute warfen. Aber das war nicht seine – Josephs – Arbeit. Er musste aus der Siedlungsabteilung eine Anleihe für eine Pumpe herausbekommen, um zweihundert weitere Dunam zu bewässern; denn zweihundert bewässerte Dunam bedeuten einen Hafen für weitere fünfzig Familien.

Es gab nur eine Erholung: sein Wochenende zu Hause. Im Schatten von Esras Turm wurde die Tragödie fast unwirklich, und das einzige Problem war, ob zuerst das neue Hühnerhaus oder die neuen Duschen gebaut werden sollten. Und da war Ellen, die Stütze des Gemüsegartens und Mutter seines zukünftigen Kindes; und dann war Dina da.

Der Lastwagen fuhr langsam zwischen den tiefen Hügeln von Sebulun ins Tal hinunter. Zu ihrer Linken stand der junge Balfourwald mit Reihen silberner Aleppoföhren. Auch diese waren von dem Nationalfonds gepflanzt worden, waren also Eindringlings-Bäume, jüdische Bäume; jeder schlanke Ast ein Dorn in den Augen der eingeborenen Patrioten, die nachts Überfallsgruppen organisierten, um die jungen Bäume zu fällen und die neu gepflanzten aus der Erde zu graben; sodass während der Unruhen blutige Kämpfe zwischen den jüdischen Waldwächtern und den Vernichtern der Bäume ausgefochten wurden. Was für ein Land, dachte Joseph, was für ein Land, wo jeder Stein und jeder Baum mit knisternder Hochspannung geladen und durch jahrtausendealte Erinnerungen verflucht ist. Das Auge mag an einem friedlichen arabischen Steinhaus haften bleiben, aber plötzlich fängt das Gehirn Funken; denn siehe, man bemerkt, dass einer der Steine ein Teil einer römischen Säule ist, die von den rebellischen Makkabäern gebrochen wurde oder der Oberbalken einer byzantinischen Synagoge aus den Tagen Bar Gioras war.

Und doch war der Morgen von einer herrlichen Frische und die Luft süß von dem Geruch junger Äpfel wie der Atem der Sulamith. Muster aus wilden Tulpen, Iris und Zyklamen lagen unter den schlanken Föhren ausgebreitet wie Teppiche unter den Füßen des jungen Prinzen. In den Wäldern verborgen leuchteten die roten Dächer der Kommunen *Ginengar* und *Davids Hügel* – der Letztere entzündete wieder einen schmerzlichen Erinnerungsfunken, denn der David, nach dem die Kommune benannt worden war, war nicht der tanzlustige König, sondern der Staatsmann aus Wales, unter dessen Ministerpräsidentschaft das jetzt gebrochene Versprechen der Heimkehr gegeben worden war.

Als bei jeder Wendung der Straße mehr Felder und Föhrenwälder in Sicht kamen (die frischen Ährenhalme des Weizens zitterten glänzend unter den dicken Tautropfen), hob sich Josephs Stimmung wieder, und sein Entzücken an der Schönheit des wiedererstandenen Tales gewann die Oberhand. Sooft er durch das Tal fuhr, erwachte in ihm dieses Entzücken zugleich mit einem kindischen Stolz. Schau her, sagte er sich, da ist noch eine hebräische Kuh, sie kaut an dem von einem hebräischen Quell bewässerten Weidegras, und eine hebräische Henne brütet ihre hebräischen Eier aus, aus denen bestimmt Hühner-Wunderkinder ausschlüpfen werden. Aber dieser Selbstspott konnte den jubelnden Eigentümerstolz nicht auslöschen, das freudig abnorme Gefühl, dass alles rundherum seine eigene private und exklusive Schöpfung war – einschließlich der Ziegen, Hennen und Schafherden, die die Abhänge von Ephraim herunterkamen.

Nach Nahallal kam die Straße näher an das Karmelmassiv heran, an die sanften Abhänge mit Büscheln von Gestrüpp, grünen Fichten und silbrigen Olivenhainen. Sie kamen an einer anderen Gruppe von Kommunen mit viereckigen weißen Betonblöcken und roten Dächern vorbei. Es waren auch ein paar Beduinenlager da und ein oder zwei kleine arabische Orte in malerischem Verfall – inmitten ihrer modernen Umgebung sahen sie wie Rekonstruktionen von Eingeborenendörfern in einer Kolonialausstellung aus.

Als sie sich dem westlichen Tor des Tales näherten, gab es Joseph wieder einen Riss. Linker Hand, hoch auf einem Hügel, standen die Ruinen der großen hebräischen Nekropolis, des einstmaligen Sitzes des Hohen Gerichtes von Israel, der Stadt Beth Schearim, wo sich die Überlebenden des Bar-Kochba-Aufstandes verborgen gehalten hatten. Es war ein einsamer und Heimweh erweckender Ort, von gebrochenen Säulen bedeckt und von Grabkammern durchlöchert. Aber die heilige Stätte war jetzt nach irgendeinem obskuren Moslemheiligen namens Scheich Abreik benannt, dessen Heiligtum sich zufällig in der Nachbarschaft befand ...

Aber, aber, ermahnte sich Joseph, wir werden ja schon wie die Iren – oder Waliser, die es beklagen, dass nicht alle Städte der Insel Namen mit fünfzehn aufeinanderfolgenden Konsonanten tragen. Doch Nationalismus ist eben nur bei den anderen komisch – so wie die Seekrankheit oder die Liebe. Ach was, dachte er, ein Volk, das um sein nacktes Leben kämpft, kann sich keinen Sinn für Humor leisten. Vielleicht verlieren wir deshalb unseren berühmten Witz, seit wir ins Heilige Land zurückkehrten. Wenn man nur denkt, dass wir über hundert hebräische Wochen- und Tageszeitungen haben, aber kein einziges Witzblatt! Es ist ein im Wesentlichen humorloses Land. Das Hebräische eignet sich nicht für Geschichten über zwei Juden in einem Eisenbahncoupé – es ist eine zornige Sprache.

Die Straße ging nun ganz nahe an den Abhang des Karmel heran; zur Rechten öffnete sich die Ebene von Akko, mit Fabriken und Ölraffinerien übersät; dahinter konnte man flüchtig die gelben Dünen und die glasige Fläche des Meeres sehen. Die Nähe des großen Hafens machte sich in dem trotz der frühen Stunde dichten Straßenverkehr bemerkbar; es waren arabische Autobusse, beladen wie die Arche Noah, und hebräische Autobusse, schäbig und proletarisch, und Kamele und Esel und Benzinwagen da. Endlich, kurz nach sieben Uhr, kamen sie am alten Bahnhof in dem arabischen Vorort von Haifa vorbei, wo eine von Baumans Bomben vor ein paar Wochen vierzig Menschen getötet hatte.

8

Obenauf in Josephs Aktentasche lag die wöchentliche Einkaufsliste für seinen Haushalt von hundertfünfzig Menschen.

Die Engrosabteilung der Konsumgenossenschaft war unten in der Stadt im neuen Geschäftszentrum und glich mehr einem Debattierklub als einem Verkaufsladen. Joseph reichte seine Bestellung auf einen Sack Zucker und die nötige Menge Spaghetti, Reis und Tee ein und nahm dann einen Autobus, der ihn den Hügel hinauf in das hebräische Viertel »Pracht des Karmels« brachte. Als der Bus die steile Serpentine hinaufkletterte, dehnte sich die Aussicht über die glitzernde Bucht aus, der Kreis des Meeresrandes erschien immer weiter emporgehoben und hielt die Höhe mit dem Anstieg des Autobusses. Der Hafen sank zusammen, und die gelben Dünen mit ihren schwankenden weißen Brandungslinien streckten sich zum Horizont aus. Das geschwungene Karmelmassiv umschlang die Bucht mit seinem schützenden Arm; nahe seiner Biegung sprang die Mole hervor, und das glasige Meer war von Dampfschiffen und Fischerbooten bedeckt.

Ein wenig weiter draußen lag ein einsames Schiff mit einem schwarzen Rumpf, von den übrigen isoliert, vor Anker. Es war der rumänische Viehdampfer »Assimi« mit zweihundertfünfzig

Flüchtlingen an Bord, denen die Erlaubnis, zu landen, verweigert worden war.

Auf halbem Weg zum Karmel hinauf stieg Joseph aus und setzte seine Einkäufe fort. Er hatte einen billigen Lebensmittelhändler litauischen Ursprungs entdeckt, einen bärtigen kleinen Mann mit einem runden schwarzen Käppchen, der die verlorenen Stämme Israels im Kaukasus ausfindig gemacht hatte und jede Woche einen neuen Beweis für seine Theorie fand, sodass Joseph eine halbe Stunde brauchte, um einen Zentner Äpfel zu kaufen. (Dascha bestand darauf, dass die Äpfel für die Vitamindiät der unterernährten Neuankömmlinge wesentlich wären.) Der Rest des Morgens verging mit der Anschaffung von zehn Kubikmetern Holz für die Tischlerwerkstatt der Kommune (in Esras Turm stellten sie ihre Möbel selbst her), drei Tafeln Leder für die Schuhwerkstatt, deren Geruch Heimweh nach den guten alten Tagen in ihm aufsteigen ließ, und verschiedenen Werkzeugen und Ersatzteilen für den Traktor.

Er aß ketzerischerweise in einem kleinen arabischen Speisehaus zu Mittag, wo das Essen billig, schmutzig und schmackhaft war und dessen dicker Eigentümer ihm im Vertrauen mitteilte, dass Hitler, Beschützer des Islam, demnächst das Britische Reich zerstören, das Land an die Araber zurückgeben und die Juden ins Meer treiben werde – außer Joseph selbst, der als Freund des Gastwirtes und gebildeter Mensch verschont bleiben und den er vielleicht sogar in seinem Betrieb anstellen würde, vorausgesetzt, er würde etwas Kapital investieren.

Er ließ sich über dem süßen, starken Kaffee Zeit und strich die erledigten Geschäfte in seinem eng geschriebenen Notizbuch ab; dann begann er in der feuchten Mittagshitze seine Runde von Neuem. Er kaufte Tafelholz und Schuhcreme, Sonnengläser und Verhütungsmittel, trug die Brille des Dr. phil. zu einem Optiker und besuchte als besondere Belohnung seiner selbst Ringarts

Buchhandlung, aus der er, nachdem er eine halbe Stunde alles abgegrast hatte, mit einer Drei-Piaster-Broschüre für die Kommunal-Bibliothek über die Bekämpfung der Tomatenschädlinge wieder emportauchte. Zu dieser Zeit war es schon dunkel, und seine gereizten Nerven sagten ihm, dass ein Chamsin in der Luft war. Aus irgendeinem unklaren Grund war er um Dina besorgt, obwohl es ihr, als er sie das letzte Mal gesehen hatte, nicht besser und nicht schlechter ging als sonst. Vielleicht kam es bloß daher, dass er wusste, wie schlecht der Frühlingschamsin immer auf sie wirkte. Aber man konnte ja doch nichts für Dina tun.

Er nahm sein Abendessen im Arbeiterklub ein, hörte eine Vorlesung über das neue russische Theater an und ging, sehr müde, in eine billige Herberge, wo er in Haifa zu übernachten pflegte. Es war ein schmutziger, verwanzter Betrieb, von einem orthodoxen polnischen Juden geführt. Hier musste er ein Zimmer, in dem nichts stand außer den Betten, mit drei anderen teilen. Seine Zimmergenossen waren aber noch nicht da, und zur Zeit, da sie kamen, war er schon eingeschlafen.

Am nächsten Morgen nahm er sich ein paar Stunden frei, um beim Polizeigericht der Verhandlung in einem illegalen Einwanderungsfall beizuwohnen, über den er in der Konsumgenossenschaft hatte reden hören.

Er war noch nie bei einer Polizeigerichtsverhandlung gewesen, und es überraschte ihn der Mangel an Zeremoniell beim Verfahren, die Kälte des Gerichtssaals und die unformelle, beinahe vertrauliche Art der beherrschenden Atmosphäre. Es waren ein Dutzend Bankreihen vorhanden, auf denen Polizisten und Zivilisten, Juden und Araber gemischt zusammensaßen, mit dem schläfrigen Gesichtsausdruck, den Schulkinder haben, wenn draußen die Sonne scheint. Ihnen gegenüber auf einem erhöhten Sitz saß der Polizeirichter Mr. Wilmot, ein trockener älterer Herr von zerstreutem Gehaben. Sein Sitz war nur einige Zentimeter erhöht, aber der vor ihm stehende Tisch hatte eine Marmorplatte, das einzig Feierliche im Saal. Links vom Richterstuhl waren zwei abgesonderte Bänke in rechtem Winkel zu den anderen: die Anklagebank.

Als Joseph eintrat, stand ein alter tiefäugiger Araber mit einem roten Tarbusch auf der Anklagebank und hielt dem Richter, der verträumt seine Fingernägel betrachtete, eine aufgeregte Rede. Vor dem Richterstuhl stand ein englischer Polizeibeamter, der die Rede des Arabers mit einem korrekten sauren Lächeln anhörte. Allmählich wurde es klar, dass der Polizeibeamte den Araber wegen Quälens seines Maultieres angezeigt hatte. Das Maultier war mit wunden Stellen bedeckt, die von einer Hautkrankheit herrührten, und der Polizeibeamte hatte bei einer früheren Gelegenheit eine gerichtliche Verfügung durchgesetzt, die dem Araber verbot, das Maultier zu benützen, solange die Krankheit nicht geheilt war; trotzdem hatte der Polizeibeamte nahe der Hütte des Arabers am Berge Karmel vor der festgelegten Zeit das Maultier vor den Wagen des Arabers gespannt gesehen, der mit Durra schwer beladen war. Der Araber bot sich andererseits an, zehn Zeugen zu bringen, die beschwören könnten, dass das Maultier die letzten drei Wochen nicht gearbeitet hatte, und niemand im Zuschauerraum bezweifelte, dass er die Zeugen würde stellen können.

Als der Araber eine Atempause machte, schien Polizeirichter Mr. Wilmot aufzuwachen. »Fragen Sie ihn«, sagte er mit trockener dünner Stimme zu dem Dolmetscher, »ob er meint, dass der Polizeibeamte lüge.«

Der Araber erhob beschwörend beide Hände; er hätte nie etwas Derartiges behauptet.

»Dann gibt er also zu, dass er das Maultier für seinen Wagen benützte?«, fragte Mr. Wilmot. Wieder protestierte der Araber.

»Aber das sagt der Polizeibeamte«, sagte Mr. Wilmot. Der Araber war einen Augenblick still; dann brach er in eine neue Redeflut aus.

»Er sagt«, wiederholte der Dolmetscher grinsend, »dass es wahr sei, dass das Maultier vor dem Wagen stand, aber er sagt, es sei nicht angeschirrt gewesen.«

»Warum hat er es dann dort hingestellt?«, fragte Mr. Wilmot.

»Er sagt«, sagte der Dolmetscher, »dass dies ein freies Land sei und er sein Maultier hinstellen könne, wohin er will.«

»Fünfzig Piaster oder zwei Tage«, sagte der Polizeirichter. Der Polizeibeamte lächelte zufrieden, und der protestierende Araber wurde abgeführt.

Der nächste Fall war der eines jungen Beduinen aus Transjordanien, der angeklagt war, gegen die Verkehrsvorschriften verstoßen zu haben, da er darauf bestand, auf seinem Kamel auf der falschen Straßenseite zu reiten. Er wurde zu einer Geldstrafe von fünf Piastern verurteilt und zog verächtlich eine Fünf-Pfund-Note hervor, die der Beamte nicht wechseln konnte; einander anbrüllend verließen sie den Saal.

Mr. Wilmot kramte unter seinen Papieren.

»Brod – etsky, Wilhelm«, las er heraus. *»Illegale Einwanderung … Wo ist er?«*

In der Reihe vor Joseph entstand etwas Bewegung. Ein arabischer Polizist stand auf und stieß einen mageren, kleinen Mann mit einem Hörrohr an, der neben ihm saß. Er hatte schon Josephs Neugierde erregt, weil er ständig mit seinem Hörrohr herumfuchtelte und sich den Hals ausrenkte, um zu sehen, was vorging. Sein Hals war lang und dünn wie der eines skrofulösen Kindes. Er stand geschwind auf, drückte sich an den in seiner Reihe sitzenden Arabern vorbei und schritt mit raschen, ruckweisen Schritten hinter dem Polizisten zur Anklagebank.

»Hat er einen Anwalt?«, fragte der Richter.

Ein großer, blasser Mann in der vordersten Reihe hatte sich erhoben. »Ich vertrete ihn, *your Worship*«, sagte er.

»Oh, Herr Weinstein«, sagte der Richter trocken, »wie gewöhnlich.«

»Wie gewöhnlich, *your Worship.*«

Einen Augenblick lang blickten der Richter und Rechtsanwalt Weinstein einander an. Mr. Wilmots Blick war vage. Der Weinsteins war gleich ausdruckslos; er sah hager und leidend aus. Brodetzky auf der Anklagebank reckte den Hals und hielt das Hörrohr ans Ohr.

»Was ist los?«, rief er plötzlich. »Was will man von mir?«

»Ersuchen Sie ihn zu warten, bis er gefragt wird«, sagte der Richter und blätterte seine Papiere durch.

Weinstein schritt zur Anklagebank hinüber und sagte laut ins Hörrohr hinein:

»Sie müssen warten, Herr Brodetzky. Geduld.«

Brodetzky zuckte nervös mit den Schultern. »Geduld, Geduld«, wiederholte er, wahrscheinlich für sich selbst.

Nachdem Name, Alter, Geburtsort und Beruf des Angeklagten festgestellt worden waren – Fragen, die Brodetzky bereitwillig, ja eifrig beantwortete –, machte sich Mr. Wilmot daran, die Anklage zu verlesen, derzufolge die beschuldigte Person zu dem festgestellten Zeitpunkt an Bord des rumänischen Viehdampfers »Assimi«, der zweihundertundfünfzig Personen ohne Einwanderungserlaubnis trug, in den Hoheitsgewässern angekommen sei. Das Schiff war von Küstenpatrouillen aufgebracht und gehalten worden, mit seinen Passagieren in den rumänischen Ausgangshafen zurückzufahren, durfte aber Essen, Trinkwasser und Medikamente mitnehmen, da auf dem Schiff Seuchen ausgebrochen waren. Im Schutze der Nacht, während das angehaltene Fahrzeug im Hafen von Haifa vor Anker lag, war die beschuldigte Person über Bord gesprungen und an die Küste geschwommen und betrat somit das Land ohne Erlaubnis unter Verletzung der Einwanderungsverordnung von 1933. Er wurde von einem arabischen Nachtwächter bewusstlos am Strande liegend aufgefunden und der Polizei übergeben.

»Bekennt er sich schuldig oder nicht schuldig?«, fragte der Richter.

»Nicht schuldig – wie gewöhnlich«, sagte Weinstein. Er schaute den Richter mit demselben Blick kühlen, konzentrierten Hasses an, den Joseph so oft in Simons Augen gesehen hatte.

Während der Aussage des Nachtwächters und der Polizeizeugen machte Brodetzky unausgesetzt unruhige Bewegungen. Er hielt abwechselnd das Hörrohr ans Ohr und versuchte die Aufmerksamkeit seines Verteidigers, der mit dem Rücken zur Anklagebank stand, auf sich zu lenken. Seine Augen überflogen rastlos die Reihen der Zuhörer, als ob er um Hilfe bitten wollte, schienen aber außerstande, an einem bestimmten Gesicht haften zu bleiben. In einer augenblicklichen Pause, als der Polizeizeuge seine Aussage beendet hatte, zog er plötzlich seinen Verteidiger am Ärmel und erklärte ihm etwas mit heftigen Gebärden.

»Was sagt er?«, fragte der Richter.

»Er sagt, er wurde aufs Ohr geschlagen und hört nicht gut.«

»Von wem?«

»Von einem Wachtposten in Dachau.«

»Ich verstehe den Zusammenhang mit der Anklage nicht.«

»Nein, *your Worship.*« Es sah aus, als wolle Weinstein etwas hinzufügen, aber er tat es nicht.

Wieder erklärte der Angeklagte etwas in höchster Aufregung.

»Was ist jetzt wieder?«

»Er sagt, die Batterie seines Hörapparates sei ihm ins Meer gefallen, während er schwamm, und er bittet um eine neue Batterie.«

Brodetzky hielt hoffnungsvoll sein zerschlagenes Hörrohr dem Richter entgegen und deutete mit einem Achselzucken an, dass es wertlos sei. Der Richter begegnete seinem Blick eine Sekunde lang, wandte sich dann ab und wieder seinen Akten zu. »Sagen Sie ihm, damit werden wir uns später befassen«, sagte er, ohne aufzuschauen.

Der Rechtsanwalt wendete sich zu seinem Klienten, der gehorsam das Hörrohr wieder ans Ohr legte. »Später«, schrie er ins Hörrohr hinein.

»Später, später«, wiederholte Brodetzky achselzuckend zu sich.

»Fragen Sie ihn, ob er zu der Sache aussagen möchte.«

»Wünschen Sie etwas zu sagen?«, rief Weinstein.

»Sagen? Sagen? Ich will zu meinem Neffen. Was ist hier los?« sagte Brodetzky nervös.

»Er sagt, er möchte seinen Neffen sehen, und er fragt, aus welchem Grund man ihn in diesen Saal gebracht hat.«

Der Richter blickte Weinstein an.

»Sie haben ihm doch die Anklage erklärt?«

»Wiederholt«, sagte Weinstein.

»Er wurde auf seinen Gesundheitszustand untersucht, und es wurde festgestellt, dass er sich in einem Zustand nervöser Spannung befinde, aber zurechnungsfähig sei«, sagte Mr. Wilmot, in seinen Akten blätternd.

»Jawohl, *your Worship.*« Weinstein zögerte einen Augenblick und sagte dann in einem matten, gleichmäßigen Ton: »Der Wunsch einer Person, die aus einer Lebensgefahr entkommt, bei dem einzigen überlebenden Mitglied seiner Familie Zuflucht zu finden, kann kaum als Zeichen von Wahnsinn ausgelegt werden.«

Nach einer kurzen Stille sagte der Richter:

»Der erwähnte Neffe wohnt in ...«

»Er ist bei der Kaligesellschaft am Toten Meer angestellt.«

»Ist er im Zuhörerraum?«

»Nein. Er liegt mit Malaria im Spital.«

»Jeder scheint immer mit Malaria im Spital zu liegen«, murmelte Mr. Wilmot. Er schloss plötzlich mit einer entschiedenen Geste den Akt und lehnte sich in seinen Stuhl zurück.

»Bitte – die Anklage.«

Der öffentliche Ankläger, ein geschniegelter christlicher Araber, der sich bis jetzt wenig am Geschehen beteiligt hatte, begann zu sprechen, bevor er auf die Füße gesprungen war, und hatte nach zwei Minuten geendet. Er fasste die Zeugenaussagen zusammen, zitierte den Text der Einwanderungsverordnung und beantragte, dass der Angeklagte zu sechs Monaten Gefängnis verurteilt werde, mit dem Zusatz, ihn dann nachher zu deportieren. Er sprach ein gepflegtes Englisch und machte den Eindruck, eine tägliche Routinehandlung zu wiederholen.

Nach ihm war Weinstein an der Reihe. Er sprach mit absichtlich farbloser Stimme. Er bezog sich auf die bekannte Tatsache der Verfolgungen in Deutschland, Österreich und der Tschechoslowakei, die jenen, denen es zu entkommen gelang, keine andere Wahl ließen, als so rasch wie möglich irgendeine erreichbare Grenze zu überschreiten. Jedoch selbst wenn es ihnen glückte, die Grenzpatrouillen zu umgehen, fanden sie auf der anderen Seite keine Sicherheit, da die meisten europäischen Länder Gesetze gegen den unerwünschten Zustrom erlassen hatten, und sie blieben unter der ständigen Drohung der Verhaftung und Ausweisung. Es war somit unvermeidlich, dass sie mit allen Mitteln versuchten, die Küste jenes Landes zu erreichen, welches ihnen nach internationalem Übereinkommen als Nationalheim garantiert worden war und auf das sie ihre letzte Hoffnung setzten. Von der Polizei gejagt, ohne Pass oder legalen Wohnort, war es ihnen unmöglich, den Amtsweg zu gehen, das heißt, um eine

Einreisebewilligung anzusuchen und ein bis zwei Jahre zu warten, bis sie an die Reihe kommen würden. Unter diesen Umständen war es ein Hohn, zwischen »legalen« und »illegalen« Einwanderern zu unterscheiden.

»Wenn ich einen Wahnsinnigen an den Fersen habe«, fuhr er in seiner farblosen Stimme fort, »und ich sehe einen Autobus vorüberfahren, werde ich auf die Plattform springen, ohne die Verkehrsvorschriften zu beachten. Ich überlasse es dem hohen Gericht, zu entscheiden, ob der Kondukteur das Recht hätte, mich von der Plattform zu stoßen, weil ich das Fahrzeug außerhalb der vorschriftsmäßigen Haltestellen bestiegen habe.«

Er pausierte, schloss mit der Bitte, dass diese Aspekte des Falles von dem hohen Gericht berücksichtigt werden mögen, setzte sich, schluckte zwei Pillen aus einer kleinen Schachtel in seiner Westentasche und sah kränker aus denn je.

Brodetzky beugte sich in großer Erregung über die Schulter seines Verteidigers. »Was ist los?«, fragte er.

Weinstein räusperte sich und lehnte sich zum Hörrohr hinüber. »Geduld«, sagte er.

»Was, was?«, sagte Brodetzky und blickte fragend in den Zuhörerraum.

Nach weiteren Formalitäten erhob sich Mr. Wilmot und wartete geduldig, bis Brodetzky überredet werden konnte, ruhig zu sein.

»Wie immer in diesen Fällen«, sagte er, ohne auf jemanden zu blicken, »sage ich wieder, dass es meine Pflicht als Richter sei, die Strafsätze anzuwenden, die ich zu verfügen bemächtigt bin, um nach Möglichkeit jene, die ähnliche Vergehen im Sinne haben, davon abzuhalten.«

Er blickte auf den Angeklagten, der jetzt in lautloser Erregung auf seinen Zehen auf und nieder wippte; dann wandte er seine Augen wieder ab.

»Ich würdige die Wahrheit von Herrn Weinsteins Worten«, fuhr er fort, auf den Anwalt blickend, »dass die Verhältnisse in gewissen Ländern Europas das verursacht haben, was man eine Massenflucht der Verfolgten aus jenen Gebieten nennen kann, und dass unter diesen Umständen Abschreckungsmaßnahmen nur wenig Erfolg haben können. Es ist mir jedoch auferlegt zu versuchen, meine Entscheidung so zu treffen, dass, wenn möglich, doch Abschreckung erzielt werde.«

Er machte eine Pause, räusperte sich und fuhr, mit betonter Entschlossenheit, fort:

»Es ist möglich, dass ich unrecht habe und derartige Fälle anders gehandhabt werden müssten. Ich hoffe, es wird in diesem Falle Berufung eingelegt werden; ich hätte gerne eine Richtlinie von der höheren Instanz in dieser Sache.«

Er hatte erst auf Weinstein geblickt, aber wandte sich jetzt entschlossen dem Angeklagten zu, der sich den Hals ausrenkte, das Hörrohr am Ohr.

»Aus obigen Gründen verurteile ich den Angeklagten zu drei Monaten Gefängnis vom Tage seiner Verhaftung und werde Seiner Exzellenz dem Oberkommissar nahelegen, ihn zu deportieren.«

Es war Stille, und dann klang noch einmal Brodetzkys Stimme hervor:

»Was ist los? Was ist los?«

Während sich der Gerichtshof erhob, redete Weinstein auf Brodetzky ein und versuchte, ihn zu überreden, seiner Wache widerstandslos zu folgen.

Aber Brodetzky weigerte sich, von der Stelle zu gehen, und schrie immer lauter, dass er nicht länger warten könne und endlich gehen und bei seinem Neffen leben möchte. Schließlich wurde er von den beiden arabischen Polizisten halb gezogen, halb getragen. Er versuchte, sich an dem Ärmel seines Verteidigers anzuklammern, und schrie gellend mit schriller, schluchzender Stimme:

»Was ist los? Was ist los? Was hab ich getan?«

Joseph verließ den Gerichtssaal. Unten beim Tor ging Weinstein an ihm vorbei, eine unangezündete Zigarette zwischen den Lippen, die sich mit nervösem Zucken auf und ab bewegte. Er suchte geistesabwesend in seinen Taschen nach einem Zündholz. Joseph bot ihm Feuer an, ihn auf Hebräisch anredend.

»Danke«, sagte Weinstein. Sein Gesicht war gelb, und seine Hände zitterten leicht.

»Werden Sie Berufung einlegen?«, fragte Joseph.

»Was?«, sagte Weinstein. »Oh ja, wie gewöhnlich.« Seine Augen, die Joseph wieder an die Simons erinnerten, blieben an seiner Aktentasche haften.

»Sind Sie ein Beamter?«

»Nein – ich bin aus einer Siedlung.«

»Siedlung«, wiederholte Weinstein. Seine Zigarette zuckte noch immer auf und ab. »Und was tragen Sie da herum?«

»Papiere«, sagte Joseph.

»... Papiere«, wiederholte Weinstein. »Wir alle tragen Papiere. Vielleicht sollten wir lieber Revolver tragen.«

Er lächelte zerstreut und ging mit leicht hinkendem Gang, seine Aktentasche an die Seite gedrückt, davon.

Zum Glück hatte Joseph so viel zu tun, dass er keine Zeit zum Grübeln fand. Da er seine Aufgaben als Kommunaleinkäufer am Vortage beendet hatte, mit Ausnahme der Dinge, die er nur in Tel Aviv oder Jerusalem bekommen konnte, musste er sich nun an seine mühsame Arbeit als Geldauftreiber, Diplomat und Packler machen. Sie umfasste eine seit Langem hinausgeschobene Auseinandersetzung mit dem Bezirksdirektor des Arbeiterkrankenfonds, um die Leute von Esras Turm in eine höhere Gesundheits-

und niedrigere Prämienklasse einzuteilen; ferner Verhandlungen mit der Arbeiterbank, um die Verlängerung eines Schuldscheines zu erwirken; und einen Skandal beim Komitee für Kultur und Erziehung zu machen, weil die letzten drei Vortragenden, die man geschickt hatte, herzlich schlecht gewesen waren.

Um Joseph zu besänftigen, gab ihm der Sekretär des Komitees eine Freikarte ins Eden-Kino. Das war ein seltenes Vergnügen, denn Joseph konnte, da er von der Gemeinschaftskasse lebte, es nicht über sich bringen, zu einer Kino-Vorstellung zu gehen, obgleich er einmal in vierzehn Tagen dazu berechtigt war. Er kam im Kino an, als die Vorstellung schon begonnen hatte, beobachtete den Einmarsch der deutschen Truppen in Prag, verfolgte die ersten Stadien der tragischen Kämpfe einer jungen Erbin, die gegen den Wunsch ihrer Eltern Eislauf-Weltmeisterin werden wollte, und schlief ein. Als er erwachte, hatte sich die Erbin gerade den Knöchel gebrochen und wurde im Krankenwagen fortgebracht; also drängte sich Joseph durch die Menschen durch und ging in seine Herberge.

Jetzt waren seine Zimmergefährten bereits in den Betten. Einer von ihnen schnarchte, und ein zweiter, wahrscheinlich ein Neuankömmling aus Europa, bat im Schlafe unaufhörlich irgendjemanden mit hoher pfeifender Stimme, aufzuhören, ihm irgendetwas zu tun; wonach er bis zehn zählte und jede Zahl von einer ruckweisen Bewegung und einem Stöhnen folgen ließ. Joseph weckte ihn und reichte ihm ein Glas Wasser; aber nach einer Weile schlief der Mann wieder ein und begann wieder zu zählen. Joseph gab es auf und beobachtete im gelben Licht der schirmlosen elektrischen Birne, wie der Mörtel von der Decke fiel, und die Küchenschaben über den Boden krochen. Von draußen kam das langsame Aufschlagen der Wellen im Hafen, wo die »Assimi« mit ihren zweihundertfünfzig Passagieren, einschließlich achtzig Frauen und Kinder, vor Anker lag.

Endlich schlief Joseph ein. Nach ein paar Stunden weckte ihn das Heulen der Sirene der »Assimi« wieder. Er ärgerte sich, denn gerade in dem Augenblick, in dem er aufgeweckt wurde, war es ihm fast gelungen, seine Stimme hörbar zu machen und den Blick des Speakers mit der weißen Perücke auf sich zu lenken. Das Zimmer war dunkel; es war noch sehr früh. Der Schnarcher im Nebenbett schnarchte, aber der Mann, der bis zehn gezählt hatte, hatte sich beruhigt; er lag auf dem Bauch, einen Arm über die Seite des Bettes herunterhängend, den offenen Mund im Kissen vergraben. Das vierte Bett, das von einem bärtigen alten Mann besetzt gewesen war, war leer.

Die Sirene heulte noch einmal, und Joseph sprang aus dem Bett und ging zum Fenster hinüber. Unter dem Fenster sah er eine formlos kauernde Gestalt in ein schwarz-weißes Gebettuch gehüllt, das wie eine Kapuze über den Kopf gezogen war, die Fransen über die Augen hängend. Sie schwankte auf den Fersen vorwärts und rückwärts mit der traditionellen Betbewegung, während sie sich rhythmisch mit der Faust auf die Brust schlug. Man konnte durchs Fenster sehen, wie sich die Mastspitzen der »Assimi« drunten im Hafen von einem Schwarm kreisender Möwen gefolgt langsam der Mole entlang gegen das offene Meer zubewegten; das Schiff trug seine Passagiere dem sonnigen Mittelmeer und den vielfältigen Todesarten, die sie erwarteten, entgegen. Der Alte in der Kapuze murmelte und wiegte sich auf den Fersen. Seine Schädelkuppe war mit kleinen schwarzen Flocken bedeckt; er muss Papier verbrannt haben, um Asche zu bekommen, wie es sein soll, wenn man das Gebet für Tote spricht.

9

Die erste Andeutung der drohenden Katastrophe erreichte die hebräische Gemeinschaft am Sonntag, den 26. Februar. Nach den von der hebräischen und arabischen Presse wiedergegebenen Londoner Agenturberichten unterbreitete die britische Regierung den Delegierten der Round-Table-Konferenz ihre Vorschläge für die Umwandlung Palästinas in einen unabhängigen arabischen Staat und für weitere Schutzmaßnahmen gegen die Einwanderung der Juden, die ein für alle Mal eine ein Drittel der Gesamtbevölkerung nicht überschreitende Minorität bleiben sollten.

Die Round-Table-Konferenz war am 2. Februar 1939 in St. James' Palace vom Ministerpräsidenten Neville Chamberlain mit einer Begrüßungsansprache eröffnet worden. Die palästinensischen Araber, die zum Großteil der Partei des flüchtigen Muftis angehörten, weigerten sich, mit der hebräischen Delegation an einem Tische zu sitzen. Die britische Regierung nahm diese Haltung hin und teilte die Konferenz in zwei parallele Konferenzen, eine anglo-arabische und eine anglo-hebräische auf. Die hebräische Delegation verlangte die Fortsetzung des britischen Mandats und einer der ökonomischen Aufnahmsfähigkeit des Landes entsprechenden jüdischen Einwanderung. Die arabische Delegation verlangte den Widerruf des Mandats und der Balfour-Deklaration, das Verbot der jüdischen Einwanderung und des Landankaufs durch Juden. Nachdem sie etwa zwei Wochen nicht weitergekommen waren, unterbreitete die briti-

sche Regierung, wie berichtet, nunmehr ihre Vorschläge, welche im Wesentlichen die Annahme der arabischen Forderungen enthielten.

Die Londoner Zeitungen berichteten am selben Tage, dass die Regierung der Forderung der spanischen Aufständischen nach sofortiger Anerkennung zugestimmt hatte. Ein gewisser Teil der Presse bemerkte, dass die britische Regierung auf die Großherzigkeit General Francos und sein Versprechen vertraue, Vergeltungsakte gegen die Regierungstreuen zu unterlassen. Die gleichen Zeitungen gaben der Meinung Ausdruck, dass die arabische Großherzigkeit die Rechte der jüdischen Minorität am besten gewährleisten würde.

Gleichzeitig mit diesen Berichten kam die Nachricht von der Errichtung einer Betonschutzmauer um das Judenviertel der Altstadt Jerusalems, der Ermordung eines volkstümlichen hebräischen Lehrers in der Umgebung des Salomonischen Teiches, von weiteren Bombenexplosionen in den jüdischen Zentren von Haifa und Jerusalem und von triumphierenden Moslemdemonstrationen, bei denen man dem Mufti und Mr. Chamberlain zujubelte.

Während die üblichen Terrorakte fortgesetzt wurden, geben die jüdischen offiziellen Körperschaften ihre üblichen Proteste heraus gegen »die geplante Liquidierung des Nationalheimes und seine Auslieferung an die Bandenführer«; und ihr Präsident, der betagte und ehrwürdige Professor der organischen Chemie, riet angesichts der Katastrophe wie gewöhnlich zur Zurückhaltung. Ein bedeutender Teil der hebräischen Jugend war zu dieser Zeit bereits davon überzeugt, dass Zurückhaltung nicht die geeignete Antwort auf eine Katastrophe wäre. Zwanzig Jahre lang hatten sie Loyalität und Zurückhaltung geübt und waren jetzt nahe daran, alles zu verlieren; wogegen die Gegner Rebellion und Gewalt geübt hatten und damit belohnt werden sollten, dass alle ihre Forderungen bewilligt würden.

Die Auseinandersetzungen über die Frage der Gewaltanwendung hatte schon einige Zeit zuvor zu einer Spaltung in der Reihen der hebräischen Verteidigungsorganisation geführt. Die alte Organisation »Haga-

na«, von den jüdischen offiziellen Körperschaften kontrolliert und sozialistisch eingestellt, hielt am Prinzip der passiven Verteidigung fest; sie wurde von der Regierung geduldet, der sie bei der Unterdrückung der arabischen Revolte wertvolle Hilfe geleistet hatte. Die neue Organisation »Irgun« war geringer an Zahl und nach konspirativen Grundsätzen als terroristische Untergrundbewegung organisiert. Ihre Mitglieder hatten extrem nationalistische Anschauungen, verhöhnten die Unfähigkeit der offiziellen jüdischen Körperschaften, wurden von ihren alten Kameraden aus der »Hagana« als Faschisten gebrandmarkt und von der Polizei gejagt. Sie hatte geheime Radiosender und Druckereien, beträchtliche Waffenvorräte und Sympathiker in allen Schichten der jüdischen Bevölkerung, einschließlich der Polizei und der Regierungsämter. Ihre Führer waren zwei Studenten der hebräischen Universität in Jerusalem, beide in den Zwanzigern: »Rasi«, alias David Rasiel, ein Bibelforscher, der später im Dienste der britischen Streitkräfte im Kampfe fallen sollte, um diese Zeit aber im Konzentrationslager von Sarafand festgehalten war; und »Jair«, alias Abraham Stern, ein Dichter, später von der Polizei getötet, als er sich seiner Verhaftung entziehen wollte.

Am Montag, den 27. Februar, vierundzwanzig Stunden nach der Veröffentlichung der Vorschläge der britischen Regierung schlug der »Irgun« los.

In den frühen Morgenstunden dieses Tages verkündete der Geheimsender, die »Stimme des kämpferischen Zion«, dass »militärische Strafmaßnahmen zu dieser Stunde in allen größeren Städten und auf den Straßen des Landes gleichzeitig ausgeführt werden. Diese Strafhandlungen unserer Truppen mögen den arabischen Terroristen, die sich während der letzten zweiunddreißig Monate gegen die hebräischen Gemeinschaften Grausamkeiten zuschulden kommen ließen, als Warnung dienen; ebenso der britischen Regierung, welche ihr feierliches Gelübde gebrochen und die Tore des Landes Israels geschlossen hatte; und der gesamten Welt, die bis jetzt nichts dazu getan hat, um den Mord an unserem Stamm zu verhindern.«

Es war keine leere Großsprecherei. Zu der angegebenen Stunde, zur gleichen Zeit, explodierten Bomben und Landminen in den arabischen Vierteln von Jerusalem, Jaffa, Haifa und Sarafand, es krachten Salven, Autos wurden überfallen, Schienen wurden in die Luft gesprengt, und Züge entgleisten überall im Lande. Die arabischen Verluste während dieser einen Stunde erreichten die der Juden während der letzten drei Monate.

Die Kampfhandlung hatte überall um halb sieben Uhr morgens angefangen und war um halb acht Uhr vorbei. Kein Mitglied des »Irgun« wurde von der Polizei gefangen genommen. Um halb neun Uhr früh ließ General Bernard Montgomery, Kommandant des Haifagebietes, Panzerwagen mit Lautsprechern durch die Straßen fahren. Die Lautsprecher befahlen jedermann, nach Hause zu gehen. Bis zum kommenden Morgen wurde ein volles Ausgehverbot angeordnet.

Einige Stunden später gab Kolonialminister Mr. Malcolm MacDonald im englischen Unterhaus eine Erklärung ab. Statt der erwarteten offiziellen Bestätigung der am Vortage der Presse zur Veröffentlichung freigegebenen Regierungsvorschläge appellierte der Kolonialsekretär an die Öffentlichkeit in »England und Palästina ... sich eines Urteils zu enthalten, bis eine offizielle Erklärung abgegeben werden kann«. Der Kolonialminister bedauerte auch, dass »unvollständige und in einigen wichtigen Punkten irreführende Berichte über die Absichten der Regierung nach Palästina gelangten, wo sie der Anlass zu ernsthaften Zwischenfällen wurden«. Vom Führer der Opposition zu einer Erklärung gedrängt, »um weiteren irreführenden Annahmen zuvorzukommen«, sagte Mr. MacDonald, dass »nach dem, was sich in Palästina abgespielt hat, jede weitere Erklärung unerwünscht« sei.

Es sah aus, als sei wenigstens für den Augenblick die Katastrophe abgewendet worden. Die Bomben und Landminen hatten die einzige Sprache gesprochen, welche die Welt anno domini 1939 verstand. Ein paar Stunden später bestätigte der Ministerpräsident die bedingungslose Anerkennung von General Francos Junta als rechtmäßige Regierung in Spanien. Die Ankündigung des Ministerpräsidenten wurde mit Rufen wie »Schande« aufgenommen; ein Abgeordneter rief ihm zu: »Man sollte Sie als Verräter an Großbritannien unter Anklage stellen.«

10

Der Chamsin ist ein heißer, trockener Ostwind, der von der arabischen Wüste her weht. Der Name ist ägyptischen Ursprungs und bedeutet »Fünfzig« – die fünfzig Tage zwischen Ostern und Pfingsten, an denen der Chamsin besonders häufig sein soll.

Wie bei seinen Verwandten Schirokko und Föhn, Bora und Mistral ist die Wirkung des Chamsin auf das menschliche Gemüt heftig und geheimnisvoll. Seine Stärke wechselt von einem lauen Wind, lästig wie eine ungebetene Liebkosung, bis zu dem sengenden Hauch eines offenen Dampfkessels. Aber es ist weder die Oberflächenwirkung der sich bewegenden Luft, auf die es ankommt, noch die Hitze, noch der Durst, noch die schmerzende Trockenheit in Kehle und Nasenlöchern. Das Wesentliche ist der Effekt des Chamsin auf das Nervensystem und die Wirkung, die er auf jene körperlichen Funktionen ausübt, die nicht unter willkürlicher Kontrolle stehen.

Es gibt keine Statistik über das Zunehmen der Fälle von Selbstmord, Totschlag und Vergewaltigung an Tagen mit Chamsin. Sein Einfluss auf das Nervensystem kann nicht in messbaren Mengen ausgedrückt werden. Messbar ist nur der physikalische Wechsel der Atmosphäre. Es ist bekannt, dass die Bodentemperatur während eines Chamsin um 20 Grade in die Höhe schnellen und 45 Grad Celsius im Schatten übersteigen kann. Die relative Feuchtigkeit der Luft kann auf ein Siebentel des Normalen fallen und der absoluten Trockenheit bis zu zwei Prozent nahe kommen. Die elektrische Leitungsfähigkeit der Luft kann sich auf das Zwanzigfache ihres Normalwertes erhöhen, während sich ihre Radioaktivität zwei- bis dreifach steigern kann. Was aber enthüllen diese Messzahlen? Nicht viel, außer vielleicht die Tatsache, dass der Mensch den Launen der Natur mehr und heimtückischer unterworfen ist, als er sich vorzustellen gewohnt ist. Seine offensichtliche Herrschaft über sie ist rein äußerlich; so wie Gulliver im Schlaf von den Liliputanern festgebunden wurde, bleibt der Mensch an die blinden Kräfte geheftet durch ein Gewebe dünner, unsichtbarer, an sein Sonnengeflecht gebundener Fäden, durch die Ganglien des Parasympathikus, durch die elektrische Ladung seiner Nervenhäute, durch die Gefäßregulatoren seiner Drüsen mit innerer Sekretion – ein schwerfälliger Sklave, der sich als Herr wähnt, weil seine Ketten durch eine seidene Zwangsjacke ersetzt wurden.

Der Himmel über Esras Turm ist an Chamsin-Tagen bleigrau vom Dunst in den Höhen und vom Wüstensand. Die Zweige der jungen Fichten auf dem Kfar Tabije gegenüberliegenden Abhang bewegen sich sanft und regenverkündend in der lautlosen Luft; aber es wird kein Regen kommen. Der befreiende Donner scheint auf der Zungenspitze der Natur zu liegen; aber die Natur steckt einem nur die Zunge heraus, und der Sturm kommt nicht. Es liegt eine überlange Erwartung und Enttäuschung in der schwefelhaltigen Luft; wie Messalinas lange, quälende Umarmung, erregt es, aber es versagt die Erleichterung – ein keuchender, erstickender Anstieg, welcher niemals den Gipfel erreicht. Ein Sturm ist – nur eine Armeslänge entfernt – im Anzug, im Anzug in den Ohren und Rippen der Leute, ein Sturm, der sich nie entladen soll.

An dem Tag nach Josephs Abreise nach Haifa war der Chamsin besonders schlimm. Dina hatte am Abend zu lesen versucht; Sarah, mit der sie das Zimmer teilte, besprach unterdessen mit Max einen Artikel der hebräischen Linksradikalen-Zeitung über die Frage, was man zur Emanzipation der Araberfrau tun könnte. Sarah meinte, das Beste wäre ein Frontalangriff auf die Religion. Max meinte, dass die Frage des Schleiers und der Geburtenkontrolle zuerst komme. Sarah meinte, dass das Haupthindernis die arabische Furcht vor der hebräischen Herrschaft sei. Max meinte, wir sollten in einer feierlichen Erklärung auf jeden Anspruch auf Herrschaft verzichten. Sarah meinte, dass die Bauman-Leute faschistische Verbrecher wären. Max meinte, dass sie die ganze Bewegung diskreditieren und daher der Polizei übergeben werden sollten. Sarah meinte, dass es darauf ankäme, den Arabern menschlich entgegenzukommen. Max gab zu, dass die menschliche Annäherung nicht genügend gefördert worden sei. An diesem Punkt begann Dina unerwartet zu schreien. Max sah sie über seine hängende Tapirnase verblüfft an. »Aber geht«, schrie sie mit dem Fuß stampfend, »geht, geht, ihr alle, und lasst mich in Ruh' ...«

Sie versuchte, sich zu beherrschen, biss sich in die Lippen und strich sich die Haare aus dem Gesicht. »Bist du krank?«, fragte Max, beugte sich zu ihr und schnüffelte mitleidig. Aber Dina schlug ihn plötzlich mit der Faust auf die Brust, und während Max zurücktaumelte, lief sie aus dem Zimmer.

Es war heiß, und niemand war im Freien. Der Chamsin fühlte sich an, wie wenn ihr jemand mit einem heißen, widerwärtigen Atem ins Genick bliese. Hinter dem Turm hing der rostfarbene Mond regungslos auf einem grauen Nebelflor; er sah aus wie geronnenes Blut auf einem beschmutzten Verband. Sie eilte über den Platz und an der Speisebaracke vorbei. Dort war eine Versammlung im Gange; das Summen der allzu wohlbekannten Stimmen klang heraus und schwebte im heißen Wind wie ein Schwarm zudringlicher Fliegen. Sie eilte durch das Wohnviertel der Verheirateten mit seinen viereckigen Betonblöcken weiter. Die Tür zu Josephs Zimmer stand offen, der Raum war hell beleuchtet. Mit dem Gesicht zur Tür saßen Ellen, Gaby und der Ägypter Seite an Seite auf dem Bett. Ellen lehnte sich mit ihrem geblähten Leib auf dem Bett zurück, las etwas aus einer Zeitschrift vor, und alle drei lachten. Der Ägypter hatte den Arm um Gabys Schulter gelegt; ihr Bein war vom Knie bis zum Knöchel an seines gedrückt.

Ellen hob ihre Augen von der Zeitschrift, sah gegen das Dunkel Dinas schlanke Gestalt abgezeichnet und rief sie an, aber die Gestalt lief wie erschreckt davon.

Als Dina außerhalb des Lichtkreises war, zögerte sie eine Sekunde, ob sie umkehren und zu den anderen gehen sollte. Aber der Gedanke, in der begrenzten engen Kammer mit der stickigen Luft und den noch den Betten anhaftenden Körperausdünstungen von Jospeh und Ellen still zu sitzen, ließ sie wieder davoneilen. Es schien ihr, als kenne sie nicht nur alle die Stimmen auswendig, sondern auch den individuellen Geruch des Schweißes aller. Sie fühlte eine schmerzhafte Trockenheit in der heißen Schale ihrer Nasenlöcher; einen Augenblick lang schien die Welt nur aus Gerüchen zu bestehen, die wie vielfarbige Fäden in der Luft schwebten. Da war der fettige Hauch von lauem Abwaschwasser aus der Gemeinschaftsküche, der saure Milchgeruch des Kinderzimmers, der ätzende Geruch des Schafstalles, das beißende Ammoniak des Pissoirs, der kränklich süßliche Geruch der unpässlichen Frauen. Schon als kleines Kind hatte sie immer gewusst, wann ihre erwachsene Schwester oder deren

Freundinnen unwohl waren. Sie schloss die Augen und kratzte mit ihren scharfen Fingernägeln wild in der trockenen Höhlung ihrer Nase. Endlich hatte sie gefunden, was sie tun würde; schluchzend und Nägel kauend stürzte sie in den Stall und tastete sich in der heuwarmen Dunkelheit zu Salomes Platz.

Die braune Mähre schlief, aber sobald Dinas Hand ihre Flanke berührte, kroch sie mit einem gehorsamen und kläglichen Wiehern auf die Beine. Dina fand die Stalllaterne und eine Zündholzschachtel; während sie das Pferd sattelte, fühlte sie sich plötzlich ganz vergnügt. Sie war schon einige Male nachts ausgeritten, wenn sie ähnliche Stimmungen befallen hatten; wohl waren kürzlich in der Dunkelheit vereinzelt Schüsse aus dem Hinterhalt gegen die Siedlung abgegeben und zwei Leute verletzt worden, sodass man es nicht für ratsam hielt, nachts außerhalb der Gräben allein herumzugehen, aber das machte ihr Unternehmen umso reizvoller. Sie löschte die Laterne aus und führte Salome ruhig aus dem Stall und an den beiden Zeltreihen des Jugendlagers vorbei. Einen Augenblick später hatte sie den Stacheldraht erreicht und schritt durch das Tor. Sie blickte um sich, aber es war niemand zu sehen; sie tätschelte Salomes Flanke, pflanzte ihren Fuß fest in den Steigbügel und sprang elastisch auf. Sie wäre gerne wild galoppiert, aber der Mond war nicht klar genug, und wenn sich das Gemeinschaftspferd ein Bein bräche, könnte sie gleich Selbstmord begehen. Max hatte in solchen Fällen eine Art salbungsvolles Verzeihen, das einem wochenlang das Gefühl eines Aussätzigen gab. Es freute sie, dass sie etwas ausgesprochen »Asoziales« und Ungezogenes machte; und dass, da Salome nichts erzählen konnte, niemand etwas davon erfahren würde.

Als sie das Pferd den Abhang auf der weiteren Seite von Kfar Tabije hinunterritt, schienen die Hügel um sie herum wie in ein Silberbad getaucht. Ihre Stille gab ihr ein unirdisches Gefühl.

Hoch auf Salomes Rücken fühlte sich selbst der Chamsin wie eine warme, unpersönliche Liebkosung an. Sie beschloss, geradewegs zum Wadi hinunterzureiten, dessen Lauf zu folgen und dann den Pfad den anderen Hügel hinauf zur Ahnenhöhle zu nehmen.

Als sie den Fuß des Abhanges erreichte und durch das enge, sich windende, mit Geröll und trockenen Disteln und Büscheln von Gestrüpp übersäte Bett des Wadis ritt, befiel sie jedoch ein Gefühl der Bedrückung. Die Abhänge erhoben sich nun zu beiden Seiten über ihren Kopf; Salome wählte sorgsam ihren Weg zwischen dem Geröll und konnte nicht dazu bewogen werden, rascher zu gehen. Kein Laut war zu hören außer dem trockenen Knirschen ihrer Hufe und dann und wann dem quietschenden Geräusch, wenn sie auf einem Stein ausrutschten. Dina dachte mit Sehnsucht an die Geräusche der fernen Speisebaracke und an das helle Licht, das aus der Tür von Josephs Zimmer kam. Die Hügel hatten sich in sich selbst zurückgezogen; sie strömten eine Atmosphäre von Ablehnung aus, die Ausdünstung einer ungeheuren Einsamkeit. Sie war gerade dabei, sich geschlagen zu geben und Salomes Kopf zu wenden, als sie bei einer plötzlichen Krümmung des Wadis einen Mann in arabischem Gewand ruhig auf sich zukommen sah.

Irgendetwas an seiner Haltung und seiner Kleidung sagte ihr, dass er einer der Dorfleute von Kfar Tabije war. Im ersten Moment erschien der Mann genauso überrascht wie sie und blieb etwa zwanzig Meter vor ihr unsicher stehen; dann, wahrscheinlich als er bemerkte, dass es eine Frau war, ging er weiter und kam langsam näher. Sich jetzt umwenden hätte bedeutet, zuzugeben, dass sie Angst hatte; sie drückte ihre Fersen in Salomes Flanken und ritt weiter. Sie konnte das Pferd nicht dazu bringen, auf dem schlüpfrigen Geröll rascher zu gehen, und auch der Mann beschleunigte seine Schritte nicht, sodass die letzten paar Meter, die noch zwischen ihnen waren, sich endlos hinzuziehen schienen. Jetzt sah sie, dass er eine Kefije mit einem schwarzen Band und einen gestreiften, langen arabischen Rock mit einem karierten europäischen Sakko trug. Als sie einander endlich erreicht hatten, trat er zur Seite und blickte zu ihr schweigend und mit offenem Mund empor. Sie konnte die Lücke zweier fehlender Vorderzähne in der dunkeln Mundhöhle sehen und die blinde, milchige Pupille eines von Trachom zerstörten Auges. Als sie an ihm vorbei war, sagte er etwas mit heiserer Stimme, das sie nicht verstehen konnte. Nach kurzem Zögern drehte er sich um, um ihr zu folgen. Aber jetzt war eine reine Wegstrecke vor ihr, und Salome brach in plötzlicher Angst aus eigenem Antrieb in Galopp aus. Als Dina nach einer Minute den Kopf wandte, war nichts hinter ihr als der leere Wadi, einsam zwischen den silbernen Hügeln.

Ihr Herzschlag wurde, sobald sie sich auf dem aufsteigenden Pfad zur Ahnenhöhle befand, wieder normal; nur ihre Schenkel, die Salomes warme Flanken umfassten, zitterten noch eine Weile fort. Sie sagte sich, dass sie ein Feigling sei und ein Narr, dass sie vor einem harmlosen Dorfbewohner Angst hätte. Die Worte, die er ihr zugerufen hatte, waren wahrscheinlich bloß Grußworte gewesen, und es musste ihn verletzt haben, dass sie schweigend an ihm vorbeigeritten war. Es war schließlich etwas an dem, was Max über die menschliche Annäherung gesagt hatte. Sie hätte ihm ein freundliches und festes »*Marhaba*« zurufen und ihre Angst nicht zeigen sollen. Das hätten Ellen und Dascha an ihrer Stelle getan. Aber schließlich hatten Ellen und Dascha niemals ... Aber jetzt war sie wieder in Ordnung und ganz guter Dinge. Nur ihre Beine im Steigbügel zitterten noch weiter; denn ihr Fleisch wusste es anders, es wusste, dass das, was der Mann gesagt hatte, nicht nur Grußworte gewesen waren.

Die Höhlen im Mondlicht waren etwas enttäuschend. Es war kein Baum oder Pfosten da, an den sie Salome binden konnte, also musste sie das Pferd den Abhang hinauf und herunter hinter sich herziehen, während sie nach dem Eingang suchte, der nachts nicht leicht zu finden war. Zweimal dachte sie, sie hätte ihn gefunden, aber beide Male war es bloß eine der kleineren Höhlen. Der Mond stand schon recht tief, und die Nacht musste ziemlich vorgerückt gewesen sein, aber der Himmel hatte sich aufgeheitert, und das Mondlicht schien heller.

Endlich fand sie den kleinen Erdhügel und das steile, enge Loch dahinter, das zu dem Vorraum hinunterführte. Sie zog Salomes Kopf fest nach unten, sodass sie ihren Zügel mit einem Stein beschweren konnte, dann schob sie, flach am Boden liegend, die Füße in das Loch hinein und ließ sich hinuntergleiten. Unten im Vorraum war ein furchtbarer Gestank – arabische Hirten müssen das Loch als Abtritt verwendet haben. In den Taschen ihrer kurzen Hosen suchte sie nervös nach den Zündhölzern, die sie vom Stall mitgebracht hatte, zerbrach eines, zündete das zweite an und fand den Kerzenstumpf, der immer in der ersten Grabkammer herumlag. Im gelben Licht der Kerze sah die Höhle freundlicher aus, aber ihr Argwohn hatte sich als richtig erwiesen: Der Sand am Grunde des Ganges war mit trockenen Exkrementen bedeckt. Sie hielt mit der freien Hand Nase und Mund zu, und gebückt unter der niederen Decke stieg sie die drei Steinstufen zu dem tieferen Vorraum hinunter. Da waren die drei Nischen, und die mittlere war die Joschuas des Ahnen.

Die Gebeine waren unverändert da, und der Schädel fehlte noch immer; kein Wunder war seit ihrem letzten Besuch geschehen. Die Gebeine lagen in einem unordentlichen Haufen auf dem feuchten Sand der engen Kammer. »Servus, Ahn«, flüsterte Dina, auf den Fersen hockend. Sie kratzte ein bisschen mit ihren Nägeln im Sand, in der aufregenden Hoffnung, eine Münze zu finden. Aber die Höhle war Gott weiß wie viele Male und von wem geplündert worden: von römischen Legionären, arabischen Hirten, Kreuzfahrern, Türken, bis sie sogar den Schädel des Vorfahren entwendet und seine Gebeine zerstreut hatten, sodass sein linkes Schienbein verkehrt über seinen Rippen lag, wie das hoch hinaufgeworfene Bein einer Balletttänzerin. Sie hätte das Schienbein gerne in seine richtige Lage gebracht, konnte es aber nicht über sich bringen, es anzufassen; und während sie zögerte, ihre Büste in die Kammer gedrückt, fiel ein Tropfen flüssigen Talgs aus ihrer Kerze in den Sand unter Joschuas Becken und glitzerte da: sie fuhr zurück, und als sie ihren Körper eilig aus der Nische zurückzog, schlug sie mit dem Kopf gegen die niedere Felsdecke.

Die Nägel kauend und mit einem Gefühl der Übelkeit taumelte sie aus dem Gang. Sie brachte die Kerze in die erste Kammer des Vorraumes zurück und kroch aus dem Loch heraus, sich auf den Ellbogen aufrichtend. Salome wartete geduldig vor dem Eingang auf sie, den Kopf gebeugt unter den angespannten Zügeln; aber statt der frischen Nachtluft, nach der sie dürstete, war wieder nur der heiße, widerliche Atem des Chamsin da.

Mit zitternden Lippen bestieg sie das Pferd und begann ihren Abstieg über den steilen Pfad. Der Mond war beinahe verschwunden, und die Hügel waren nicht mehr silberglatt und fern, sondern dunkle, massige Silhouetten. Sie hatte Angst, noch einmal durch den Wadi zu reiten, aber es gab keinen anderen Weg nach Hause. Sie wünschte, Joseph oder Ruben wären bei ihr, aber sie schliefen weit weg in ihren Betten und wussten nichts von ihrem Tun. Sie sprach ein Gebet und vergaß sogar, sich dessen zu schämen. In einiger Entfernung stiegen zwei dunkle, runde Hügel vor ihr auf, fast symmetrisch, Seite an Seite; den »Riesenhintern« hatte sie Mosche einmal genannt. Damals war ihr das komisch vorgekommen, aber jetzt sah sie den nackten Riesen flach am Bauche liegen, sein Hinterteil in monströser Gotteslästerung zum Himmel gehoben.

Sie hatte den Wadi erreicht. Das war sein ebenes Ende; sie grub ihre Fersen in die Flanken des müden Pferdes, bis es in einen stoßweisen Galopp ausbrach. Aber bald kamen sie zu der engen, gekrümmten, mit Geröll übersäten Strecke, wo das Pferd nur schrittweise vorwärts konnte; als sie um die Ecke bog, sah sie den Araber mit der Zahnlücke in der Mitte der Schlucht stehen; aber diesmal standen zwei andere hinter ihm und warteten auf sie.

11

Joseph, der seine Wochenarbeit in Haifa erledigt hatte, fuhr am nächsten Morgen mit dem Autobus nach Tel Aviv. Er schlief die meiste Zeit seiner dreistündigen Fahrt durch die Orangen- und Zitronenhaine der Ebene von Samaria, dessen Küstenstreifen in hebräischem, der parallele Inlandgürtel in arabischem Besitz war. Sooft Joseph aufwachte und durch das Fenster schaute, sah er nicht eine *Landschaft*, sondern eine *ungeschützte Flanke.* Als sie in Tel Aviv ankamen, hatte der Chamsin gerade den Höhepunkt erreicht.

Sooft Joseph nach Tel Aviv kam, zerrten an ihm die widersprechenden Gefühle der Zärtlichkeit und der Abscheu. Zärtlichkeit für die eine und einzige rein hebräische Stadt der Welt mit dem lyrischen Namen »Hügel des Frühlings« und die drängende Lebendigkeit seiner hundertfünfzigtausend Einwohner; und Abscheu vor dem furchtbaren Durcheinander, das man daraus gemacht hatte. Es war eine ungestüme, rührende, toll machende Stadt, die den Reisenden, sobald er sie betrat, beim Knopfloch packte, ihn wie ein Wirbelwind hin- und herzerrte und herumriss und nach ein paar Tagen schwach und schlaff zurückließ, dass er mit sich selbst uneinig wurde, ob er lieben oder hassen, lachen oder höhnen sollte.

Das ganze Abenteuer hatte vor weniger als einer Generation begonnen, als eine Handvoll eingeborener jüdischer Familien im arabischen Jaffa beschloss, ein eigenes Wohnviertel zu bauen, auf eine Art, von der sie sich einbildeten, sie sei europäisch. Sie verließen also den Maulwurfshügel des arabischen Hafens mit seinen labyrinthischen Basaren, exotischen Düften und verstohlenen Dolchen und begannen auf dem gelben Sand der Mittelmeerdünen mit dem Bau der Stadt ihrer Träume: eine genaue Nachahmung der Ghettoviertel von Warschau, Krakau und Lodz. Eine Hauptstraße wurde nach Dr. Herzl benannt; sie bestand aus zwei Reihen außergewöhnlich hässlicher Häuser, von denen jedes den Eindruck eines Waisenhauses oder einer Polizeikaserne machte, Sie wurden aus Schönheitsgründen mit rosa, grüner oder zitronengelber Stuckatur bedeckt und sahen nach dem ersten Regen aus, als hätten sie die Blattern oder Masern. Es gab auch eine Unzahl von schmutzigen Läden, die größtenteils Limonade, Knöpfe und Fliegenpapier verkauften.

Zu Anfang der Zwanzigerjahre, zu Beginn der zionistischen Kolonisation, hatte sich die Stadt mit wachsender Geschwindigkeit längs der Küste ausgebreitet. Sie wuchs in hektischen Sprüngen mit jeder neuen Einwanderungswelle – eine Inlandflut von Asphalt und Beton, die über die Dünen vorrückte. Es war keine Zeit zum Planen und auch kein Wille dazu; das Wachstum war fieberhaft und anarchisch wie jenes des Unkrauts der Tropen. Jeder Neuankömmling, der seine Ersparnisse mitgebracht hatte, begann mit dem Bau des Hauses seiner Träume; und wehe der Gemeindeverwaltung, die sich einzumischen versuchte. War das das gelobte Land, ja oder nein? Etwa ein Jahrzehnt lang, solange das osteuropäische Element unter den Einwanderern vorherrschte, blieben die Elendsquartiere der polnischen Kleinstadt die Quelle der Inspiration für alle diese zu Stein gewordenen Tagträume. Der »Hügel des Frühlings« wurde ein Irrgarten von Stuckatur, mit rostigen Eisengittern entlang der engbrüstigen Balkone und ionischen Gipssäulen oder römischen Säulenhallen als Verzierung.

Doch das Leben des Tel Avivs jener frühen Tage verdankte seinen eigenartigen Charakter nicht den Leuten, die sich Häuser bauen ließen, sondern den Arbeitern, die sie erbauten. Die erste hebräische Stadt war eine Pionierstadt, beherrscht von jungen Arbeitern beiderlei Geschlechts zwischen fünfzehn und neunundzwanzig. Ihnen gehörten die Straßen; khakifarbene Hemden, kurze Hosen und dunkle Sonnenbrillen waren die modische Tracht und Krawatten, die den Spitznamen »Heringe« führten, eine Seltenheit. Abends, wenn der kühle Wind vom Meer her das weiße, blendende Tageslicht ablöste, schritten sie Arm in Arm über den weichen Asphalt der neuen breiten Straßen, durch deren Spalte der gelbe Sand durchsickerte und die unvermittelt in den Dünen endeten. Nachts errichteten sie Freudenfeuer und tanzten die Horra am Strand, und mindestens einmal die Woche zerrten sie den ehrwürdigen Bürgermeister Dizengoff oder den alten Oberrabbiner Hertz aus den Betten und nahmen sie mit sich zum Meer hinunter, damit sie mit ihnen tanzten. Sie arbeiteten schwer, waren sentimental und lustig. Sie wurden getrieben von einer Begeisterungsflut, die Wellenberge, aber keine Wellentäler hatte. Sie waren nur an einem Punkt empfindlich: Das war die hebräische Sprache. Sie kämpften eine heftige und siegreiche Schlacht gegen den öffentlichen Gebrauch jedes anderen Idioms; das Schlagwort »Hebräer, sprich hebräisch« war überall angebracht – in Autobussen, Geschäften, Restaurants, auf Plakatwänden; aus dem Ausland kommende Redner, die versuchten, eine Versammlung auf Polnisch, Deutsch oder Jiddisch anzusprechen, wurden niedergebrüllt oder verprügelt. Es gab wenige Kaffeehäuser in jenen Tagen, aber viele Arbeiterklubs; die billigen Kaffeehäuser verkauften die Mahlzeiten auf Kredit und bekamen die Waren auf Kredit; Hausherren vermieteten Zimmer auf Kredit in ihren Häusern, die auf Kredit gebaut worden waren; und dennoch, statt auf dem Sand, aus dem sie gebaut war, zusammenzustürzen, wuchs die Stadt und wurde groß ...

Ah, das waren die guten alten Zeiten, die legendären Zeiten vor einem Jahrzehnt! Als Joseph durch die lärmende Menge in der Elieser-Ben-Jehuda-Straße schritt, gewann von den zwei in seiner Brust kämpfenden Gefühlen der Widerwille die Oberhand. Dieser billige und düstere levantinische Jahrmarkt hatte aufgehört, die Pionierstadt zu sein, die er gekannt und geliebt hatte. Ein lärmendes Kaffeehaus folgte dem anderen mit geschmacklosen Dekorationen, Tanzparketten, Mikrophonen und brüllenden Lautsprechern, durch welche Flüsterbaritone aus den Vororten von Bukarest und bejahrte Künstler aus Saloniki ihre hebräischen Imitationen von amerikanischen Imitationen von kubanischen Serenaden ergossen. Es gab Schönheitssalons und Innenarchitekturläden; und in der harten weißen Glut der Sonne sah all das wie ein Mittagsspuk aus – der bedrückende Traum eines Schlemmers, der zu viel zu Mittag gegessen hat. Das war das neueste Viertel der Stadt, erbaut seit dem Beginn der neuesten Einwanderungswelle aus Deutschland und Mitteleuropa; das Stuckatur-Idyll der älteren Viertel war von dem aggressiven Kubismus des neusachlichen Stils besiegt worden. Die Häuser hier sahen aus wie Reihen von Kriegsschiffen aus Beton; sie hatten flache, ovale Terrassen mit Geländern, die wie Pilotentürme hervorsprangen, und die alle schienen aufeinander zu schießen. Die Straßen hatten keine Horizontlinie und keine Perspektive; das Auge sprang rastlos die ausgezackten, unverbundenen Konturen entlang, ohne jemals zur Ruhe zu kommen.

Vorige Woche war Joseph in Matthews hineingelaufen, und

Matthews hatte ihn für heute ins Café Champignon am Strand zum Mittagessen eingeladen. Als Joseph die übervölkerte Terrasse im Lärm des Orchesters, das die »Lustige Witwe« spielte, durchschritt, drehten die Leute die Köpfe nach ihm um und starrten ihn an; er war hier der einzige Mensch in der traditionellen Kleidung der Kommunen. Er empfand ein plötzliches Heimweh nach Esras Turm; es schien ihm, als habe er ihn nicht vor zwei Tagen, sondern vor Wochen verlassen.

Er sah Matthews an einem Tisch neben dem Geländer mit dem Blick übers Meer sitzen; er stritt mit einem Kellner. Joseph fühlte beim Anblick des Gesichts mit den schweren Kiefern und der zerquetschten Boxernase eine plötzliche Erleichterung – es war so unverkennbar christlich in dieser Umgebung von scharfgeschnittenen semitischen Zügen.

»Hören Sie«, erklärte Matthews dem Kellner, als sich Joseph niedersetzte, »ich bestellte eine Flasche Chablis. Das da ist Sirup.«

Der Kellner in einem weißen Sakko mit zu kurzen Ärmeln hob die Schultern. »Aber bitte – es steht ja Chablis auf der Flasche.«

»Es ist Dreck«, sagte Matthews. »Kosten Sie's.«

»Aber bitte: Da steht es auf der Flasche. Vielleicht soll es süß sein – was weiß ich? Früher war ich Lehrer in Kowno, Litauen.«

»Kosten Sie's«, sagte Matthews.

»Aber ich trinke nicht – Magengeschwüre bitte, Sir.«

»Dann nehmen Sie's weg und bringen Sie mir Bier.«

»Wir haben kein Bier, bitte, nur Wein.«

»Dann rufen Sie den Geschäftsführer.«

»Aber der Geschäftsführer hat keine Zeit.«

»Hören Sie«, sagte Matthews. »Wäre es Ihnen recht, wenn ich diese Flasche an Ihrem Kopf zerschlüge?«

Der Kellner blickte ihn zweifelnd an, hob seine Schultern und trug die Flasche fort. Eine Minute später kam er mit zwei

Krügen eingekühlten Biers und einem Lächeln über das ganze faltige Gesicht zurück.

»Nun, wie gefällt Ihnen Tel Aviv?«, fragte Joseph.

Matthews nahm einen tiefen Zug und stellte mit einem zufriedenen Seufzer sein Glas nieder. »*Swell*«, sagte er. »Ausgezeichnet. Wenn man einmal täglich irgendjemand ins Gesicht schlagen dürfte, wäre es die großartigste Stadt mit den großartigsten Menschen in der ganzen Welt.«

»Besonders die Kellner«, sagte Joseph.

»Vielleicht war der arme Kerl wirklich ein Lehrer in Kowno, Litauen, und erwarb seine Magengeschwüre in einem Konzentrationslager.«

Joseph blickte über die Terrasse und seufzte. Der Chamsin lag auf den Gesichtern der Menschen wie ein Krampf. Die Frauen waren plump, hatten zu starke Büsten, waren schlecht und kostspielig gekleidet. Die Männer saßen mit geneigten Schultern und hohlbrüstig da und dachten an ihre Magengeschwüre. Es sah aus, als hätte jedes Paar unter der Deckung der »Lustigen Witwe« einen Streit.

»Ich kann es den Christen nicht verdenken, wenn sie uns nicht mögen«, sagte er.

»Das beweist, dass Sie ein Patriot sind«, sagte Matthews. »Seit den Tagen eurer Propheten ist Selbsthass die jüdische Form des Patriotismus.«

Joseph wischte sich übers Gesicht. Der Chamsin nahm ihn her. Er fühlte sich angewidert von allem: Judentum, Hebräismus, die ganze verkrampfte Anstrengung, etwas, das zweitausend Jahre tot war, wiederbeleben zu wollen.

»Sie als wohlwollender Außenseiter haben leicht reden«, sagte er. »Wir sind in Wahrheit eine kranke Rasse. Tradition, Form, Stil flogen allesamt über Bord. Wir sind ein Volk mit Geschichte, aber ohne Nährboden ... Schauen Sie sich um, und Sie werden das Erbe des Ghettos erkennen. Es ist da in dem einschmeichelnden Singen der Frauenstimmen und in der Art, wie die Männer sich halten, mit jenem eingefrorenen Zucken um ihre Schultern.«

»Ich schätze, dieses Zucken war ihre einzige Verteidigung. Sonst wäre die ganze Rasse übergeschnappt.«

»Ich weiß. Das spreche ich mir unausgesetzt selbst vor. Aber manchmal bekommt man es satt und möchte davonlaufen in ein Land mit einem gemäßigten Klima und gemäßigten Menschen, die nicht im Absoluten leben. Hier passt sich selbst der Himmel dem Gesetz des ›Alles oder nichts‹ an: neun Monate sengende Sonnenglut ohne einen Tropfen Regen und drei Monate Sintflut ...«

Er lehnte sich zurück und trank etwas Bier. »Das ist gut«, sagte er. »Erinnert mich an ein bestimmtes Wirtshaus daheim. Es war düster und rauchig, und die Männer sprachen jeder ein Wort in einer halben Stunde.«

»Es ist immer dieselbe Geschichte«, sagte Matthews. »Wenn man ein stummer Ochs ist, möchte man ein geschwätziger Papagei sein. Wenn man ein Papagei ist, wünschte man, man wäre ein würdevoller Ochse. Trinken Sie Ihr Bier und nehmen Sie es nicht zu ernst mit Ihrem Dostojewski.«

Joseph leerte lächelnd sein Glas. »Natürlich«, sagte er, »die Menschenmasse bei einem Hunderennen daheim ist ein nicht viel schönerer Anblick als dieser hier. Aber die Fehler in anderen Rassen sind verdünnt, bei uns sind sie konzentriert. Das macht wahrscheinlich die lange Inzucht. Man nannte uns das Salz der Erde – wenn man aber das ganze Salz auf einen Teller häuft, wird daraus kein schmackhaftes Gericht. Manchmal denke ich, dass das Tote Meer ein ausgezeichnetes Symbol für uns ist. Es ist der einzige große Binnensee unter dem Meeresspiegel, stehend, ohne Abfluss, viel dichter als gewöhnliches Wasser mit seinen konzentrierten Mineralien und ätzenden Alkaloiden; übersalzen, überwürzt, gesättigt ...«

»Man entzieht ihm eine Reihe nützlicher Chemikalien«, sagte Matthews.

»Aber natürlich. Marx und Freud und Einstein und so fort. Sie sind die kristallisierten Produkte der Sole. Das Wasser wird deshalb nicht angenehmer ...«

»Wie wär's mit etwas Essen?«, sagte Matthews. »Kellner! Der Kerl hört nicht. Ich schätze, der war Operndirigent in Danzig.«

»Was mit dieser Stadt los ist«, fuhr Joseph fort, »ist, dass die Einwanderer vor zehn Jahren hauptsächlich Freiwillige waren mit einem Ideal in ihren Köpfen, und jetzt sind sie hauptsächlich Heimatlose mit einem Tritt in den Hosenboden. Oh, Sie hätten Tel Aviv vor zehn Jahren sehen sollen! Jetzt ist es zu einer Stadt von Flüchtlingen geworden – die salzigste Schicht des Toten Meeres.«

Matthews war endlich eines Kellners habhaft geworden und bestellte. Die Auseinandersetzung schien ihn zu langweilen.

»Zerbrechen Sie sich nicht mehr den Kopf über Ihr Totes Meer«, sagte er. »Diese schiffbrüchigen Menschen spielen keine Rolle. Worauf es ankommt, ist eure neue eingeborene Generation, und die ist okay.«

»Ja – aber die sind wieder das andere Extrem. Überhaupt kein Salz. Keine intellektuelle Begeisterung, keine Empfindsamkeit.«

»Himmel – man kann nicht beides haben. Ihr werdet vielleicht fünfzig Jahre lang keine Einsteins hervorbringen und mal den anderen Völkern eine Chance geben.«

»Wissen Sie«, sagte Joseph lächelnd, »Sie sind der beste jüdische Propagandist, den ich gesehen habe. Die Christen sind es immer. Die unseren sind immer wie Glickstein.«

»Yeah«, sagte Matthews. »Ein arabischer Herr beschuldigte mich neulich, ich wäre von Glickstein bestochen. Tatsache ist, ich habe gesehen, wie eure Makkabi-Mannschaft beim Fußball die englische Polizei drei zu eins geschlagen hat, und als man den Schiedsrichter auf einer Tragbahre wegtragen musste, wurde ich Zionist. Kaufen wir eine Zeitung.«

Ein Zeitungsjunge hatte die Terrasse betreten und rief die frühen Nachmittagsausgaben aus. Matthews kaufte sie alle und schob sie über den Tisch Joseph zu.

»Sie sind alle verkehrt gedruckt«, sagte er. »Erzählen Sie mir das Neueste über Herrn Hitler.«

Joseph schlug den *Dawar,* die sozialistische Tageszeitung, auf, und nach einem Blick auf die Überschriften wandte er sich automatisch der letzten Seite zu, die eine klein gedruckte Spalte mit den lokalen Neuigkeiten aus den Siedlungen enthielt. Sein Gesicht wurde plötzlich aschgrau.

»Was ist los?«, sagte Matthews. »Hat Mr. Chamberlain den Franzosen ein München beschert?«

»Nein«, sagte Joseph. »Sie haben nur Dina getötet.«

12

»Es ist nur ein Stuhl da, du musst dich also aufs Bett setzen«, sagte Simon.

Sein Zimmer im alten florentinischen Viertel Tel Avivs sah mehr einer Gefängniszelle ähnlich. Es enthielt ein schmales Feldbett, einen Tisch mit einem Primuskocher und einen wackligen Stuhl. Statt eines Kastens oder Schranks stand eine Pappkiste unter dem Bett, die alle Habseligkeiten Simons enthielt. Dennoch sah das Zimmer nett und rein aus.

Er nahm den Kocher vom Tisch und stellte ihn sorgfältig in eine Ecke auf den Boden, wo ein dunkler Rand auf den Steinkacheln seinen üblichen Platz andeutete.

»Da ich nur in der Dunkelheit ausgehen kann, muss ich selbst kochen«, erklärte er. »Die Wohnung gehört einem alten Mann, der hat ein Bücher-Antiquariat und ist den ganzen Tag außer Haus.«

Joseph setzte sich auf das quietschende Bett, das unter ihm einsank, bis er beinahe auf dem Boden saß. Simon saß aufrecht auf dem Sessel, das Gesicht ihm zugewendet.

»Erzähle mir lieber alle Details«, sagte er.

»Es ist nicht viel zu erzählen«, sagte Joseph. »Der Arzt sagt, es müssen mindestens zwei über sie hergefallen sein. Sie muss sich furchtbar gewehrt haben, denn ihre Fingernägel waren gebrochen, und unter ihnen waren Blut und Hautfetzen zwischen ihren Zähnen. Sie zählten siebenundzwanzig Stichwunden an ihr, von denen keine sie sofort getötet haben kann. Ihre Nase war gebrochen und das Haar stellenweise mit der Kopfhaut ausgerissen. Das ist alles. Sie haben auch Salome gestohlen.«

Er sprach mit ausdrucksloser Stimme, wie wenn er in der Wochenversammlung in Esras Turm Bericht erstattete.

»Und die Polizei?«, fragte Simon.

»Die Polizei kam am folgenden Morgen. Sie brachten Bluthunde mit. Der Major tat, was in seiner Macht stand. Es waren zwei verschiedene Spuren, die sich bei dem Steinbruch hinter Kfar Tabije trafen. Unterhalb des Steinbruchs ist ein Tümpel, und sie verloren die Spur. Ein Hund führte sie dann zum Hause des Muchtars. Sie verhörten den Muchtar und ein paar Dorfbewohner, die alle nichts wussten.«

»Und dabei bleibt es wohl«, sagte Simon.

»Was die Polizei betrifft, mehr oder weniger. Es gibt kaum einen Dorfbewohner, der nicht irgendwann im Hause des Muchtars gewesen wäre.«

Sie schwiegen eine Zeit lang. Joseph zündete sich eine Zigarette an und bot Simon eine an. An der Art, wie Simon den Rauch einzog, konnte Joseph sehen, dass er sich schon längere Zeit keine Zigarette hatte leisten können.

»Was ist mit Ruben und den anderen?«, fragte Simon.

»Als wir vom Begräbnis zurückkamen, diskutierte ich mit Ruben und Mosche die halbe Nacht. Ich erinnerte sie daran, dass dies der fünfte Fall war und dass die Polizei nie etwas fand und nie etwas finden wird. Sie sagten, sie wären bereit, sich zu rächen, wenn sie herausfinden könnten, wer, lehnten es aber ab, unterschiedslos Leben für Leben zu nehmen ...« Er machte eine kleine Pause. »Ich hoffe, du verlangst von mir nicht, dass ich die Auseinandersetzung wiederhole«, fügte er hinzu.

»Nein«, sagte Simon. »Ich kenne sie auswendig: Zurückhaltung, Ethik und die Reinheit der Sache – den ganzen Speisezettel ... Was war das Ende?«

»Ich sagte ihnen, ich hätte genug diskutiert und möchte fort! Sie benahmen sich recht anständig und gaben mir einen Monat Urlaub, um mir die Sache zu überlegen.«

Er hockte auf dem Bett, gelb und runzlig wie ein kranker Affe.

»So also steht es jetzt um dich«, sagte Simon nachdenklich. Nach einer Weile fragte er:

»Angenommen, du würdest dich zum Fortgehen entscheiden, was geschieht mit Ellen?«

»Sie wird es verschmerzen. Und für das Kind wäre es gleich ...«

Er machte eine Pause und sprang dann plötzlich auf.

»Die einzige Frage für mich ist«, sagte er heftig, »ob eure Leute gewillt und imstande sind, das zu erledigen oder nicht. Alles andere ist gleichgültig.«

Simon blickte ihn kühl an und sagte bedächtig:

»Ich muss die Sache Bauman berichten, und er und das Kommando müssen sich damit befassen.«

»Ich möchte selbst mit Bauman sprechen«, sagte Joseph.

»Das lässt sich wahrscheinlich machen. Aber es wird einige Zeit brauchen.«

Joseph setzte sich wieder, als ob ihn der Kraftaufwand erschöpft hätte. Er lehnte sich gegen die Wand zurück und schaute mit einem leeren Blick zur Decke; er hatte die gelben Augen eines kranken Affen. Man hörte ein schwaches, aber beharrliches Pfeifen von der Straße her.

»Jemand will mich sprechen«, sagte Simon. »Du musst jetzt

gehen. Komm übermorgen zur selben Zeit zu mir. Vielleicht kann ich dir dann schon Näheres sagen.«

Joseph erhob sich gehorsam und ging zur Tür. Als er sie öffnete, fühlte er Simons Griff an seinem Arm.

»Reiß dich zusammen«, sagte Simon. »In Parenthese, auch ich war einmal in Dina verliebt. Aber darauf kommt es jetzt nicht an. Worauf es ankommt, ist, dass solche Dinge unseren Leuten in Europa Stunde für Stunde zustoßen.«

»Ist mir gleichgültig«, sagte Joseph.

»Dann häng dich auf«, sagte Simon, stieß ihn fest ins Stiegenhaus hinaus und warf die Tür hinter ihm ins Schloss.

Joseph taumelte gegen das Geländer, stand einige Sekunden schlaff da, wischte sich dann seine Augen und begann langsam die engen Stiegen hinunterzusteigen.

13

Eine Woche nach Dinas letztem Besuch der Ahnenhöhle holperte gegen Mitternacht ein schwerer Wagen den Karrenweg zu dem schlafenden Dorf Kfar Tabije hinauf. Er hielt vor dem Haus des Hamdan-Muchtars, zwei Männer in Beduinengewändern stiegen aus und gingen die äußeren, zum Balkon führenden Stiegen hinauf. Es war Neumond, und sie sahen vom Balkon aus den Scheinwerfer von Esras Turm langsam um die dunklen Hügel kreisen. Die vom Balkon zum Zimmer des Muchtars führende Tür stand offen; quer über der Schwelle lag auf einer Matte ein schlafender Diener. Sie schüttelten ihn leicht an der Schulter, und der Diener setzte sich mit einem Ruck auf.

»*Marhaba*«, sagte einer der Männer in einem gutturalen Dialekt. »Wir wurden geschickt, um den Muchtar zu sprechen.«

»Zweifach willkommen. Wer schickte euch?«, fragte der Diener bestürzt.

»Einer, dessen Name nur flüsternd genannt werden soll ...«

Die beiden Männer drängten sich ins Zimmer durch, von dem verwirrten Diener gefolgt. Aus der Zimmerecke hörten sie das Schnarchen des Muchtars, dann hörte das Schnarchen plötzlich auf. »Wer ist da?«, fragte er mit wacher, gebieterischer Stimme.

Der Diener zündete die Petroleumlampe auf dem Boden unter dem Bild Mr. Chamberlains mit den blauen Perlen gegen den bösen Blick an. Die beiden Männer berührten Stirn und Herz mit den Fingerspitzen. »*Marhaba*«, sagte der eine mit der gutturalen Stimme. Er war klein, dunkel und sehnig, mit einem spärlichen Bart längs der Ränder seines Kiefers und einem Bartbüschel auf der Spitze seines Kinns. »Wir wurden entsandt, um Euch zu holen, ja Muchtar. Wir kamen im Auto.«

»Wer schickte euch?«, fragte der Muchtar. Es saß aufrecht auf seinem Bett in seinem blau-gelb gestreiften Pyjama. Der mittlere Knopf über seinem Bauch war offen und zeigte einen Flaum schwarzer Haare. Der dunkle, kleine Mann blickte bedeutungsvoll in der Richtung des Dieners. »Geh«, sagte der Muchtar, dessen Gesicht dunkel geworden war. Der Diener zog sich zurück.

»Fawzi el Din ist wieder in den Hügeln, ja Muchtar. Er ließ um Euch schicken. Zieht Euch an, ja Muchtar.«

»Man sagt, dass Fawzi sich den Engländern ergeben hätte.«

»Man sagt vieles. Beeilt Euch, ja Muchtar, wir haben wenig Zeit.«

Der Muchtar blickte sie an, ohne sich zu rühren. »Wo ist er?«, fragte er.

»Das werdet Ihr wissen, wenn Ihr dort seid. Fawzi wartet nicht gerne.«

»Ich werde Issa zu ihm schicken, wie letztes Mal.«

»Er schickte um Euch, nicht um Issa. Zieht Euch an, ja Muchtar.«

Der Muchtar blickte auf ihn, dann auf den anderen Mann. Beide starrten ihn fest an, und das Flackern im Auge des Muchtars wurde stärker. »Ja Mahmud!«, rief er. Der Diener erschien.

»Bring meine Kleider.«

Während sich der Muchtar ankleidete, warteten die beiden

Männer draußen auf dem Balkon mit dem Rücken gegen die offene Tür des Zimmers. Sie sprachen nicht miteinander. In der Ferne kreiste der dünne Lichtschein von Esras Turm langsam durch die Nacht.

Der Muchtar tauchte, voll bekleidet, von seinem Diener gefolgt, aus dem Zimmer auf. Sein weißes Tuch flatterte majestätisch von seinem Kopf zu seinen Schultern, von einem aus Silberdraht gesponnenen Reifen zusammengehalten. Er war um einen Kopf größer als der kleine, bärtige Mann. Der andere Mann war mittelgroß, plump und von hellerer Hautfarbe.

»Ich will Issa mitnehmen«, sagte der Muchtar.

»Uns wurde gesagt, Euch allein zu holen«, sagte der kleine Mann.

Oben auf der Stiege zögerte der Muchtar einen kaum wahrnehmbaren Moment. Die beiden Männer standen hinter ihm. »Ich werde morgen früh zurück sein«, sagte der Muchtar über seine Schulter zu dem Diener. »Man soll nicht schwatzen.«

Der Diener verbeugte sich vor dem Rücken des Muchtars. »Friede mit Euch, ja Muchtar.«

Sie stiegen in den Wagen; der Muchtar und der Mann mit dem Bart saßen hinten, der andere Mann chauffierte. Sie fuhren schweigend den holprigen Karrenweg hinunter. Als sie sich dem Fuße des Hügels näherten, fragte der Muchtar:

»Aus welchem Lande stammt Ihr?«

Er konnte den Dialekt, den der kleine Mann sprach, nicht ausnehmen. Sein Arabisch war guttural und rein, aber fremd klingend. Zuerst dachte er, er erkenne den Akzent eines der ärmeren Stämme vom Sinai, aber er war nicht ganz so.

»Aus Hadramaut.«

Es war also ein Jemenite. Deshalb hatte er den Dialekt nicht erkannt, dachte der Muchtar. Er hatte noch nie einen Jemeniten gekannt – außer einem jemenitischen Juden, von dem er einmal einen silbernen Armreifen in den Schuks von Jerusalem gekauft hatte. Er erinnerte sich, dass er über das reine Arabisch, in dem der dunkle, sehnige, kleine Jude zu ihm gesprochen hatte, überrascht gewesen war ... Ein plötzlicher tödlicher Argwohn durchzuckte den Muchtar. Er beugte sich zu dem Fahrer vor, der bis jetzt noch kein Wort gesprochen hatte. »Und Ihr?«

»Aus Beirut, ja Muchtar.«

Natürlich, er war ein typischer syrischer Mischling. Es waren alle Gestalten und Schattierungen unter ihnen – Gott allein kannte die Abstammung eines Syrers aus Beirut. Aber die spaniolischen Juden in Beirut waren auch Mischlinge, und viele von ihnen gingen in arabische Schulen ...

Bah – dumme Gedanken, beruhigte sich der Muchtar. War er ein Sohn des Todes, um solche absurde Dinge zu denken? Nur weil ihn die plötzliche Rückkehr Fawzis erschüttert hatte. Er hatte gehofft, die Patrioten endgültig los zu sein. Und dann war noch die Sache mit Issa, diesem Lausbuben, da. Er wird ihn doch nach Beirut schicken müssen, um sicher zu sein. Issa hatte ihm nichts erzählt, aber der Muchtar hatte die Kratzer auf seinem Gesicht gesehen und die tiefe klaffende Wunde auf seiner Hand, wie von einem Hundebiss. Issa sagte, er wäre vom Pferd gefallen, aber der Muchtar wusste es besser; und er wusste auch von den anderen, Auni und Aref. Aber sie hatte es ja herausgefordert, die schamlose Hure, in der Nacht allein auszureiten, mit nackten Armen und Beinen ...

Der Wagen hatte den Eingang in den Wadi bei seinem ebenen Ende erreicht. Gerade da muss irgendwo der Ort gewesen sein, wo es geschehen war. Noch einmal durchblitzte jener durchdringende Verdacht sein Gehirn, diesmal beharrlicher. Der Wagen blieb nahe bei einem Geröllhaufen in dem trockenen Flussbett stehen.

»Von hier müssen wir gehen, ja Muchtar«, sagte der Jemenite.

»Wohin?«, fragte der Muchtar, ohne sich von seinem Sitz zu erheben.

»Das werdet Ihr sehen, ja Muchtar.«

Der Fahrer drehte die Blendlaternen ab. Er stieg aus und stand bei der Wagentür auf der Seite des Muchtars. Der Muchtar blickte von einem zum andern, aber er konnte in der Dunkelheit den Blick in ihren Augen nicht ausnehmen. Schnaubend und absichtlich umständlich, um seine völlige Unbefangenheit zu zeigen, kletterte der Muchtar aus dem Wagen.

»Geradeaus, ja Muchtar«, sagte der Jemenite. Der Muchtar setzte sich langsam in Bewegung, und die beiden Männer folgten hinten nach. Sein weißes Tuch leuchtete drei Schritte vor ihnen in der Nacht, und an der Neigung seiner Schultern sahen sie, dass seine rechte Hand das Messer in seinem Gürtel umklammerte. Sie bogen um eine scharfe Krümmung des Wadis; zur Linken, in einiger Entfernung, sahen sie die sanft gewellte Silhouette der Zwillingshügel, des »Riesenhintern«.

»Bleibt stehen«, sagte der Jemenite. »Bleibt stehen und lasst das Messer fallen, ja Muchtar. Wir sind angekommen.«

Der Muchtar drehte sich mit einer Behändigkeit um, die sie von seinem schweren Körper nicht erwartet hatten. Zwei Repetierpistolen waren aus drei Meter Entfernung direkt auf seinen Bauch gerichtet. Er zögerte und ließ dann das Messer fallen; es fiel mit einem scharfen Klirren auf einen Stein. »Wie viel Geld wollt ihr?«, fragte er mit dicker Stimme.

»Stellt Euch bei dem Felsen auf«, sagte der Jemenite, und der Muchtar trat zwei Schritte zurück, bis er mit dem Rücken gegen den Felsen stand. »Wer hat das hebräische Mädchen getötet?«, fragte der Jemenite.

Ah, sie wussten es also nicht, die Dummköpfe. Natürlich, wenn sie es gewusst hätten, hätten sie Issa und die zwei anderen mitgenommen und nicht ihn.

»Welches hebräische Mädchen?«, fragte er; seine Stimme klang ehrlich erstaunt.

»Stellt Euch nicht dumm, ja Muchtar. Entweder Ihr sagt uns, wer sie waren, oder Ihr werdet an ihrer Stelle sterben.«

»Ich hörte von einem Unfall mit einem hebräischen Mädchen, aber mehr weiß ich nicht.«

Der Mann aus Beirut sprang plötzlich vor und hieb ihm mit dem Revolverkolben übers Gesicht. Der Muchtar rührte sich nicht. Er strich langsam mit der Hand über Nase und Mund, blickte das Blut darauf an und ließ sie langsam fallen; dann spuckte er die gebrochenen Zähne aus.

»Wer hat sie getötet?«, fragte der Jemenite.

»Wen?«, sagte der Muchtar.

Der Syrer hieb ihm nochmals mit dem Revolverkolben, zweimal und mit voller Wucht, über Gesicht und Schädel. Der Muchtar stützte sich mit den Handflächen gegen den Felsen und glitt langsam auf die Knie. So verblieb er einige Sekunden lang, schwer atmend, dann setzte er sich auf dem Geröll nieder, den Rücken gegen den Felsen.

»Die Engländer werden euch aufhängen«, sagte er mit Anstrengung.

»Wenn Ihr uns nicht sagt, wer das hebräische Mädchen getötet hat, werdet Ihr sterben, ja Muchtar«, sagte der Jemenite.

Der Muchtar keuchte. »Ich weiß es nicht«, sagte er. »Was bedeutet sie euch? Ihr seid nicht aus ihrem Dorfe.«

»Sie war von unserem Stamm, ja Muchtar. Deshalb müssen wir einen aus eurem Stamm töten, um die Schande auszulöschen.«

Durch den Dunst und den Nebel, der seine Sinne umgab, erkannte der Muchtar verschwommen, dass der Jemenite Vernünftiges sprach. »Wir werden die Blutschuld begleichen«, keuchte er. Sein Oberkörper schwankte hin und her, wollte zusammensinken, aber er hielt sich mit den flachen Handtellern am Geröll aufrecht. Die Welt um ihn herum wurde wirr, er war in seine Jugendtage versetzt, als er mit Beduinen über eine Blutfehde handelte. »Wir werden euch vierzig Kamele zahlen«, keuchte er. Er begann die traditionelle Liste der zu zahlenden Kamele wie eine Litanei herunterzuleiern:

»*Raba w'hrabaiah,* männliche und weibliche, vier Jahre alt. *Hag w'hagga,* männliche und weibliche, unter vier Jahre. *Jedaw-jeda,* zwei kleinere. *Marbout w'marbouta,* männliche und weibliche, noch jünger. *Libne w'libnieh,* zwei Jährlinge. *Mafroud w'mafrouda,* zwei der Mutter entwöhnte Junge ...«

»Wer hat das hebräische Mädchen getötet?«, fragte der Jemenite.

»Sie war eine Hure«, keuchte der Muchtar. »Wer kann's ihnen verdenken? Ihr seid Fremde – ihr bringt Huren und Verderbtheit – Fremde ...«

Sein schwerer Körper fiel plötzlich vornüber. Der Jemenite hob das Messer des Muchtars von den Steinen auf.

»Wacht auf, ja Muchtar, denn jetzt werdet Ihr sterben«, sagte er.

Der Muchtar erhob sich und versuchte keuchend, auf allen vieren davonzukriechen, während der Jemenite weiter auf ihn losstach, bis sein Opfer auf dem Bauch zusammenbrach.

Man fand ihn am nächsten Tag an genau derselben Stelle, an der Dina gefunden worden war, mit siebenundzwanzig Stichwunden in seinem Körper und einem angehefteten maschinengeschriebenen Zettel mit den Worten: »*Achasa assar w'nafa ellar* – Rache wurde genommen und die Schande ausgelöscht.« Es war die uralte Beduinenformel, die der Stamm triumphierend hersagt, wenn eine Blutschuld gerächt worden ist.

Nachforschungen der Polizei hatten ergeben, dass die Mörder aus einem anderen Teil des Landes in einem Auto gekommen waren, dass kein Beweis dafür vorlag, dass sie mit den Siedlern in Esras Turm in irgendwelcher Verbindung standen und dass sie aus arabischen Gegenden stammende Leute gewesen sein mussten, einer von ihnen ein Jemenite. Die Polizei nahm ferner an, dass die Täter zu Baumans berüchtigtem »*Plugath ha-Schachorim*« oder Schwarzer Truppe gehörten, die sich aus farbigen Juden aus dem Irak, Kurdistan, Jemen und Bochara zusammensetzte; aber sie konnten keine entscheidenden Spuren finden.

Nach dem Begräbnis des Muchtars marschierte eine Gruppe von Dorfleuten von Kfar Tabije den Abhang des Hundehügels hinauf und warf Steine auf Esras Turm, aber sie wurde von der verstärkten Siedlungspolizei ohne nennenswerte Zwischenfälle zerstreut. Einige Tage lang herrschte beträchtliche Aufregung im Dorfe, und Gerüchte gingen um, dass Fawzis Banden zurückkehren und die ganze hebräische Siedlung niederbrennen würden. Man besprach diese Gerüchte mit gemischten Gefühlen, da die Patrioten das Vieh und die Schafe des Dorfes arg ausgeplündert hatten; überdies war die Ernte der Wintersaat nahe, und wenn neuerliche Unruhen ausbrächen, wäre die Ernte verloren.

Der wesentliche Grund für die gemischte Reaktion der Dorfleute auf den Tod ihres Muchtars jedoch war, dass sie die Sache als private Blutfehde zwischen dem Hamdan-Klan und den Siedlern auffassten. Sie nannten die hebräischen Mädchen Huren und Schlampen, aber sie hießen die abscheuliche Tat Issas und seiner Komplizen nicht gut. Issa konnte man sowieso im ganzen Dorf nicht leiden, und die anderen beiden waren als ausgesprochen schlechte Elemente bekannt, die beide wegen Diebstahls schon im Gefängnis gewesen waren. Nach dem Mord an dem hebräischen Mädchen hatten die Dorfleute täglich erwartet, wenigstens einen von den dreien mit durchgeschnittener Kehle aufzufinden, und hätten dies als mehr oder weniger selbstverständlich, als logische Entwicklung der Blutfehde aufgefasst. Dass die Hebräer sich den Muchtar an Issas Stelle ausgesucht hatten, gab der Sache eine unerwartete und sensationelle Wendung, entsprach aber trotzdem streng den Blutgesetzen, nach welchen die beleidigte Partei befugt war, an dem ersten nahen Verwandten des Mörders, dessen sie habhaft werden konnten, Rache zu nehmen. Die Tatsache, dass sie das bedeutendste Mitglied des Hamdan-Klans gewählt hatten, machte auf die Dorfleute einen ziemlichen Eindruck. Es handelte sich nun klarerweise um eine Sache zwischen Issa und den Leuten vom Hundehügel. Es war Issas Pflicht und Vorrecht, seinen Vater zu rächen, und es wäre eine schlimme Anmaßung gewesen, hätte sich sonst jemand in die Sache eingemischt.

Issa jedoch schien es nicht eilig zu haben, zur Tat zu schreiten; er ließ nur gelegentliche Bemerkungen fallen, dass er Pläne ausarbeite und dem Mörder bald auf der Spur sein werde. Inzwischen machte er Vorbereitungen zu einer Reise nach Jerusalem, angeblich in Verbindung mit seinen Racheplänen, in Wahrheit aber, weil er mit der Arabischen Bank wegen der Erbschaft seines Vaters verhandeln musste, und auch, weil er sich in der Hauptstadt, die er noch nie gesehen hatte, umschauen wollte.

Mit dem Nahen der Ernte begann sich die Aufregung in Kfar Tabije zu legen. Einige Wochen hindurch herrschte noch einige Spannung zwischen den beiden Dörfern; die Leute aus Kfar Tabije borgten sich nicht mehr den Traktor von Esras Turm aus und schickten ihre Kinder nicht mehr in die Apotheke – bis das erste Enkelkind des anderen Muchtars von einem tollwütigen Maultier in den Arm gebissen wurde. Das Kind wurde gerettet, und von da an wurde nach und nach die Verbindung wieder aufgenommen. Der Tod Dinas und der des Muchtars wurden nie erwähnt, und in den folgenden Jahren verübten die Leute von Kfar Tabije keine Überfälle mehr auf die Siedler von Esras Turm.

14

Seiten aus der Chronik Josephs,
eines Mitglieds der Kommune von Esras Turm

Tel Aviv, Montag, den ... Mai 1939
Das ewig Überraschende nach einem Schock, der zu seiner Zeit die Welt aus den Angeln zu heben schien, ist, dass die Erde sich weiterdreht und der eigene Magen weiter verdaut. Diese wohlwollende Indifferenz der Natur, die sich pedantisch an ihre Ordnung hält, erhält uns bei Verstand. Da wir aber selbst ein Teil der Natur sind, ist ihre Indifferenz auch in uns an der Arbeit. Unser Herzschlag hat nur einen Augenblick ausgesetzt. Sobald er sein regelmäßiges Pochen wieder aufgenommen hat, haben wir uns schon dem allumfassenden Gesetz der Indifferenz unterworfen, und seine völlige Bejahung ist nur noch eine Frage der Zeit. In diesem Stadium macht unser Leiden einen Farbwechsel mit; der ursprüngliche Schmerz wird zu einem sekundären Schuldgefühl. Denn Weiterleben ist allein schon Verrat, ein Solidaritätsbruch gegen die Tote.

Das ist ein Stadium, in dem der verwandelte Schmerz fast unerträglich wird. Bis dahin waren wir betäubt, schwebten über der Grenze zweier Reiche. Nun ist der Tag gekommen, da der Strich zwischen ihnen gezogen ist; erst jetzt erkennen wir die Endgültigkeit der Trennung, und, da wir sie vollziehen, die Gefühllosigkeit des Sich-Ergebens. Dadurch, dass wir zum Leben zurückkehren, haben wir eine Grenze überschritten und die Tote zu dauerndem Exil verbannt.

Dann kommt der zweite Wandel. Wir trauern nicht länger um die Tote, sondern leiden an der Leere, die sie zurückgelassen hat. Die Person wurde durch ihre hohle Negativform ersetzt. Sie ist allen Gegenständen, die uns umgeben, und all unserem Tun aufgedrückt. Je mehr wir unter den Angriffen dieser verkalkten Spuren leiden, umso schuldiger fühlen wir uns. Lebende Erinnerungen werden versteinert. Nicht die Tote bedauern wir, sondern uns, die wir den Verlust erlitten – jene Teile unser selbst, die wir gemeinsam hatten und die nun weggerissen wurden. Es ist ein Verlust an Besitz, ein Sinken des Wertes all unseres Wirkens. Es ist ein selbstsüchtiger Schmerz, wie jeder Schmerz. Dies ist, wenn er überhaupt eine hat, die Bedeutung des Satzes »Lasset die Toten ihre Toten begraben«.

Sich dem Leben ergeben und trotzdem versuchen, die volle Reinheit des Schmerzes zu bewahren, ist aus Schuldgefühl geborene Heuchelei. Wenn man sich einmal entschieden hat, gibt es kein Zurück, und man steht vor der Aufgabe, sich einer veränderten und ärmeren Welt anzupassen. Der ständig Trauernde lebt in der magischen Hoffnung, dass die Welt vielleicht wieder werden wird, was sie gewesen war. Sie wird es nicht mehr. Sie hat etwas von ihrer Wärme verloren, die sie nicht mehr einfangen wird. Ein Sonnenfleck barst und weitete seine Hitze aus in den großen Behälter entropischer Indifferenz. Sein Spektrum machte einen Wandel durch, der alles, was ich erlebe oder tue, berührt. Esras Turm wird nie mehr derselbe, der Triumph wird weniger triumphierend, die Niederlage weniger kränkend sein.

Alles wurde etwas weniger wichtig, etwas blasser, etwas grauer. Das ist alles. Nach einem Jahr wird dieses allgemeine Ärmersein alles sein, das übrig ist von Dina, die an unserer ersten Nacht mit mir auf einem Lastwagen fuhr und der, als wir auf die Spitze des Turmes stiegen, die Haare übers Gesicht geweht wurden von Galiläas sanftem Wind ...

Dienstag

Der Tod des Muchtars macht alles nur noch endgültiger. Es war, als ob Dina mit einem uneingelösten Scheck in der Faust begraben worden wäre. Jetzt ist die Rechnung beglichen und der Akt geschlossen. Weiter kann nichts mehr getan werden. Gestern noch wäre etwas möglich gewesen.

Es wäre vielleicht anders, wenn sie mich hätten an der Aktion teilnehmen lassen. Ich weiß nicht recht. Ich erinnere mich an die Nacht, als ich versucht habe, ihre trockenen Lippen mit den zusammengebissenen Zähnen zu küssen, wie ... O GOTT, WAS MÜSSEN SIE IHR ALLES ANGETAN HABEN ...

Später

Ich muss das zu Ende denken. Worte sind die einzige Zauberformel, um Schmerz auszutreiben.

... Ich erinnere mich an die Nacht, als ich versucht habe, ihre trockenen Lippen mit den zusammengebissenen Zähnen zu küssen – wie ich im Feld lag, in die Erde beißend und nach Rache tobend. Genauso war es die ganze Woche, bevor ich vom Tode des Muchtars erfuhr. Ich beschwor Simon, er möge mich daran teilnehmen lassen, und ich forderte allen Ernstes, man solle nicht nur töten, sondern quälen – ich schrie mit ihm, bis er mich hinauswarf. Und jetzt bedeutet es mir nichts, außer einer scheußlichen Ernüchterung; und der Gewissheit, dass der Akt abgeschlossen ist und nichts mehr getan werden kann.

Auge für Auge wäre eine weise Regel, wenn das Opfer mit dem Auge des Schuldigen sein Augenlicht wieder erhielte. Ich habe an mir selbst erfahren, dass der Wunsch nach Rache ein physisches Verlangen werden kann wie Durst; aber die Erfüllung ist, wie wenn man Salzwasser trinkt. Manche im Meere treibende Menschen trinken so lang, bis sie den Verstand verlieren. Manche Töter fahren fort, in ohnmächtiger Wut auf ihr totes Opfer loszustoßen. Aber immer triumphiert der Tote, und der Lebende ist immer besiegt.

Mittwoch

Wenn ich überschüssige Gefühle hätte, würde mir der fette Muchtar vielleicht sogar leidtun. Trotzdem glaube ich, dass diese Tat notwendig und gerechtfertigt war. Ob wir wollen oder nicht, das ganze gesellschaftliche Leben basiert auf der stillschweigenden Voraussetzung der Verantwortung aller für die Taten des Einzelnen. Jesus wurde nicht vom einen Kaiphas angezeigt, sondern von »den Juden«, denen man bis zum heutigen Tag die Schuld gibt; das erste Parlament wurde von »den Engländern« eingesetzt, und jeder Engländer ist stolz auf diese Tat und scheint daran teilzuhaben; dasselbe gilt für die Menschenrechte, die »die Franzosen« der Welt gaben, und für die Konzentrationslager, in denen »die Deutschen« uns hinmorden. Im Krieg handeln wir nach dem Prinzip, dass die Schuld unter den Individuen, die die feindlichen Nationen bilden, gleichmäßig verteilt und es folglich einerlei ist, welcher individuelle Mensch gerade getötet wird. Bei der zivilisierten Kriegsführung ist die Auswahl der Ziele eine genauso zufällige wie bei einer arabischen Blutfehde – welche von den Europäern als Barbarei betrachtet wird; und im dreidimensionalen Krieg verschwinden sogar alle Unterschiede zwischen Altersgruppen und Geschlechtern vollkommen. Der einzig verbleibende Unterschied ist der, dass die Gesetze der Stammesblutfehde ehrlicher und offener den Gegner als eine gleichmäßig kollektiv-verantwortliche Einheit behandeln.

»Die Araber« haben während der letzten drei Jahre von Zeit zu Zeit einen Stammeskrieg gegen uns geführt; wenn wir ihn überleben wollen, müssen wir den bei ihnen geltenden Regeln gemäß antworten. Wenn die Bauman-Gruppe Bomben auf arabische Märkte wirft, erfüllt sie damit dieselbe unmenschliche militärische Pflicht wie die Besatzung eines Bombenflugzeuges; der einzige Unterschied ist, dass die Letztere es aus der vergleichsweisen Sicherheit einer Höhe von einigen tausend Fuß tut. Eine selbst gemachte Bombe in einen überfüllten Basar zu schleudern verlangt mindestens so viel Mut, wie auf einen Knopf zu drücken, der die Bombentür öffnet. Und dennoch nennt man Piloten Helden, während die Bauman-Leute Gangster und Terroristen genannt werden.

Es ist natürlich eine hygienischere Angelegenheit, hoch in der Luft auf einen glänzenden Metallknopf zu drücken, als ein Messer in den fetten Muchtar zu versenken. Was die Öffentlichkeit übel nimmt, ist nicht das Morden, sondern die Details und das Drum und Dran. Das Unterzeichnen einer Kriegserklärung ist eine staatsmännische Handlung, wenn man den Menschen aus dem Weg räumt, bevor er unterzeichnen kann, ist es ein Verbrechen. Unsere Ethik ist bloß eine kunstvolle Form der Schizophrenie.

Aber das alles hat nichts mit Dina zu tun. Ich habe nicht mehr den Wunsch, sie zu rächen. Wenn ich mich entschließen sollte, wegzugehen und mich Bauman anzuschließen, wird es nicht ihretwegen sein. Dina, du hast damit nichts zu tun. »Deinen Händen vertraue ich meine Seele an.« Ja, wenn es so einfach wäre. Deinen Händen mit den gebrochenen Nägeln und den Hautfetzen darunter ... Meine Seele, ja – aber ich versage dir meine Vernunft. Und auch wenn mein Herz zu Asche verloht ist, werde ich meine Vernunft noch auf Eis halten.

Sabbath

Mehr als die Hälfte meines Urlaubsmonats ist vorbei. Wenn ich auf diese letzten zwei Wochen zurückblicke, scheinen die Tage und Nächte in einen undeutlichen, formlosen Fleck zu verschmelzen. Es ist die Zwiespältigkeit, dass es eine zugleich sehr kurze und sehr lange Zeit war – wie die Filmaufnahme eines einzelnen Blitzes, dessen Dauer man erst im Nachhinein messen kann. Die meiste Zeit verbrachte ich in meinem Zimmer, arbeitete an Pepys oder brütete oder träumte mit offenen Augen. Ich weiß nicht, was ich getan hätte ohne das Geld, das mir Mosche gegeben hatte, um mir ein eigenes Zimmer zu mieten. Ich habe außer mit Simon mit niemandem gesprochen. Einmal ging ich ins Meer schwimmen; aber ich dachte an das letzte Mal, als ich mit Dina schwimmen war, und ich ging wieder nach Hause, und es war schlimmer denn je. Ich habe ein ständiges Hungergefühl, kann aber die Speisen, die sie gerne hatte, nicht hinunterwürgen. Zuerst erlebte ich alle unsere Erinnerungen wieder; jetzt versuche ich, alles zu meiden, was mich an sie erinnerte. Ich gehe umher wie ein Kranker mit einer verbundenen Wunde, der ängstlich jede Berührung von Möbeln oder Wänden vermeidet. Es ist eine Art Seiltanzen, bei dem man immer wieder vom Seile fällt.

Ich weiß, dass ich mich werde entscheiden müssen, wenn ich es aber auszudenken versuche, komme ich nicht weiter. Statt zu einem Resultat zu gelangen, träume ich wieder vor mich hin. Ich versuche, die Windungen meines Gehirns zu glätten, aber sie entgleiten immer wieder meinem Griff und rollen sich wieder ein. Vielleicht kommt man nie durch Nachdenken zu wirklichen Entscheidungen; sie reifen von selbst, so wie ein Baum wächst. Also habe ich den Entschluss verschoben, bis ich mit Bauman gesprochen habe. Simon sagte, es würde irgendwann im Laufe der nächsten Woche sein. Sie müssen vorsichtig sein, da eine Gruppe von ihren Leuten vor ein paar Tagen verhaftet worden war.

Das Schlimmste ist, dass es mir so oder so gleich ist. Ich war seit dem Begräbnis nicht zu Hause, und ich habe ziemliche Angst, den ORT wieder zu sehen. Er scheint mir leer, verändert, feindlich. Der Turm ist wie ein drohendes Memento. Eine neue Krankheit: Turrophobie.

Aber auch die Alternative lockt mich nicht. Jemanden umzubringen und verhaftet und gehängt zu werden wäre wahrscheinlich ganz gut. Aber man wird nicht so leicht aufgehängt. Sie haben mich nicht an der Ermordung des Muchtars teilnehmen lassen. Man muss von der Pike auf anfangen und sich mit Geduld und Zähigkeit hinaufarbeiten, bis man sich seinen Strick verdient. Simon machte sich große Mühe, es mir klarzulegen. Und ich habe nicht genug Geduld, einen Kurs in Terrorismus durchzumachen, als ob es praktische Gartenarbeit oder Kaninchenzucht wäre. Ein Grund dafür ist, dass es zu sehr nach Kino schmeckt. Ein anderer, dass ich zu nichts mehr Geduld habe. Wenn man Nacht um Nacht ein Phantom in den Armen wiegt, bleibt einem nicht viel Energie für den Tag.

Kein Uhrenmechaniker kann eine gebrochene Feder flicken; er muss eine neue kommen lassen. Wo kann ich nach einer neuen Feder suchen?

Worte, Worte, Worte. Die ganze Entscheidung, die ich zu treffen habe, hat für mich leider jede Realität verloren. Mich interessieren keine Round-Table-Konferenzen, keine Araber und Hebräer und kein Nationalheim mehr. Ich möchte wissen, ob sie mich je wirklich interessierten.

Es gab natürlich den *Zwischenfall*. Aber was für ein schmutziger, kleiner *Zwischenfall,* um das Schicksal eines Mannes zu entscheiden – selbst wenn der Mann nur ein überempfindlicher Junge war. Simons Fall zum Beispiel ist ganz anders. Simon besitzt alle römischen Tugenden; er liebt sein Volk und hasst dessen Feinde. Ich liebe mein Volk nicht einmal. Sie sind mir eher unangenehm. Selbsthass ist der Patriotismus der Juden, sagte Matthews.

Sonntag

Bevor mein Vater starb, nahm er mich einige Zeit lang jeden Sonntag in die Slums mit. Dort erkannte ich, dass die Armen nicht die netten, überlegenen Menschen sind, als die sie in den Märchen erscheinen, sondern elend, ungebildet und trunksüchtig; die Frauen waren Furien mit schrillen Stimmen, und die Kinder hatten Läuse. Und so wurde ich Sozialist, nicht, weil ich die Armen liebte, sondern weil ich sie hasste. Sie waren das, wozu die Umstände sie gemacht hatten, und deshalb mussten die Umstände geändert werden.

Nach dem *Zwischenfall* begann ich, mit jenen zu verkehren, die ich in Hinkunft als mein Volk zu betrachten mich entschlossen hatte. Sie waren ebenso enttäuschend, wie es die Armen gewesen waren. Mich zog ihr Scharfsinn an, ihre Leidenschaftlichkeit und Fantasie, aber ihre Leistungen waren mir durch ihre Aufdringlichkeit vergällt. Ich hasste ihre ätzenden analytischen Fähigkeiten, ihre Unfähigkeit zur Entspannung. Ich hasste ihren Mangel an Form und Zeremoniell und Lebensart, ihr abruptes Übergehen von Untertänigkeit zu Vertraulichkeit, ihre Mischung aus Arroganz und Kriechertum. Sie waren die Slumrasse der Welt: ihre Slums waren die Ghettos, ob nun die Mauern aus Stein oder Vorurteilen errichtet waren.

Ständige Abgeschlossenheit würde die gesündeste Rasse verderben; wenn man Menschen ständig mit Schmutz bewirft, werden sie stinken. Die letzten zwanzig Jahrhunderte hatten die Verfolgungen nicht aufgehört, und es ist kein Anlass zur Annahme da, dass sie im einundzwanzigsten aufhören werden. Sie werden nicht aufhören, solange der Grund nicht abgeschafft ist, und der Grund liegt in uns selbst. Trotz aller Wohltaten, die wir der Menschheit erwiesen haben, mag man uns nicht, und ich argwöhne, die Ursache dafür ist, dass wir nicht liebenswert sind. Wären die Armen so, wie die idealisierende Propaganda sie zeichnet, wäre es ein Verbrechen, sich in ihr Glück zu mischen; wären die Juden so, wie die Philosemiten sie beschreiben, gäbe es keine Veranlassung zu dieser Heimkehr. Aber die Judenheit ist eine kranke Rasse; ihre Krankheit ist die Heimatlosigkeit und kann nur geheilt werden, wenn diese Heimatlosigkeit abgeschafft ist.

Ich wurde Sozialist, weil ich die Armen hasste; und ich wurde Hebräer, weil ich den »Jid« hasste.

Montag

Auf Simons Rat las ich in Josephus Flavius die Kapitel über Massada wieder, über die letzte hebräische Burg, die gegen die Römer nach dem Fall von Jerusalem standhielt. Als die Römer mithilfe von Feuergeschossen die innere Mauer in Brand setzten, und Massada nicht mehr zu halten war, befahl der Befehlshaber der Festung der Garnison, zuerst alle Frauen und Kinder und dann sich selbst zu töten. In seiner letzten Ansprache schilderte er ihnen das Geschick, das jene erwartete, die den Römern in die Hände fielen; dann fuhr er fort:

> *»Aber ich finde, dass ihr Leute seid, die weder an Kraft noch Mut besser sind als andere Menschen und die sich vor dem Tod fürchten, obwohl ihr durch ihn vor dem größeren Elend verschont werdet. Denn die Gesetze des Landes und Gott selbst lehrten uns*

ständig von alters her, dass das Leben dem Menschen Unheil bringt und nicht der Tod; denn die Verbindung von dem, was überirdisch, und dem, was sterblich ist, ist unerfreulich ...«

Er muss eine Persönlichkeit von bemerkenswerter Kraft gewesen sein, dass er seine Leute dazu bewegen konnte, ihren Frauen und Kindern die Kehle durchzuschneiden und schließlich sich selbst; und es war eine langwierige Angelegenheit, denn es waren ihrer neunhundertundzweiundsechzig; und nur zwei Frauen, die sich in einer unterirdischen Höhle verborgen hielten, blieben am Leben und berichteten von der Geschichte. Jeder Mann erschlug die eigene Familie; dann losten sie zehn Männer aus, die die anderen Männer erschlugen; dann losten sie wieder, und der, der das Los zog, tötete die restlichen neun und schließlich sich selbst. Der Name dieses letzten Mannes, des letzten freien Hebräers, ist nicht überliefert, ebenso wenig wie irgendwelche andere Namen der Garnison, außer jenem des Befehlshabers, eines Elieser Ben Jair; und »Jair« ist auch der Deckname, den der geistige Führer der Bauman-Gruppe – Abraham Stern – angenommen hat.

Es ist eine grausame Geschichte, diese Erzählung von der letzten hebräischen Festung, und doch merkwürdig beruhigend. »Die Verbindung von dem, was überirdisch, und dem, was sterblich ist, ist unerfreulich ...«

Es hat einen unverkennbar christlichen Tonfall, und doch scheinen weder Ben Jair noch Josephus, sein Geschichtsschreiber, von der neuen Sekte je gehört zu haben. Aber es war eine Zeit des Henkens und Zähneklapperns, und die neue Religion mit ihrer Betonung der Unsterblichkeit und Auferstehung lag in der Luft. »Gibt es jemanden«, fragte Jair, indem er sich auf das Massenmorden von Hebräern durch die Römer bezieht, »gibt es jemanden, der über diese Dinge in seinem Geist nachsinnt und dennoch imstande ist, den Anblick der Sonne zu ertragen, auch wenn er selbst vielleicht gefahrlos leben kann? ...«

Ich glaube, es gibt einen ähnlichen Grund für die religiöse Unterströmung bei unseren Terroristen. Die hebräische Untergrundbewegung begann als politische Bewegung und entwickelte immer stärker mystische Züge. Simon zeigte mir gestern einiges aus Jair-Sterns Dichtungen. Sie sind von einer eigenartig archaischen Glut erfüllt – ganz unübersetzbar.

Mein Lehrer trug seinen Gebetsschal in einem Samtbeutel
zur Synagoge:
Genauso trage ich mein heiliges Gewehr zum Tempel,
Auf dass seine Stimme bete für uns.

Oder der Refrain der Hymne, die er für die Untergrundbewegung schrieb:

Dies sind die Tage des Zorns, der heil'gen Verzweiflung Nacht:
Ewiger Tramp, kämpfe dich durch nach Haus,
Dein Heim wird neu gemacht,
Den zerbrochenen Leuchter bessern wir aus.

Obwohl Simon es zu verbergen sucht, hat er eine fast religiöse Bewunderung für Jair-Stern. Er scheint ihn für eine Art Revolvermessias zu halten.

Dienstag
Endlich – morgen werde ich Bauman in Jerusalem sprechen. Offensichtlich lebt er dort – zumindest jetzt. Eigenartig – ich dachte immer, er wäre in Tel Aviv, und obwohl Simon es nie ausdrücklich sagte, hatte ich immer den Eindruck, er lebe irgendwo um die Ecke. Dies empfinde ich als besonders nett gemachte

Täuschung, obwohl es eigentlich gar keine Täuschung war. Simon gebärdet sich nie besonders konspirativ, und dennoch ist er völlig ausweichend. Konspiration ist eine solche Selbstverständlichkeit für ihn, dass sie unsichtbar ist. Ich glaube, er lügt mich kaum jemals an; er unterlässt nur automatisch jede Bezugnahme auf wichtige Dinge. Je näher ich der Welt dieser Menschen komme, umso mehr habe ich das Gefühl, als liefe ich in eine dichte Nebelbank, in welcher alles verhüllt und verschwommen ist und voll irreführender Echos.

Dieses Zimmer zu verlassen, in dem ich mich, seit ich vom Begräbnis zurückkam, verborgen hatte, ist, wie wenn ich neuerdings eine Verbindung mit Dina abbräche. Nie waren wir intimer gewesen als zwischen diesen einsamen Wänden. Ihr Bild hängt über dem Bett; ich werde es in der letzten Minute, bevor wir gehen, herunternehmen. Es war genauso ihr Zimmer wie meines; der Ort unserer bitteren Hochzeitsreise.

Morgen wird sie wieder heimatlos werden, sich nach einem anderen Exil umschauen müssen und neuerdings verraten werden. Das Gesetz der allumfassenden Indifferenz wird sich einen neuen Sieg erstohlen haben und wird weiterhin in meinem Fleische pochen.

Da ist einer allein, und kein Zweiter ist da.
Wenn zwei zusammen liegen, dann haben sie Wärme;
Aber wie kann es warm sein einem allein?

15

Die Stadt Jerusalem ist ein Mosaik religiöser und nationaler Gemeinschaften, mehr oder weniger säuberlich in getrennte Wohnviertel geteilt, die an Heiligkeit und gegenseitigem Hass miteinander wetteifern.

Ihr heiligster Kern, die Altstadt, ist von der Mauer Suleimans umgeben und in ein muselmanisches, ein christliches, ein armenisches und ein jüdisches Viertel unterteilt. Außerhalb der Mauer ist die deutsche Kolonie, die griechische Kolonie und ein Geschäftszentrum; die übrige Stadt ist zum Teil arabisch, zum Teil jüdisch. Der letztere Teil ist wieder unterteilt nach dem Ursprung und der Periode der Einwanderer, die es erbauten, von dem altertümlichen Elendsghetto des Viertels der Hundert Tore bis zu dem ultramodernen Rechavia, dem nichtarischen Sprössling der Weimarer Republik, komplett mit Glas, Chrom, Goethe, Adler und Thomas Mann. Jede dieser abgesonderten Welten lebt in einer Entfernung von höchstens zehn Minuten Gehweges von den anderen. Sie blicken einander verächtlich und feindselig an, ohne sich zu vermischen, fast wie Kamele die Auspuffrohre von Autos beschnüffeln; und sie verschaffen sich daraus ungefähr die gleiche Befriedigung.

Die Nacht nach ihrer Ankunft in Jerusalem gingen Joseph

und Simon durch das schlecht beleuchtete und zu dieser späten Stunde fast menschenleere arabische Viertel von Musrara und bogen dann in die Me'aShc'arim, die Straße der Hundert Tore, ein. Die »Hundert Tore« sind das älteste hebräische Viertel außerhalb der Grenzen der Altstadt; es wurde in den Siebzigerjahren des vorigen Jahrhunderts gegründet, und seine ersten Einwohner waren die ganz Alten und Religiösen, die nicht zu leben, sondern zu sterben ins Land kamen. Sie brachten die Ersparnisse eines Lebens mit, die sie gegen eine lebenslängliche monatliche kärgliche Unterstützung der Kehilla, der jüdischen Gemeinde, übergaben. Sie warteten auf den Tod, beteten unterdessen, stritten, studierten die Bibel und machten Souvenirs aus dem Heiligen Land – Alben mit gepressten Blumen vom Skopus-Berg, mit heiliger Erde gefüllte Samtsäckchen, Federstiele aus Olivenholz mit einer kleinen eingelegten Linse, durch die man ein Miniaturpanorama von Jerusalem sehen konnte. Diese Souvenirs wurden ins Ausland geschickt, um an andere Juden verkauft zu werden, und ihr Ertrag bildete das Haupteinkommen der Gemeinde. Neben diesen gottesfürchtigen Betätigungen trugen die Ältesten der Hundert Tore ihre Familienfehden aus, schwindelten, bettelten, betranken sich einmal jährlich zur Feier von Esthers Triumph über Haman, fasteten am Tage der Tempelzerstörung, aßen bittere Kräuter zum Andenken an den Auszug aus Ägypten, bliesen das Widderhorn, das die Mauern von Jericho zum Einsturz brachte, erwarteten von Woche zu Woche das Kommen des Messias, und während sie auf den Tod warteten, zeugten sie noch im patriarchalischen Alter Kinder. Im Laufe der Jahre kamen auch jüngere Leute in die Hundert Tore, Männer mit schwarzen Kaftanen und Pelzhüten, Frauen mit geschorenen Köpfen und Perücken, fromm und fruchtbar. Ein Dutzend Kinder auf das Paar waren in jenen Tagen keine Seltenheit; die jüngeren schliefen in den Betten ihrer Eltern, die anderen auf dem Boden; sie lebten in Heiligkeit und Schmutz, in Wohnhäusern mit labyrinthartigen Gängen und langen, engen Eisenbalkons, von kriechenden Kindern und Ungeziefer umschwärmt. Im Gegensatz zu den Elendsquartieren der Moslems, die nach Gewürzen, Pferdemist und Holzkohle rochen, waren die Hundert Tore erfüllt vom Geruch von Petroleumlampen, Primuskochern, feuchter Wäsche und heißen Bohnen in Fett. Unter all diesen verschiedenartigen Gerüchen lag jedoch als ständig gegenwärtige Grundschicht der Geruch Jerusalems; der Geruch der sonnendurchhitzten Felsen und des weißen Kreidestaubs in den Straßen, dieses Produkts des verfallenden Steines, auf dem die Stadt steht.

»Würde man mir die Augen verbinden«, sagte Joseph, »könnte ich dennoch die Hundert Tore an ihrem heiligen Gestank erkennen.«

Sie waren die letzten paar Minuten stumm einhergegangen, und Joseph sprach hauptsächlich, um das Gefühl innerer Spannung zu lockern. Aber während er sprach, gedachte er Dinas Überempfindlichkeit gegen Gerüche und wusste sofort, dass sich auch Simon daran erinnerte. Die Leitungsdrähte von Esras Turm, aus ihrer gemeinsamen Vergangenheit, funktionierten noch, obwohl sie wie vom Sturm beschädigte Telegrafenleitungen lose nachschleiften. Er empfand noch die alte Zuneigung zu Simon, aber sie hatten sich beide verändert und ebenso ihr Verhältnis zueinander.

»Auch das ist eine Betrachtungsweise für die Hundert Tore«, sagte Simon. »Ich weiß noch eine andere. Vor ein paar Wochen suchten zwei alte Rabbiner der chassidischen Sekte das Oberkommando auf. Sie wurden unter den üblichen Vorsichtsmaßregeln zu Bauman gebracht. Ich war beim Gespräch dabei. Als man sie in das Versteck brachte, zitterten sie buchstäblich vor Angst. Bauman fragte sie, was sie wünschten. Der ältere Rabbiner fragte ihn nach einigem Herumreden, ob es in unserer Macht stünde, die Omar-Moschee für zwei Stunden zu besetzen. Bauman fragte, zu welchem Zweck. Der Rabbiner erklärte ihm, dass sie beide Kabbalisten seien, Erforscher des Buches Sohar, und dass sie mit absoluter Gewissheit herausgefunden hätten, unter welchen Bedingungen das Kommen des Messias herbeigeführt werden könne. Das laufende Jahr sei das günstige, und es wäre bloß notwendig, ein bestimmtes Opfer nebst einem bestimmten Ritual darzubringen, und zwar auf dem heiligen Felsen, wo Abraham Isaak opfern wollte, wo der Erste Tempel stand und wo jetzt die Omar-Moschee steht. Sieben vom Rabbiner ausgewählte Kohanim, direkte Abkömmlinge der Priester-Aristokratie Israels, machten bereits die vorgeschriebenen Riten der Reinigung durch, und die Opfertiere waren bereits ausgewählt und gekauft. Das Einzige, was sie noch brauchten, war, dass wir an dem bestimmten Tag die Omar-Moschee besetzten und zwei Stunden lang hielten.

»Ist es Ihnen klar, Rabbi, dass uns dies viele Tote kosten und sofort einen Bürgerkrieg über uns bringen würde?«, fragte Bauman.

»Ja, es würden vielleicht einige Leute getötet werden«, sagte der Rabbiner, »sie wären aber nur ein paar Stunden tot, weil die Auferstehung unmittelbar folgen würde. Und was den Bürgerkrieg betrifft«, lächelte er, »nun, das können wir dem Messias überlassen.«

»Bauman sagte ihnen, wir würden uns mit der Sache befassen, und als sie gingen, küsste ihm der jüngere von ihnen, einer der auserwählten Kohanim, die Hand, und der ältere küsste ihn auf den Mund. – Es freut mich«, schloss Simon, »dass du über die Geschichte nicht lachst.«

Joseph wusste, dass er vor ein paar Monaten bestimmt gelacht hätte. Selbst jetzt hörte er die Geschichte mit gemischten

Gefühlen an. Er beneidete Simon, der nicht lachen konnte – Joseph konnte sich tatsächlich nicht erinnern, ihn jemals lachen gesehen zu haben, und sein seltenes Lächeln war auf die untere Gesichtshälfte beschränkt. Es fiel Joseph ein, dass er Dascha, die einige Zeit lang in Simon verliebt gewesen war, gefragt hatte, warum sie nicht mit ihm lebe. »Man kann eine Rasierklinge nicht umarmen«, hatte Dascha gesagt.

Sie verließen das Labyrinth der Hundert Tore und wandten sich in das bocharische Viertel. Es war bis auf das eine oder andere Fenster, das durch eine Kerze oder eine Öllampe erleuchtet war, in Dunkelheit gehüllt. In dem schwachen Licht des aufsteigenden Mondes schimmerte der Kreidestaub der zerbröckelnden Felsen weiß auf der ungepflasterten Straße. Die Häuser waren hier größer; es war ein armes Viertel, aber von strenger Würde. Seine Einwohner waren gegen Ende des vorigen Jahrhunderts aus dem Emirat von Bochara in Zentralasien hierher gekommen. Ihre Ahnen waren nach der Zerstörung des Tempels durch Titus nach Osten gewandert. Sie waren nach Mesopotamien gegangen, wo die hebräische Kultur eine Zeit lang an den Universitäten von Suda und Pumpedita blühte; als dann das Übliche eintrat, wanderten sie weiter nach Kurdistan und Turkmenistan und Bochara. Nach der mohammedanischen Eroberung bildeten sie kleine unzerstörbare Inseln im mohammedanischen Meer; abgeschnitten, wie sie von der übrigen Welt waren, gelangten die Mitglieder der bocharischen Gemeinde allmählich zur Überzeugung, dass sie die einzigen überlebenden Juden auf der Welt seien. Ungefähr 1500 Jahre lang ereignete sich nichts, was ihre Überzeugung erschüttert hätte. Sie lebten in voller Abgeschlossenheit; ihre Läden und Basare mussten zwei Fuß unter dem Straßenniveau liegen, sodass ihre Köpfe nicht über die Schultern der mohammedanischen Kunden reichten; auf der Straße mussten sie um ihren

Leib einen Strick tragen, damit ein Instrument der Bestrafung bei der Hand war, wenn sie Ärgernis erregten.

Im Jahre 1866 drang eine russische Armee unter Suwarow in das Emirat von Bochara ein. Unter den russischen Soldaten war ein Jude. Er brachte die unglaubliche Nachricht, dass Millionen Juden in der Welt lebten, und man hieß ihn einen Lügner. Aufgefordert, eine Stadt in Europa zu nennen, wo die angeblichen Juden lebten, nannte er Nalewki, einen Vorort von Warschau. Die Juden von Bochara gingen zu Rate und verfassten schließlich ein Schreiben, das gebührend frankiert und adressiert wurde an die »ehrwürdigen Juden in der Stadt Nalewki auf dem Kontinent Europa«. Der Brief kam an, und in angemessener Zeit erreichte den Ober-Rabbi von Bochara eine Antwort. Sie begann mit einer ziemlich kühlen Bestätigung des Berichtes des Soldaten. (Die Juden von Nalewki nahmen es offenbar übel, dass man an ihrer Existenz zweifelte.) Der Rest des Briefes war einer minutiösen Untersuchung der grammatischen Verstöße gegen die heilige Sprache gewidmet, die der Brief der bocharischen Juden enthalten hatte.

Simon und Joseph wandten sich in eine enge Seitengasse. Sie war dunkel und steil; ein Teil des Gässchens hinter ihnen mündete plötzlich in ein steiniges Feld. Sie befanden sich nahe dem äußeren Rande der Stadt, wo Jerusalem endet und die Wüste von Judäa beginnt. Irgendwo auf jenem dunklen steinigen Abhang waren Richtergräber mit siebzig Grabsteinen, herausgehauen aus dem Fels, vermutlich für den Sanhedrin, den obersten Gerichtshof von Israel. Joseph hatte sie vor ein paar Wochen besucht; die nahe zusammengerückten schmalen Grabstätten sahen fast ebenso aus wie die Höhle des Urahns bei Esras Turm und die zahllosen anderen Felsengräber im ganzen Lande. Sie waren über das ganze Land zerstreut, wo immer man hinreiste, blickten sie einen an wie winzige schwarze Fenster auf der weißen Oberfläche der Felsen. Und doch gab es da nirgends Gespenster oder Häuser, wo es gespukt hätte. Vielleicht waren die Toten dieser Gegend schon zu alt und standen Gott zu nahe, als dass sie daran Gefallen gefunden hätten, sich so tollpatschig zu manifestieren.

Sie gingen an einem Fenster vorbei, das durch ein schwaches Kerzenlicht erleuchtet war. Joseph sah einen kahlen Raum ein wenig unter dem Straßenniveau. Seine Einrichtung bestand aus einem eisernen Bett und Strohmatten auf dem gestampften Lehmboden, und ein großer bocharischer Wandteppich – rote Sonnenscheiben auf schwarzer Seide – hing auf der weißgetünchten Wand. Auf dem Bett saß eine junge Frau mit einem bunten Kopftuch und gab ihrem Kinde die Brust. Der Mann lag der Länge nach bäuchlings auf dem Boden mit zwei Kerzen vor sich und vergrub sich in eine altersgelbe, dickpapierige Folioausgabe des Buches. Rund um ihn auf dem Boden zerstreut lagen die verschiedenen Kommentare in entsprechend umfangreichen Ausgaben. Er war in Hemdsärmeln, hatte einen schwarzen Bart und trug ein farbiges Käppchen auf dem Hinterhaupte. Er las schnell, indem er den Zeilen mit dem Finger folgte und seinen Kopf schüttelte. Von Zeit zu Zeit wandte er sich einem der Kommentare zu und dann zurück zu dem Buche. Die Frau schaukelte ihren Körper langsam vor und zurück, ihren Blick auf die Kerze gerichtet. Die Lippen des Mannes bewegten sich in ständigem Murmeln, und er bewegte dabei unaufhörlich rasch den Kopf und die Schultern. Die beiden rhythmischen Bewegungen waren die zweier Pendel, die nicht den gleichen Takt haben.

Sie gingen weiter und bogen um eine andere Ecke. Es gab nirgends Lichter, die ihnen den Weg gewiesen hätten, aber es war nicht vollkommen dunkel, wie es in Jerusalem niemals ganz dunkel wird, denn da sind die Sterne zahlreich, hell und nahe. Es war ein schwacher Geruch von Kreidestaub, verbrannten Scheiten und Thymian in der Luft; im bocharischen Viertel vermischten sich arabische und jüdische Gerüche. In einem der gewölbten Torwege standen ein Knabe und ein Mädchen in kurzen Hosen, ihre Arme umeinander geschlungen. Sie blickten Simon scharf an, anscheinend verärgert über die Störung ihrer Idylle. Simon sagte etwas, das sich wie ein Losungswort anhörte. »B'seder«, sagte der Knabe, »alles in Ordnung.« Wieder bogen sie um eine Ecke und stolperten beinahe über einen jemenitischen Bettler, der mit dem Kopf auf einer Türschwelle eingeschlafen war. Er wachte auf und streckte seine Hand aus, indem er schläfrig seine Litanei sang. Simon gab das Losungswort, und der Jemenite winkte ihnen, weiterzugehen. Seine weißen Zähne über dem spärlichen schwarzen Bart blitzten auf.

»Schläft er vielleicht auf seiner Maschinenpistole?« Joseph konnte es nicht verwinden, die Frage zu stellen.

Simon ging ein paar Schritte weiter, ehe er antwortete; dann sagte er: »Falls du denkst, dass das eine Komödie sei, ist es noch immer Zeit, umzukehren.«

»Entschuldige«, sagte Joseph.

Die Straße war so dunkel und so ruhig wie zuvor, aber plötzlich schien etwas Unheimliches in dieser Stille zu sein. Joseph hatte das Gefühl, als ob hinter jedem der Fenster Augen sie beobachteten. Sie kamen vor ein großes steinernes Gebäude, dessen massive Front von gewölbten Fenstern und Toren und einigen dünnen Säulen durchbrochen war, was ihm ein leicht orientalisches Aussehen gab. Es hatte ein flaches Dach, und Joseph sah den Umriss eines Mannes, der sich über die Brüstung lehnte, auf sie herabblickte und verschwand. Eine Reliefinschrift über dem Haupttore sagte ihm, dass dies ein Gebets- und Schulhaus sei, erbaut von einem gewissen Ephraim Ben Huda, einem Bewohner von Bochara, der mit seiner Frau, neun Kindern und fünf

Brüdern im Jahre 5672 nach Erschaffung der Welt ins Heilige Land gekommen war, was – wie Joseph errechnete – vor ungefähr fünfzig Jahren geschehen sein mochte.

Sie gingen durch ein Haupttor und ein zweites Tor und hielten dann vor einer Seitentür, wo Simon ein Klopfzeichen auf die Türfüllung gab. Nach ein paar Sekunden wurde sie von dem Schammes, dem Türhüter, geöffnet. Er war ein kleiner und sehr magerer alter Mann in einem Kaftan, der bis zu seinen Füßen reihte, und mit einem schwarzen Käppchen, unter dem zwei lange geflochtene Peies wie Schwänzchen hervorkamen und bis an sein Kiefer herabhingen. Er schloss wortlos die Tür hinter ihnen. Sie waren in einem dunklen Korridor, von dem die Tür in das Quartier des Schammes führte, das von einer Kerze erhellt war. Auf der Matte auf dem Boden lag die Frau des Schammes unter einer großen gestreiften Decke. Sie hatte ein rundes Gesicht, das von schwarzen Zöpfen umrahmt war, was ihr ein jugendliches Aussehen gab, und einen schrecklich fetten Körper, der die Decke zu einem Hügel formte. Der Schammes schlurfte in sein Zimmer, schloss die Tür von innen und ließ sie in der Dunkelheit. Simon zog eine Taschenlampe aus seiner Tasche, und bei ihrem Lichte sah Joseph, dass sie über einen Steinmosaikboden in Schachbrettmuster gingen. Sie kamen in eine Halle, welche, dem Echo ihrer Schritte nach zu schließen, sehr geräumig und leer sein musste.

»Dieser Ort wird ›Palast‹ genannt«, sagte Simon mit einer Stimme, die nur etwas leiser war als gewöhnlich. »Du wirst lernen müssen, deinen Weg im Dunkeln zu finden, da wir im Erdgeschoss und den oberen Stockwerken kein Licht verwenden können. In den Kellern ist man sicher.«

Später erfuhr Joseph die Geschichte des »Palastes«. Es war ein Gebäude, das ursprünglich als Synagoge und Bibelschule dienen sollte und zugleich als Wohnung für den reichen Bochari, der es erbaut hatte. Die Synagoge und das Seminar waren zu ebener Erde, oben waren ein großer, nunmehr verlassener Speisesaal und eine große Anzahl von Schlafräumen. Der alte Bochari war noch am Leben und sagte, dass er über hundert Jahre alt sei. Seine Frau war gestorben, seine Brüder und Kinder waren in die Welt hinausgezogen; er lebte allein in einem kleinen Zimmer mit einer bemalten Glastür, die auf einen Balkon mündete, den man früher statt einer Vorratskammer verwendet hatte. Hier saß er den ganzen Tag und die Nacht über, rauchte seine Wasserpfeife, studierte das Heilige Buch und verließ kaum jemals den Raum. Der Schammes, der beinahe ebenso alt war wie er und den er von Bochara mit sich genommen hatte, und die Frau des Schammes, die ungefähr ein halbes Jahrhundert jünger war als ihr Gatte, sorgten für ihn. Dann und wann kamen seine Kinder und Enkelkinder, ihn zu besuchen, und einmal im Jahr, am Sederabend, versammelte sich die ganze Sippschaft in der Speisehalle, die für die Gelegenheit von den Spinnweben und dem Putz, der von der Decke heruntergeblättert war, gereinigt wurde, um hier das Mahl der bitteren Kräuter und der ungesäuerten Brote zu essen und dem Vortrag über den Auszug aus Ägypten zu lauschen.

Im Untergeschoss war ein Labyrinth von Kellern, Gewölben und Räumen. Hier lebten einst die Diener, die Verwandten der Diener, die Freunde der Diener und die Gäste der Diener. Man sagte, dass der reiche Bochari seit Vollendung des Gebäudes niemals in den Kellern unten gewesen war. Vor einem Jahre hatte ihn einer seiner Urenkel, der sich der Organisation Baumans angeschlossen hatte, um die Erlaubnis gebeten, die Keller zur Nachtzeit »zum Zwecke des Lehrens und Lernens« benützen zu dürfen. Er sagte nicht, was gelehrt oder gelernt werden sollte, aber der alte Mann gab seine Zustimmung, ohne zu fragen. Er war an den Kellern nicht interessiert, und er war überhaupt an nichts mehr interessiert – außer an seiner Wasserpfeife, dem Heiligen Buche und dem kabbalistischen Patiencelegen, wobei er die Buchstaben, welche den heiligen Namen bildeten, durcheinanderschüttelte, um aus jeder zufälligen Kombination eine neue Bedeutung herauszulesen.

Auch der Schammes stellte keine Fragen. Obwohl das Geräusch des in den dickwandigen Kellern eingerichteten Schießstandes ihn nur als dumpfer Schall erreichte, wird er gedacht haben, dass die Freunde seines jungen Herrn sich für den Kampf gegen die Moslems vorbereiteten; und er billigte aus ganzem Herzen den Kampf gegen die Mohammedaner, die, als er noch ein Knabe war, ihm drei Finger der rechten Hand abgeschnitten hatten für einen Diebstahl von drei Äpfeln, den ein anderer Knabe begangen hatte. Der Schammes kannte die Grenzen seiner Stellung. Er sprach nie ein Wort zu den Mitgliedern der Organisation und wurde auch nie von ihnen angesprochen.

Was die junge Frau des Schammes anbelangt, so hatte sie ihren Gatten einmal gefragt, was jene nächtlichen Vorgänge bedeuteten, und hatte hierauf vom verwitterten kleinen Alten, den sie um eines Kopfes Länge überragte, mit dem Strick eine so ungewöhnliche Tracht Prügel erhalten, dass sie der Sünde der Neugierde nie wieder verfiel.

Sie gingen durch die geräumige Halle. Ihre Schritte widerhallten schwach, der gelbe Kreis von Simons Taschenlampe bewegte sich vor ihnen auf dem Boden wie eine Lache Lichtes. Sie waren am Ende des Ganges an einer jungen Schildwache in Khakihosen und Khakihemd vorbeigekommen, eine zweite wuchs plötzlich aus der Dunkelheit, wie sie die Stiege erreichten, die in den Keller hinabführte. Die Schildwachen grüßten, schlugen die Hacken zusammen und erhoben den rechten Vorderarm, der beim Ellbogen gebogen war, mit der nach vorne gerichteten offenen Handfläche zur Mütze. Kein Wort wurde gewechselt. Die beiden gingen die Stufen hinunter in einen Kellergang, der von Öllampen erleuchtet war. Joseph freute sich über das Licht; die dunkle Halle mit ihren schweigenden Wachtposten war recht unheimlich und bedrückend gewesen. Drei Knaben standen zusammen im Korridor und plauderten; bei ihrer Ankunft standen sie Habtacht, grüßten und starrten regungslos, bis sie an ihnen vorbei waren. Es war ein Wink für Joseph, dass Simon einen ziemlich hohen Rang in der Organisation innehatte.

Sie gingen an einer zweiten Tür mit einem anderen, sehr jungen Posten davor vorbei. Von innen war ein gedämpftes Sprechen schwach hörbar. Es war eine tiefe Alt-Frauenstimme mit einem sephardischen Akzent, die monoton langsam einen Text wiederholte: »Das ist die Stimme des kämpfenden Zion, die Stimme des befreiten Jerusalems. Man mordet eure Brüder in Europa; was wollt ihr tun? Das ist die Stimme des kämpfenden Zion. Man schickt sie zurück in schwimmenden Särgen; was wollt ihr tun? Das ist die Stimme ...«

»Schallplattenaufnahme«, sagte Simon. »Die Anlage ist fahrbar.«

Es war die erste Spur einer vertraulichen Information, die Simon ihm gegeben hatte, und Joseph musste zugeben, dass er eine Spannung empfand. Da ertönten wiederholt kurze Salven von Schnellfeuerwaffen, aber das Geräusch war, obwohl sie ziemlich nahe dem Schießstand gewesen sein mussten, gedämpft. Simon, der Josephs unausgesprochene Frage erriet, lächelte mit der unteren Hälfte seines Gesichtes.

»Es ist einer bei uns, der war Fachmann für Schalldämpfung bei einer deutschen Flugzeugfirma«, erklärte er mit verhaltenem Stolz in seiner Stimme. Ein Mann mit einer Aktentasche eilte an ihnen vorbei, und während er grüßte, lächelte er Simon an – ein Anblick, der Joseph ein Gefühl der Erleichterung gab nach den pathetisch ernsten Gesichtern der jungen Wachtposten. Sie hielten bei einer Tür. »Warte hier einen Augenblick«, sagte Simon. Er klopfte an und trat ein, aber beinahe an der Türschwelle stieß er mit Bauman zusammen, der gerade herauseilte.

Statt seiner früheren schäbigen schwarzen Lederjacke trug Bauman eine neue braune, aber sonst sah er wenig verändert aus, wie Joseph aus irgendwelchen Gründen erwartet hätte. Er begrüßte Joseph mit einem Lächeln über sein ganzes breites, sympathisches Gesicht. Joseph fühlte sich erleichtert, als er sah, dass Bauman ihm seine Hand entgegenstreckte, anstatt militärisch zu salutieren.

»Es ist nett, wieder einmal ein altes Gesicht zu sehen«, sagte Bauman. »Es kommt nicht oft vor, seit ich ein Faschist geworden bin.« Er sprach mit gutmütiger Ironie, ohne Bitterkeit.

»Simon hat mir eine Menge über dich erzählt«, fügte er hinzu, indem er Joseph mit lächelnden, aber aufmerksamen Augen betrachtete.

»Über dich erzählte er mir nicht viel«, sagte Joseph grinsend. Bauman bemerkte, dass dieses Grinsen anders war als jenes, das er gekannt hatte. Er erinnerte sich, dass Josephs Gesicht immer bereit gewesen war, sich entlang bestimmter vorgezeichneter Falten in ein Lächeln zu verziehen. Jetzt war es ein ziemlich mühsamer Vorgang, als ob das Lächeln neue Falten in der Haut suchte, um sich einen Weg zu bahnen.

»Hör mal«, sagte Bauman, »ich muss mit dir ausführlich reden, aber zuerst muss ich mir einmal die neuen Rekruten ansehen. Oder möchtest du sie gerne selber anschauen? Es sind Jeschiwabocher.«

»Das wird dir Spaß machen«, sagte Simon. »Ich muss in meine Versammlung, auf Wiedersehen!« Er grüßte Bauman und ging den Gang hinunter.

»Komm«, sagte Bauman. »Schauen wir uns die Bocher an. Nachher wollen wir uns unterhalten.«

Jeschiwabocher heißen Schüler der orthodoxen Talmudschule in der Altstadt – Überbleibsel des Mittelalters. Joseph empfand einen leichten Widerwillen, sooft er diese linkischen Jünglinge mit den Schmachtlocken sah: Sie schlichen durch die Straßen Jerusalems, hielten ein Gebetbuch in der einen Hand, wischten den Zeigefinger der anderen die Mauern entlang, sprachen mit sich selber und waren blind gegen ihre Umgebung. Es kam vor, dass ein achtzehnjähriger Knabe, in kurze schwarze Hosen und schwarze Baumwollstrümpfe gekleidet, sich an die Hand seines Vaters hängte und sich ziehen ließ wie ein kleines Kind. Manchmal gingen zwei von ihnen Hand in Hand, indem sie an die Leute stießen wie Blinde, während sie gelehrte Spitzfindigkeiten erörterten.

Sie gingen den Gang entlang und traten in einen gewölbten Raum, der einst dem Besitzer des Hauses als Weinkeller gedient hatte. Ein kleines vergittertes Fenster, das sich nach der Rückseite des Hauses zu öffnete, war mit Zementsäcken verbarrikadiert, um den Schall abzuhalten und Verdacht zu vermeiden. Die Säcke mussten jede Nacht hingestellt und morgens wieder entfernt werden – eine mühselige Arbeit für die Rekruten.

Das Zimmer war von einer Öllampe auf dem Steinboden erleuchtet, und nahe der Lampe hockte ein Jüngling, der in einem Buche studierte und dabei die Lippen bewegte. Als Bauman und Joseph in den Raum traten, barg er das Buch sorgfältig in einen blauen Samtbeutel und sprang auf. Er trug ein schwarzes Käppchen und darüber einen grauen Filzhut; seine langen Seitenlocken baumelten wie Korkzieher parallel zu seinen mit rötlichem Flaum bedeckten Wangen. Seine schwarzen Baumwollstrümpfe waren mit Strumpfhaltern aus Stricken über den Knien befestigt und hingen in einer Ziehharmonika herunter.

»Wo sind Gideon und die beiden anderen?«, fragte Bauman.

»Sie sind zum Schi-ießplatz gegangen«, sagte der Knabe im traditionellen Singsang der Orthodoxen. Der Schießplatz, der in einem alten Kesselraum eingerichtet war, fasste nur drei Personen zur gleichen Zeit.

»Steh Habtacht, wenn du zu mir sprichst«, sagte Bauman in einem gelassenen, nicht unfreundlichen Ton. Der Knabe zog seine Schultern in die Höhe, bis sie mit seinen Ohren in gleicher Höhe waren und ihm das Aussehen eines Buckligen gaben. Seine dicken, feuchten Lippen mühten sich um ein einschmeichelndes Lächeln, das allmählich dahinschwand, der Ausdruck seiner großen braunen Augen schwankte wie die eines jungen Jagdhundes zwischen Furcht und Ergebenheit.

»Was liest du da für ein Buch?«, fragte Bauman.

Der Knabe reichte ihm bedächtig die blaue Samttasche. Der Stern Davids war mit goldenen Fäden darauf gestickt, es war die traditionelle Art von Beuteln, in denen die Orthodoxen ihre Gebetbücher und Gebettücher zur Synagoge tragen. Bauman öffnete sie und nahm das Buch heraus. Es war das kurze Waffenlehrbuch von D. Ras – das erste hebräische militärische Handbuch, von der Organisation illegal gedruckt. Der Schriftstellername war aus den Initialen der beiden Oberkommandierenden, David Raziel und Abraham Stern, zusammengesetzt worden, die es gemeinsam geschrieben hatten. Das Buch war ein Wunderwerk sprachlichen Könnens, da das Hebräische bis dahin noch keine Feuerwaffen-Terminologie und erst recht keine für die zweihundert kleinen Teile der neuzeitlichen Schnellfeuerwaffen hatte. Raziel und Stern hatten sich der Aufgabe mit der zweifachen Begeisterung des gelehrten Hebraisten und des Waffenfachmannes angenommen. Die Sprachenabteilung der friedfertigen hebräischen Universität hatte ihnen ahnungslos Beistand geleistet, indem sie den angeblichen Herausgebern eines angeblichen technischen Wörterbuches Ratschläge erteilte. Zuunterst auf dem dunkelblauen Leineneinband standen die einzigen Worte mit Lateinbuchstaben, die das Buch enthielt: »Gedruckt in Genua«. Das war ein Privatspaß der Autoren – das Buch kam aus einer illegalen Druckerei, die im Ghetto der Altstadt eingerichtet war.

Bauman befühlte das Buch mit der Zärtlichkeit eines Bibliophilen für eine seltene Erstausgabe. »Nun, wie weit bist du gekommen?«, fragte er. »Ich habe noch nicht ›Rührt euch‹ gesagt«, bemerkte er scharf.

Die Schultern des Knaben gingen wieder in die Höhe. »Sie können mich prüfen«, sagte er. »Welche Seite, bi-itte?«

Bauman blickte ihn an. »Du willst damit sagen, dass du das ganze Buch auswendig lernst?«

»Welche Seite, bitte?«, fragte der Knabe mit der Selbstsicherheit eines Wunderkindes.

»Seite 17«, sagte Bauman.

Der Knabe fuhr mit seinen Fingern über die Augen, und nach ein paar Minuten begann sein Körper rhythmisch zu schwanken, vorwärts und rückwärts, als hätte er ein Gebet hergeleiert:

»... und der Kolben. Wenn die Sicherung kräftig nach unten gedrückt wird«, rezitierte er, sich hin und her wiegend, »hält die kleine Fe-eder unter dem Abzug den zweiten He-ebel fest. Wenn der He-bel nicht gut geölt wird, versa-gt unsere Waffe.«

Die Öllampe stand bei den Füßen des Knaben und warf seinen vergrößerten Schatten auf die Wand. Der große Schatten schwankte vorwärts und rückwärts wie ein höhnendes Echo seiner Bewegungen, die Schläfenlocken flatterten wie Pendel um seine Ohren.

»Das genügt«, sagte Bauman. Er zog mit einer raschen Bewegung den Revolver aus dem Halfter an seiner Seite und leerte das Magazin in seine Hand. Der Knabe beobachtete ihn gebannt, schaute die Nase entlang hinab und zog seine eckigen Schultern hoch.

»Hier«, sagte Bauman, »halte es.«

Der Knabe nahm den Revolver und hielt ihn steifen Armes mit der Öffnung nach unten, ein wenig vom Körper weg. Plötzlich schlug Bauman auf das Gelenk des Knaben, und der Revolver fiel zu Boden. Bauman sprang rasch einen Schritt zurück und schlug dem Jungen kräftig erst rechts, dann links ins Gesicht; seine Arme schwangen wie Dreschflegel. Der Knabe stand mit hochgezogenen Schultern, ohne sich zu wehren.

»Das wird dich lehren, deinen Revolver festzuhalten«, sagte Bauman gelassen. »Nimm ihn wieder.«

Der Knabe hob den Revolver vom Boden auf. Eine Sekunde lang zögerte er, wie er ihn am besten halten sollte, dann trat er einen Schritt zurück, presste die Waffe dicht an seine Hüfte mit zurückgezogenem Ellbogen und richtete sie auf Bauman. Seine langen gelben Zähne bissen in die Lippen, und es war ein Flackern in seinen braunen Augen. Man konnte wahrhaft sehen, wie die bloße Geste, dass er die Waffe gegen jemanden richtete, es ihm anzutun begann. Strom schien vom Abzug zurückzufließen und sich in seinem ganzen Körper auszubreiten. Es löste seine Steifheit und verlieh ihm eine gespannte, katzenhafte Geschmeidigkeit. Seine Augen verengten sich und waren fest auf Bauman geheftet.

»Das ist schon besser«, sagte Bauman.

Der Körper den Knaben entspannte sich sofort, und seine Ungeschicklichkeit kehrte wieder. Er legte den Revolver in Baumans Hand.

»Nun?«, sagte Bauman.

Der Knabe schluckte. »Ich hab's verdient«, sagte er.

»Gut«, sagte Bauman. »Weitermachen.« Er wandte sich um und verließ den Raum, gefolgt von Joseph.

Der Knabe stand stramm und folgte ihnen mit den Augen. Er stand steif, bis die Tür sich geschlossen hatte, und verblieb noch eine Sekunde so. Dann seufzte er, zog seine Strümpfe in die Höhe, zog die Stricke oberhalb seiner Knie an und setzte sich auf den Boden bei der Lampe nieder. Er kratzte sich den Kopf, lächelte ungewiss und nahm das Buch aus dem Gebetsack. Nach einer Minute war die Welt um ihn wieder versunken, seine Lippen murmelten wieder, sein Körper schaukelte, seine Peies flatterten um seine Ohren, und sein höhnender Riesenschatten schwankte hinter ihm mit tiefen und feierlichen Verbeugungen.

16

»Wie gefällt dir unser Palast?«, fragte Bauman, als sie wieder in seinem Zimmer waren. Wie die anderen Räume hatte es Zementsäcke, die die Fenster verbarrikadierten, und enthielt einen roh gezimmerten Tisch, eine Lampe und drei Stühle. »Setz dich«, sagte er und schob Joseph ein Paket Zigaretten über den Tisch zu.

»Eine höchst wirkungsvolle Szenerie«, sagte Joseph. Er fühlte, dass dies ein falscher Ton war, aber er konnte den richtigen nicht finden.

»Das Malheur mit dir ist«, sagte Bauman nach kurzer Pause, »dass du ein Romantiker bist; und da du dich dessen schämst, hast du ein Misstrauen gegen alles, was einen Beigeschmack von Romantik hat – wie verdunkelte Räume und Wachtposten auf der Straße, die für uns elementare Vorsichtsmaßregeln sind. Du bist so sehr entschlossen, dich selbst nicht ernst zu nehmen, dass du darauf bestündest, es sei alles nur Selbsttäuschung, selbst wenn man dir den Strick um den Hals legte.«

Joseph saß mit gesenktem Kopf und dem Lächeln eines kranken Affen auf dem Gesicht da. »Da du mich so gut kennst«, sagte er, »willst du mich noch immer aufnehmen?«

»Spiele nicht den Narren«, sagte Bauman und blickte ihn über den Tisch hinweg an.

Joseph wollte sich zusammennehmen, fand es aber schwer. Er hatte so viel von diesem Zusammentreffen mit Bauman erwartet, und jetzt hatte er ein Gefühl, wie wenn man beim Zahnarzt anläutet und der Zahnschmerz schon aufgehört hat. Die Spannung hatte ihn verlassen, und diese ganze Aussprache schien sinnlos und unwirklich. Von Zeit zu Zeit klang das gedämpfte Knattern vom Übungsplatz durch die Wand, aber auch das schien sinnlos und traumhaft.

»Ich bin wahrscheinlich zu alt, um Terror-Pfadfinder zu werden«, sagte er.

»Wer erwartet das von dir?«

»Simon ließ ein paar Andeutungen über die Aufnahmsvoraussetzungen fallen – sechs Monate Lehrzeit, das Bestehen von Proben, Vereidigung und so weiter.«

»Simon ist ein pedantischer Esel«, sagte Bauman mit breitem Grinsen. »Wenn du zu uns kommst, werden wir für dich wichtigere Arbeiten haben.«

»Zum Beispiel?«, sagte Joseph.

»Wir haben niemanden hier, der an einer englischen Universität war. Du bist ein seltener Vogel in Israel.«

»Ich hasse alles, was mit Propaganda zusammenhängt.«

»Selbst das Sprechen bei illegalen Radiosendungen und die Herausgabe illegaler Flugzettel, wo du weißt, dass du statt des Honorars fünf Jahre Kerker bekommst, wenn sie dich erwischen?«

Joseph lächelte.

»Vor einer Sekunde versprachst du mir den Strick, und jetzt sind es nur noch fünf Jahre.«

»Es ist nicht ganz so komisch, wie es klingt«, sagte Bauman. »Sie haben unsere Jungen zu foltern begonnen. Bei der Polizei sind eine Reihe ›*Black and Tans*‹, die sich auf diese Art Arbeit verstehen.«

»Darüber hat mir Simon einiges erzählt«, sagte Joseph zweifelnd.

»Und du meintest, er hätte übertrieben«, sagte Bauman mit einem Anflug von Schärfe. »In Wahrheit weiß Simon noch gar nicht alle Details. Einer von unseren Burschen namens Benjamin Seroni ist gestern aus dem Gefängnis von Jerusalem entkommen. Wie er es gemacht hat, ist eine lange Geschichte, die ich dir ein anderes Mal erzählen will. Ich habe mit ihm gesprochen. Seine beiden Daumen waren ausgerenkt, weil man ihn zwei Stunden lang an ihnen aufgehängt hatte. Er wurde auch auf die Geschlechtsteile und die Fußsohlen geschlagen, und sie haben ihm während eines Verhörs Wasser in die Nasenlöcher gegossen.«

Bauman rieb seine Wange mit der Handfläche. Joseph kannte die Geste – ein Produkt von Baumans Erlebnissen mit dem humorvollen Grazer Gefängniswärter.

»Bis jetzt scheint das nur vereinzelt vorgekommen zu sein«, fuhr Bauman fort, »und es ist denkbar, dass die oberen Stellen nichts davon wissen. In allen uns bekannten vier Fällen war dafür ein gewisser Inspektor C. verantwortlich. Wir haben ihm zwei Warnungen geschickt, damit er aufhört. Er hat sie nicht beachtet, also müssen wir ihn bestrafen. Es wird verflucht schwer sein, denn seit wir die Warnungen ausgeschickt haben, fährt er nie ohne zwei Leibwachen mit Maschinenpistolen aus.«

Er sprach mit seiner gewöhnlichen, gutmütigen Stimme mit dem breiten wienerischen Akzent. Joseph blickte ihn etwas ungläubig an; es war ihm der Euphemismus »bestrafen« aufgefallen, den auch Simon wiederholt verwendet hatte, als er von der Ermordung des Muchtars sprach.

»Ich erzähle dir das alles nur, weil es ein Beispiel dafür ist, wo du verwendet werden kannst. Ich weiß nicht viel über England, außer dass es die einflussreichste und am schlechtesten informierte öffentliche Meinung in der Welt hat, deren Unwissenheit im Verhältnis zu der Unerfreulichkeit der Tatsachen zu wachsen scheint. Sie wissen nichts über Hitler oder Indien oder ihre eigenen Elendsquartiere. Wenn sie gezwungen werden, davon Notiz zu nehmen, gibt es einen öffentlichen Empörungsausbruch, aber dann ist es gewöhnlich zu spät. Wir werden hier von einer schweigsamen Abteilung ihres schweigsamen Kolonialamtes regiert. Wenn ihre Öffentlichkeit wüsste, was hier vorgeht, wäre sie entsetzt und würde vielleicht etwas dagegen tun. Aber sie wissen es nicht. Und die Fistelstimme unserer Glicksteins wird nie an ihre Ohren dringen.«

Er zündete sich eine Zigarette an, warf das Zündholz auf den Boden und fuhr fort:

»Du wirst wahrscheinlich bemerkt haben, dass ich im Unterschied zu Simon die Engländer nicht hasse. Du weißt besser als ich, dass der Brite, den man in den Kolonien antrifft, nicht typisch ist. Als ich Österreich verließ, verbrachte ich sechs Monate in ihrem Lande. Sie waren freundlich und mitfühlend und hatten keine Ahnung, um was es ging. Sie leben auf dem Mond, einem sanften Mond mit grünen Weidegründen und Tennisplätzen. Wenn sie unsere heiße Erde berühren, verlieren sie das Gleichgewicht. Aber Mitgefühl oder Abneigung hat nichts mit der Sache zu tun. Worauf es ankommt, ist, dass wir sie brauchen und sie uns. Wir brauchen sie, weil dieses Land unter ihrer Kontrolle ist. Sie brauchen uns, weil die Araber natürlich die eigene Unabhängigkeit wollen und im Notfall die Briten hintergehen werden, wie sie es ja schon getan haben. Ein jüdischer Staat, durch gemeinsame europäische Tradition und gegenseitiges Interesse mit England verbunden, wäre von weit größerem Wert für sie als eine stehende Besatzung inmitten einer feindseligen Eingeborenenbevölkerung. Sie mussten sich allmählich aus Ägypten und dem Irak zurückziehen; wenn Palästina ein arabischer Staat würde, würden sie sich früher oder später auch von hier zurückziehen müssen; wenn es ein hebräisches Dominion wird, wird es zu einem festen und bleibenden Brückenkopf gegenüber dem Osten werden. Ihre weitsichtigeren Staatsmänner wussten dies, daher ihre Verpflichtungen uns gegenüber. Aber ihre Riesen sind tot oder im Schmollwinkel, und ihr Imperium ist in einem Zustand Wagner'scher Götterdämmerung; der heilige Georg wurde müde, den Drachen zu bekämpfen, und versucht, ihn zu bestechen. Sie haben ihre Insel unter einen Regenschirm gestellt, und uns lassen sie im Sudel schwimmen ...«

Joseph hatte Bauman noch nie so gesprächig gesehen. Bauman zerdrückte seine Zigarette mit der Entschiedenheit, mit der man ein schädliches Insekt zermalmt, und fuhr fort:

»Daraus folgt, dass wir zweierlei tun müssen, wenn wir nicht vollständig ertrinken wollen. Das eine heißt: überzeugen, beweisen, dass kein Drache bestochen werden kann, gleichgültig, ob es ein teutonischer, römischer, arabischer oder japanischer Drache ist. Und das Zweite ist, dass wir ihnen die Hölle verdammt heiß machen, ihnen jedes Argument mit einem Knall vorsetzen. Sonst hören sie nicht zu. Das ist der Fehler unserer Glicksteins. Sie winseln. Sie erzählen unausgesetzt, was für gute Jungen wir sind. Resultat: ein auf die Schulter Klopfen und ein Tritt in den Hosenboden. Eine Nation von Kriegsdienstverweigerern kann nicht überleben. Wir müssen sie zwingen, uns ernst zu nehmen, dann werden sie mit uns ernsthaft verhandeln. Aber um das zu erreichen, müssen wir in der einen Sprache sprechen, die sie verstehen ...« Er strich mit der Faust über den Revolver unter seiner Lederjoppe. »Das ist das neue Esperanto«, schloss er. »Es ist erstaunlich leicht zu lernen. Jedermann von Schanghai bis Madrid versteht es.«

Er lehnte sich in dem lehnenlosen Stuhl zurück, die Unterarme mit den geballten Fäusten auf dem Tisch, und wartete auf Josephs Antwort. Was er gesagt hatte, war nicht neu für Joseph;

es war die logisch-unangreifbare Doktrin der auf Genf folgenden Welt. Ob diese Doktrin nun in der starken Absicht der Eroberung oder der schwachen Absicht des Überlebens verkündet wurde, war nur ein Unterschied des Grades, nicht der Sache. Denn letzten Endes war auch der Starke von Furcht und Unsicherheit beseelt, und der Schwache musste letzten Endes zu denselben gewaltsamen und abscheulichen Mitteln greifen. Es war eine über die ganze Weltkugel reichende Infektion, gegen welche man als einzigen Schutz selbst angesteckt werden musste.

Aber das waren theoretische Erwägungen. Die Realität war Herr Brodetzky, wie er mit seinem Hörrohr ständig »Was ist los?«, rief, und das Heulen der Sirenen der »Assimi«. Vor diesen Dingen waren moralische Skrupel bloß eine Form des Davonlaufens.

»Natürlich muss ich dir zustimmen«, sagte Joseph. »Aber es wäre unehrlich, wenn ich behaupte, ich täte es mit Begeisterung. Du und ich, Bauman, wuchsen in verschiedenen Traditionen auf.«

»Allerdings«, sagte Bauman. »In den Zwanzigern. Das war, als Briand und Stresemann die Vereinigten Staaten von Europa erörterten und König Feisal von Irak den künftigen jüdischen Staat grüßte. Na und?«

»Ja, ich weiß«, sagte Joseph. »Es war eine Welt rosiger Fata Morganas, und nun sind wir in das Zeitalter der Neuen Sachlichkeit getreten. Aber es verblüfft mich, dass ihre moderne, stromlinienförmige Machtlogik von all dem sentimentalen Operettenzeug begleitet sein muss – Wotan und Blut oder Boden und römische Liktorenbündel. Und dasselbe gilt für deine salutierenden Terror-Pfadfinder. Sie halten sich für die Erben des jungen David und der Makkabäer. Unter uns gesagt, Bauman – wenn die Makkabäer keine so verdammten Helden gewesen wären, wären unsere Vorfahren hellenisiert worden und dem Ghetto entgangen ...«

»Aber, hab mich gern«, sagte Bauman schroff. »Du besitzt jenes intellektuelle Schielen, das einen beide Seiten der Medaille zu gleicher Zeit sehen lässt. Du bist jüdischer im Geist als der Talmudschüler mit seinen Schläfenlocken ...«

Er stand auf, um im Zimmer auf und ab zu gehen.

»Beide Seiten zu sehen ist ein Luxus, den wir uns nicht länger erlauben können. Wir nähern uns der politischen Eiszeit. Wir müssen unsere Eskimohütten und nationalen Herde bauen oder zugrunde gehen ...« Mit den Händen in den Taschen und dem vorgeschobenen Kopf sah er aus, als wollte er die Mauer mit seinem Schädel stürmen.

»Du klammerst dich noch immer an die Zwanzigerjahre, als es aussah, als ob es Frühling werden und Landesgrenzen und Klassen in der roten Sonne dahinschmelzen wollten. Nun, das ist vorbei. Was mich betrifft, war es vorbei, als der kleine Dollfuß unser großes rotes Wien in Trümmer schoss. Bis zu dem Tage hielt ich den jüdischen Nationalismus für genauso lächerlich wie jeden anderen und unsere Heimkehr für romantische Mache. Als sie mich einsperrten, hatte ich Zeit, nachzudenken, und kam zu dem Schluss, dass der Augenblick gekommen sei, mit der Erlösung der Welt aufzuhören und mit der Erlösung unser selbst zu beginnen. Wir können nicht warten, bis der Sozialismus alle Rassenprobleme löst. Das mag vielleicht eines Tages geschehen, aber lange vor diesem Tag wären wir ausgerottet. Es liegt eine Zeitspanne dazwischen, die wir nicht überspringen können. Ja, wenn wir Zeit hätten, wenn die andern bloß warteten ... Weißt du, Joseph, du bist der Philosoph, nicht ich – aber es scheint mir, als ob die Zeit eine Dimension der Politik wäre und als ob die Idealisten immer vergäßen, mit dieser Dimension zu rechnen; deshalb wirken ihre Bilder immer so flach. Wenn wir die Zeit überspringen könnten, müssten wir nicht durch all diesen Morast waten ...« Mitten im Zimmer hielt er ein. »Jetzt sind wir glücklich wieder bei den letzten Dingen angelangt. Ich dachte, du hättest das vor einigen sechs oder sieben Jahren mit dir durchgedroschen, als du dich entschlossest, in dieses Land zu ziehen.«

»Hab ich auch«, sagte Joseph. »Aber damals hofften wir, dass dieser jüdische Nationalismus anders sein würde und wir einen sozialistischen Musterstaat aufbauen würden. Keine Eskimohütte – sondern Esras Turm. Und bis zu einem gewissen Grad ist es uns auch gelungen.«

»Ich habe keinen Streit mit Esras Turm«, sagte Bauman, der seine gute Laune wiedergewann. »Aber jene liebenswerten Esel glauben, sie hätten Streit mit mir. Sie arbeiten schwer und haben keine Zeit für Politik, folglich sind ihre Wurzeln noch in den Zwanzigern und ihre Köpfe in den Wolken. Sie sind Pazifisten und Legalisten wie alle gottgefälligen Sozialdemokraten, und wenn wir es ihnen überließen, hätten wir dasselbe Schicksal wie ihre Genossen in Österreich, Deutschland, Italien und so fort – die alle in ihrem Esras Turm lebten. Ich liebe sie, aber ich hasse ihr konfuses Denken.«

»Ich habe mich oft gefragt«, sagte Joseph mit einem Grinsen, »ob mir Rousseaus Unklarheiten nicht lieber sind als Robespierres Klarheiten.«

»Aber halt's Maul«, sagte Bauman. »Natürlich sind sie dir nicht lieber. Deine Freunde in Esras Turm brauchen die Briten, aber sie stoßen sich am britischen Imperialismus. Sie möchten eine Nation ausbauen, aber sie stoßen sich am Drum und Dran des Nationalismus ...« Er nahm sein Auf-und-Abgehen wieder auf.

»Ohne das Drum und Dran geht es nicht. Das ist die Antwort auf dein Geschwätz über unser Operettenzeug. Unsere Burschen tragen ein größeres Risiko als gewöhnliche Soldaten. Wenn sie gefangen werden, behandelt man sie nicht als Kriegsgefangene, sondern klagt sie als Verbrecher an. Sie brauchen Disziplin; und es gibt keine Disziplin ohne Ritual ... Es geht gegen die Vernunft, dass ein Mann in ein Maschinengewehrfeuer laufen soll, bloß weil ein anderer Mann es ihm befiehlt. Aber der Soldatenberuf basiert auf der irrationalen Annahme, dass er es tun müsse. Deshalb muss jede Armee ihre Tradition und ihren Mythos haben. Für uns gehören die Bibel und die Makkabäer dazu. Es ist gleichgültig, ob es dir oder mir gefällt. Es besteht kein Widerspruch zwischen dem, was du Neue Sachlichkeit nennst, und der Neuen Mythologie. Man kann keine Hochdruckbewegung durch rational kontrollierte Kanäle leiten, und man kann Gefühle nicht aufs Eis legen. In normalen Zeiten haben Gefühle ihre normalen Ventile, aber in einer politischen Eiszeit brechen sie in vulkanische Mythen aus.

Du sagtest mir einmal, wir wären *faute de mieux* Nationalisten. Das stimmt wohl für dich und mich, aber man kann von den Burschen nicht erwarten, dass sie viel Begeisterung dafür aufbringen. Niemand wird *faute de mieux* aus freien Stücken sterben ...«

Es entstand ein Schweigen, und man hörte das gedämpfte Geknatter durch die Wände. Schließlich sagte Joseph: »Hast recht, Bauman – wie gewöhnlich. Ich muss dir *faute de mieux* zustimmen ...« Er grinste matt. »Was ist also der nächste Schritt?«

Bauman war hinter seinen Tisch zurückgewandert und nahm seinen Platz wieder ein.

»Du bist fest entschlossen, den Kopfsprung zu wagen?«, fragte er.

Joseph nickte. Bauman blickte ihn zweifelnd an.

»Es hat nicht so geklungen«, sagte er.

»Das war nur eine Art von Rückzugsgefecht«, sagte Joseph mit einem Bedauern ausdrückenden Grinsen. »Ich habe es gern, wenn alle meine i-s ihre Tüpfel haben.«

Bauman schien nicht überzeugt zu sein. »In deiner gegenwärtigen Stimmung ist es schwer, mit dir ernsthaft zu verhandeln. Simon sagte mir, dass du von Dinas Tod erschüttert warst, aber es war mir nicht klar, wie sehr. Dieses *faute de mieux*-Gerede ist eine Herabsetzung deiner eigenen Vergangenheit – als würdest du alles, was du während der letzten sechs Jahre getan hast, besudeln.«

Joseph zuckte die Achseln. »Ich fragte dich zu Beginn unserer Unterredung, ob du mich noch haben möchtest. Du sagtest, ich sollte nicht den Narren spielen. Ich kann dir nichts vormachen. Im Augenblick bin ich nicht besonders begeistert – für nichts begeistert. Ich nehme an, dass sich das mit der Zeit bessern wird. Könntest du mir genau sagen, was du in der Zwischenzeit von mir haben willst? Mein Urlaub läuft nächste Woche ab, und ich muss ihnen zu Hause sagen, wofür ich mich entschieden habe.«

»Oh – du musst ihnen gar nichts sagen«, sagte Bauman.

»Du willst mich also nicht?«

»Aber selbstverständlich wollen wir dich.«

»Was willst du dann?«

Bauman begann wieder auf und ab zu marschieren.

»Wir haben natürlich über dich gesprochen – im Oberkommando«, sagte er noch stockender als vorher. Es klang, als spräche er gegen seine eigene Überzeugung. »Wir haben sogar eine Art von Plan ausgearbeitet, wie wir dich am besten verwerten könnten. Es ist in groben Zügen Folgendes. Du sollst den Leuten in deiner Kommune sagen, dass du dir's überlegt hättest und mit uns verfluchten Faschisten nichts zu tun haben möchtest. Arbeite weiter wie bisher. Es wird dir der Polizei gegenüber die beste Deckung geben – viel besser, als wenn du illegal würdest. Die Leute der Siedlungen sind alle auf der braven Seite. In deiner Freizeit machst du etwas subversive Propaganda für uns. Zweimal die Woche triffst du in Tel Aviv oder hier jemanden von uns;

einmal, um das schriftliche Material zu besprechen und es abzuliefern – Flugzettel und dergleichen; einmal zur Plattenaufnahme. Wir haben die Möglichkeit, deine Stimme bei der Übertragung anders klingen zu lassen, damit man dich nicht erkennt. Das ist ungefähr alles ...«

Er betrachtete Joseph etwas ängstlich. Während er sprach, hatte es ausgesehen, als ob Joseph unterbrechen und protestieren wollte, aber er hatte es nicht getan. Er hatte das Bedürfnis, die in ihm aufsteigenden widerspruchsvollen Gefühle zu verdauen. Das erste war ein heftiger Widerwillen gegen die Idee, er solle Ruben, Mosche, Ellen und alle anderen zu Hause betrügen. Der zweite war eine plötzlich und strahlend aufblitzende Erleichterung bei dem Gedanken, dass er sie nicht würde verlassen müssen. Es war dasselbe überwältigende Gefühl, das er während seines denkwürdigen Gespräches mit Ruben empfunden hatte; auch damals dachte er zuerst, man werde ihn hinauswerfen. Aber damals war er sich völlig dessen bewusst gewesen, was Esras Turm für ihn bedeutete, wogegen er sich diesmal eingeredet hatte, er hätte es satt. Erst jetzt, wo er eine Möglichkeit sah, den Bruch zu vermeiden, erkannte er, wie unerträglich das Losreißen in Wahrheit wäre.

»Nun«, sagte Bauman, »was hältst du davon?«

»Ich muss mir's überlegen«, sagte Joseph.

»Moralische Skrupel?«, sagte Bauman. »Sie wären berechtigt, wenn dein privates Tun sie schädigen würde. In Wahrheit ist es umgekehrt. Deine erste Berührung mit uns führte zu der Aktion gegen den Muchtar, und ich bin überzeugt, dass jeder einzelne von deinen salbungsvollen Scheinheiligen im Geheimen darüber frohlockte. Im Übrigen sollte keine Kommune das Recht haben, die politische Tätigkeit ihrer Mitglieder zu kontrollieren, solange sie in den Grundzügen mit ihren Zielen vereinbar sind.«

»Du bist ein verdammter Machiavelli«, sagte Joseph.

»Das ist die Logik der Eiszeit«, sagte Bauman. »Wir müssen Gewalt und List anwenden, um andere vor Gewalt und List zu bewahren.«

Joseph antwortete nicht. Auf seine für einen Augenblick gehobene Stimmung war bereits eine neue Welle von Ekel vor diesem einfachen Ausweg gefolgt. Ruben hatte ihm den Ausweg aus jener Krise gewiesen – hatte es ihm ermöglicht, die Wurst zu essen und das Geld zu behalten – und nun tat Bauman dasselbe. Aber er war zu müde, um über Ziele und Mittel zu diskutieren – denn darauf lief es ja schließlich hinaus. Es war nicht die Zeit für Seelenforschung. Wer war er, dass er seine Makellosigkeit bewahren sollte, wo man die Körper anderer zerstückelte? In der Logik der Eiszeit wurde Toleranz zu Luxus und Reinheit zu Laster. Es gab keinen Ausweg aus diesem Dilemma. Sich die Hände zu waschen und den anderen die schmutzige Arbeit zu überlassen war Heuchelei, aber keine Lösung. Der einzig erlösende Faktor war der, sich selbst einzusetzen ...

»Verflucht noch einmal«, sagte er hilflos. »Ich wünschte bei Gott, du ließest mich an einer Aktion teilnehmen – selbst wenn es nur einmal wäre. Dann hätte ich wenigstens nicht das Gefühl, es sei für mich alles leicht und billig gemacht worden ...«

»Wenn du fünf Jahre für eine Radiosendung für billig hältst ...«, begann Bauman matt – dann unterbrach er sich plötzlich mitten im Satz, drehte sich um und machte mit einem breiten Grinsen zwei Schritte auf Joseph zu. Er legte seine Hände schwer auf Josephs Schultern und presste ihn gegen die Wand.

»Du brauchst eine Aktion?«, sagte er. »Glaubst du, dass du sie wirklich brauchst?«

Joseph blickte ihn mit dem Aufblitzen einer Hoffnung an. Als er Baumans Gesicht so nahe sah, bemerkte er das Malariagelb als Grundfarbe unter der straffen, trockenen, braunen Haut. Bauman griff seine Schultern wie eine Zange, nahm dann die Hände weg.

»Gut«, sagte er. »Ich weiß schon etwas ...«

Er teilte Joseph nicht mit, was er wusste – nämlich, dass Joseph den Boden unter den Füßen verloren hatte und dass das beste Mittel für einen Mann, der den Boden unter den Füßen verloren hatte, eine gefährliche Aufgabe war, in dessen Verlauf er entweder getötet oder geheilt würde. Es war eine drastische Art der Psychologie, aber es hatte sich ein- bis zweimal bei Bauman selbst bewährt, und so nahm er an, sie müsse sich auch bei anderen bewähren. Er war von der Aussicht auf die magische Heilung, die er für Joseph gefunden hatte, wie elektrisiert.

»Hör zu«, sagte er im Flüsterton eines erregten Schuljungen. »Wenn du eine Aktion haben musst, dann sollst du sie haben. Wir bereiten etwas vor, wo du hineinpassen würdest. Es ist höchst regelwidrig, aber ich will es riskieren. Bedingung ist, dass du nachher so mit uns arbeitest, wie ich es dir gesagt habe.«

»Gut«, sagte Joseph rasch, angesteckt von Baumans Erregung. Er hatte die Empfindung, als wäre sein Puls während der vergangenen Wochen abnorm verlangsamt gewesen und fände nun endlich zu seinem gewöhnlichen Rhythmus zurück. Sein Herz schlug Bauman zu. »Du bist ein feiner Kerl«, sagte er.

»Ich bin ein elender Faschist«, sagte Bauman. Er schaute auf seine Uhr. »Ich muss jetzt gehen«, sagte er. »Wir schwören ein paar neue Rekruten ein. Wieder etwas Operettenzeug. Möchtest du es sehen? Das ist auch regelwidrig, aber das Oberkommando weiß von dir. Schau nur so drein, als ob du dazugehörtest.«

17

Sie schritten wieder einige Gänge entlang, an dem Zimmer vorbei, in dem das Mädchen noch immer mit monotoner Stimme in den Schallplattenapparat sprach, und blieben bei einer Tür mit zwei Wachtposten davor stehen. Die Wachtposten salutierten, und Bauman erwiderte den Gruß; Joseph musste seinem Beispiel folgen. Widerstrebend gestand er sich ein, dass es ihm in Wahrheit gar nicht missfiel; das plötzliche Straffen des Körpers und die präzise, mechanische Geste waren ein Aufrütteln und Zusammenreißen. In jedem Mann steckt etwas von einem Kadetten, der seine Hacken zusammenschlagen möchte, dachte er.

Er folgte Bauman in ein kerzenbeleuchtetes Zimmer. Mit dem Gesicht zur Tür saßen zwei Männer hinter einem Tisch mit einem dritten leeren Stuhl zwischen sich. Sie erhoben sich, als Bauman eintrat, und es wurde wieder salutiert. Die Mauer entlang standen noch ein paar Männer, die in Habtacht-Stellung sprangen. Sie waren alle zwischen zwanzig und dreißig und wirkten wie junge Männer aus guter Familie – mit interessierten, aber reservierten Gesichtern, gut gepflegten Haaren und der leicht befangenen Höflichkeit einer Offiziersmesse. Bauman stellte Joseph als »Gast« vor, ohne seinen Namen zu nennen oder sonst etwas zu bemerken. Sie schüttelten ihm alle die Hände, höflich und ohne zu lächeln. Dann nahm Bauman auf dem leeren Stuhl am Tische Platz, und die Männer zu seinen Seiten folgten dem Beispiel. Der Mann zu Baumans Rechten war ein Intellektueller mit scharfen Zügen, randlosen Augengläsern und einem angespannten, aggressiven Gesicht. Der Mann zu seiner Linken war groß, schlank und elegant und sah aus wie ein berufsmäßiger Spieler. Der Tisch, hinter dem sie saßen, war mit einer blau-weißen seidenen Nationalfahne bedeckt. In der Mitte der Fahne war eine alte Landkarte des Landes auf Pergament ausgebreitet. Rechts von der Landkarte lag eine in Leder gebundene Bibel; links davon ein Revolver. Sieben blaue, brennende Kerzen standen aufrecht in einer silbernen *Menora,* dem siebenarmigen Leuchter, dem Emblem der Dynastie der Makkabäer.

»Fangen wir an«, sagte Bauman. Er war der Einzige im Zimmer, der sich frei und ungezwungen benahm. Joseph gesellte sich zu den andern in einer Reihe an der Wand aufgestellten jungen Männern. Er konnte entnehmen, dass sie Truppenoffiziere der Organisation waren, während Bauman und die anderen beiden Offiziere hinter dem Tisch dem Oberkommando angehörten. Es herrschte eine gespannte, durch das Kerzengeflacker noch betonte Stille im Raum.

Bauman las auf einem Stück Papier den Namen des Kandidaten; es war ein Deckname. Auf ein von ihm gegebenes Zeichen öffnete der ihm nächststehende junge Offizier die Tür und erteilte dem am Gang stehenden Wachtposten einen Befehl. Der Wachtposten rief den Namen aus, und sofort trat ein junger Bursch durch die Tür, die sich hinter ihm schloss. Er salutierte und schritt drei Schritte vor, bis er vor dem Tisch stand. Man musste ihm schon im Voraus gesagt haben, was er tun müsse, denn es war nichts Unsicheres an ihm. Er mochte etwa siebzehn Jahre alt gewesen sein und hatte blaue Augen und in der Mitte gescheitelte glatte blonde Haare. Er war der Typ, den man in der Schule »Babygesicht« nennt und der das übel nimmt. Im Augenblick machte er den Eindruck, als wäre er in Trance. Während er unbeweglich stramm dastand, waren seine Augen ein bis zwei Sekunden starr auf die Kerzenflamme gerichtet, überflogen die Bibel und blieben gebannt am Revolver haften.

»Küsse die Bibel und berühre den Revolver«, sagte Bauman, der, von den anderen hinter dem Tische gefolgt, aufstand. Der Junge tat, was ihm befohlen worden war. Es war so still, dass man das leicht feuchte Geräusch hören konnte, als seine Lippen den Ledereinband des Buches berührten.

»Sprich mir jetzt die Worte nach«, sagte Bauman.

»Im Namen des Allgegenwärtigen, der Israel aus dem Hause der Knechtschaft in Ägypten befreite ...«

»Im Namen ...«, wiederholte der Junge mit verträumter Stimme, mit zusammengezogenen Augenbrauen in die Kerze blickend.

»... nicht zu ruhen, bis die Nation in einem freien souveränen Staat wieder erstanden ist innerhalb seiner geschichtlichen Grenzen, von Dan bis Beerscheba ...«

»... von Dan bis Beerscheba.«

»Meinen vorgesetzten Offizieren blind zu gehorchen.«

»... Offizieren ...«

»... nichts, das mir anvertraut wird, zu verraten, weder unter Drohungen noch unter körperlicher Folter; und dass ich mein Leiden stumm tragen werde.«

»... stumm tragen werde.«

Die Kerzen flackerten, und man konnte das Atmen des Jungen hören. Die letzten Worte des Eides wiederholte er wie im Traum oder einem Dämmerzustand:

»Wenn ich deiner vergesse, Jerusalem ...«

»Wenn ich deiner vergesse, Jerusalem ...«

»... solange meine Seele in meinem Körper wohnt.«

»... in meinem Körper. Amen.«

Eine volle Minute hindurch sagte Bauman nichts und ließ alle Habtacht stehen. In der gespannten Stille konnte man fühlen, wie die Bedeutung des Augenblicks in die Seele des Jungen einsank und einen unauslöschlichen Eindruck hinterließ. Jeder Nerv in Josephs Körper verlangte, ihnen zuzuschreien, dass sie einhielten, dass sie kein Recht hätten, dies einem Kind anzutun. Er versuchte, Dinas verstümmeltes Gesicht in ihrem Sarg heraufzubeschwören, aber es half nichts, stand in keiner Beziehung dazu. Das wird uns nicht vergeben werden, dachte er, denn wir wissen, was wir tun.

Und es sollte uns nie vergeben werden, antwortete er sich selbst, wenn wir es zu tun unterließen.

»Abtreten«, sagte Bauman.

Der Junge machte kehrt und marschierte mit den präzisen Bewegungen eines Automaten aus dem Zimmer.

Später, als Joseph sich von Bauman auf dem Gang verabschiedete, fragte ihn Bauman:

»Was hieltst du davon?«

»Ich dachte«, sagte Joseph, »dass ich dich nicht beneide. Ich würde lieber gehorchen als befehlen.«

»Wer würde das nicht?«, sagte Bauman.

Die gelbe Malariafarbe seiner Wangen schien jetzt ausgeprägter, aber vielleicht war es auch bloß das bleiche Licht der Petroleumlampe.

DER TAG DER HEIMSUCHUNG 1939

»Und es war wahrhaftig eine an bösen Ränken reiche Zeit,
insofern als keine Art von Verbrechen ungetan blieb;
es konnte nicht einmal mehr etwas Verwerfliches ersonnen werden,
das neu gewesen wäre, so tief verderbt waren sie alle.«

JOSEPHUS FLAVIUS,
DER JÜDISCHE KRIEG

1

Am 17. März fand die Ungewissheit über das Schicksal des Landes ein Ende. An diesem Tage gab die britische Regierung eine politische Erklärung heraus, als Weißbuch von 1939 bekannt geworden, welche als die endgültige Regelung des palästinensischen Problems gedacht war.

»Es wird behauptet«, hieß es darin, »der Ausdruck ›ein Nationalheim für das jüdische Volk‹ stelle in Aussicht, dass Palästina im Laufe der Zeit zum jüdischen Staat oder Gemeinwesen werden sollte. Die Regierung Seiner Majestät erklärt hiermit unmissverständlich, dass es ihrer Politik fremd sei, Palästina zu einem jüdischen Staat zu machen.«

Es war ein ungewöhnlich freimütiges politisches Dokument. Während der nächsten fünf Jahre sollte einer letzten Anzahl von insgesamt fünfundsiebzigtausend Juden erlaubt werden, noch rasch hineinzuschlüpfen, bevor die Tore geschlossen würden; von Juni 1944 aber bis zum Ende der Welt würde es keinem weiteren Juden gestattet sein, Palästina zu betreten. Bis Juni 1944, so rechnete das Dokument, würde die hebräische Gemeinschaft ein Drittel der Gesamtbevölkerung des Landes erreicht haben. Von da an wäre sie infolge der Ungleichheit der Geburtenziffern und der uneingeschränkten arabischen Einwanderung dazu verurteilt, zu einer im Verhältnis zu den Arabern zusammenschrumpfenden Minderheit zu werden. Um jede wirtschaftliche

Machtausbreitung dieser Minderheit zu verhindern, wurde der Hochkommissar von Palästina ferner ermächtigt, den Juden den Ankauf von Land zu verbieten. Aufgrund dieser Befugnis beschränkten die Verordnungen betreffs Landbesitzänderung von 1940 die Zone, in welcher Juden frei Land kaufen dürften, auf fünf Prozent der Gesamtfläche des Landes. Das Nationalheim wurde in ein überfülltes neues orientalisches Ghetto mit versiegelten Toren verwandelt.

In der ein paar Tage später eröffneten Parlamentsdebatte nannte der Right Honourable Winston Churchill (Konservativer) das Weißbuch »einen klaren Versprechensbruch, einen niederträchtigen Verrat, das Eingeständnis des moralischen und physischen Bankrotts, ein neues München und einen Akt der Verworfenheit«. Sir Archibald Sinclair (Liberaler) erklärte, dass »das willkürliche Verbot der jüdischen Einwanderung ohne eine entsprechende Beschränkung der arabischen Einwanderung ein Moment der Diskriminierung der Juden aufgrund ihrer Rasse und Religion ist – eine schwerwiegende Abweichung von den Mandatsbestimmungen, die unser moralisches Recht infrage stellt, das Mandat auch weiterhin zu behalten«. Mr. Herbert Morrison (Arbeiterpartei) erklärte, seine Partei betrachte »dieses Weißbuch und die darin enthaltene Politik als zynische Umstoßung von Versprechen an die Welt«; und dass er »mehr Achtung vor dem Kolonialminister und seiner Rede haben würde, wenn dieser offen die Absicht zugegeben hätte, die Juden der in dieser Frage zutage getretenen Unfähigkeit der Regierung und der offensichtlichen Angst vor – wenn nicht direkt der Sympathie für – Gewalttätigkeit und Methoden des Totschlages und des Meuchelmordes zu opfern«.

Nach den Bestimmungen des internationalen Mandats hätte das Weißbuch nur nach Bestätigung durch den Völkerbund Rechtskraft erlangen können. Die ständige Mandatskommission des Völkerbundes trat am 16. Juni zusammen und stellte einstimmig fest, dass die neue Politik in Widerspruch zu den Bedingungen der britischen Treuhänderschaft stand. Das letzte Wort hatte nun der Völkerbundrat. Er sollte im

September 1939 zusammentreten. Er trat nie mehr zusammen, und das Weißbuch erlangte nie Rechtsgültigkeit.

Seine Verfügungen wurden dennoch Punkt für Punkt durchgeführt; der Landverkauf an Juden wurde in 94,8 Prozent ihres Heimatlandes verboten, der Zutritt zu diesem wurde den Überlebenden des großen Gemetzels verweigert, und Schiffsladungen von ihnen ertranken 1941 und 1942 in den Gewässern des Mittelmeeres und des Schwarzen Meeres. Jene, denen es gelang, die Küste zu erreichen, wurden ins Gefängnis geworfen oder nach Eritrea, dem Sudan oder der Insel Mauritius verschickt; Helfer des Rettungswerkes wurden als Verbrecher behandelt und erhielten lange Gefängnisstrafen. Ein Dokument ohne Rechtsgültigkeit wurde zur rechtlichen Richtschnur für Regierung, Gerichtshöfe und Polizei; Gesetzlosigkeit herrschte als höchstes Gesetz über dem Heiligen Land.

2

Die Herrschaft der Gesetzlosigkeit begann an dem Abend, als die neue Politik ins Leben gerufen wurde. Sie begann um genau acht Uhr abends, zu der Stunde, da Radio Palästina den offiziellen Wortlaut des Weißbuches auf Arabisch übertragen sollte.

Zu dieser Zeit saß Issa, Sohn des verstorbenen Muchtars von Kfar Tabije, mit zwei neu erworbenen Bekannten auf der Terrasse des kleinen arabischen Kaffeehauses nahe dem Damaskustor und wartete auf den Beginn der Übertragung. Der Eigentümer des Kaffeehauses war einst Anhänger des gemäßigten Naschaschibi-Klans gewesen, und sein Etablissement war während der Unruhen von 1937 von den Anhängern des Muftis niedergebrannt worden. Er brachte für diese Gelegenheit eigens einen Lautsprecher an, um seine patriotischen Gefühle zu beweisen.

Issa war nach Jerusalem gekommen, um mit der Arabischen Bank gewisse Dinge im Zusammengang mit dem Tode des Muchtars zu regeln. Er hatte einen cremefarbenen Anzug mit rosa Streifen an, Lackschuhe mit weißen Sämischledereinsätzen und eine schwarze Armbinde zum Zeichen der Trauer. Es war sein erster Besuch der Hauptstadt, und er verbarg seine Aufregung mit Erfolg unter der Maske blasierter Langeweile. Die

Umstände des Todes seines Vaters hatten einiges Aufsehen hervorgerufen und Issa dazu verholfen, zu hohen arabischen Gesellschaftskreisen Zutritt zu gewinnen, die dem Sohn eines obskuren Dorfmuchtars gewöhnlich nicht offenstehen. Seine beiden Begleiter hatte er erst am Vortag kennengelernt, bei einem der wöchentlichen »*at homes*« der Madame Makropoulos, Witwe nach Josef Makropoulos, Autor der »*Pan-Arabischen Renaissance*«. Madame Makropoulos führte einen politischen Salon, in dem die höheren britischen Regierungsbeamten und die zu Besuch kommenden Berühmtheiten mit der arabischen Intelligenz in einer freien und zivilisierten Atmosphäre zusammentrafen und sich von der Anstrengung übereifriger und eigennütziger jüdischer Gastfreundschaft erholen konnten, bei der Banquos Geist immer wieder unter dem Speisetisch hervortauchte. Issa war von einem Direktor der Arabischen Bank zu dieser Gesellschaft mitgenommen und auch mit einem Empfehlungsschreiben des Distriktvorstehers Tubaschi beehrt worden. Er wurde mit freundlichem Mitgefühl aufgenommen, was ihm seine Befangenheit überwinden und die Rolle eines Märtyrers der »Sache« anzunehmen half, an die er von diesem Augenblick an selbst ehrlich glaubte.

Die beiden anderen jungen Männer, die auf niederen Korbsesseln saßen und schwarzen Kaffee schlürften, während sie auf die Radioübertragung warteten, gehörten der neuen arabischen Intelligenz an. Farid, ein dunkler, schmächtiger junger Mann von unordentlichem und romantischem Aussehen, hatte die Nonchalance und das nachlässige Gehaben eines Oxfordstudenten. Er entstammte einer der ältesten arabischen Familien Jerusalems, war von einem englischen Privatlehrer erzogen worden, schrieb englische Lyrik und Artikel gegen den englischen Imperialismus in der arabischen *El Difa*. Salla, sein bester Freund, war ein Dandy mit rundem Gesicht und gestutztem blondem

Schnurrbart. Die beiden hatten seit mehr als einem Jahr vor, die erste arabische literarische Wochenzeitung zu gründen, hatten aber bis jetzt die entsprechende finanzielle Unterstützung nicht finden können.

Issa, begierig, seinen Geist zu zeigen, hatte ihnen gerade eine schmutzige Anekdote aus Beirut erzählt, war aber auf kühle Missbilligung gestoßen; um das Stillschweigen zu mildern, summte er den populären Schlager *Falastin baladna, Jahud kalabna,* »Palästina ist unser Land, die Juden sind unsere Hunde« – aber auch das brach das Eis nicht. Es war noch immer eine Viertelstunde vor der Zeit der Übertragung, und Salla bestellte noch einmal Kaffee. »Möchten Sie eine Wasserpfeife?«, fragte er, sich höflich an Issa wendend. Issa lechzte danach, dachte aber, dass das Rauchen einer Wasserpfeife für provinziell und bäurisch gehalten werden würde. »Nein, danke, ich rauche nur Zigaretten«, sagte er. Salla hielt ihm seine silberne Dose hin, und sie zündeten sich beide Zigaretten an, aber Farid lehnte ab und schüttelte seinen Kopf mit den dunklen, gewellten Haaren, die die Neigung hatten, ihm in die Stirne zu fallen. »Ich werde eine Wasserpfeife rauchen«, sagte er. Dann wandte er sich mit einem seiner unvermittelten Übergänge von Nonchalance zu Begeisterung plötzlich an Issa.

»Wenn wir mit unserer Zeitschrift anfangen, müssen Sie uns einen Artikel über das arabische Dorfleben schreiben«, sagte er.

Issa grinste, halb geschmeichelt, halb ungläubig. »Dorfleben?«, sagte er. »Was kann man darüber schreiben? Die Fellachen sind dumm, rückständig und schmutzig.«

»Das ist es ja eben«, sagte Salla und stützte das Kinn auf den Silberknauf seines Spazierstocks. »Wir müssen den Fellachen aus seiner Apathie reißen. Schauen Sie sich nur die Hebräer an.«

»Ja, die Hebräer«, sagte Issa. »Sie verwenden Traktoren und Düngemittel und importiertes Vieh. Sie haben Geld.«

»Aber ihr in Kfar Tabije habt doch sicherlich Geld genug, Dünger und selbst einen Traktor zu kaufen«, sagte Farid, das Mundstück der Wasserpfeife zwischen den Zähnen.

»Ja – aber uns fehlt es an der Zusammenarbeit«, sagte Issa.

»Aber das ist es ja eben«, rief Salla. »Mangel an Zusammenarbeit, Eifersucht und Blutfehden, Unwissenheit, Aberglaube, eine mittelalterliche Ökonomie. Das alles müssen wir bekämpfen.« Er stieß nach jeder Phrase mit dem Kinn auf den Spazierstock auf.

»Ja-a«, sagte Issa. »Aber die Jüngeren wollen alle in die Städte davonlaufen, wo sie Löhne erhalten und ins Kino gehen können.«

»Und sie verkaufen den Juden ihr Land«, sagte Stella.

»Ja – so ist es«, stimmte Issa zu. »Die Juden haben das Geld. Und die Preise, die sie zahlen! Da könnte ich was erzählen ...«

Er hielt plötzlich ein, und seine Augen überflogen die Tische in der Umgebung. Sie waren größtenteils von kleinen Geschäftsleuten aus den Schuks besetzt und einigen wenigen Dorfleuten und Beduinen aus Transjordanien. Die Terrasse war wegen der Radioübertragung und der geschichtlichen Ereignisse stärker bevölkert als sonst, aber die Männer saßen mit lässiger und zufriedener Miene friedlich da und rauchten ihre Wasserpfeife oder spielten Taule, den Vorläufer des Puffspiels.

Farid saß mit ausgestreckten Beinen da, die Ellbogen auf die Knie gestützt, saugte an dem Mundstück seiner Pfeife und beobachtete die Wasserblasen in der Glaskugel. Er sah attraktiv aus mit seiner hohen Stirn, den verträumten Augen und den sinnlichen Lippen und war sich dessen wahrscheinlich bewusst. Er war ein häufiger Gast bei den ziemlich langweiligen Gesellschaften der englischen Kolonie, und da die *Jerusalem Mail* einige seiner Gedichte gedruckt hatte, war er der Liebling der Engländerinnen mittleren Alters mit intellektuellen Neigungen.

Der junge Farid, zwanzig und noch unberührt, ließ sich mit lässiger und blasierter Miene verwöhnen. Er wusste aus Erfahrung eines einzigen schmerzlichen Falles, dass alle europäischen Frauen einen zum Narren hielten, und war sorgsam bedacht, sich keiner Demütigung auszusetzen. Im Übrigen war er in seine um drei Jahre ältere Base Raissa verliebt, der Tochter eines syrischen Patrioten, der dem Gehenktwerden durch die Türken im Jahre 1916 entkommen war und von den Franzosen im Jahre 1926 erschossen wurde.

»Es ist eigenartig«, sagte er träumerisch. »Diese Juden kommen aus den Städten Europas, um Bauern zu werden – und unsere Bauern wollen alle in die Städte ausreißen.«

»Ja!«, sagte Issa. »Es ist sehr schlimm.«

»Nun, was ist mit dem Artikel für unsere Zeitschrift?«, fragte Salla.

»Ich weiß nicht«, sagte Issa. »Ich habe noch nie Lyrik geschrieben.«

»Lyrik?«, fragte Salla mit hochgezogenen Augenbrauen und hob sein Kinn mit seinem Stock.

»Da hast du's«, sagte Farid düster. »Selbst unsere Jugend identifiziert noch immer Schreiben mit Lyrik. Und was für eine Lyrik! ›Die Lippen meiner Geliebten sind rote Korallen, ihre Zähne glänzende Perlen, ihre Hüften wie eine Zeder‹, immer wieder.«

»Das habe ich eigentlich nicht gemeint«, sagte Issa, der kupferrot geworden war. Er hatte es besonders ungern, in die Kategorie von ›unsere Jugend‹ eingereiht zu werden von diesem schlecht angezogenen Stadtjungen, der wahrscheinlich jünger war als er und nicht wusste, was eine Frau war. Ah, wenn er ihnen von der hebräischen Hure erzählen könnte!

»Macht nichts«, sagte Salla, der taktvoll versuchte, dem Gespräch eine andere Wendung zu geben, »das alles wird jetzt anders werden. Wenn einmal die Hebräer nicht mehr werden das

Land ankaufen und die Fellachen in Verführung bringen können, wird dieses Strömen in die Stadt aufhören. Bei Gott, es wäre an der Zeit, dass die Engländer etwas dagegen täten.«

»Glaubst du, sie würden es unsertwegen tun?«, sagte Farid. »Sie wollen, dass keine Juden mehr hereinkommen, weil sie vor den Juden noch mehr Angst haben als vor uns; das ist alles.«

»*Falastin baladna, Jahud kalabna*«, deutete Issa an, der versuchte, den verlorenen Grund wieder zu gewinnen.

Salla beachtete ihn nicht. »Was auch immer der Grund sein mag, ich kann nur sagen: *Hamdul'illah,* Gott sei dafür gepriesen«, sagte er und klopfte zur Betonung mit seinem Stock auf den Boden.

»Du wirst bald einen Tarbusch aufsetzen«, sagte Farid, und beide lachten. Der rote Tarbusch war das Abzeichen der gemäßigten Naschaschibi-Partei gewesen, und seit deren führende Männer von den Patrioten beseitigt worden waren, war er praktisch aus dem Lande verschwunden. Jeder auf der Terrasse trug entweder die arabische Kopfbedeckung oder war barhaupt, so wie sie selbst.

»Aber im Ernst«, sagte Farid mit veränderter Stimme. »Ich gebe zu, dass dieses ›Weißbuch‹ der erste faire Zug der Engländer seit zwanzig Jahren war – seit sie unser Land, ohne uns zu fragen, so großzügig den Juden versprachen ...« Er machte eine Pause; wenn Farid im Ernst sprach, wählte er seine Worte sehr sorgfältig. »Aber dies zugegeben, wird es sich noch zeigen, dass dies nicht weit genug geht, um die fantastischen Ungerechtigkeiten der Vergangenheit wiedergutzumachen. Alle arabischen Staaten haben ihre Parlamente – uns war es verweigert, weil es uns die Majorität über die Juden geben würde. Ägypten und Irak haben ihre Unabhängigkeit erlangt – aber obwohl Irak mit uns verglichen ein Land von Wilden ist, erwartet man von uns, dass wir wieder zehn Jahre warten, bis uns derselbe Status gewährt wird. Wer weiß, wie oft sie noch in diesen Jahren ihre Meinung ändern, ebenso wie in der Vergangenheit? Es heißt alles oder nichts – und sofort.«

Issa betrachtete ihn mit offenem Mund. Er hatte noch nie jemanden so klug und mit so schön gewählten Worten sprechen gehört.

Salla nickte und bestätigte stillschweigend die Überlegenheit seines Freundes. »Es ist fast die Zeit«, sagte er, auf die Uhr schauend. Im selben Augenblick drehte der Kaffeehausbesitzer das Radio an, und der Lautsprecher auf der Terrasse begann zu knistern. Es war ein paar Minuten zu früh, und es wurde noch die hebräische Kinderstunde gesendet. Einige Sekunden lang sprach eine warme, raue Mädchenstimme in einem gesteigerten Flüsterton zu der stummen Menge auf der Terrasse. Sie sprach die Worte eines hebräischen Kinderverses; ihre Stimme klang so nahe, dass sie dachten, sie könnten fühlen, wie ihr warmer Atem durch den Lautsprecher strömte. Sie lauschten mit ausdruckslosen Gesichtern, die Augen auf die Wasserblasen der Pfeife gerichtet, den Reimworten einer ihrer eigenen so verwandten Sprache. »... Und die Matrosen stopften sich Wachs in die Ohren«, zitierte Farid zu Salla, der anerkennend lächelte, während er mit dem Silberknauf gegen die Zähne klopfte. Issa wusste nicht, von welchen Matrosen sie sprachen, aber es interessierte ihn auch gar nicht. Er dachte an das hebräische Mädchen, und die Wut seiner noch ungestillten Begierde nach ihr ließ die pockennarbige Haut seines Gesichtes erblassen.

»Frieden mit euch, Kinder«, flüsterte die Stimme, in einem Lächeln verklingend; und etwa zwanzig Sekunden lang herrschte Stille. Dann verkündete eine männliche, teilnahmslos-sachliche Stimme den nächsten Programmpunkt: eine Zusammenfassung der Regierungserklärung über die Palästinapolitik in arabischer Sprache. Die Gesichter auf der Terrasse wurden etwas gespannter. Sie warteten schweigend. Ein scharfes und sehr lautes Knacken kam vom Lautsprecher – und dann nichts mehr. Das Schweigen setzte sich eine volle Minute fort, dann eine zweite und dritte; das einzige Geräusch auf der Terrasse kam von den Taulespielern, die ihre Würfel aufwarfen.

»Habt Ihr Euer Radio getötet, ya Ahmed?«, schrie ein dicker Mann dem Besitzer zu. Einige Männer lachten. »Bei Gott, es ist in Ordnung, aber es verstummte«, sagte dieser mit ängstlicher Stimme. Er fürchtete, dass ihn die Patrioten für das Versagen verantwortlich machen und ihm ein zweites Mal seine Decken und Korbsessel abbrennen könnten.

Plötzlich sprach der Lautsprecher wieder. Diesmal war es ein anderer Ansager, und er klang etwas verwirrt. Er erklärte auf Arabisch und wiederholte es dann in den beiden anderen Sprachen, dass die Übertragung des politischen Berichtes aus technischen Gründen um eineinhalb Stunden verschoben werden müsse. In der Zwischenzeit würde die Station Schallplatten arabischer Musik senden.

Ein leises Murmeln ging über die Terrasse; dann begannen die Spieler wieder mit der mechanischen Bewegung lebenslanger Routine, ihre Würfel zu rollen und mit ihren Münzen aufzuschlagen.

Salla tappte wütend mit seinem Stock auf den Boden. »O diese Hyänen, sie haben sich's schon wieder überlegt«, rief er.

»Idiot«, sagte Farid ruhig. »Du hast die Übertragung aus London gehört. Man kann eine Regierungserklärung nicht in einer Stunde umstoßen.«

»Was ist aber geschehen? Was ist geschehen in Gottes Namen?«

»Das Wahrscheinlichste ist, dass die Juden die Radiostation in Ramalla in die Luft sprengten.«

»Aha, vielleicht«, sagte Salla, der wieder Hoffnung schöpfte.

»Ja, sicherlich, das ist es«, fügte er hinzu, bereits überzeugt. »Aber das wird ihnen nichts helfen.«

»Nein«, sagte Farid und rührte die Kohle in der kleinen Metallschale auf der Glasschüssel um.

»Aber nichtsdestoweniger – sie sind mutig, diese Kinder des Todes«, sagte Salla und zwirbelte in widerstrebender Bewunderung seinen Schnurrbart.

»Sie haben von uns gelernt«, sagte Farid, der sich in englischer Gleichmut übte.

Issa betrachtete sie mit düsterer Abneigung. Er gedachte der beiden dunklen Gestalten, die des Nachts gekommen waren, um seinen Vater zu holen. Wieder durchlief ihn jene eisige Welle der Furcht, entfernte sich und durchströmte ihn wieder mit der mitleidslosen Monotonie von Ebbe und Flut.

3

Das Kabel, das das Sendestudio in Jerusalem mit der Übertragungsstation in Ramalla verband, war um acht Uhr abends, in der selben Minute, als die Übertragung hätte beginnen sollen, von Mitgliedern der »Hagana« durchschnitten worden. Ein Konvoi von Panzerwagen war mit dem Programmdirektor und seinen Untergebenen sofort nach Ramalla entsandt worden.

Um halb zehn Uhr abends, zu der Zeit, da die Sendung wieder aufgenommen wurde, hatte sich eine Menschenmenge vor den Amtsräumen des Distriktkommissars in Tel Aviv versammelt; sie sangen die Hymne, stürmten die Büros, zerrissen die Akten der Einwanderungs- und Bodenkataster-Abteilungen, warfen die Möbelstücke aus den Fenstern, hissten die zionistische Flagge und setzten das Gebäude in Brand.

Um zehn Uhr abends, als es der britischen Polizei gelungen war, die Demonstranten zu zerstreuen, brannte auch das zentrale Einwanderungsamt in Jerusalem; als die Feuerwehr ankam, war das Gebäude ausgeplündert und die Akten vernichtet, die die Listen der für die Deportation bestimmten illegalen Einwanderer enthielten.

Um elf Uhr abends, zur Zeit, als das Feuer in Jerusalem gelöscht worden war, marschierte ein neuer Zug von Demonstranten die Allenby Road in Tel Aviv hinunter und stieß mit der verstärkten britischen Poli-

zei zusammen. Der Militärkommandant des Distriktes verhängte das Standrecht über die Stadt, und die restlichen Nachtstunden schlief das Land einen unruhigen Schlaf, bis der Tag der Heimsuchung dämmerte. Das war der Name, der ihm vom Nationalrat der hebräischen Gemeinschaft gegeben wurde – ein Zitat aus Jesaia:

Was wollt ihr tun am Tage der Heimsuchung und des Unglücks, das von ferne kommt? Zu wem wollet ihr fliehen um Hilfe?

Wahrlich, zu wem? Ein paar Tage lang prangerte die Presse und die öffentliche Meinung in Großbritannien das Abwürgen des Nationalheimes an; amerikanische Männer des öffentlichen Lebens protestierten gegen das »Zerreißen eines Paktes mit dem Gewissen der Menschheit«; es gab das übliche Geschrei und die übliche Empörung wie im Falle der Chinesen, der Spanier und der Tschechen. Dann wurden alle müde und still, und das Gesetz der allumfassenden Gleichgültigkeit nahm seinen Lauf; denn das Gewissen der Menschheit ist eine Art diffuser Dunst, der sich nur selten zu spannkräftigem Dampf verdichtet.

Und schließlich dämmerte der Tag der Heimsuchung.

Vom frühen Morgen an marschierten Burschen und Mädchen in militärischer Formation durch Jerusalem. Der hebräische Nationalrat, von Glickstein geleitet, hatte verfügt, dass dies ein Tag des Protestes sein solle, mit (geordneten) Prozessionen, (friedlichen) Demonstrationen und vollständigem Stilllegen der Arbeit (überall, außer in den wichtigsten öffentlichen Betrieben). Es sollte auch eine nationale Registrierung von Freiwilligen vorgenommen werden, die sich zu verpflichten hatten, im Notfall zu allem bereit zu sein. Die Mauern und Anschlagswände waren mit Plakaten übersät, mit Aufschriften wie etwa: »Wir waren vor den Engländern hier und werden noch nach ihnen da sein« und »Um Zions willen werde ich meinen Frieden nicht halten und um Jerusalems willen werde ich nicht ruhen«.

Die Marschkolonnen liefen in der Richtung des Fußballplatzes der hebräischen Mittelschule in dem neuen Wohnbezirk von Rechavia zusammen. Alle trugen khakifarbene kurze Hosen, und ihre politische Zugehörigkeit drückte sich nur in der Farbe ihrer Hemden aus. Endlich einmal marschierten alle gegnerischen Fraktionen gemeinsam. Sie defilierten auf dem Fußballplatz vor einer blau-weißen Nationalfahne auf halbmast. Glickstein hielt eine Rede, rief sie zum Kampf gegen die neue Politik auf, bis zum letzten Blutstropfen, aber ohne Gewalt und Ruhestörung. Niemand wusste so recht, was er meinte, aber es spielte keine Rolle. Es waren ihrer mehrere Tausend, eng gedrängt zwischen den beiden Toren des Fußballplatzes auf dem kurzen, trockenen, von der Sonne gelb gebrannten Gras; Hitze, Erregung und Schweiß schmolzen sie zu einem farbigen Klumpen zusammen mit kollektivem Geruch, Stimme und Impuls, zu allem bereit. Zum Ende des Treffens wurde der Befehl erteilt, geschlossen über die Ben-Jehuda-Straße zum Zionsplatz zu marschieren; als sie aber das Stadion verließen, fanden sie die Straße von einem Polizeikordon gesperrt. Sofort zerbrach die Kolonne und verschmolz in einen formlosen Klumpen, wie wenn die Molekularstruktur eines festen Stoffes zu einer dicken, zähflüssigen Masse zusammenschmilzt; und als ihre innere Hitze stieg, warf diese siedende Masse Blasen, die barsten und an der festen Polizeimauer zerstoben; es war vorauszusehen, dass in ein, zwei Minuten die ganze Masse überkochen würde. Rufe stiegen auf und schwebten in schrillem Geflatter über den Köpfen der dichten Menge von Jugendlichen; hinter diesen drängelten und kreischten die kleineren Kinder in hysterischer Erregung, bereit, sich den Gewehren und Maschinenpistolen entgegenzuwerfen, die für sie nur vergrößertes Spielzeug waren. Die Polizisten mit den energischen Kinnbacken blickten ausdruckslos auf diese seltsame und laute orientalische Menschenmenge, die sie um Haupteslänge überragten und dergleichen sie noch nie gesehen hatten; dann machten sie auf Befehl ihres Kommandanten, der ruhig mit einem aufgeregten Glickstein verhandelt hatte, Platz und schauten zu, wie die unbändige Masse vorbeimarschierte – die meisten mit beträchtlicher Erleichterung und einige mit Bedauern. Hinter ihrer aufgelösten Reihe formierte sich die Prozession wieder unter Schreien von Triumph und Verachtung; die blauweißen Spruchbänder flatterten wieder über den Köpfen in der glühenden Sonne und verlangten Zuflucht für ihre hingemordeten Brüder und den Judenstaat.

Um ungefähr die gleiche Stunde, noch vor Mittag, hatte sich in der Jeschurun-Synagoge, dem größten und modernsten Bethaus Jerusalems, eine andersartige Menge versammelt. Es waren lauter ältere Leute, etwa fünftausend. In ihre gold- und silberumsponnenen Gebetsschals gehüllt, standen die Männer in Reihen zwischen den ansteigenden Gebetpulten, schlugen sich abwechselnd auf die Brust und führten eine Serie rascher kleiner Verbeugungen aus, dem Text der von ihnen gemurmelten Gebete entsprechend. Die Frauen, die getrennt auf der Galerie saßen, blickten schluchzend, mit verweinten Augen hinunter. Während sie mechanisch den Text heruntersagten, schweiften ihre Gedanken über den Räumen des fernen Europa, blieben haften an dem Haus eines Bruders in Warschau, einer in Wien verheirateten Tochter, bei Kindern und Enkeln, die sie nie mehr sehen würden. Denn es waren ihrer sechs Millionen gefangen, sie wanden sich in dem immer enger werdenden Netz zwischen Dnjestr und Rhein; und nun sagte die Regierung, dass es nur fünfundsiebzigtausend von ihnen gestattet sein werde, sich zu retten – die Übrigen würden, falls sie zu entkommen versuchten, in das Netz zurückgeworfen.

»Gesegnet sei der Allgegenwärtige, gesegnet sei Er; gesegnet sei Er, der Seinem Volke das Recht gab, gesegnet sei Er.«

Der greise Rabbi, der den Gottesdienst leitete, öffnete die geschnitzten Türen des Allerheiligsten hinter dem Altar. Drinnen im Schrein standen sechs große puppenartige Gestalten, bekleidet mit schweren, mit Spitzen verzierten Samtröcken. Anstelle des Kopfes ragten zwei mit Silberglöckchen behangene zugespitzte Stäbe hervor. Der Rabbiner beugte das Knie, küsste den Saum der Samthülle der ersten Figur und nahm sie in seine Arme. Hinter ihm näherten sich seine greisen Helfer einer nach dem anderen dem Schrein, wiederholten die gleiche Zeremonie, und jeder Alte hob eine Figur hoch. Von dem Rabbiner geführt, formten sie einen Zug und schritten einer hinter dem anderen rund um die Synagoge. Die Silberglöckchen klangen dünn durch die Stille, und die Menge drängte sich zum Zug vor, um die Samtsäume der Figuren zu küssen. Die Frauen auf der Galerie und die Männer, die nicht nahe genug herankommen konnten, warfen Kusshände mit ihren Fingerspitzen. Als der Umzug seinen Kreis beendet hatte, wurde dreimal das Widderhorn geblasen, und die Gemeinde antwortete im Chor mit den althergebrachten Worten. Dann wurden die sechs Figuren nebeneinander auf den Altar gelegt, und der Rabbiner und seine Helfer gingen daran, sie zu entkleiden. Als die Glocken und die Röcke heruntergenommen worden waren, bestand jede Figur aus einer uralten umfangreichen Pergamentrolle. Jede Rolle enthielt den handgeschriebenen Text der fünf Bücher Moses; sie waren zusammen mit ihren traditionellen Samthüllen und Silberglocken aus niedergebrannten Synagogen Deutschlands gerettet worden. Jedes Pergament war auf traditionelle Art auf zwei meterlange parallele Spulen gerollt. Die Stäbe, an denen die Glocken hingen, waren die Griffe dieser Spulen; durch eine Drehung beider in gleicher Richtung wurde das Pergament von einer Spule auf die andere gewickelt und konnte wie eine bewegliche Filmleinwand gelesen werden.

Die sechs Greise schritten nun zum Altar vor und lasen abwechselnd besonders ausgewählte Verse von jeder der geretteten Rollen. Um sie zu finden, mussten die Vorleser zwanzig oder dreißig Meter Pergament aufwickeln, aber sie taten dies ohne Suchen und fanden den Vers mit der Selbstverständlichkeit, mit der man ein Buch an einer bezeichneten Seite aufschlägt. Als das Lesen beendet war, wurden die Rollen wieder verhüllt und noch einmal um die Synagoge getragen, die Glocken schwach hörbar über dem Schluchzen der Menge; dann wurden sie wieder in das Allerheiligste zurückgestellt, und seine Türen wurden geschlossen.

Es herrschte Stille, während die Gemeinde auf das nächste kanonische Gebet wartete, wie es die starren Regeln des Gottesdienstes vorschrieben. Aber anstatt dieses zu intonieren, schwang sich der Rabbi plötzlich herum, blickte die Menge an, und beide Arme über den Kopf erhoben, rief er mit donnernder Stimme die Worte des Pslams Davids aus:

»Gesegnet seist du, Herr, meine Stärke, der meine Hände lehrte den Streit, und meine Arme zurichtete wie einen ehernen Bogen. Herr, neige deine Himmel, und steig hernieder; rühre an die Berge, dass sie rauchen. Leuchte mit Blitzen, dass du sie zerstreutest; schieß deine Pfeile, dass du sie erschreckest. Reiche deine Hand aus der Höhe, errette mich und befreie mich aus vielen Wassern, aus der Hand der Söhne der Fremde! Deren Mund Eitelkeit redet, deren rechte Hand die Rechte der Ungerechtigkeit ist. Dass unsere Söhne seien wie Pflanzen aufgewachsen in ihrer Jugend, unsere Töchter wie schön gehauene Ecksäulen nach Art der Paläste …«

Die Zuhörer anblickend, mit emporgehobenen Armen und tränenüberströmten Wangen, stand er da in der Pose des urgeschichtlichen Hohepriesters von Israel. Zwei Helfer kamen von rechts und links auf ihn zu, einer einen siebenarmigen makkabäischen Leuchter mit brennenden Kerzen haltend, der andere eine gedruckte Kopie des Weißbuchs. Der Rabbi ergriff das Papier und mit einer wutentbrannten Geste seiner schmalen Hände riss er es erst in Stücke; dann hielt er die Kerzen dagegen und ließ es in Flammen aufgehen.

Das war etwas Extravagantes und noch nie Dagewesenes; ein Geheul entströmte der Menge, das sich nach einigem Widerhallen zu dem alten Spruch formte: »Höre, Israel, der Herr ist unser Gott, der Herr ist einzig!« Sie sagten es dreimal; dann, als ob eben vor ihren Augen ein Wunder geschehen wäre, fielen die Männer in der Menge vor Freude weinend und schreiend einander in die Arme.

Sie verließen die Synagoge getröstet, in der seligen Überzeugung, dass nun alles gut sein werde. Sie klammerten sich an Symbole, wie es ihre Väter getan hatten, die einzig ihr Glaube am Leben erhalten hatte; und wie ihre Vorfahren noch vor nicht langer Zeit glaubten sie an die Macht des Symbols, die Heerscharen des Pharao zu überwältigen und ihre Kinder und Kindeskinder sicher über das Meer zu führen.

Stolz seine Fahnen und Bänder tragend marschierte der andere Umzug vom Fußballplatz dem Zentrum des modernen Jerusalems zu; als er den Zionsplatz erreicht hatte, wurde er von seinen Führern aufgelöst und nach Hause geschickt. Sie waren enttäuscht über diese friedliche Antiklimax, denn den ganzen Morgen hatte man sie ermahnt zu kämpfen, ohne ihnen zu sagen, gegen wen und wie; aber es war Mittagszeit und sehr heiß, und sie waren müde und hungrig, und so gingen sie ohne Widerrede nach Hause.

Nachmittags jedoch, als es kühler wurde, begannen sie zurückzuströmen. Um fünf Uhr war die Menge auf dem Zionsplatz so dicht, dass der ganze Verkehr umgeleitet werden musste.

Der Zionsplatz ist eine weiße, heiße und staubige Asphaltfläche an der Kreuzung der Jaffa-Road, der Hauptader der Stadt, mit dem Geschäftsviertel der Elieser-Ben-Jehuda-Straße. Die Häuser sind aus Beton oder Jerusalemer Felsen, weiß oder schwefelfarben. Wenn die Sonne hoch steht, überqueren ihn Leute ohne Sonnengläser mit zu Schlitzen zusammengekniffenen Augen. Es gibt da zwei Kaffeehäuser und ein Kino. Der Platz wird hauptsächlich von Juden besucht, und an diesem Tag wagte sich kein Moslem in die Nähe, außer den arabischen Schuhputzern, die in dem dünnen Schattenstreifen der Fassaden in einer Reihe dasaßen und ihre Bürsten auf ihren hölzernen Kisten als Trommelschläger verwendeten, um Kunden anzulocken.

Die Menge rief ihre Schlagworte und wälzte sich um den Platz herum zwischen dem Café Europe, dem Café Vienna und dem Zion-Kino, ziellos, ärgerlich und enttäuscht. Die Polizei hatte einen Kordon über die Jaffa-Road aufgestellt, um den Amtssitz des Distriktkommissars zu beschützen, der sich etwa hundert Meter vom Platz befand. Dies hatte die Menge provoziert, und nun wurde es ihr einziges Ziel, den Kordon zu durchbrechen und zum Amtsgebäude zu marschieren. Sie drängten vor, wurden von der Polizei zurückgestoßen und formierten sich neuerlich, entschlossener denn je.

Um sechs Uhr abends machte die Polizei von ihren Stöcken Gebrauch, und gegen zwanzig Leute mussten mit blutüberströmten Gesichtern über den Platz getragen werden. Dies feuerte die Menge nur noch mehr an, und sie begann, mit Steinen und Ziegeln nach den Polizisten zu werfen, deren einige verletzt wurden. Die Polizei stürmte los. Stundenlang hatten sie dem Befehl gehorcht, ruhig dazustehen und der johlenden Menge mit Zurückhaltung zuzusehen; nun gehorchten sie dem Befehl loszuschlagen und gingen vor. Sie griffen die Menge gruppenweise an, nach rechts und nach links aushauend, blind gegen Alter und Geschlecht, und die Schreie ihrer Opfer schienen ihre Wut nur zu vermehren. Wie immer, wenn die gutmütigen Wächter der Ruhe und Ordnung losgelassen werden, waren sie grausamer als die Masse, denn in ihnen paarte sich die Brutalität mit dem guten Gewissen. Wo die Menge gegen die Ränder dünner wurde, verfolgten sie einzelne Männer und Frauen, die um Deckung in eine Seitenstraße liefen; aber wenn es ihnen gelang, einen zu fassen, bildete sich ein Ring um sie, der ihnen das schreiende Opfer aus den Händen riss, und sie mussten sich den Weg aus dem Ring schlagen, um sich ihren keuchenden Kollegen anzuschließen. Mehrere Polizisten wurden die Uniformen zu Fetzen zerrissen, und einige hatten ihre Helme und Stöcke an die Menge verloren.

Gegen sieben Uhr schlug die Menge Auslagen ein, darunter jene eines deutschen Restaurants und eines britischen Kaufhauses in der Jaffa-Road. Der ganze Platz war nun ein kochender Kessel mit sich balgenden Gruppen, die sich wie Blasen darüber wegbewegten. Bei Einbruch der Dämmerung trat dann eine vorübergehende Ruhepause ein.

Die erste Reihe der Polizei war durchbrochen worden, aber die zweite stand unerschüttert da zum Schutze des Amtssitzes des Kommissars. Sie standen quer über die Jaffa-Road, bei der Kreuzung einer Seitenstraße, der Queen Melisande Lane. Sie waren mit Gewehren bewaffnet, und obwohl sie bis jetzt noch keinen Befehl hatten, davon Gebrauch zu machen, hielt das ominöse dunkle Loch der Gewehrläufe die Vorderreihen der Menge in einer Entfernung von etwa fünfzehn Metern. Die meisten dieser Polizisten waren erst einige Wochen zuvor im Lande angekommen und waren ziemlich verwirrt von dem, was sie sahen.

Als Zweiter von rechts in der Reihe stand der junge Polizist Turner, ein hübscher blonder Junge aus einem Dorf in Suffolk. Er hielt sein Gewehr mit festem Griff in Rührteuch-Stellung und blickte auf die wogende Menschenmasse vor ihm mit weit offenen, leicht vortretenden Augen. Er hatte noch nie eine Menge gesehen, die sich so benommen hätte, und er wusste nicht, was all dieses Schreien bedeutete, außer was er einen der Burschen hatte sagen hören, nämlich, dass die Juden hier ihre Unabhängigkeit wollten; der hatte hinzugefügt, dass, wenn die britische Herrschaft für sie nicht gut genug wäre, sie sich ja Fahrkarten lösen und dorthin gehen konnten, woher sie gekommen waren, dann würden sie sehen, ob Hitler besser wäre. Das war ganz fair. Nicht, dass er etwas gegen die Juden gehabt hätte, obwohl sie eine komische Gesellschaft waren; er hatte einen beim Militär gekannt, aus Whitechapel, der war ein sehr anständiger, ordentlicher Bursche gewesen. Und zu Hause in Suffolk, auf dem letzten Urlaub, bevor er sich einschiffte, hatte er einen Geistlichen gegen Hitler und den Rassenhass predigen gehört und darüber, wie man den armen Teufeln ihre Synagogen niederbrannte; und so war er in diesem Lande mit einem Gefühl des Mitleids mit ihnen und ohne Vorurteile angekommen.

Aber andererseits dachte er an das, was der Sergeant nach der Einschiffung ihnen gesagt hatte – es hatte ihnen so richtig die Augen geöffnet, denn der Sergeant wusste, was er sprach, er war schließlich schon fünf Jahre im Land und kannte die Sprache und alle Fäden.

»Ihr werdet sehr auf der Hut sein müssen«, hatte er zu ihnen gesagt, »denn dies ist ein gefährliches Land. Wenn es gerade keine Unruhen mit Johnny dem Araber gibt, dann gewiss mit Mojsche dem Juden. Mit Johnny dem Araber kann man recht gut auskommen, aber er ist etwas leicht erregbar, und wenn er aufgeregt ist, dann schießt er ein bisschen. Er ist aber ein reinlicher Kämpfer, der meist in den offenen Hügeln schießt. Mojsche der Jude wiederum ist ein ganz anderer Gesell, ins Gesicht hinein eitel Lächeln, aber schlau. Er legt gern Zeitbomben, die dann losgehen, wenn man es nicht erwartet, und liebt Überfälle in dunklen Straßen nach Gangsterart. Außerdem hat er überall seine Helfer. Im Augenblick ist Johnny der Araber ruhig, aber der Jude hat etwas vor; seid also auf der Hut ...«

Der Polizist Turner war seither unausgesetzt auf der Hut, und wenn ein jüdischer Geschäftsmann oder Kellner zu ihm sprach, übers ganze Gesicht lächelnd und mit »Bitte schön« und »Danke schön«, pflegte er ihn bloß anzusehen und sich zu denken, er wisse, was er weiß. Momentan schrien sie alle auf dem Platz wie Affen im Tiergarten. Mit den Auslagenscheiben fertig geworden, zertrümmerten sie nun die Telefonautomaten und Straßenlaternen. Eine Lampe nach der andern verlosch, dann blitzte es auf wie von einem Kurzschluss, und alle übrigen Lampen gingen aus. Der Platz war plötzlich in Zwielicht getaucht, und als es dunkler wurde, verstärkte sich das Schreien und Kreischen. Der Polizist Turner gestand sich ein, dass es ihm nicht wohl zumute war.

In der ersten Reihe der Menge, ihm gegenüber, hatte Turner einen seltsam bekleideten jungen Burschen mit schwarzen Schläfenlocken und von Bindfaden festgehaltenen Zwirnstrümpfen bemerkt. Er drückte einen Samtbeutel gegen seine Hüften, einen von der Sorte, die sie immer auf dem Wege zur Synagoge herumtragen. Der Junge sah aus und benahm sich wie der Teufel, kreischte und gestikulierte und sprang auf und ab. Einige Male schon war er durch den Druck der Menge vorwärtsgestoßen worden, beinahe in Turners Arme; dann drängte er sich mit den Ellbogen wieder in die Menge zurück, schien sich aber nicht zu fürchten. Im Gegenteil, er schnitt dem Polizisten Turner Gesichter. Turner versuchte, in eine andere Richtung zu blicken, aber irgendwie kehrte sein Blick immer wieder zu dem Gesicht des jungen Burschen zurück. Eben streckte dieser ihm die Zunge heraus – es konnte nicht bezweifelt werden, obwohl es beinahe dunkel war –, und diese schaukelnden Schläfenlocken und die lange, spitzige, herausgestreckte Zunge waren ein so hässlicher Anblick, dass es einen kalt überlief. Plötzlich fing der Junge wieder an, auf ihn loszuschreien, oder besser gesagt etwas in ihrer Sprache herzuleiern, was Turner nicht verstand; er wäre nicht auf den Gedanken gekommen, dass er, Turner, eben dieselben Worte, wenn auch in Übersetzung, zu Hause in der Kirche gesungen hatte. *»Leuchte mit Blitzen, dass du sie zerstreust«,* schrie der Junge gellend und tanzte wie rasend auf seinen Zehen, *»schieß deine Pfeile, und errette mich aus der Hand der Söhne der Fremde.«* Turner wünschte, er könnte den Jungen am Kragen pakken und tüchtig schütteln, um ihm Manieren beizubringen. Aber nur so dazustehen und zu starren und den Steinen, die sie nach einem werfen, auszuweichen, mit diesem Grimassen schneidenden Teufel unter der Nase, das entnervte einen sozusagen. Nun, so ist es eben, Polizistenschicksal, immer – oder beinahe immer.

Jetzt hatten sie wieder zu singen angefangen, alle zusammen – ihre Hymne oder was es sonst war –, es klang, als wollten sie die Häuser zum Zusammensturz bringen. Und während sie sangen, schritten sie vor. Man konnte die Menge nicht wirklich vom Platz vorwärtsmarschieren sehen, aber man sah wohl, wie sich der Druck gegen die Vorderreihen verstärkte. Diese versuchten, ihre Plätze zu halten, und stemmten sich mit Ellbogen und Hinterteilen nach hinten, aber der Druck war zu stark für sie, einige verloren das Gleichgewicht und fielen nieder, sich auf dem Asphalt windend, während die anderen über sie stolperten; es war jetzt weniger als zehn Meter freien Raums übrig und fast völlig dunkel. Turner schielte auf die Gesichter der anderen Polizisten, seiner Kollegen; die standen unbeweglich da, als ob sie das Ganze nichts anginge. Die Menge warf wieder Steine; nicht ganz vorne, natürlich, sondern von weiter hinten, von wo aus es sicher war; Turner musste einem Ziegelstein ausweichen, der wie ein Schrapnell auf ihn zusauste und seinen Kopf um ein paar Zentimeter verfehlte. Und die ganze Zeit sangen sie weiter – es schien, als würde die eine Hälfte singen, während die andere Hälfte Steine schleuderte; jetzt schwoll der Gesang sogar noch an, und es gab einen neuen, heftigen Stoß nach vorne. Die vorne bewegten sich; dann ertönte ein Schuss, von zwei anderen gefolgt, und der zweite Mann zu Turners Rechten schrie auf und sank mit eigenartiger langsamer drehender Bewegung nieder.

Beinahe gleichzeitig rief der Sergeant ihnen einen Befehl zu, Turner fühlte sein Gewehr hinauffliegen und den Kolben fest in seine Schultern graben, als ob das Gewehr aus eigenem Antrieb gehorcht hätte. Der nächste Befehl folgte sofort nach, und Turner drückte ab – er konnte nicht sagen, ob er Bedauern oder Erleichterung darüber empfand, dass der Befehl gelautet hatte, nur über die Köpfe der Menge zu schießen, denn zugleich mit dem Aufblitzen sah er eine dunkle und elastische Masse wie eine springende Wildkatze auf ihn zufliegen, und er fühlte einen heißen, stechenden Schmerz in seinem linken Handgelenk. Er schrie auf und ließ sein Gewehr los; dann sah er wie in einem wahnsinnigen Traum, dass der Bursche mit dem Gesicht eines Grimassen schneidenden Teufels an seinem Halse festhing und ihn mit fest eingehakten Zähnen ins Handgelenk biss. Turner war außer sich vor Angst und versuchte wie toll, seine Hand loszureißen. Da erinnerte sich der junge Polizist plötzlich an die Worte des Psalms: *Befreie mich aus der Hand der Söhne der Fremde;* dann erhob er seine rechte Faust und versetzte dem Teufel einen wuchtigen Schlag auf den Kopf.

Der Junge wankte und ließ locker; aber bevor Turner ihn hätte fassen können, hatten ihn einige aus der Menge zurückgerissen, und das Gewehr war ebenfalls verschwunden. Turner blickte mit benommenen Augen um sich und sah, dass in der Straße noch eine Reihe einzelner Geplänkel ausgetragen wurden, die Masse der Menge aber zurückgewichen und der Kordon neu gebildet worden war. Die Salve hatte also doch ihre Wirkung gehabt, und etwa eine Minute später war vorne wieder ungefähr zwanzig Meter freier Raum.

»Waffen in Ordnung bringen«, schrie der Sergeant; aber Turner hatte keine Waffe mehr. »Das werde ich ihnen heimzahlen«, murmelte er leise; dann sah er das Blut von seiner Hand tröpfeln und meldete sich um die Erlaubnis abzutreten.

4

Am selben Abend ging etwas später Joseph in sein schmutziges Hotel in der Straße der Propheten zurück. Er kicherte in sich hinein. Vor einer Woche hätte ihn die gänzliche Sinnlosigkeit dieser Demonstration mit Verzweiflung erfüllt; seit der Aktion vom Freitag machte er sich nichts daraus. Aber sah das nicht Glickstein ähnlich, dass dieser große Tag so verächtlich und erniedrigend enden sollte! Baumans Organisation hatte sich daran nicht beteiligt; sie glaubten an Aktionen, nicht an Demonstrationen. Die offiziellen Führer hatten alle Reden gehalten über »Taten und nicht Worte« und »Widerstand bis zum letzten Blutstropfen«; das Einzige, was sie zu sagen vergessen hatten, war, welche Taten sie von den Leuten erwarteten und welche Form ihr Widerstand annehmen solle. Die Menge, aufgepulvert und dann ohne Führung sich selbst überlassen, hatte unter ihren eigenen verworrenen Impulsen gehandelt; und morgen wird Glickstein eine Erklärung gegen pöbelhaftes Benehmen und für Ruhe und Ordnung abgeben, und alles wird weitergehen wie bisher.

Warum konnten die Iren, die Serben, die Inder mit ihren neunzig Prozent Analphabeten die richtige Form und den richtigen Ausdruck für ihren Kampf finden – und warum ist diese sprichwörtlich kluge Rasse jedes Mal, wenn eine Katastrophe über sie kommt, so völlig hilflos? Es war nicht Feigheit – die Geschichte jeder der galiläischen Siedlungen war ein Heldenlied. Aber die Nation als Ganzes hatte in den Jahrhunderten der Zerstreuung ihr Selbstvertrauen verloren. Ihre Führer kamen aus den Kleinstädten Polens und des zaristischen Russlands, wo ein korrupter und meistens betrunkener Polizeisergeant die Staatsgewalt vertrat und wo die einzige Art des Umgangs mit dieser Staatsgewalt es war, sie zu bestechen oder vor ihr zu kriechen. Sie konnten diskutieren und protestieren und blendende Denkschriften an den Völkerbund schreiben; wenn es zur Tat kam, machte sich das Ghetto in ihrem Blute geltend, und sie waren hilflos ...

Die Straße war verlassen und mit Glasscherben übersät. Als er in die in Dunkel gehüllte Jaffa-Road einbog, lief er in eine mit Maschinenpistolen bewaffnete Polizeipatrouille hinein. Es waren zwei, und sie schrien ihm zu, er möge seine Hände hochheben; während ihm der eine die Pistole vorhielt, begann ihn der andere nach Waffen zu durchsuchen. Ihr Benehmen zeigte, dass sie Angst hatten und erwarteten, dass er jeden Moment eine Bombe gegen sie schleudern würde, und dies erfüllte den unbewaffneten Joseph mit einer ironischen Genugtuung. »Was ist eigentlich los mit euch beiden?«, fragte er in sorgfältig gezogenem Englisch. »Fürchtet ihr euch?«

Ihr Benehmen änderte sich sofort. Der eine, der seine Taschen abgetastet hatte, hörte sofort auf, der andere senkte die Pistole.

»Entschuldigen Sie, Sir«, sagte er. »Wir haben Befehle und dachten, Sie wären ein ...« Er blickte zweifelnd zuerst auf Josephs Gesicht, dann auf seine Kleidung. Akzent und Erscheinung passten nicht zusammen, und der Mann sah etwas verwirrt drein.

»... ein Jude?«, fragte Joseph aushelfend.

Der Polizist wurde noch verwirrter.

»Es ist schon in Ordnung, Sir, wir handelten nur laut unseren Instruktionen«, sagte er.

»Aber ich bin ein Jude«, sagte Joseph und amüsierte sich dabei kindisch. »Gute Nacht, Wachtmeister.«

»Gute Nacht, Sir«, sagte der Polizist, völlig vor den Kopf gestoßen.

Joseph ging weiter, im Dunkel grinsend. Er war ungefähr hundert Meter gegangen, bevor er sich fragte, welchen Grund er hatte, so zufrieden mit sich zu sein. Schließlich konnte man von den Glicksteins nicht erwarten, diesen gewissen Akzent zu erwerben. Und außerdem war er trotz seiner Zugehörigkeit zu der Rasse nur dadurch davongekommen, dass er nicht ganz dazugehörte ... Er hörte plötzlich zu grinsen auf. Es ging ihm ein Licht auf, dass, abgesehen von der Heuchelei des Westens, dies der wahre Grund dafür war, warum die Rasse im Osten verfolgt und im Westen toleriert wurde. Sie wurden im gleichen Ausmaß geduldet, in dem ihre Substanz entkräftet wurde. Kein normales Volk konnte die unverdünnte Substanz ertragen – jene extremen und gefahrvollen Lebensbedingungen, die sich darin kristallisiert hatten.

Aber verdammt, dachte er, ich steuere schon wieder dem Ausgangspunkt zu. Wo er doch geglaubt hatte, dass er seit vergangenem Freitag über diese Dinge hinaus wäre. Vielleicht war diese Freitagnacht eine Spur zu einfach gewesen. Die arabischen Nachtwächter an der Küste waren sanft wie Lämmer geworden, sobald sie die Läufe der Maschinenpistolen gegen sich gerichtet sahen, und das Übrige ging beinahe unglaublich glatt. Das Schiff war in der verlassenen Bucht bei Natanja nur eine halbe Stunde nach der festgesetzten Zeit aufgetaucht. Von Morsesignalen aus den Lampen an der Küste geleitet, hatte es knapp außerhalb der

Untiefen geankert, sodass die Rettungsboote mit ihrer Fracht nicht mehr als fünfzig Meter zu rudern hatten. Die Kisten mit den Gewehren und der Munition waren innerhalb einer Stunde sicher auf die Milchwagen aufgeladen worden. Die meisten der zweihundert Passagiere konnten von den Rettungsbooten allein an die Küste waten; nur die Kinder und ein paar alte Leute, unter ihnen einer mit einem Holzfuß, mussten getragen werden. Als sie aus dem Wasser kamen, küssten sie alle die Erde, und die meisten weinten. Wenn man ihnen nicht energisch eingeschärft hätte, ruhig zu sein, hätten sie angefangen, Psalmen zu singen. Lange vor Sonnenaufgang waren sie alle in Lastwagen gesteckt und an sichere Plätze zerstreut worden; die Aktion war vorbei. Die Nachtwächter wurden drei Stunden später von einem arabischen Hirten in den Hügeln von Samaria geknebelt und gefesselt aufgefunden.

Der einzige Haken war, dass sie bis Tagesanbruch nicht mit der Treibstoffaufnahme fertig geworden waren, und gerade als sie den Anker zur Rückfahrt lichteten, wurde das Schiff von einer Küstenpatrouille gesichtet und aufgebracht. Immerhin hatten sie wenigstens bloß den rumänischen Kapitän und seine Mannschaft erwischt, die nicht viel verraten konnten, weil nur Strohmänner unter Decknamen mit ihnen verhandelt hatten. Der alte Kahn war verloren – aber es waren zwei andere unterwegs, diesmal mit achthundert Illegalen; und nach diesen würde es noch weitere geben mit Flüchtlingen und Waffen ...

Joseph schritt die finstere Jaffa-Road entlang, zwischen den Glasscherben und dem Ziegelbruch sorgfältig seinen Weg suchend. Ohne sich dessen bewusst zu sein, pfiff er leise die Melodie »Wir werden Galiläa wieder aufbauen«. Seit vergangenem Freitag fühlte er sich wie neugeboren – ein Patient, der nach einer langen, schleichenden Krankheit einer magischen Heilung unterzogen worden war. Er bedauerte nur, dass man ihn an keinen weiteren Aktionen werde teilnehmen lassen. Bauman war in diesem Punkte unbeugsam; und mit Bauman konnte man, zum Unterschied von Ruben oder Mosche, unmöglich disputieren. Andererseits hatte ihm Bauman bis zu einem gewissen Grad Vertrauen geschenkt und ihm in Verbindung mit der Aktion von letztem Freitag gewisse Erklärungen gegeben – das heißt, er sagte ihm so viel, als Joseph wissen musste, um die Hintergründe richtig zu verstehen, wenn er anfing, für sie Propaganda zu machen.

Die Menschen und die Waffen kamen aus verschiedenen Ländern, aber hauptsächlich aus Polen via Rumänien und Griechenland. Die Schiffe waren alte griechische oder rumänische Viehdampfer, Küstenfrachtschiffe oder türkische Schmugglerboote, die in Lloyds Register nicht gefunden werden konnten. Sie mussten von den Mittelsmännern der Organisation zu einem hohen Preis gemietet werden, der das Risiko, von den Engländern gekapert zu werden, deckte. Im Augenblick hatte die Organisation genug Geld, hauptsächlich von reichen amerikanischen Juden, deren Fantasie eine solche Sache mehr zusagte als die Subskriptionslisten des Nationalfonds zur Baumpflanzung oder die der hebräischen Universität zur Schaffung eines Lehrstuhls für Mathematik. Da war zum Beispiel ein gewisser rumänischer Millionär, der sein Vermögen mit Waffenhandel gemacht hatte und der, nachdem er seine Tochter in einem Pogrom der Eisernen Garde verloren hatte, der Organisation sein halbes Vermögen übergab, unter der Bedingung, dass es zum Ankauf von Waffen verwendet werde. Andere wieder zahlten einen fixen Preis für das ins Land Schmuggeln einer bestimmten Anzahl von Flüchtlingen. Es gab viele solche Quellen, die die gesetzestreuen Glicksteins nicht erschließen konnten.

Die Waffen kamen hauptsächlich aus Polen. Die polnische Regierung brannte darauf, ihre Juden loszuwerden, wie auch darauf, den Engländern Unannehmlichkeiten zu machen. Der offizielle Zionismus war zu voll von Skrupeln, um aus dieser Gelegenheit Kapital zu schlagen. Die Organisation Baumans hatte ebenso wenig Skrupel wie die Regierung Chamberlains. Ihre Führer, Raziel und Stern, waren nach Warschau gegangen und hatten mit einer bestimmten Abteilung des polnischen Generalstabs Fühlung genommen. Man hatte sie mit offenen Armen empfangen, und sie waren mit positiveren Ergebnissen zurückgekommen, als sie jemals erwartet hatten. Die Polen würden so viele Juden mit Pässen versorgen und so viele Waffen schicken, wie die Organisation transportieren könne. Die einzige Schwierigkeit war, Schiffe zu finden, deren Eigentümer gewillt wären, das Risiko auf sich zu nehmen. Augenblicklich konnten sie im Monat nicht mehr als fünfhundert Menschen und einige Tonnen Waffen hereinbringen. Aber das war erst der Anfang. Sie hofften, gegen Ende des Jahres ein monatliches Fünftausend zu erreichen; und zu Ende des Jahres 1940, angenommen es gäbe keinen Krieg ...

»Junge, Junge«, hatte Bauman bei diesem Punkt ausgerufen, im Zimmer auf und ab marschierend, Kopf voran, Hände in der Lederjoppe, »gib mir fünf Jahre, und wir werden noch eine halbe Million drinnen haben, und damit die Majorität im Lande. Wenn wir einmal die Majorität haben, ist das Übrige einfach. Fünf Jahre, Mensch – wenn sie nur fünf Jahre warten würden mit ihrem verfluchten Krieg, dann wäre unser Problem gelöst ...« Er war vor Joseph stehen geblieben und blickte ihn mit wilden Augen an.

»Glaubst du, es wird vor 1944 keinen Krieg geben?«, fragte er und legte seine Hände auf Josephs Schultern. »Hör zu«, sagte er wie im Fieber, »wir fangen ja erst an. Aber der Anfang ist gemacht. Menschenskind, verlange ich zu viel mit diesen fünf Jahren, nachdem wir zweitausend Jahre gewartet haben? Sag mir, ist das zu viel?«

Er schüttelte Joseph bei den Schultern. Der Transport vom vergangenen Freitag war der siebente, der angekommen war, seit die polnische Aktion begonnen hatte, und bis jetzt waren alle tadellos gelöscht, nur zwei Schiffe waren nach dem Ausladen beschlagnahmt worden. Bauman war wild und trunken vor Hoffnung. Eine unsichere Hoffnung kann einen mehr aus dem Gleichgewicht bringen als Verzweiflung. Er nahm plötzlich seine Hände von Josephs Schultern und blickte ihn an, als ob er ein Fremder wäre.

»Abtreten«, sagte er; er behandelte Joseph zum ersten Mal als Untergebenen.

5

Es war eigenartig, überlegte Joseph, als er seinen Weg gegen den jetzt dunklen und verlassenen Zionsplatz fortsetzte, es war wirklich seltsam, dass man heutzutage politische Fantasie nur in den Extremisten-Bewegungen des tyrannischen Typus fand. Nazis, Faschisten und Kommunisten schienen das internationale Monopol darauf zu haben. Es kam nicht von ihrem Mangel an Verantwortlichkeitsgefühl, wie die neidischen Demokratien glauben machen wollten, denn diese Bewegungen bleiben auch nach ihrer Machtergreifung nicht weniger fantasievoll in ihren Methoden. Man sollte erwarten, dass eine demokratische Struktur mehr Spielraum ließe für die Entfaltung von Originalität als diese nach strengen Vorschriften geführten Körperschaften; und dennoch scheint das Gegenteil wahr zu sein. Offensichtlich waren Unterwerfung unter eine Disziplin und Kühnheit der Fantasie nicht so unvereinbar, wie man allgemein annahm. Diejenigen, die die Freiheit der Gedanken verneinten, waren selbst voll von Ideen und Einfällen; wogegen die Verteidiger des freien Ausdrucks stumpf und alltäglich waren; kaum hatten sie eine Idee, die des Ausdrucks wert wäre.

Das waren offenbar Symptome der politischen Eiszeit. In Temperaturen, die sich dem absoluten Nullpunkt näherten, wies die Materie ein eigenartiges Verhalten auf. Selbst in der Physik schienen verschiedene Gesetzte in klimatisch verschiedener Höhe zu herrschen ...

Joseph hörte die Glocke eines Ambulanzwagens die Ben-Jehuda-Straße hinunterkommen, und da er zu aufgepulvert war, um schlafen zu gehen, beschloss er, sich das Hadassa-Spital anzuschauen, gleich um die Ecke der Jaffa-Road, um eine Vorstellung zu gewinnen, wie viele Menschen in den Unruhen des Tages verletzt worden waren. Er kehrte um und bog nach einigen Metern in eine steile, enge Seitenstraße ein, die zum Spital führte. Als er sich dem alten, schmutzig grauen Gebäude näherte, sah er, dass da schon eine Menge versammelt war – lauter besorgte Verwandte und alle zu gleicher Zeit mit dem britischen Polizisten und der hebräischen Pflegerin verhandelnd, die das Eingangstor schützten. Die erschöpfte Pflegerin verschwand jede Weile im Spital, um sich nach den ihr genannten Namen zu erkundigen, und der Polizist versuchte die Menge dazu zu bringen, eine Schlange zu bilden, hatte aber keinen Erfolg. Sie fuhren fort, gegen das Tor vorzustoßen und über die Köpfe der anderen hinweg zu schreien, sooft die Pflegerin zurückkam; die Pflegerin presste sich unausgesetzt die Daumen in die Ohren und brüllte ihnen zu, sie mögen doch ruhig sein und nur einer nach dem anderen sprechen. Joseph beobachtete die Szene mit Abscheu – einer vertrauten Abscheu, die er mindestens einmal täglich bei Autobushaltestellen und öffentlichen Schaltern empfand. Wie sonst immer sagte er sich auch jetzt, dass diese Leute unter dem Druck ihrer Vergangenheit handelten. Er hatte seinen Geist geschult, Entschuldigungen zu finden für diese Dinge, die seine Sinne wahrnahmen; aber er hatte wenig Macht über den augenblicklichen Widerwillen, der seinerseits ein Produkt des Drucks seiner eigenen Vergangenheit war und gegen den genauso nichts auszurichten war wie gegen die Reaktionen der Menge.

Er drehte sich um, um nach Hause zu gehen, als er den Burschen mit den Schläfenlocken aus dem Tor kommen sah, den Bauman geohrfeigt hatte. Der Junge hatte einen Verband um den Kopf, trug aber sein rundes Käppchen und den schmierigen Filzhut darüber; er lächelte unsicher mit seinen wulstigen Lippen und hielt den blauen Samtbeutel unter den Arm gepresst. Es fiel Joseph ein, dass es den Mitgliedern der Organisation untersagt worden war, an den Demonstrationen des vergangenen Nachmittags teilzunehmen, um sich nicht unnötig zu gefährden, und dass der Bursche mit dieser Prügelei nichts hätte zu tun haben dürfen. Er wartete, bis der Bursch sich die Straße hinunter von der Menge entfernt hatte und stellte ihn dann. »Was hast du hier gemacht?«, fragte er.

Der Junge fuhr zusammen, erkannte Joseph dann und lächelte wieder seiner sicher. Er hatte Joseph bloß zweimal im Palast gesehen, und wenn er auch nicht ahnte, wer oder was Joseph sein konnte, wusste er instinktiv, dass er eine Art von Außenseiter und nicht zu der Hierarchie seiner vorgesetzten Offiziere gehörig, folglich ungefährlich war.

»Oh – ich bin von einem Polizisten geschlagen worden«, sagte er in einem triumphierenden Singsang. »Aber ich habe ihm das Gewehr weggenommen.«

»Was?«, sagte Joseph. »Einfach weggenommen?«

»Nein – ich biss ihn in die Ha-and.«

Es war zu finster, um den Gesichtsausdruck des Burschen zu sehen. In seinen hängenden schwarzen Zwirnstrümpfen und dem langen schwarzen Kaftan sah er aus wie eine Vogelscheuche.

»Du weißt, dass du hier nichts zu suchen hattest«, sagte Joseph. »Und besonders *mit dem* da ...« Er klopfte mit seinen Fingern auf den Beutel unter dem Arm des Burschen. »Wenn man dich erwischt hätte, würdest du dich in eine recht unangenehme Lage gebracht haben – und andere auch.«

Der Bursche öffnete den Beutel und zog das Buch heraus. Sie waren nahe einer Straßenlampe, die außerhalb der Reichweite der Menge gewesen war. Er hielt es gegen das Licht. Es war ein gewöhnliches zerfetztes Gebetbuch. »Was ist Schlimmes an deem, wenn man mich erwischt?«, fragte er ironisch. »Ich war am Weg zur Synagoge-e. Ist etwas nicht in Ordnung mit der Synagoge-e?«

Joseph antwortete nicht. Er hasste es, sich in Fremdes einzumischen, aber er war entschlossen, die Sache Bauman oder Simon zu berichten. Der Junge stopfte das Buch in den Beutel zurück. Sie standen nahe einer Plakatwand, mit Plakaten vom Vortag beklebt. Die geschraubten, prahlerischen Proteste und Drohungen der offiziellen hebräischen Körperschaften waren zerrissen und mit Karikaturen beschmiert. Auf dem mit schweren Buchstaben gedruckten Schlagwort »Bis zum letzten Tropfen Blutes« – ein Zitat aus einer Rede Glicksteins – war das Wort »Blutes« ausgestrichen und mit »Tinte« ersetzt. Ein anderes Plakat mit den Worten *»wenn ich deiner vergesse Jerusalem«* war halb abgerissen, sodass die Worte verkehrt hingen, und man den eingetrockneten Klebstoff auf der Rückseite des Papiers sah.

Der junge Bursch blickte auf die Plakate im düsteren Licht der Straßenlampe. Joseph konnte sehen, dass er ironisch lächelte. Er wollte gerne wissen, was im Kopfe dieses Jungen vorging.

»Was hältst du von alldem?«, fragte er.

Der Junge hob die Schultern.

»Wie soll ich wissen?«, sagte er. »Es steht geschrieben: Ein Wolf in einem Schafspelz ist eine große Gefahr, aber ein Schaf in einem Wolfspelz ist ein Gegenstand des Gelächters.«

»Wo steht das geschrieben?«, fragte Joseph.

Der Junge lächelte und drehte seine Schläfenlocken um den Finger.

»Das hast du dir ausgedacht«, sagte Joseph, und zum ersten Mal war ihm der Bursche nicht völlig widerwärtig. »Warum bist du zur Organisation gegangen?«, fragte er.

Wieder zuckte der Junge die Achseln. »Warum ni-icht?«, antwortete er in seinem Singsang mit einem halb demütigen, halb überlegenen Wunderkind-Lächeln. Irgendwo unter seinem Kriechen und seiner Unbeholfenheit war dieser Bursche recht sicher seiner selbst oder eines etwas, war in seinem Innersten verkapselt war. Es war, als ob er die Unbeholfenheit seines eigenen Körpers und seiner Manieren als etwas Bedeutungsloses hingenommen hatte, als bloße Zufälligkeit, die diese innere Sicherheit nicht berühren könne.

»Kannst du nicht ordentlich antworten?«, fragte Joseph. Der Junge wandte sich widerwillig von der Plakatwand ab und blickte ihn an. Unter seinem Kaftan trug er ein weißes, angeschmutztes Zwirnhemd, bis zum Hals zugeknöpft, aber ohne Krawatte. Statt eines Kragenknopfes hatte das Hemd einen gebrochenen Zwirnknopf, dessen Drahtrahmen man sehen konnte. Sein Gesicht, zwischen den beiden bis zu den Schultern herabhängenden, spiralförmigen Locken hatte noch die bisexuelle Zweideutigkeit Jugendlicher und der gröberen Cherubim. Seine Augen und Lippen waren feucht, und seine Lippen bewegten sich ständig.

»Warum stellst du Fragen, zu denen du die Antwort selbst weißt?«, sang er mit einer gewissen Feindseligkeit.

»Weil deine Gründe andere sein könnten als die meinen«, sagte Joseph. »Nun, warum tratest du bei?«

»Oh«, klagte der Junge. »Das haben sie mich bei jeder Probe gefragt.«

Ein Kamel wiegte sich an ihnen vorbei; es nahm mit seiner Last fast die ganze Weite der Gasse ein. Sie mussten sich gegen die Wand drücken. Der auf einem Haufen von Säcken reitende

Araber war eingeschlafen. Das Kamel ging mit abgemessenem Trotz an ihnen vorbei und wirbelte mit den Hufen eine Staubwolke auf, als es das ungepflasterte Ende des Gässchens erreichte.

»Und was antwortetest du, als man dich fragte?«, drang Joseph in den Jungen. Es war ihm plötzlich wichtig geworden, zu erfahren, welche Gründe es waren, die ihn und diesen Burschen in dieselbe Lage versetzt hatten.

»Was ich antwortete? Ich gab ihnen Exodus einundzwanzig und Deuteronomium neunzehn eins und neunzehn einundzwanzig und fünfundzwanzig neunzehn und zweiunddreißig dreiundvierzig ...«

»Und zwar?«, fragte Joseph; aber seine Neugierde war bereits ausgelöscht.

»Und zwar«, sagte der Junge mit ironischem Triumph in der Stimme, »und zwar: Vertilge das Andenken Amaleks unter dem Himmel. Du sollst seiner nicht schonen, sondern Seele für Seele fordern. Ich will Rache an meinen Feinden üben und denen, die mich hassen, vergelten. Ich will berauschen meine Pfeile mit Blut, und mein Schwert soll Fleisch fressen ...«

Er hatte angefangen auf einem Fuß auf und nieder zu hüpfen, in die Hände zu klatschen. Seine Schläfenlocken wedelten ihm um die Ohren. Er sah aus wie ein großes unbeholfenes Kind, das in einem ausgewachsenen Mantel seilspringt.

Joseph beobachtete ihn mit faszinierendem Ekel. »Das genügt«, sagte er.

»Jetzt weißt du's«, sagte der Junge plötzlich ruhig stehend. Seine Augen nahmen ihren früheren Ausdruck von schüchterner Ironie wieder an. In einer anderen Stimme, als ob er versuchte, Joseph zu trösten, sagte er:

»Es steht auch geschrieben: In viel Weisheit ist auch viel Kummer; der, welcher Weisheit vermehret, vermehret den Kummer. Und wie stirbt der weise Mann? Als der Narr.«

Er machte eine tiefe, ironische Verbeugung vor Joseph und ging eilends davon, hüpfend wie ein Schuljunge, mit flatternden Schläfenlocken, den Samtbeutel fest unter den Arm gepresst.

Es war schon fast Morgen und der Himmel ein durchsichtiges, seidiges Grau, das die Sonne ankündete, da sie über dem Berge Zion aufgehen sollte.

»Dort geht deine unverdünnte Substanz«, dachte Joseph und folgte dem Jungen mit den Augen.

DIEBE
IN DER NACHT
1939

»Mit seinem Herzen bei Gott zu sein ist nicht dasselbe, wie seinen Kopf in den Wolken zu haben.«

DER EHRWÜRDIGE PATER
P. N. WAGGET, S. S. J. E.,
IN EINER PREDIGT AUF DEM ÖLBERG, 1918

1

Im Mai ist der Himmel über Esras Turm ein blaues Lavafeld. Die Erde sieht aus, als ob Jehova einen Teppich über Galiläa geworfen hätte; die unter diesem Teppich gefangenen Luftblasen sind die Hügel und die Falten der Wadis. Von Kfar Tabije aus gesehen schauen die weißen Häuser der Siedlung mit ihren roten Dächern wie eine Kolonie von Schwämmen aus, die sich über ein immer weiter werdendes Gebiet des Hügels ausbreiten. Es waren ihrer fünfundzwanzig auf dem Hundehügel, als sie ankamen, und nun, nach zwei Jahren, ist ihre Zahl beinahe dreihundert. Und der Gott der Hebräer hatte ihr Vieh gesegnet und ihre Herden vervielfacht.

Die glücklichsten Tage während dieses Frühlings 1939 waren für Joseph die Freitage und Samstage, die er zu Hause verbrachte. Esras Turm war ein Lotusland, unberührt von den rauen Stürmen der Eiszeit, welche die Welt mit immer wilder werdender Wut erschütterte. Er hatte sich aufs Neue in die Hügel verliebt, und er hatte eine Theorie entwickelt, dass das Hohe Lied während eines galiläischen Frühlingsausflugs von Salomon geschrieben worden sei. Sein Gegenstück, die Predigt auf die Eitelkeit, war ein Produkt der düsteren Hügel von Judäa, wo der königliche Pessimist residierte; das Hohe Lied aber gehörte eindeutig Galiläa zu:

... Der Feigenbaum lasset seine grünen Feigen sprießen, und die Reben mit der zarten Traube verbreiten einen guten Geruch; nimm die Füchse von uns, die kleinen Füchse, die die Reben vernichten.

Die Welt war von den bellenden kleinen Füchsen überflutet, aber Esras Turm hielt noch stand. Die Schösslinge, die Simon gepflanzt hatte, warfen ihr Gitterwerk von dünnen Schatten aufs Gras – das Versprechen des Schattens des künftigen Waldes. Es war merkwürdig, dass die Erinnerung an Simons scharfe, bittere Persönlichkeit in Form dieses Föhren-Jungwaldes fortdauern sollte. Für die Kommune war Simon der Ketzer tot, aber ein anderer, legendärer Simon wuchs bereits in den Wurzeln des Waldes. Und im Geiste derjenigen, die nach Dinas Tode gekommen waren, gab es eine mythische Dina, ein Symbol der Reinheit und Vollkommenheit aus den frühen sagenhaften Tagen.

Mit dem Wachsen der Gemeinschaft hatte sich ihre brüderliche Gleichartigkeit zu einer stärker gegliederten Struktur umgebildet. Wie in einer reifen organischen Zelle gab es nun eine klare Unterscheidung zwischen dem Kern und dem Umkreis. Der Umkreis bestand aus konzentrischen Schichten verschiedenen Alters, obgleich sich die Trennungslinie zwischen zwei benachbarten Schichten mit der Zeit verwischte. Aber der Kern behielt seine Eigenart und Würde. Sie waren die Gründer, die Alten: Ruben, Mosche, Dascha, Ellen, Arje der Hirt, Mendl der Rattenfänger; Sarah, die seit Dinas Tod das Kinderhaus führte; Max, noch immer in der Opposition. Bei der letzten Generalversammlung wurden die meisten für die administrativen Stellen, die sie innegehabt hatten, wiedergewählt, und wenn das Sekretariat auch etwas neues Blut aus dem Umkreis enthielt, konnte man doch leicht sehen, dass der Kern für die nächsten paar Jahre weiterhin die wesentlichen Posten monopolisieren würde – bis der Umkreis in wachsender Enttäuschung seine eigenen Führer hervorbringen und das Sekretariat erobern würde. Das war in den älteren Kommunen geschehen, und dasselbe wird zweifellos in Esras Turm vor sich gehen. Das Fehlen von Privilegien für die Bürokratie verhinderte deren Kristallisierung; sie hatten keine Armee, keine Polizei, keinen Parteiapparat hinter sich, ihre Handlungen waren bis zu dem letzten kleinen Detail unter ständiger öffentlicher Überwachung, und das Prinzip der völligen ökonomischen Gleichheit, das Geld und Tauschhandel ächtete, machte es ihnen unmöglich, den Wählern Begünstigungen zuteilwerden zu lassen oder sie zu bestechen. Ihre einzigen Lustgewinne waren die erhöhte Verantwortung, ein direkterer Einfluss auf die Entwicklung in der Kommune und das daraus erwachsende Machtgefühl. Es war nur der Schatten einer Macht, ohne Starre und Dauer, doch real genug für die, die ihr verfielen, und höher gewertet, als sie sogar sich selbst einzugestehen bereit waren. Der Instinkt zu herrschen war nicht abgeschafft, sondern lediglich gezähmt und gezügelt; aber das war mehr, als man hatte erhoffen dürfen, dachte Joseph.

Die Mustergesellschaft der Kommune war natürlich sowohl an Umfang, als auch durch die notwendige Auswahl des Menschenmaterials begrenzt. In großem Maßstab wiederholt und unter Zwang müsste sie zusammenbrechen. Oasen können nicht vergrößert werden. Aber es wurde bewiesen, dass unter gewissen Voraussetzungen eine neue Form des menschlichen Lebens verwirklicht werden könne; und auch das war mehr, als man hatte erhoffen dürfen.

An diesem besonderen Freitag, dem letzten im Mai, lag Joseph auf dem Feld nahe der Ahnenhöhle unter dem blauen Lavahimmel und kaute an einem Grashalm. Auf seinem Weg nach Jerusalem war er Ellen und das Kind in der Gebärklinik von Gan

Tamar besuchen gegangen. Sie hatte sehr glücklich ausgesehen, beinahe hübsch in dem weißen Bett mit den roten Mohnblumen am Nachttischchen. Joseph hatte sie ihr mitgebracht, und sie war so überglücklich und dankbar darüber, dass er seinerseits von einer Mischung aus Mitleid, Zuneigung, physischer Begierde und dem Schuldgefühl, nicht mehr empfinden zu können, bewegt war. Immerhin, wenn man dieses Gefühl nicht näher analysierte, konnte man es fast als das richtige gelten lassen. Und was ist schließlich das richtige? So viele Gefühlsgemische gelten als das richtige, dass dieser Klumpen es ebenso heißen könnte als ein anderer. Wer weiß es, ob das, was er für Dina empfand, »richtiger« war? Vielleicht wären, wenn Ellen die Unerreichbare gewesen wäre und Dina die Mutter seines Kindes, auch seine Empfindungen umgekehrt.

Jedenfalls war das Kind ein Mädchen und sollte Dina heißen. Das war Ellens Vorschlag gewesen und gehörte zu jenen Dingen an Ellen, die das Gefühlsgemisch bereicherten und ihn fester und dauerhafter machten.

Als er auf seinen Ellbogen gestützt am süßen Grashalm kaute, sah er Ruben auf sich zukommen. Ruben war während des vergangenen Jahres womöglich noch ruhiger und bescheidener geworden; er war gewiss immun gegen die Versuchungen der Macht. Oder doch nicht? Vielleicht war seine Zurückhaltung und Bescheidenheit bloß eine spitzfindigere, umwegigere Art, der Macht Lust abzugewinnen! Oh, wie täuschend doch jene einfachen Worte sind, mit denen die Menschen einander zu beschreiben pflegen, als wären die damit ausgedrückten Qualitäten unreduzierbar und nicht höchst komplizierte Gemische! »Bescheidenheit« wurde für ein unreduzierbares Element gehalten wie Stickstoff, und siehe da, keins von beiden ist es ...

»Wie fühlst du dich als Vater?«, fragte Ruben und setzte sich an Josephs Seite ins Gras, in der entspannten, faulen Stimmung des Sabbathabends, die sich nach der traditionellen heißen Dusche über die ganze Kommune ausbreitete.

»Gott weiß«, sagte Joseph. »Das habe ich gerade herauszubekommen versucht. Ich versuche eifrig, mich davon zu überzeugen, dass es keinen Grund gibt, auf seine Lenden stolz zu sein, dass die Tatsache, dass das Ding mit etwas Flaum auf dem Kopfe geboren wurde, nicht mein Verdienst ist und dass auch andere genauso kleine rosige Nägelchen an den Fingern und Zehen haben und dass deren Öffnen und Schließen ein rhythmischer Reflex ist und kein frühes Zeichen des Genies.«

Ruben lächelte. »Du bist doch ein Rabbi«, sagte er. »Dein Denken vollzieht sich in einer Art von Spiegelschrift – von rechts nach links wie die hebräischen Buchstaben. Manchmal machst du den Eindruck, als ob du überhaupt in einem Spiegel lebtest.«

»Und wenn schon?«, sagte Joseph. »Menschen erschießen sich vor einem Spiegel und machen vor Spiegeln den Hof. Es ist ein altes Vorurteil, dass die Bewusstheit die Kraft der Empfindung zerstört und dass Gefühl stumpf und unschuldig sein müsse. Der Hund genießt, während er isst, weiß aber nicht, dass er genießt, sonst würde er langsamer essen und die besten Bissen für zuletzt lassen; und genießt somit durch das mangelnde Bewusstsein weniger. ›Innocentia‹, Unschuld bedeutet das Gegenteil von *nocens,* wehe tun. Nocens ist menschlicher und schmerzt mehr ...«

»Weiter Rabbi Joseph, ich lausche. Ich bin gespannt, wie du auf das auserwählte Volk kommen wirst.«

Ruben war ungewöhnlich froher Stimmung. Der Grund dafür war, dass heute eine neue Siedlung gegründet werden und Esras Turm Taufpate für die neuen Siedler sein sollte, so wie seinerzeit Gan Tamar es für ihn gewesen war. Die Lastwagen mit den neuen Siedlern und ihren Geräten waren am Morgen angekommen, und heute würde es eine Feier geben, bevor sie sich auf den Weg machten.

Joseph drehte sich auf seinem Bauche um. Er grinste Ruben an, mit einer Liebe, die durch die Tatsache erhöht wurde, dass er jetzt seine halbe Existenz vor Ruben geheim hielt, die Hälfte, die mit Bauman und seinen Leuten zusammenhing. Aber erhöht ein wohlgemeinter Betrug nicht immer die Liebe? Ehemänner sind nie liebevoller als nach dem für eine glücklich ausbalancierte Ehe so unerlässlichen gelegentlichen Ehebruch. Was als Beweis dafür diente, dass Aufrichtigkeit ein nicht minder zusammengesetzter Begriff war als Liebe.

»Wie ich zum auserwählten Volk komme?«, wiederholte er. »Ich will dir ein Gleichnis erzählen. Vor langer Zeit waren die Fische das vollkommenste Produkt der Schöpfung. Sie schwammen glücklich in den sieben Meeren, und vom Pech abgesehen, dass sie gelegentlich von größeren gefressen wurden, waren sie völlig zufrieden.

Dann kam die Zeit, da irgendeine Kraft einige Fische dazu antrieb, an die Küste zu schwimmen und Amphibien zu werden. Diejenigen, die es taten, hatten es furchtbar schwer. Statt mit Stromliniengrazie durchs Wasser zu schwimmen, mussten sie schmerzhaft unsicher auf ihren Bäuchen durch Sumpf und Schlamm watscheln und qualvoll mit einer neuen und unvollständigen, eigens zu diesem Zweck entwickelten Vorrichtung nach Luft schnappen. Es dauerte endlos lang, bevor diese neuen, hässlichen, unbeholfenen Geschöpfe die Entschädigungen für ihre Erniedrigung und ihre Qualen zu würdigen begannen: Sonne, Klang und Gestalt, Begattung, heiße Felsen und kühle Winde.«

»Ist das alles?«, fragte Ruben. »Wo bleiben die Juden? Haben sich die Amphibien beschnitten?«

»Siehst du's denn nicht?«, sagte Joseph. »Die Araber sind die Fische. Sie sind glücklich, sie leben in Tradition, in Schönheit und Selbstgenügsamkeit und führen ein zeitloses, sorgenfreies, beschauliches Dasein. Mit ihnen verglichen sind wir die ungraziösen Amphibien. Das ist einer der Gründe, warum die Engländer sie lieben und uns hassen. Es hat mit Politik nichts zu tun. Es ist ihre Sehnsucht nach dem verlorenen Paradies – einer Art ewigen Wochenendes – und ihre Abscheu vor dem Stadtzug von 8.35. Denn siehe, wir sind die Kraft, die die Fische an die Küste treibt, die nervöse Peitsche der Evolution.«

»Das war schön, Rabbi Joseph«, sagte Ruben lächelnd.

»Es war nur eine Abschweifung, um ein für alle Mal die lästige Araberfrage zu erledigen«, sagte Joseph bescheiden. »In meiner augenblicklich glücklichen Stimmung kann ich mich aber nicht mit den Arabern abgeben und werde zu meinem ursprünglichen Text zurückkehren, der sich mit der Spiegelschrift der Seele befasst, die auf dem höheren Niveau der Selbstbewusstheit vorkommt. Ich möchte darauf hinweisen, dass es ein rein philisterhafter Unsinn ist, die Innenschau mit Morbidität zu verbinden. *Cogito ergo sum* ist der klassische Satz der Innenschau, mit der die moderne Philosophie begann und die unsere Lebenshaltung formte. Der rote Faden jeder Evolution ist der Hang zu klarerer Artikuliertheit. Romeo liebte genauso leidenschaftlich wie dein stumpfer arabischer Hirte, aber sein Gefühl ist artikuliert und zum Gegenstand der Innenschau geworden und steht deshalb auf einer höheren Stufe. Es wurde *Nocens* – das heißt, dass sowohl sein Schmerz als auch seine Lust geschärft wurden, eine feinere und schärfere Schneide haben. Das ist aber das genaue Gegenteil zu morbid. Es bedeutet eine Sprosse hinauf auf der Leiter des Lebens.«

Ruben lächelte. »Wenn ich mich nicht irre, hörte ich dich einmal gegen den ›Fluch des Zuvielwissens‹ in unserer Rasse toben. Und zu einer anderen Zeit bewundertest du Baumans Terroristen, die es ablehnten, die andere Seite der Medaille anzuschauen.«

Joseph blickte ihn einen Augenblick bestürzt an.

»Was du für eine schleichende Schlange bist«, sagte er. »Das ist in Wahrheit gar kein Widerspruch – nur die alte Geschichte, dass du deine Faust verwenden musst, um deinen Kopf zu schützen, in dem das Denken vor sich geht; ein Paradoxon, das nicht ich erfand, sondern das der menschlichen Natur anhaftet und besonders deutlich wird in einer moralischen Eiszeit. Ihr Pazifisten müsst in Fällen der Not immer eure Prinzipien aufgeben, weil ihr diese grundlegende Antinomie der Natur nicht wahrhaben wollt. Halte dein Gewehr geölt und deine Spiegel rein. Darin liegt kein Widerspruch.«

»Nun, ich muss sagen«, sagte Ruben aufstehend, »dein Gleichnis gefiel mir besser ... Ich muss jetzt zurück. Komm mit. Mosche wartet mit den Rechnungen. Er möchte dich dafür küssen, dass du aus der Konsumgenossenschaft den Barvorschuss herausgeholt hast. Das war sicherlich ein Triumph deiner artikulierten Sprache ...«

Joseph seufzte, sprang aber sofort auf die Füße. Sie gingen zusammen zurück und besprachen die Vorbereitungen für den Abend. Joseph hatte beschlossen, mit dem Konvoi der Siedler abends zu dem neuen Ort zu gehen und am nächsten Tag mit den zurückfahrenden Wagen heimzukehren. Ruben wäre auch gerne gegangen, er hatte aber am Samstag früh eine Sitzung des Erziehungskomitees. Joseph bedauerte ihn.

»Ich möchte wissen, ob wir jemals über diese Sitzungskrankheit hinauskommen werden«, sagte er. »Das sind die Masern der Demokratie.«

»Aber sie sind harmlos«, sagte Ruben. »Was man von der faschistischen Syphilis nicht behaupten kann.«

Joseph stimmte zur Abwechslung zu. Freundlich besprachen sie die Lage den neuen Kuhstalles und die Erweiterungen des Kinderhauses, welches für seine siebenunddreißig (mit Josephs Tochter achtunddreißig) Insassen zu klein war.

2

Als Abschied für die Vorhut der neuen Siedler war in der Speisebaracke ein besonderes Mahl bereitet worden. Man hatte die Tische in Form eines langen Hufeisens zusammengeschoben und sie mit einem weißen Tischtuch und Blumen geschmückt; die Baracke war zu einem feierlichen Bankettsaal geworden. Dies kam nur drei- bis viermal im Jahr vor, am Pessach-Abend, am Neujahrstag, am Feste der Makkabäer und am Fest der Baumpflanzung. In der Monotonie der kommunalen Routine waren die weißen, blitzenden Tische und die festliche Atmosphäre Höhepunkte der Jahreszeiten, deren Erinnerung noch wochenlang lebendig blieb.

Die Vorhut bestand aus nur zwölf Leuten – elf Burschen und einem Mädchen namens Rachel, die eine wichtige Rolle bei ihnen zu spielen schien. Sie war sehr klein, kaum eineinhalb Meter hoch, mit kurz geschnittenen schwarzen Haaren, flinken Bewegungen, und es war eine derartige Hochspannungs-Ladung an ihrer alles beherrschenden kleinen Person, dass man Angst hatte, sie zu berühren, damit man keinen elektrischen Schlag bekomme. Sie kam aus Rumänien, und ihr Freund, der Sekretär der Gruppe, aus Deutschland. Er hieß Theo; er war groß und blond, etwas unbeholfen vornübergeneigt, schüchtern und von langsamen Gesten. Er war offenbar der ideale Typ eines Gemeinschaftssekretärs, eine jüngere Leichtgewichtsauflage Rubens; was ihm an Vitalität fehlte, würde Rachel beistellen. Diese beiden saßen zusammen an der Spitze des Banketttisches zwischen Mosche und dem alten Wabasch, der nie eine Gelegenheit versäumte, bei der Gründung einer neuen Siedlung anwesend zu sein.

Diesmal gab es wenige Helfer und nur eine kleine Vorhut; teils weil sich die Araber seit dem Weißbuch beruhigt hatten und die Unruhestiftung zur Abwechslung den Juden überließen, und hauptsächlich, weil die Vorhut einige Zeit in einem verlassenen arabischen Haus wohnen sollte, das auf dem Boden der neuen Siedlung stand, und sie somit während sie den Grund für die Hauptgruppe, die in ein paar Wochen nachfolgen sollte, vorbereiten, leidlichen Schutz haben würden. Die Siedlung sollte »Tel Joschua« oder Josuas Hügel heißen; sie würde auf einem zwölf Meilen von Esras Turm entfernten Hügel errichtet werden und eine strategische Verbindung zwischen den Siedlungen Obergaliläas und dem Tale Jesreel herstellen. Der Boden war von dem Nationalfonds einige Jahre zuvor angekauft, aber als zur Kolonisation ungeeignet betrachtet worden, da er kein Wasser hatte; es musste mit Eseln von einem vier Meilen entfernten Ort heraufgebracht werden. Diese Gruppe von fünfzig jungen Menschen, frischen Ankömmlingen aus Deutschland und Rumänien, ganz unten auf der Bodenliste, hatte um Josuas unfruchtbaren Hügel angesucht und ihn nach langem Kampf mit der hebräischen Kolonisationsabteilung auch bekommen. Sie hatten Europa viel später als die Leute von Esras Turm verlassen, und ihre Last an Zu-Vergessendem war dementsprechend schwerer, und die Details waren düsterer. Die Hälfte von ihnen war ohne Visum angekommen; sie waren illegale Einwanderer mit gefälschten Papieren, die, wenn man sie erwischte, deportiert würden. Es war ihnen gleichgültig, wie lange sie bohren müssten, bis sie auf Wasser stießen, und wie viele Malariafälle es gab; das waren Kleinigkeiten verglichen mit den Dingen, die sie dort, wo sie herkamen, erlebt hatten. Sie waren hungrig nach Land, hungrig nach Stabilität, hungrig nach dem Geruch der Viehschuppen, der Esel und der Pferde; hungrig vor allem nach einem Leben, das einen Sinn hatte, getragen von der Wärme einer Bruderschaft, in der jeder Junge und jedes Mädchen geprüft worden, wo man bejaht und wohlgelitten war.

Der Speisesaal war hell in dem vom weißen Tischtuch zurückgeworfenen Licht; viel heller als gewöhnlich; er roch nach dem frischen Salat und den Kräutern in den großen hölzernen Schüsseln und war gesättigt vom festlichen Summen, das das Zusammenschwingen von Tellern, Stimmen und Gläsern hervorrief. Reden wurden gehalten; der alte Wabasch mit dem weißen Bart und im blauen Hemd (er sah mehr denn je wie ein leicht unappetitlicher Prophet aus der Bibel aus) erzählte schmatzend die Geschichte der ersten zwölf in Daganja und der leidenden Milliohnim; ihm folgte Mosche, der den neuen Siedlern einige gute Ratschläge erteilte, und Max mit Zitaten aus Glickstein und Lenin. Aber außer den ehrfürchtigen und feierlichen Anfängern von Tel Joschua achtete niemand auf die Reden. Wie immer bei den seltenen Gelegenheiten, an denen sie Wein tranken, zeigten sich die Leute von Esras Turm in einem Licht, das normalerweise von der Tagesarbeit und Müdigkeit verdunkelt war. Wenn sie ihre leeren Gläser mit gewollter Sorglosigkeit auf das weiße Tischtuch niederstellten, schienen ihre Gesichter wie Spiegel aus einer Rumpelkammer, von denen man den Staub und die Spinnweben entfernt hatte.

Josephs Blick überflog die Runde der Gesichter der alten Garde und versuchte, die Veränderungen zu entdecken, die sie seit jener Nacht, da sie zu Esras Turm ausgezogen waren, erfahren hatten. Mosche war dicker geworden und sah ein wenig nach einem erfolgreichen Börsenspekulanten aus. Der bucklige kleine Mendl war womöglich noch stiller, der lauschende Blick in seinen Augen noch ausgeprägter geworden und seine Verwandlungen in den Rattenfänger seltener; er hatte vor Kurzem seine galiläische Symphonie vollendet, und es wurde davon gesprochen, dass das nationale Philharmonieorchester sie aufführen wolle. Gaby, die Messalina der Kommune, die jetzt die Schneiderei inne hatte, begann verlebt und ordinär auszuschauen; statt wie früher mit ihren Wimpern zitterte sie mit den Nasenflügeln. Vor sechs Monaten hatte sie einen neuen Skandal ausgelöst, als sie dem Ägypter ausgerechnet mit dem Dr. phil. untreu geworden war. Ham, der dunkle Wilde, hatte gedroht, den armen Fritz umzubringen, und konnte nur dadurch davon abgehalten werden, dass die ganze Sache in der Generalversammlung durchgedroschen wurde, wo Max eine viel bewunderte Rede über Geschlecht und Gesellschaft hielt, Gaby weinte, Fritz öffentlich sein unsoziales Verhalten eingestand und Ham, beinahe zu Tränen gerührt, ihnen allen feierlich vergab und von Sarah gerade noch zur rechten Zeit daran gehindert wurde, die Hymne abzusingen. Nach dieser Sache hatte Sarah ihr pädagogisches Talent benützt, den Ägypter dadurch zu trösten, dass sie ihm geistige Ausblicke eröffnete, und drei Wochen später hatte ihr der Ägypter vorgeschlagen, sie sollen heiraten und zusammen auf einer höheren Warte leben. Sarah machte schreckliche Geschichten, fragte jedes Mitglied des Sekretariats einzeln um Rat und klagte sich selbst an, gegen die arme Gaby unfair zu sein. Ham begann sich seiner niederen Begierden so zu schämen, dass er Sarah sagte, er sei bereit, sie aufzugeben und ihrer höheren Betrachtungsweise der Sache beizustimmen, worauf Sarah hysterische Anfälle hatte und es aller Diplomatie Rubens bedurfte, um die Angelegenheit zu einem glücklichen Ende zu bringen.

Fast von der ersten Woche ihrer Verheiratung an begann sich Sarah zu verändern. Ihr verkniffenes kleines Gesicht mit den hungrigen Jungfrauenaugen sättigte sich zu frauenhafter Weiche, und sie begann in unglaublichem Maße zuzunehmen. Seit dem Tode Dinas hatte sie das Kinderhaus geführt, aber sie wurde in ihrer Stellung nicht offiziell bestätigt, und in allen wesentlichen Fragen blieb die Entscheidung bei einem Dreierausschuss. Das war die zweite große Enttäuschung ihres Lebens gewesen. Drei Monate nach ihrer Verheiratung hatte Ruben der Generalversammlung vorgeschlagen, dass das Komitee in eine beratende Körperschaft verwandelt und Sarah zu einem vollverantwortlichen Mitglied des Sekretariats ernannt werden sollte. Die Versammlung hatte, wenngleich mit etwas Zweifeln und Zögern, für den Vorschlag gestimmt, und dies vollendete Sarahs Verwandlung aus einem mageren, enttäuschten kleinen Eichhörnchen in eine rundliche und umsichtige Frau. Sie hatte sieben bittere Jahre von Umwegen und Selbstbetrug gebraucht, um die Lebensform zu finden, für die sie geschaffen war; aber schließlich hatte sie sie doch gefunden. In der Welt draußen, ohne die unterstützende Wärme der Kameradschaft um sich, wäre sie wahrscheinlich zugrunde gegangen.

Sarah, die Josephs Blick zu fühlen begann, hob den Kopf. Er grinste sie freundlich an und setzte seine Betrachtung der alten Garde fort. Dascha, dick und hübsch, mit ihrem runden Gesicht und den hohen slawischen Wangenknochen, kam gerade aus der Küche, erhitzt und voller Triumph über die erfolgreiche Mahlzeit. Arje der Hirt kaute zufrieden nachdenklich seinen Schaschlik; der Dr. phil. trug einem bewundernden Mädchen von der Jugendgruppe etwas über die Vorzüge der Schuhmacherkunst vor. Auch er hatte seine nervöse Unruhe verloren und sah breitspuriger und selbstbewusster aus. Joseph verglich im Geiste die Männer und Frauen um ihn herum mit der Menge in den Kaffeehäusern von Tel Aviv, den Menschen mit dem eingefrorenen Achselzucken um die Schultern, und er empfand eine tiefe Befriedigung, einen von Dünkel freien, der Demut nahen Stolz, dass er zu den Gründern von Esras Turm gehörte. Das da war richtig und gut und hatte einen Sinn. Hier wurde etwas Gebrochenes wieder ganz gemacht: Menschen gewannen ihre verlorene Vollendung wieder.

Seine Augen begegneten denen Rubens, und Ruben lächelte sein Schleichende-Schlange-Lächeln und sagte: »Rede.« Joseph schüttelte den Kopf, aber andere hatten das gehört, und eine Minute später verlangte der ganze Tisch stürmisch, er möge reden. Joseph empfand es beinahe als Schock, dass diese Leute ihn trotz seiner Haltlosigkeit und Widersprüche und des Gefühls der eigenen Zwecklosigkeit gern hatten. Als er vor ihnen stand und sie ihn mit Neugier und Erwartung anblickten, drehte sich der Spiegel in seinem Geiste um, und er fragte sich, wie er, der sich nie als Ganzes sehen konnte, sich in ihren Augen spiegelte. Nun, sie würden wahrscheinlich nur das alte Affengesicht sehen mit ein oder zwei grauen Strähnen über den Schläfen, mit in der Mitte zusammengewachsenen Augenbrauen, in dem üblichen Grinsen hinaufgezogen. Er beschloss, ihnen die Parabel von den Fischen zu erzählen.

»Chawerim«, sagte er und ließ am Gaumen den reifen archaischen Geschmack des Wortes zergehen, des Wortes, geboren in der harten Wüste, die der Geschichte der Menschheit eine neue Wendung gegeben hatte; »Chawerim – Genossen ...«

3

Der Motor dröhnte, und der Lastwagen torkelte wie ein Betrunkener, als der Konvoi das trockene Flussbett des Wadis betrat. Sie waren an dem »Riesenhintern« vorbeigezogen und folgten nun dem Lauf des Wadis gegen Süden, fort von der vertrauten Gegend von Esras Turm und Gan Tamar, den neuen, fremden Hügeln zu, verlassen bis auf ein paar elende Lehmdörfer, die an den Abhängen der Trostlosigkeit hockten. Vor und hinter ihnen krochen die anderen Wagen mit abgeblendeten Scheinwerfern vorsichtig dahin.

Joseph lag ausgestreckt auf dem Zeltstoffüberzug des Lastwagens, die Arme unter dem Kopf verschränkt. Diesmal hatte er einen Wagen ganz für sich allein, denn man brauchte sehr wenige Helfer. Es war ein bequemer Wagen, beladen mit Kisten voll landwirtschaftlicher Geräte und einigen Mehlsäcken.

Die neuen Siedler in dem Wagen vor ihm sangen »Gott wird Galiläa aufbauen«. Im Wagen hinter ihm, in dem einige Helfer fuhren, diskutierte man über das Weißbuch. Je nachdem, ob der Wagen der Helfer näher kam oder sich entfernte, fing Joseph Brocken der Debatte auf und verlor sie wieder, während das Singen vorne anschwoll und sich entfernte. Die Sterne über seinem Kopf stellten ihren ganzen galiläischen Glanz zur Schau, der

Große Bär rekelte sich auf dem Rücken, und die Milchstraße wurde zu einer leuchtenden, verzweigten Schramme.

Der Wagen hinter ihm kam wieder nahe heran. Sie diskutierten noch immer. Eine Mädchenstimme sagte:

»Wenn wir einmal die südliche Wüste bewässert haben, können wir weitere vier Millionen hereinbringen.«

»Was noch immer zwölf Millionen ausschließt«, sagte ein Mann.

»Das macht nichts«, sagte das Mädchen. »Die Hälfte davon wird man sowieso umbringen. Der anderen Hälfte wird schon noch eine Weile nichts geschehen ...« Der Wagen entfernte sich, aber die Stimme des Mädchens tönte noch in Josephs Ohr. »Die Hälfte wird umgebracht, der anderen Hälfte wird schon noch eine Weile nichts geschehen ...«

So nüchtern hatte sie es gesagt, als prüfe sie ihre Haushaltsrechnungen. Die Geschichte hat dieser Rasse eine großartige Arithmetik beigebracht. Statt einer ansteigenden Kurve verlief ihr Bevölkerungsdiagramm wie das Zickzack eines Blitzes.

Es gab einen Ruck, und der Wagen verlangsamte sein Tempo; das Singen vorne wurde schwächer, und von dem Wagen hinten kam noch einmal die im Dunkel diskutierende Mädchenstimme:

»... Nationalismus? Unsinn. Es ist Heimweh.«

»Wie kann ein Volk nach einem Land Heimweh haben, das es nie gesehen hat?«, sagte die skeptische Stimme eines Mannes.

»Es liegt in der Rasse. Heimweh ist die endemische Krankheit der Rasse ...«

Josephs Wagen beschleunigte seine Geschwindigkeit, und der Rest der Diskussion war verloren. Wie sie immer wieder auf diese Frage der »Rasse« zurückkam – als ob es alles erklärte. Als ob eine biologische Abweichung dieses Phänomen der blitzgleichen Zickzackspur ihres Geschickes erklären könnte – jener zackigen Schramme quer über das Antlitz der menschlichen Geschichte.

Er legte sich auf das Segeltuch zurück, froh, den Wagen für sich zu haben. Im Süden sah er einen stark leuchtenden Planeten, vielleicht den Mars oder den Jupiter, er wusste es nicht. Er dachte an die erste Nacht, als er nach der Schießerei in Dinas Zelt gegangen war, diesen selben Planeten aufsteigen gesehen hatte und zu dem Schluss gekommen war, dass, wenn auch andere Gestirne bevölkert sein sollten, sie zweifellos ihre eigene Art von Juden haben müssten. Denn Juden waren nicht die Zufälligkeit einer Rasse, sondern einfach das Menschsein zum Extrem geführt – ein Zweig des Menschengeschlechts, in dem der empfindlichste Nerv der Spezies gereizt worden war. Im Exil in Ägypten, in Babylonien und jetzt über die ganze Erdkugel zerstreut, mussten sie, einer fremden und feindlichen Umgebung ausgesetzt, besondere Eigenheiten entwickeln; sie hatten weder Zeit noch Gelegenheit, sich die dicke Haut der Selbstzufriedenheit und der Scheinsicherheit wachsen zu lassen, die den Menschen unempfindlich macht gegen das tragische Wesen seines Daseins und ihn es vergessen lässt. Sie waren die natürliche Zielscheibe aller Missvergnügten, weil sie so aufreizend und abnorm menschlich waren.

Man machte sie heimatlos im Raum, da mussten sie sich in neue Dimensionen ausdehnen, so wie der Blinde Gehör und Tastsinn entwickelt. Der Verlust der räumlichen Dimension wandelte diesen Zweig der Spezies um, so wie sie jede andere Nation auf der Erde, auf dem Jupiter oder auf dem Mars verwandelt hätte. Der Verlust der räumlichen Dimension ließ unser Gesicht sich nach innen wenden. Er machte uns schlau und ließ uns Klauen wachsen, mit denen wir uns festkrallen konnten, wenn der Wind uns durch Länder fegte, die nicht die unseren waren. Er verstärkte unsere intellektuelle Anmaßung; des Raumes beraubt, glaubten wir uns auserwählt für eine Ewigkeit in der Zeit. Er erhöhte die schützende Anpassungsfähigkeit unserer Oberfläche und ließ unseren inneren Kern verkalken. Ständige Reibung polierte unsere vielfältigen Facetten: Zu Flugsand reduziert, mussten wir glitzern, wenn wir vermeiden wollten, dass man auf uns trete. In Knechtschaft lebend, wurde Kriecherei die zweite Natur unseres Stolzes. Die Peitsche wurde zum Mittel unserer natürlichen Zuchtwahl: sie peitschte das Leben aus den Schwachen und den Krampf des Ehrgeizes in die Gesunden. Auf allen Gebieten des Lebens mussten wir, um auch nur eine gleiche Chance zu haben, mit einem Plus beginnen. Dazu verurteilt, in Extremen zu leben, waren wir in jeder Beziehung wie die anderen Menschen, waren es aber in höherem Grade.

Ich ein Nationalist? – Joseph gab die Stimme des Mädchens zurück. – Unsinn. Unser Nationalismus ist Heimweh nach Normalität.

Das Singen schwoll an, klang ab. Sie sangen eine der volkstümlichen Horras, ein Volkslied mit einer leidenschaftlichen, fast hysterischen Melodie.

Nationalismus? Unsinn ... – wiederholte Joseph im Stillen. Diese Erde bedeutet uns etwas anderes, als was Kroatien den Kroaten oder Amerika den Amerikanern bedeutet. Sie sind mit ihren Ländern verheiratet; wir suchen eine verlorene Braut. Wir haben Heimweh nach einem Kanaan, welches uns nie wirklich gehörte. Deshalb sind wir immer die Ersten bei der Jagd nach Utopien und messianischen Revolutionen, lechzen immer nach einem verlorenen Paradies. Besiegt und wund kehren wir nun an den Punkt im Raum zurück, von dem die Hetze ausgegangen ist. Es ist die Heimkehr von Delirium zu Normalität und ihren Begrenzungen. Ein Land ist der Schatten, den eine Nation wirft, und zweitausend Jahre hindurch waren wir eine Nation ohne Schatten.

Der Wadi verengte sich zu einer Schlucht; die sternenbestrahlten Felsen zu seinen Flanken schienen über das Gesetz der allumfassenden Indifferenz nachzugrübeln. Der Konvoi, eine dunkle Pilgerkarawane, bewegte sich das Flussbett entlang. Als sie sich auf ihre Pilgerfahrt gemacht hatten, hatten sie ein Haus und einen Garten zurückgelassen; all dies war von der Wüste verschlungen worden, und sie mussten aufs Neue zu bauen beginnen. Sie kehrten zu einem Kanaan von Disteln und Dornen zurück. Die Hälfte von ihnen waren illegale Einwanderer: Sie waren ohne offizielle Genehmigung am Leben geblieben. Wie die anderen mit der Haut von Selbstzufriedenheit und dem soliden Schatten ihnen sogar diese Wüste von Gestrüpp und Steinen neideten!

Nein, verbeiße dich nicht in Bitterkeit, sagte sich Joseph; öle dein Gewehr und halte deinen Spiegel rein. Man wird uns immer verraten, weil etwas in uns nach Verratenwerden verlangt. Wir haben den Trieb in uns, zu Erde und Normalität zurückzukehren; und dann ist noch jener andere Trieb da, die Jagd fortzusetzen nach einem verlorenen Paradies, das im Raum nicht vorhanden ist. Das ist unsere tragische Problematik. Aber es ist keine Rassenfrage. Es ist die menschliche Problematik, zu seinem Extrem geführt.

Weit weg in der Nacht hatte ein Licht zu blinken begonnen; es sah aus wie ein in der Luft hängender roter Funke. Joseph strengte seine Augen an und konnte die blasse Silhouette des Hügels sehen, auf dem Tel Joschua stehen würde.

Gut, dachte Joseph. Wir haben wieder ein Joch Raumes besetzt. Die Hetze geht weiter, die Scheiterhaufen werden weiter brennen, aber ein paar Hundert werden hier leben; und die öde Wüste wird an ihnen ihre Freude haben.

Der Wagen blieb plötzlich stehen. Der ganze Konvoi hielt; die

Chauffeure drehten ihre Blendlaternen an und hupten wild in die Nacht hinein. Der ferne Funke blitzte rhythmisch auf und verschwand wieder, Licht und Dunkel, Licht, Licht und Dunkel, Licht und Licht, Punkt und Strich.

Sie sind verrückt geworden, dachte Joseph, als er die Botschaft las. Sie morsen Jesaia:

Und sie werden Häuser bauen und sie bewohnen;
und sie werden Weingärten pflanzen und deren Früchte essen.

Sie sollten das in Geheimschrift senden, dachte Joseph. Das ist eine umstürzlerischen Botschaft, gegen die offizielle Politik und das Gesetz.

Der Wagen hatte sich wieder in Bewegung gesetzt. Die Diskussion in dem hinteren Auto wurde wieder aufgenommen. Die Chauffeure blendeten ernüchtert ihre Lichter ab, und der Konvoi setzte die Fahrt fort, verstohlen wie Diebe in der Nacht.

ARTHUR KOESTLER war einer der großen Journalisten, Aktivisten und Intellektuellen des 20. Jahrhunderts. Geboren 1905 in Budapest als Sohn eines jüdischen Industriellen, zog er 1926 nach Palästina in einen Kibbuz, den er aber schließlich enttäuscht wieder verließ. 1937 wurde er in Malaga von den faschistischen Putschisten festgenommen und als Spion zum Tode verurteilt. Die Intervention der britischen Regierung rettete ihm in letzter Minute das Leben. Koestler avancierte zu einem der erfolgreichsten Schriftsteller englischer Sprache und pflegte Freundschaften zu George Orwell, Simone de Beauvoir und anderen Intellektuellen seiner Zeit. Er starb 1983.